权威·前沿·原创

皮书系列为
“十二五”国家重点图书出版规划项目

传媒蓝皮书
BLUE BOOK OF CHINA'S MEDIA

# 中国传媒产业发展报告（2015）

REPORT ON DEVELOPMENT OF CHINA'S MEDIA INDUSTRY (2015)

主　编／崔保国

社会科学文献出版社
SOCIAL SCIENCES ACADEMIC PRESS (CHINA)

图书在版编目（CIP）数据

中国传媒产业发展报告. 2015／崔保国主编. —北京：社会科学文献出版社，2015. 5
（传媒蓝皮书）
ISBN 978－7－5097－7417－5

Ⅰ. ①中… Ⅱ. ①崔… Ⅲ. ①传播媒介－产业发展－研究报告－中国－2015 Ⅳ. ①G219. 2

中国版本图书馆 CIP 数据核字（2015）第 082438 号

传媒蓝皮书
中国传媒产业发展报告（2015）

主　　编／崔保国

出 版 人／谢寿光
项目统筹／宋月华　范　迎
责任编辑／范　迎

出　　版／社会科学文献出版社 · 人文分社（010）59367215
地址：北京市北三环中路甲 29 号院华龙大厦　邮编：100029
网址：www. ssap. com. cn
发　　行／市场营销中心（010）59367081　59367090
读者服务中心（010）59367028
印　　装／北京季蜂印刷有限公司

规　　格／开　本：787mm × 1092mm　1/16
印　张：29　字　数：481 千字
版　　次／2015 年 5 月第 1 版　2015 年 5 月第 1 次印刷
书　　号／ISBN 978－7－5097－7417－5
定　　价／98. 00 元

皮书序列号／B－2005－028

本书入选 CSSCI（中文社会科学引文索引）
2014～2015 年来源集刊

# 2015 年传媒蓝皮书出品方

中国传媒经济与管理学会

清华大学传媒经济与管理研究中心

清华大学文化产业研究中心

清华—日经传媒研究所

引力传媒股份有限公司

艾瑞咨询集团

中国新闻出版研究院《传媒》杂志社

央视市场研究股份有限公司

央视—索福瑞媒介研究有限公司

# 2015 年传媒蓝皮书
# 课　题　组

**课 题 组 组 长**　崔保国

**课题组副组长**　杭　敏　赵曙光　何丹嵋　陈媛媛

**课 题 组 成 员**　（排名按姓氏拼音为序）

陈国权　陈媛媛　崔保国　崔　柏
邸　一　丁以绣　冯晓峰　杭　敏
何丹嵋　姜　姝　林　杨　刘思言
马云飞　孟湛东　苗伟山　宋一苇
孙　平　孙中浩　王　欢　王竟达
王朝阳　魏小麦　徐　佳　赵曙光
张　琛　张　锐　张　伟　郑维雄
郑　哲

# 2015年传媒蓝皮书
# 编　委　会

金兼斌　清华大学教授、博导、新闻与传播学院党委书记
李　声　江苏省广播电视总台副台长
柳斌杰　清华大学教授、博导、新闻与传播学院院长
刘　云　浙江大学副教授、传媒与国际文化学院广播影视研究所副所长
陆　地　北京大学新闻与传播学院教授、博导
陆小华　新华社音视频部主任，中国政法大学教授、新闻与传播学院院长
罗衍记　引力传媒股份有限公司董事长
孟　建　复旦大学新闻学院教授、博导、国际公共关系研究中心主任
彭　兰　中国人民大学新闻学院教授、博导、新媒体研究所所长
邵培仁　浙江大学教授、博导、传播研究所所长，传媒与文化产业研究中心主任
沈　颖　央视市场研究股份有限公司媒介与消费行为研究总经理
石义彬　武汉大学教授、博导、新闻与传播学院院长
孙宝寅　清华大学新闻与传播学院教授
唐绪军　中国社会科学院教授、博导、新闻与传播研究所所长
田　珂　北京世纪华文国际传媒咨询有限公司总经理
田　涛　央视市场研究股份有限公司副总经理
魏玉山　中国新闻出版研究院院长、党委副书记、研究员
吴信训　上海大学教授、博导、传媒经济研究中心主任
肖东发　北京大学新闻与传播学院教授、博导
熊澄宇　清华大学教授、博导，国家文化产业研究中心主任
姚　林　央视市场研究股份有限公司资深研究顾问
杨驰原　《传媒》杂志社主编

尹　鸿　清华大学教授、博导、新闻与传播学院常务副院长

喻国明　长江学者、中国人民大学新闻学院教授、博导、新闻与社会发展研究中心主任，中国传媒经济与管理学会会长

张惠建　南方广播影视传媒集团总裁

赵曙光　清华大学新闻与传播学院副教授、党委副书记，首都网络文明研究基地主任

赵子忠　中国传媒大学教授、博导、协同创新中心新媒体研究院院长

郑保卫　中国人民大学新闻学院教授、博导、新闻与社会发展研究中心原主任

郑立波　大众报业集团副总编辑，《半岛都市报》社社长

郑维东　央视—索福瑞媒介研究有限公司副总经理

周鸿铎　中国传媒大学教授、博导、传媒经济研究所所长

# 主编简介

**崔保国**　清华大学教授、博导、清华大学新闻与传播学院副院长、清华大学传媒经济与管理研究中心主任，中国传媒经济与管理学会副会长。主要研究方向：传媒理论、传媒经济与管理、文化传播研究。

主要著作：从2004年开始担任历年“传媒蓝皮书”主编，专著有《媒介变革与社会发展》《信息社会的理论与模式》《走进日本大报》等，发表学术论文90余篇。

# 摘　要

《中国传媒产业发展报告》从2004年开始立项，由清华大学新闻与传播学院传媒经济与管理研究中心牵头，联合国内外学术界众多专家学者共同编撰。本书在对当年中国传媒各领域发展状况进行分析的同时，也对未来中国传媒产业的走势进行科学分析与预测。本书自出版以来，社会评价及业界评价很高，采用的统计分析方法和数据已成为行业评价的权威标准，国内外各大媒体纷纷转载。目前《中国传媒产业发展报告》已经成为研究和分析中国传媒产业的权威工具书，并于2012年起被认证为“中文社会科学引文索引”（CSSCI）来源集刊。

2014年，中国全年传媒产业总值首次超过万亿元，这一年既是中国传媒产业走向媒介融合之路的关键时点，也是传统媒体与网络媒体霸主地位变化的重要节点。互联网企业已成为中国经济发展的重要驱动力，媒体全面迎接数字化。在这样一个新老媒体交融之际，数字、移动成为中国传媒图景中重要的特征。投资者也正在中国快速扩张的新媒体领域寻找盈利机会。在大数据、云计算、物联网、可穿戴设备等数字技术以及高新设备的推动下，媒体已经成为集内容、关系、服务于一身的综合服务体。技术更新、经营创新、融合发展将是传媒产业每一个活跃主体前进的方向。

《中国传媒产业发展报告（2015）》分为总报告、印刷媒体、广电产业、PC互联网及移动互联网、广告经营与传媒投资、海外及中国港台地区传媒产业6大板块，覆盖电视、报刊、图书、广播、互联网、移动互联网、广告等10多个行业，对传媒产业的发展与趋势进行了深入而透彻的分析。本书既具有实证研究价值又具有理论探索意义。对传媒产业及其各个行业所做的系统分析和梳理，对政府主管部门、传媒管理和运营机构具有重要的参考意义，对国家传媒体系的顶层设计、对传媒政策的制定、传媒机构的运营战略等也会产生重要影响。另外，本书对于从事新闻传播特别是传媒经济与管理教学的高校教师以及研究人员来说亦是一本很有意义的参考书。

# Abstract

*Report on Development of China's Media Industry* is an annual work edited by the Tsinghua University School of Journalism and Communication. The Center of Media Economy and Management Studies and many domestic and foreign media experts contributed articles. The contributors to the book offer extensive observations on all aspects of the development of the media industry, as well as scientific analyses of media trends. Since its first publication, the book has garnered intense public attention and has been quoted by many in domestic and foreign media. The statistical analysis and database of the book have set authoritative standards for industry evaluation, and the book has now become one of the authoritative reference books on the study of China's media industry. *Report on Development of China's Media Industry* has been authenticated as a source periodical of the China Social Sciences Citation Index (CSSCI) since 2012.

In 2014, the total value of China's media industry exceeded 1 trillion RMB for the first time. The year not only was a key point for integration of China's media industry, it also was a turning point when the internet became the market leader instead of traditional media. Internet companies have become the driving force of China's economic growth, and the media has become digitalized systematically. Digital and mobile became the most important characteristics of the media industry. Investors are also looking for profitable opportunities from the rapidly expanding new media. Due to the development of digital technologies such as big data, cloud computing, IoT and wearable devices, the media has now become a complex of content, relationships and services. Technological updating, management innovation and integrative development will be the direction of all active players in the media industry.

*Report on Development of China's Media 2015* includes six parts: the Annual General Report, Report on Print Media, Report on Radio, Television and Film, Report on PC Internet & Mobile Internet, Advertising Management and Media

Investment, and Media Industries Development of Overseas, Hong Kong and Taiwan, with each part providing in-depth and thorough analysis of the current state of each industry and trend in their development. The book is a valuable guide, compatible with both empirical and theoretical studies. The book, with systematic reviews and analyses of the media industry and its sub-sectors, is a useful reference for government designing of media system, for government policymaking, and for setting operational strategy by media enterprises. It is also valuable to researchers, teachers specializing in journalism and communications, especially in media economy and management studies.

# 目　录

## 𝔹 I　总报告


𝔹.1　2015 年中国传媒产业发展大趋势 ……………… 崔保国　何丹嵋 / 001

𝔹.2　移动互联时代：城市用户媒介使用和信息消费的“新常态” …………………… 喻国明　何其聪　吴文汐 / 018


## 𝔹 II　中国印刷媒体发展报告


𝔹.3　2014 年中国印刷媒体发展概要 ……………………… 蓝皮书课题组 / 031

𝔹.4　2014 年中国报业广告发展与转型 ……………………………… 姚　林 / 033

𝔹.5　2014 年中国图书出版：从规模数量向质量效益提升 …… 魏玉山 / 041

𝔹.6　2014 年全国报刊发行市场盘点 ……… 田　珂　蔡正鹏　崔江红 / 046

𝔹.7　2014 年报业新媒体影响力报告 ………………… 田　珂　蔡正鹏 / 056

𝔹.8　2014 年中国图书零售市场分析报告 ……………………… 杨　伟 / 063

𝔹.9　2014 年中国期刊业发展报告 ………… 陶　丹　袁丽娜　邓元宏 / 070


## 𝔹 III　中国广电产业发展报告


𝔹.10　2014 年中国广电产业发展概要 ……………………… 蓝皮书课题组 / 076

B.11 大融合·大变革
——2014 年中国电视产业发展报告
…… 胡正荣 李继东 黄 炜 / 078
B.12 2014 年中国广播业运行与分析 …… 邓炘炘 王 菁 郝丽婷 / 088
B.13 2014 年中国广播产业发展概况 …… 刘 云 曲 帅 张卫东 / 093
B.14 2014 年中国电影产业备忘 …… 尹 鸿 冯飞雪 / 100
B.15 经济新常态下广播影视发展 …… 李 声 / 122
B.16 2014 年中国广播收听市场分析 …… 黄学平 / 127
B.17 2014 ~2015 年电视媒体广告市场现状及趋势展望 …… 杜国清 邵华冬 田妮妮 / 135
B.18 电视节目线性播出的收看时间延伸
—— 电视节目时移收视行为观察 …… 陈晓洲 / 142
B.19 聚人气、大数据与生态圈：2014 年中国电视节目创新一瞥 …… 李继东 于啸月 / 151
B.20 2014 年中国电视剧播出与收视市场回顾 …… 李红玲 / 157
B.21 2014 年中国纪录片行业发展报告 …… 张国飞 孙 平 孙式良 / 167
B.22 2014 年中国动漫影视产业发展回顾 …… 邓 林 何佳洁 / 174

## BⅣ 中国 PC 互联网及移动互联网发展报告

B.23 2014 年中国 PC 互联网与移动互联网发展概要 …… 蓝皮书课题组 / 181
B.24 2014 年中国互联网传媒产业发展综述
…… 吕宇翔 苏 亚 王嘉旖 / 183
B.25 中国移动媒体的扩张与升级 …… 彭 兰 / 191
B.26 2014 年中国网络广告发展新趋势 …… 曹军波 / 203
B.27 中国移动媒体行业发展趋势报告 …… 徐 琦 赵子忠 / 210
B.28 移动社交媒体的突围与发展 …… 胡 泳 李 娜 / 217
B.29 网络广告的去广告化：高转化率的创新路径 …… 赵曙光 / 223

B.30 正在形成的中国云产业 …………………………………… 徐 佳 / 232

B.31 移动互联时代传媒产业的五项重构 ………………………… 张 锐 / 242

B.32 2014 年中国在线视频产业发展报告 ……………………… 周 逵 / 250

B.33 中国网络游戏产业发展现状与趋势

………………………………………… 陈信凌 黄盛泉 李艳艳 / 258

B.34 中国媒体融合战略元年

——2014～2015 年中国媒体融合盘点与展望

………………………………………… 方兴东 李志敏 张 静 / 265

B.35 2014 年中国即时通信发展报告 …………………………… 刘晓燕 / 270

B.36 2014 年社交媒体产业研究：变革与未来 ……… 苗伟山 章晓英 / 277


## B V 中国广告经营及传媒投资报告


B.37 2014 年中国广告经营与传媒投资发展概要 ……… 蓝皮书课题组 / 286

B.38 2014 年中国广告市场发展报告 ……………《现代广告》杂志社 / 288

B.39 2014～2015 年中国广告市场现状与趋势

………………………………………… 黄升民 杜国清 张 弛 / 294

B.40 资本运营与我国本土广告业的发展路径 …………………… 罗衍记 / 302

B.41 2014 年受众媒介接触习惯调查报告 ………………………… 沈 颖 / 306

B.42 中国传媒产业发展方向与投资走向 ……………… David Maguire / 316

B.43 2014 年传媒业市场并购报告 ……………………………… 郭全中 / 330

B.44 2014 年中国传媒资本市场发展报告 ………………………… 冯晓峰 / 337

B.45 中国传媒市场版权贸易发展报告 …………………………… 陈媛媛 / 346


## B VI 海外及中国港台地区传媒产业发展报告


B.46 2014 年海外及中国港台地区传媒产业发展概要

…………………………………………………………… 蓝皮书课题组 / 354

B.47 2014 年全球传媒及娱乐产业回顾与未来展望
…… 杭 敏 胡雨濛 / 356
B.48 2014 年美国新闻传媒产业发展报告
…… 史安斌 刘 滢 廖鲽尔 / 370
B.49 2014 年英国传媒产业发展报告 …… 何丹嵋 郑 哲 / 381
B.50 法国文化与传媒产业发展概况 …… 张 伟 / 389
B.51 日本传媒产业发展概况 …… 林 杨 / 395
B.52 2014 年韩国传媒产业发展报告 …… 申惠善 / 405
B.53 东南亚主要国家传媒产业发展概况 …… 石惠敏 / 412
B.54 2014 年中国香港地区传媒产业发展报告 …… 陈昌凤 张舒媛 / 422
B.55 2014 年中国台湾地区传媒产业发展报告 …… 郑维雄 / 429

皮书数据库阅读使用指南

# CONTENTS

BLUE BOOK

## 𝔹 I General Reports

𝔹.1 China's Media Industry Outlook 2015
*Cui Baoguo, He Danmei* / 001

𝔹.2 Mobile Internet:"New Normal" for Urbanites to Use Media and Consume Information *Yu Guoming, He Qicong and Wu Wenxi* / 018

## 𝔹 II China's Print Media Development Report

𝔹.3 Executive Summary *The Blue Book Research Group* / 031

𝔹.4 Development and Transformation of China's Newspaper Advertising Industry 2014 *Yao Lin* / 033

𝔹.5 China's Book Publishing Industry 2014: From Quantitative to Qualitative Development *Wei Yushan* / 041

𝔹.6 Analysis on China's Newspaper & Periodical Distribution market 2014 *Tian Ke, Cai Zhengpeng and Cui Jianghong* / 046

𝔹.7 Report on the Influence of Newspapers-Run New Media 2014
*Tian Ke, Cai Zhengpeng* / 056

𝔹.8 Analysis on China's Book Retailing Market in 2014 *Yang Wei* / 063

𝔹.9 Development Report on China's Periodicals Industry 2014
*Tao Dan, Yuan Lina and Deng Yuanhong* / 070

## BⅢ China's Radio, Television and Film Industry Development Report

B.10 Executive Summary *The Blue Book Research Group* / 076

B.11 Integration and Reform
—*Development Report on China's TV Industry 2014*
*Hu Zhengrong, Li Jidong and Huang Wei* / 078

B.12 Analysis on the Operational Status of China's Radio Industry 2014
*Deng Xinxin, Wang Jing and Hao Liting* / 088

B.13 Overview of China's Radio Industry Development 2014
*LiuYun, Qu Shuai and Zhang Weidong* / 093

B.14 Memo of China's Film Industry 2014 *Yin Hong, Feng Feixue* / 100

B.15 Development of Radio, Film and Television industry under the New Normal Economic Development *Li Sheng* / 122

B.16 Analysis on China's Broadcasting Market 2014 *Huang Xueping* / 127

B.17 Status and Trends of TV Advertising Market 2014-2015
*Du Guoqing, Shao Huadong and Tian Nini* / 135

B.18 Observation of Audience's Behavior on Time-shifted TV
*Chen Xiaozhou* / 142

B.19 Innovations of China's TV Programs 2014:Popularity, Big Data, Ecosphere *Li Jidong, Yu Xiaoyue* / 151

B.20 China's TV Drama Market Review 2014 *Li Hongling* / 157

B.21 Development Report on China's Documentary Film Industry 2014 *Zhang Guofei, Sun Ping and Sun Shiliang* / 167

B.22 China's Cartoon Plays Industry Review 2014 *Deng Lin, He Jiajie* / 174

## BⅣ China's PC Internet & Mobile Internet Development Report

B.23 Executive Summary *The Blue Book Research Group* / 181

B.24 China's Internet Media Industry Summary 2014
*Lyu Yuxiang, Su Ya and Wang Jiayi* / 183

B.25 Expanding and Upgrading of China's Mobile Media *Peng Lan* / 191

B.26 New Treads of China's Internet Advertising in 2014 *Cao Junbo* / 203

B.27 China's Mobile Media Industry Development Report
*Xu Qi, Zhao Zizhong* / 210

B.28 Breakout and Development of Mobile Social Media *Hu Yong, Li Na* / 217

B.29 Anti-advertisement of Internet Advertising: Innovation Path for High Conversion Rate *Zhao Shuguang* / 223

B.30 Towards the Forming of China's Cloud Industry *Xu Jia* / 232

B.31 Five Reconfigurations of Media Industry in the Mobile Internet Era *Zhang Rui* / 242

B.32 Development Report on China's Online Video Industry 2014 *Zhou Kui* / 250

B.33 Development Report on China's Online Gaming Industry
*Chen Xinling, Huang Shengquan and Li Yanyan* / 258

B.34 Review and Outlook for China's Media Convergence 2014-2015
*Fang Xingdong, Li Zhimin and Zhang Jing* / 265

B.35 Development Report on China's Instant Messaging 2014
*Liu Xiaoyan* / 270

B.36 Research on China's Social Media Industry 2014: Reform and Future *Miao Weishan, Zhang Xiaoying* / 277

## ⅣB V China's Advertising Management and Media Investment Report


B.37 Executive Summary *The Blue Book Research Group* / 286

B.38 China's Advertising Market Report 2014 *Modern Advertising* / 288

B.39 Status and Trends of China's Advertising Market 2014-2015 *Huang Shengmin,Du Guoqing and Zhang Chi* / 294

B.40 Capital Operation and Development Path of Advertising Company in China *Luo Yanji* / 302

B.41 Survey Report on Audiences' Media Contact Behavior 2014 *Shen Ying* / 306

B.42 China Media Industry Direction & Investment Trends *David Maguire* / 316

B.43 Report on Merger & Acqusition of China Media Industry 2014 *Guo Quanzhong* / 330

B.44 China's Media Capital Market Report 2014 *Feng Xiaofeng* / 337

B.45 China's Copyright Trading Market Development *Chen Yuanyuan* / 346


## B VI Media Industries Development Report of Overseas, Hong kong and Taiwan


B.46 Executive Summary *The Blue Book Research Group* / 354

B.47 Review and Prospect of Global Media & Entertainment Industry 2014 *Hang Min, Hu Yumeng* / 356

B.48 Development Report on America Press and Media Industry 2014 *Shi Anbin, Liu Ying and Liao Dieer* / 370

B.49 Media Industry Development in UK 2014 *He Danmei, Zheng Zhe* / 381

B.50 Overview of Franch Culture and Media Industry Development *Zhang Wei* / 389

B.51 Media Industry Development in Japan *Lin Yang* / 395

B.52 Development Report on Korea Media Industry 2014 *Shin Hye-sun* / 405

B.53 Development Report on Media Industry of Major Southeast Asian Countries *Shi Huimin* / 412

B.54 Development Report on Media Industry in Chinese Hong Kong Region *Chen Changfeng, Zhang Shuyuan* / 422

B.55 Development Report on Media Industry in Chinese Taiwan Region *Zheng Weixiong* / 429

# 总　报　告

General Reports

## B.1
# 2015年中国传媒产业发展大趋势

崔保国　何丹嵋*

摘　要：2014 年传媒产业总值首次超越万亿元大关，达 11361.8 亿元，同比增长 15.8%。互联网广告首次超过电视，跃居媒体广告市场首位。

关键词：传媒体制　产业规模　产业结构　产业形态　产业预测

互联网时代颠覆了传统的信息传播渠道与方式，重塑信息内容框架，重新分配话语权，进而改变了传媒产业的规模与结构，以及诸多关联产业的生存逻辑和运行规律，甚至对政治与社会结构也产生了潜移默化的影响。仿若南美洲一只蝴蝶的振翅，终引起全球传媒生态的风起云涌。2014

* 崔保国，教授、博导，清华大学新闻与传播学院副院长，传媒经济与管理研究中心主任；何丹嵋，清华－日经传媒研究所研究员，所长助理。

年，既是中国传媒产业走向融合之路的关键时点，也是传媒霸主地位交接的重要节点。互联网企业已成为中国经济发展的重要驱动力，媒体全面迎接数字化。在这样一个新老媒体交融之际，数字、移动互联成为中国传媒图景中重要的特征。投资者也正在中国快速扩张的新媒体领域寻找盈利机会。在大数据、云计算、物联网、可穿戴设备等数字技术以及高新设备的推动下，媒体已经成为集内容、关系、服务于一身的综合服务体。技术更新、经营创新、融合发展将是传媒产业每一个活跃主体前进的方向。

## 一 中国传媒产业的统计方法

由清华大学传媒经济与管理研究中心发布的《中国传媒产业发展报告》（即“传媒蓝皮书”）经过几年的实践和探索，提出了传媒产业的产业结构和分类标准，并对传媒产业的产业结构界定进行了一些调整，以适应传媒产业的最新发展。

2012 年以前，“传媒蓝皮书”关于产业结构和分类主要包括：报纸、图书、期刊、广播、电视、电影、音像、互联网、移动媒体、广告十大行业。2013 年起，根据传媒产业结构的变化，我们在细分市场基础上，又将传媒产业分为印刷、广电、PC 互联网和移动互联网四大板块，以凸显传媒市场最新的发展格局（见图 1）。

传媒产业结构复杂，涉及子行业众多，数据采集和整理工作难度较大，市场上也缺少权威的数据发布机构。传媒蓝皮书课题组经过多年的积累和比较分析，形成独有的数据采集和分析体系。我们的数据主要来自国家权威机构发布、第三方专业机构发布以及课题组抽样调查三个渠道（见表 1）。传媒蓝皮书课题组每年在每个行业选择 20 ~ 30 家企业作为样本，共选取 300 个传媒企业作为数据点进行调查统计。由于不同机构的统计口径和方法不同，获得的数据有一定的差异，课题组每年还组织专家对各个渠道获取的数据进行鉴别和分析，最终形成我们自己的数据库，并以此为基础进行产业分析和研究。

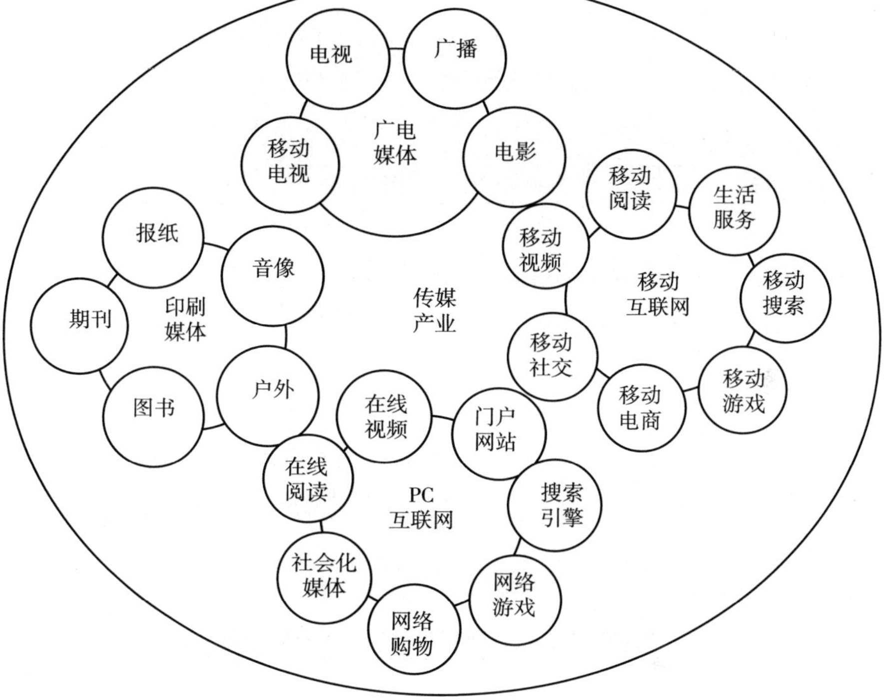


**图1　中国传媒产业结构**

**表1　中国传媒产业研究第三方主要数据来源**

| 收入模式 | 第三方主要数据来源 |
|---|---|
| 电视广告经营额 | 国家新闻出版广电总局、国家工商总局、中国广告协会 |
| 广播广告经营额 | |
| 广电有线网络收入 | 国家新闻出版广电总局 |
| 电影放映收入 | 国家新闻出版广电总局、中国电影发行放映公司、中国电影报、艺恩咨询 |
| 电影广告收入 | |
| 报纸广告经营额 | 国家新闻出版广电总局、国家工商总局、中国报业协会 |
| 期刊广告经营额 | |
| 报纸发行收入 | 国家新闻出版广电总局、中国报业协会、世纪华文 |
| 期刊发行收入 | |
| 图书销售收入 | 国家新闻出版广电总局、开卷公司 |
| 音像和电子制品 | 国家新闻出版广电总局 |

续表

| 收入模式 | 第三方主要数据来源 |
|---|---|
| 网络广告收入 | 国家工商总局、中国互联网络信息中心、艾瑞咨询 |
| 网络游戏收入 | 中国互联网络信息中心、艾瑞咨询 |
| 移动内容及增值收入 | 工信部、运营商上市公司年报 |
| 广告公司经营额 | 国家工商总局、中国广告协会 |

对于传媒产业市场规模的统计和预测，我们除了采用权威主管部门和机构的数据外，也使用我们自己的测算工具和方法。我们采用的测算方法主要是三种：一是统计方法，即按照历年的统计数据，并参考各行业产值构成比例，推算出各行业的产值规模；二是平均增长率推算法，即按照近几年平均增长率，推算出最新的产值数据；三是影响因素的回归分析预测法，即通过建立回归方程，利用历史数据对方程的系数进行预估，并利用预估出的方程和自变量，推算出最新的因变量数据。

## 二　2014年中国传媒产业发展概况

2014 年的中国传媒产业在调整中稳步前进，在融合中寻求突破。从宏观层面看，十八大以来，我国在政治、经济、社会各个领域呈现出崭新面貌，经济增长速度平缓稳定，2014 年国内生产总值（GDP）达 63.64 万亿元，同比增长 7.4%。特别值得一提的是互联网信息技术带动传统产业升级的影响已直接映射在产业规模的增长上，新兴产业不断涌现，催生新的经济增长点，文化传媒业亦成为其中不可忽视的一支力量。同时，传媒产业的结构性调整走向深化，互联网不但对传统媒体具有替代效应，也通过媒体融合形成促进力，使传媒产业保持整体稳定增长的态势。根据清华大学传媒经济与管理研究中心的统计测算，2014 年全年传媒产业总值达 11361.8 亿元，首次超过万亿元大关，较上年同比增长 15.8%（见图 2）。

随着互联网等新兴媒体的快速崛起，传媒产业呈现整体繁荣，局部下滑的局面。相较我国其他国民经济支柱产业，传媒产业规模还比较小，对 GDP 的贡献率仅为 1.5%，但近年来一直保持两位数以上的增长。2014 年在 GDP 增长放缓的情况下，中国传媒产业年增长率仍小幅上扬，从 2013 年的 15.5% 上升至

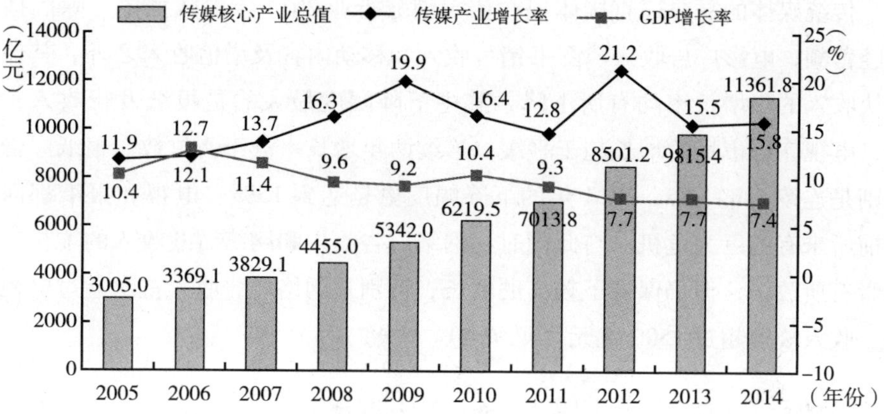


**图 2　2005～2014 年中国传媒产业总值与增长率及 GDP 增长率**

2014 年的 15.8%，超过 GDP 增长率 2 倍多。然而，传媒产业整体发展的良好态势主要依赖于基于互联网的新兴媒体。如图 3 所示，2014 年互联网与移动增值市场的份额不但一举超过传统媒体市场份额总和，领先优势达到 10.3%，并且差距还有继续扩大的趋势。因此，尽管传媒产业是中国乃至全球范围内的朝阳产业，然而以报纸为代表的部分传统媒介产品已经处于其市场生命周期的衰退期。

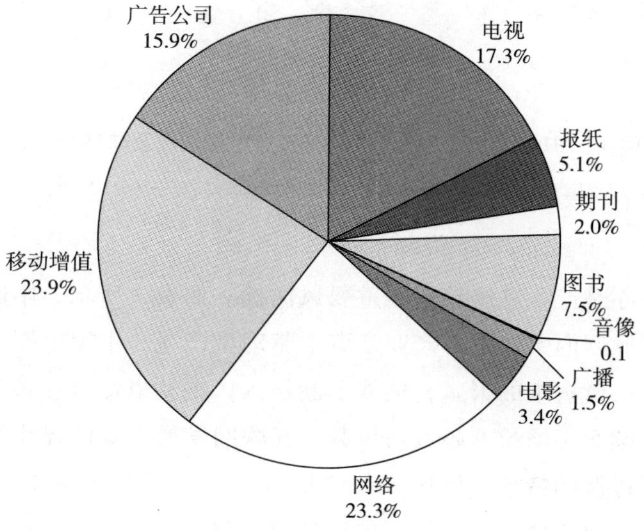


**图 3　2014 年中国传媒产业细分行业占比**

传统媒体的颓势还直接体现在传媒细分行业 2014 年的数据中，除广播广告经营额、电影广告收入、图书销售收入和移动内容及增值收入之外，其他各板块收入的年增长率均有所下降，其中下降幅度最大的是报纸发行收入，同时，电视广告市场的增长趋于平缓，连续两年增长率低于两位数。报纸广告收入则是连续 4 年下降，2014 年的下降幅度更是达到 15%。电视和报纸都面临着前所未有的巨大危机。与此同时，网络广告收入和网络游戏收入的增长速度尽管有所放缓，但仍保持了较高的增长，特别是网络广告收入首次超过电视广告，收入规模超过 1500 亿元（见图 4）。

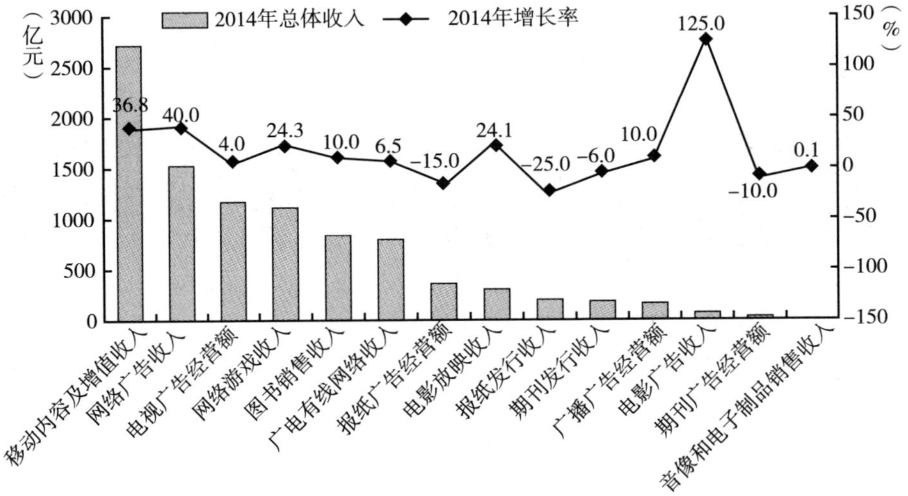


**图 4　2014 年中国传媒产业细分行业市场规模及年增长率**

数据来源：根据国家新闻出版广电总局、国家工商总局、工信部、CNNIC、艾瑞咨询公布数据整理而成。

产业形态亦是产业发展趋势的重要风向标。如表 2 所示，中国电影产业和新媒体发展欣欣向荣。电影产业是资本驱动型产业，中国电影产业市场化程度高，成为民营资本的天堂，热钱不断挤入，推动电影产业蓬勃发展，电影银幕数量连续 5 年增长率超过两位数。互联网发展则是凸显出从爆发式增长向平稳增长过渡的特征，网民人数的年增长率在 2007 年达到高点 53% 后逐年递减，显示出互联网无序扩张的时代已经过去，市场集中度提高，各子行业的竞争格局逐渐明朗和稳定。而中国广告经营单位的数量近三年来都在大幅增加，这一方面说明广告市场的活跃，另一方面说明市场集中度较低，市场还不够成熟。

**表 2　2009～2014 年传媒主要细分行业形态数据**

| 项目 \ 年份 | 2009 | 2010 | 2011 | 2012 | 2013 | 2014 |
|---|---|---|---|---|---|---|
| 报纸种类(种) | 1937 | 1939 | 1928 | 1918 | 1821 | — |
| 期刊种类(种) | 9851 | 9884 | 9849 | 9867 | 9941 | — |
| 出版社数量(家) | 580 | 581 | 580 | 580 | 583 | — |
| 音像制品出版单位(家) | 380 | 374 | 369 | 369 | 383 | — |
| 电子出版物出版单位(家) | 250 | 251 | 268 | 268 | 287 | — |
| 广播电台数量(家) | 251 | 227 | 213 | 169 | 153 | — |
| 电视台数量(家) | 272 | 247 | 197 | 183 | 166 | — |
| 广播电视台数量(家) | 2087 | 2120 | 2170 | 2185 | 2207 | — |
| 电影院数量(家) | 1687 | 2000 | 2800 | 3000 | 3903 | 4918 |
| 电影银幕数量(块) | 4723 | 6256 | 9286 | 13118 | 18195 | 23592 |
| 广告经营单位数量(家) | 168852 | 243445 | 296507 | 377778 | 445365 | 543690 |
| 手机用户数量(万户) | 75000 | 85900 | 98625 | 111215.5 | 122911.3 | 128609.3 |
| 固定电话用户数(万户) | 32375 | 29438 | 28179 | 27815.3 | 26698.5 | 24943 |
| WWW 站点数量(万个) | 323.2 | 190.8 | 230.0 | 268.1 | 320.2 | 335.0 |
| 域名数量(万个) | 1681.8 | 865.7 | 774.8 | 1341.2 | 1844.1 | 2060.1 |
| 网民总人数(万人) | 38400 | 45730 | 51310 | 56400 | 61758 | 64900 |
| 手机上网人数(万人) | 23344 | 30273 | 35558 | 41997 | 50006 | 55700 |

数据来源：根据国家新闻出版广电总局、国家工商总局、CNNIC 公布数据整理而成。

与此同时，无论是从受众规模、投资规模，还是从业内企业的数量看，大多数传统媒体都呈现发展滞缓和衰退的趋势，报刊种类、广播和电视台的数量近六年持续下降。这一方面是由于受众规模收缩，市场需求减少；另一方面是由于部分传统媒体经营不善，难以为继，大型传媒集团为了追求规模效益，进行跨区域的兼并重组。然而，报刊、广播和电视历经多年发展，仍具备一定规模优势，特别是在三四线城市和细分市场，也保存有相当的竞争实力，因此，印刷、广电、PC 互联网与移动互联网四大传媒产业板块鼎立的局面还将持续。

## 三 2014年中国传媒业发展特点

### （一）电视节目创新力挽广告下滑

2014 年的电视行业亦喜亦忧。“喜”的是电视在节目内容方面不断创新，赢利模式上也获得突破性发展，活动和内容收入（即版权收入）都有较大幅度增长。互联网成为电视台内容的分销渠道，电视则成为网络视频广告市场发展的重要推手。目前大多数电视台把版权收入计入广告收益中，所以广告收入得以整体上升。“忧”的是电视广告市场发展速度开始放缓，广告市场整体收入首次被网络广告超越，增长率连续 3 年呈下降趋势，电视正逐渐远离其最辉煌的时代（见图 5）。

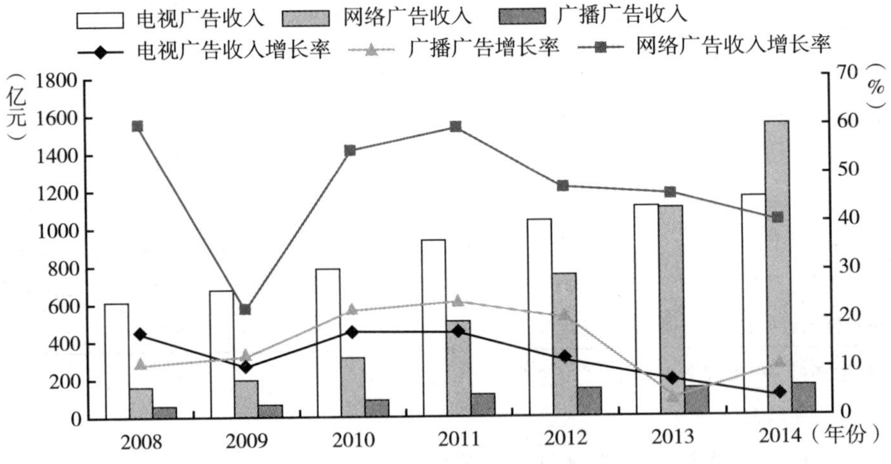


**图 5　2008～2014 年中国广播、电视与网络广告收入及年增长率**

数据来源：根据国家新闻出版广电总局、国家工商总局、艾瑞咨询公布数据整理而成。

电视广告市场让位于互联网的原因主要是无法与观众互动，广告投放精准度低且难以追踪，加上越来越多的人习惯通过网络收看电视节目，广告主对电视广告的热情一降再降。然而，电脑终究无法替代电视，人们对优秀电视节目内容的需求有增无减，中老年受众和三四线城市对传统电视认可度较高，广电系企业多年累积的客户资源和优秀人才也具有强大的造血能力，因此电视广告市场发展可能会有收缩，但若广电企业成功转型，仍具有和互联网企业竞争的实力。

然而，事实上广电企业的转型步伐却异常缓慢，尽管不少电视台提出拓展网络视频业务的构想，但真正付诸实践的只有央视和湖南卫视，这种局面很大程度上是源于广电行业的发展背景与特点。自改革开放以来，广电基础设施建设高速发展，有线广播电视用户数逐年递增，电视统治媒体广告市场多年，相关政策也在一定程度上缓解了网络媒体对广电企业的冲击，广电企业缺乏紧迫感。以 2014 年为例，国家新闻出版广电总局先是禁止互联网电视盒子提供电视节目时移和回看功能；后宣布视频网站的境外影视剧实行审批制；进而又关闭最大中文字幕网站——射手网，严厉整顿视频盗版。这些政策一方面有利于市场健康有序发展，但另一方面也遏制了互联网电视盒子和视频网站的发展势头。这些政策带来的影响或将在 2015 年体现出来，但终究无法挽救电视行业的整体颓势。同时，“一剧两星”政策还有可能使二三线城市电视台在 2015 年遭遇新一轮洗牌，省级卫视竞争格局已经形成，未来电视市场的集中度将继续提高。

2014 年电视媒体的重要亮点是综艺节目火爆荧屏。当观众对《中国好声音》等选秀节目热情渐淡的时候，《奔跑吧！兄弟》《囍从天降》等真人秀节目成为新的年度热门话题。据了解，2015 年计划播出的电视综艺节目将超过 200 档。虽然目前热播的综艺节目大多是引进版权，但客观上有助于提升国内电视节目的制作水平，促进节目制播分离，从而推动电视台的转型。

## （二）广播、电影发展大放异彩

相较于电视行业，2014 年的广播和电影行业却大放异彩。广播广告、电影放映和广告收入增长率均超过两位数，其中电影广告市场更是翻了一番（见图 5、图 6）。究其原因，广播市场的繁荣主要依托于汽车业发展，听众规模不断壮大，且受众定位清晰，广告价值高；另外节目收听本地化，市场竞争不像电视那么激烈。电影行业则由于投资热情空前高涨，直接带动市场繁荣，相信未来还会继续增长。然而，广播和电影行业从总体规模上看还难以与电视和互联网行业相抗衡，且随着全国多个城市实行汽车限购政策，未来广播广告市场的增长速度可能会逐步放缓；而电影行业随着院线规模化增长和人们电影消费水平提高，今后还有很大发展空间。

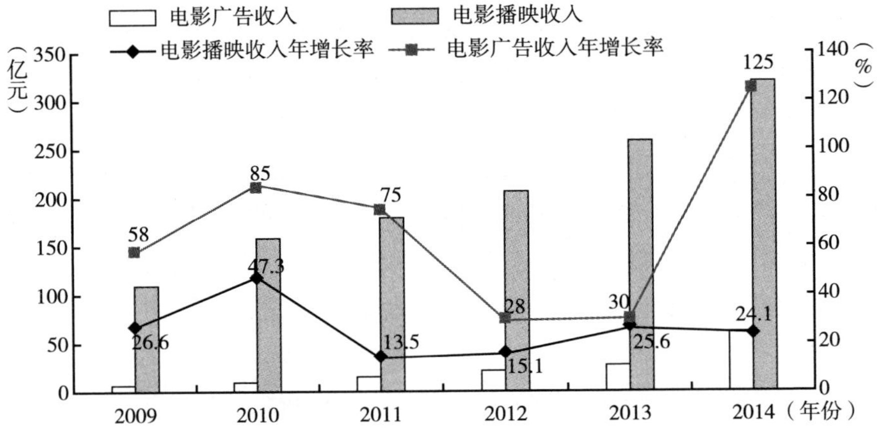


**图 6　2009～2014 年中国电影播映与广告收入及年增长率**

数据来源：根据国家新闻出版广电总局、中国电影发行放映公司、艺恩咨询公布数据整理而成。

## （三）报业的“断崖式”下滑与新出路

2014 年，《新闻晚报》悄然停刊，“澎湃新闻”横空出世，既是新旧交替的符号，也标志着纸媒的没落。2014 年全国报纸印刷用纸量约为 270 万吨，比 2013 年减少了近 1/4。这说明尽管各家报社对发行量讳莫如深，但报纸发行量事实上下降了 25% 左右。同时，报业赖以生存的广告市场连续 4 年负增长，2014 年的下降幅度甚至达到两位数（见图 7）。广告和发行量双双折戟，报业步入衰退期已难挽颓势，甚至有专家称报业正遭遇“断崖式”滑落。由于缺少行政力量的庇护，发行量下降的报纸主要集中在市场化程度高的都市类报纸、东部沿海地区省级党报及部分经济发达的地市级报纸。蓝皮书课题组对 30 多家都市类报纸的最新调查结果显示，2015 年第一季度报业广告下滑更为严重，普遍下降 20% 以上，个别报纸下降幅度高达 30%，发行量也普遍下降，其中汽车、房地产等传统广告大户的流失情况最为严重。宏观经济发展速度放缓，加上新媒体对传统媒体广告市场的不断挤压，预计 2015 年报业发展形势将更为严峻。

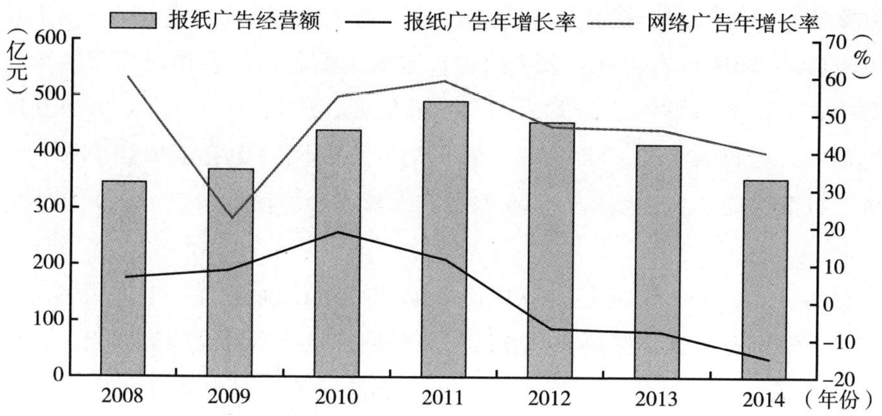


**图7　2008～2014年中国报业广告收入及年增长率及网络广告年增长率**

数据来源：蓝皮书课题组调查数据及艾瑞咨询公布数据整理而成。

面对报业市场的持续下降，报业企业的突围策略之路主要有三条：一是抱团取暖，通过并购重组形成规模效应，譬如大众报业集团；二是发展多元化业务，实行战略转型，譬如大力发展游戏产业的浙报传媒集团；三是开展数字媒体业务，譬如人民日报上线客户端、粤传媒联手甲骨文开拓大数据业务。然而，这三条路都只适合有经济实力的大型报业集团，而经营困窘的都市类报纸只能另辟蹊径。阿里巴巴在2014年初通过控股文化中国曲线收购《京华时报》之举或许指明了第四条路——被实力企业并购。报业的“断崖式”下滑也许能逼其走出一条新路。

报纸作为媒介形态在时效性、互动性、信息量等方面的天然缺陷导致其主流媒体的地位将逐渐被互联网等新兴媒体所取代。未来5～10年报业市场还会不断衰退，但在下降到一定程度后也将趋于平缓。对于报业企业而言，无论是开展多元化业务，还是数字化转型，缺的不仅仅是时间和机会，而是抛开昔日辉煌的勇气和颠覆自我的决心。

## （四）网络空间新秩序的形成

中国互联网络信息中心（CNNIC）最新数据显示，截至2014年12月，中国网民规模达6.49亿。互联网普及率较上年增长2.1个百分点，达到47.9%。从普及率上看，互联网距离广播（98%）和电视（98.6%）还有相当的差距，但互联网超越电视和广播，领军媒体广告市场已成事实。根据2015年3月的《中国移动互联网广告标准》发布会上，国家工商总局广告司司长张国华公布的数字，2014年互联网广告收入为900多亿元，增长36.7%，如果加上搜索和电商的广告收入将超2000多亿元。同时，互联网并不完全依赖广告，信息服务、社交沟通、文化娱乐、商业服务四大形态初步形成，市场上升空间将更为广阔。

更为重要的是，2014年是互联网国家战略地位确立的一年。从马云、李彦宏等互联网业界大佬频频出现在国家级访问和重要国际会议名单上，到首届世界互联网大会的召开，到正式提出《关于推动传统媒体和新兴媒体融合发展的指导意见》，再到将网络安全上升至国家安全战略层面……党和国家正逐步释放出将互联网作为国家主流媒体渠道，确立其国家战略地位的信号。这既是互联网快速发展的必然结果，也标志着互联网发展进入了新的历史阶段。

时至今日，全球范围内的网络空间需要建立一种新秩序，互联网也将承担更多的社会责任，受到更为严格和规范的监管。虽然互联网让我们的生活更快捷、便利、高效，互联网的开放性和用户内容生产的便捷性，也促进了公民社会的构建和媒介社会责任的实现；但是，开放式的生产模式容易带来信息内容的泛滥，未加鉴别的意见交织容易造成无意义的喧哗，缺乏自律的用户群体导致的网络“水军”横行和“网络审判”等问题，以及众多权利主体界定不等引发的利益冲突……这些问题都将成为政府亟须解决的问题，也将推动互联网规制体系的建立和完善。可以预见，互联网粗放式成长时代已经结束，整个行业将走上更加规律和有序的发展道路。

2014年最瞩目的事件莫过于阿里巴巴上市，互联网企业已成为中国经济发展的重要驱动力。在2014年12月世界品牌500强榜单新上榜的26个品牌中，中国共有6个新品牌入选，其中三个为互联网企业，分别是腾讯、百度、阿里巴巴。未来的互联网将不只是连接世界的工具，而是将成为重要的经济体。

网络空间的市场秩序也需要规范。从目前的市场构成上看，搜索引擎继续保持第一，95.4%的搜索用户通过综合搜索网站搜索信息，综合搜索网站占据着互联网的流量入口位置。百度作为搜索引擎的老大，2014年前三季度总营收350.03亿元，同比增长56.1%，超过央视成为广告市场老大。

近年来，网络视频受众规模快速增长（见图8），推动网络视频广告市场发展迅猛。艾瑞咨询数据显示，2014 年中国在线视频市场规模为 239. 7 亿元，同比增长 76. 4%。广告仍是网络视频的主要赢利模式，网络视频广告市场规模为 152. 0 亿元，同比增长 55. 1%，高于 2013 年的 47. 2%。优酷土豆、爱奇艺 PPS、乐视在内的多家视频网站大幅提高 2014 年广告价格，提价幅度在 30% ~80%，增速明显高于往年。但视频广告的占比（63. 4%）低于 2013 年（72. 1%），这主要是因为终端（互联网电视一体机与互联网盒子）销售收入和游戏联运收入增长更为迅猛。

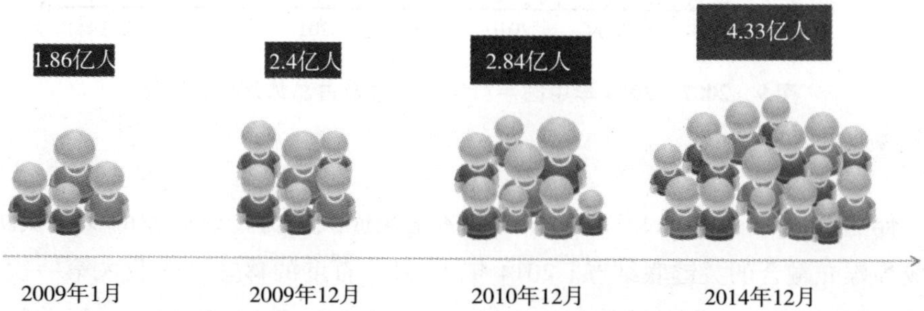


**图 8 中国在线视频网站月度覆盖人数**

数据来源：iUserTracker。

中国网络游戏产业的核心力量依旧是客户端游戏，客户端与移动端进入相对稳定期。究其原因，一是市场缺少优秀的移动游戏产品，二是移动游戏企业进入稳步增长期。但从整体趋势看，移动游戏市场仍具有较大的发展潜力。

## （五）移动媒体成为媒介融合的联结点

2014 年，移动互联网的影响力进一步扩大，移动终端用不同的形态强势渗入人们生活的方方面面。CNNIC 的数据显示，2014 年 6 月中国手机上网人数首次超过 PC，截至 12 月底，手机网民为 5. 57 亿人，占网民总数的 85. 8%（见图 9）。截至 2014 年底，移动互联网应用的覆盖率中，即时通信（91. 2%）、搜索（77. 1%）和网络新闻（74. 6%）稳居前三位，即时通信的地位进一步稳固。从用户规模的增长幅度看，手机支付（73. 2%）、手机银行（69. 2%）、手机网购（63. 5%）等商务应用领涨其他应用，手机旅行预订（194. 6%）成为增长最为快速的应用。

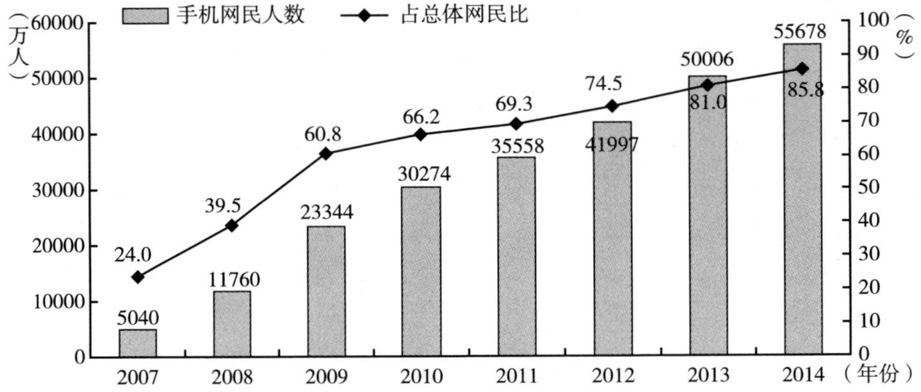


**图 9　2007～2014 年中国手机网民人数及占总体网民人数比**

数据来源：CNNIC。

伴随着移动互联网的发展，移动媒体正快速成长为传媒产业的支柱板块，并成为媒介融合的关键联结点。2014 年 12 月，百度的移动广告收入第一次超过了 PC 互联网收入，微博和陌陌相继上市，小米斥资 12.66 亿元入股美的集团，这三个事件分别代表了移动媒体产业的三个发展趋势：一是移动广告稳步上升，赶超传统互联网广告指日可待。根据艾瑞咨询统计，2014 年中国移动广告市场规模达 296.9 亿元，同比增长 122.1%，增长率连续 3 年超过 100%，预计到 2016 年，市场规模将超过 1000 亿元；二是社交媒体格局趋于稳定，微博媒体功能凸显，微信占领社交高地，电子邮件等其他交流沟通类应用将持续走低；三是移动媒体将成为传统媒体和新兴媒体的联结点，并推动媒介融合发展。

## 四　2014 年中国传媒生态环境

### （一）媒介融合

2014 年 8 月 18 日，国务院出台了《关于推动传统媒体和新兴媒体融合发展的指导意见》，习总书记亦明确提出着力打造新型主流媒体和有强大实力的新型媒体集团。国家明确提出“媒介融合”，这一方面有助于党和政府开辟新媒体舆论阵地，重构主流媒体的传播渠道，另一方面有助于我国参与国际传播新秩序的构建，加强国际传播能力。“媒介融合”瞬时成为传媒业界最热门的词语。人民日报社、新华社、中央电视台的高层领导变动已经开始，这意味着，未来主流媒体“融合”还是要走一条“自上而下”的路。

“媒介融合”并不算新鲜的提法，早在2007年“传媒蓝皮书”总报告中就预测“媒介融合”将成为传媒发展的重要趋势。但媒介融合对于处在不同发展阶段的媒体企业而言，其意义也不尽相同。传统媒体认为“媒介融合”将承担起拯救传统媒体的重任，期望从国家政策层面给予更多支持，从而转化为市场红利，而融合的主要手段仍是以传统媒体为主体，发展新媒体业务。但是一些比较前沿的学者和专家也提出传统媒体转型的根本是要具备“互联网思维”，颠覆传统媒体固有运作思路。对于新媒体从业者而言，尽管“媒介融合”是对互联网主流媒体地位的一种认可，但对互联网企业运营模式不会构成太大影响，互联网企业追求的“融合”已经“不仅仅是人与信息的连接，而且是人与服务的连接”，是谋求商业利益最大化的手段。国有媒体和拥有强大资本背景的网络媒体的诉求、目标和运作模式不尽相同。

### （二）商业模式创新成为增长的关键

改革开放以来，我国国民经济的快速发展带动了广告业的发展，广告经营收入占GDP的比例也不断提升（见图10）。传媒与广告业一直相伴相生，作为传媒产业主要的营收模式，传媒产业也与广告行业的兴衰保持相同的步调。然而，随着互联网的出现，传媒产业生存发展模式发生了改变，尽管广告仍然是媒体主要的营收来源，但媒体在商业模式上的创新也为传媒产业的发展脱离广告，创造出更多的可能性：电视节目与内容版权收入、网络游戏、电子商务、数据信息服务……传媒产业的外延不断扩大，与广告、电子制造、金融、零售等关联行业相互交织，未来传媒产业将具有更广阔的发展空间。

### （三）人才流失使传统媒体雪上加霜

随着传媒改革的逐步深化，传媒融合也从顶层设计走向企业内部变革。传统媒体与新媒体的角力不但改变了市场结构，进而推动企业行为与战略变革，并最终影响市场中每个企业个体的绩效。对于媒体企业而言，经营业务转型的影响需要时间的沉淀方可看出效果，但人才流失的影响可能会更快显现出来。

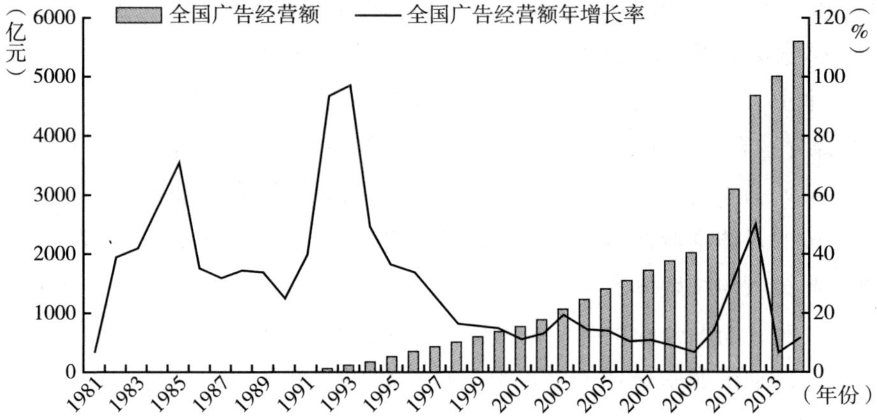


**图 10　1981～2014 年全国广告经营额及增长率**

说明：本图所示为 1981～2014 年全国广告经营额及增长率，因所取年份较多且版面有限，故图中横坐标只标示了单数年，双数年未标示。

数据来源：国家统计局、国家工商总局公布数据整理。

2014 年，媒体人跳槽和创业成为潮流。出于提高收入的原因，媒体人跳槽尚在情理之中，但资深媒体人频频自立门户，而且大多将眼光投向新媒体，让人不胜唏嘘，对传统媒体的失望和悲观情绪已经蔓延到传统媒体中高层。资深媒体人自主创业由于还有前《NEWSWEEK》中文版执行主编陈序跑出来走创业一个众筹项目“赞赏”，21 世纪经济报道的左志坚创业做" 拇指阅读"，刚刚还拿到了经纬的投资。财新的资深记者赵何娟创业" 钛媒体"，中国企业家李珉创业“虎嗅”……传媒是知识密集型行业，人才是支撑企业运行的重要保障，无论是互联网企业对传统媒体人才的虎视眈眈，还是自媒体光环对资深媒体人的吸引，都可能成为压倒骆驼的最后一根稻草。2014 年底，腾讯互动娱乐事业群建立工作室群架构；2015 年伊始，优酷土豆进行重大组织结构调整，引入独立结算的工作室制，可见互联网企业面对传媒业“去中心化”发展趋势的反应之迅猛。从企业经营者向投资者转变，从管理员工向项目管理转移，或许是激发员工创造力，防止人才流失的一种战略选择。

## 五　中国传媒业发展趋势展望

时至今日，传媒产业发展已经超出原有的发展框架，其内部融合之深，与关联产业联系之紧密，变化速度之快，不但是业界的重大挑战，也是政府、学术研究等社会各界必须面对的课题。因此对传媒业的研究需要更开阔、更高远的视角，将其置于全球化发展格局中，置于跨行业、跨领域的产业融合中，探寻和把握中国传媒的形态，业态，生态以及动态发展。

目前全球传媒产业正处于平稳发展时期，产业规模的年增长率保持在5%上下浮动，占全球GDP的比重约为2.4%。[①] 美国是全球最大的娱乐及传媒产业市场，但以中国为代表的亚洲和拉美国家的娱乐和传媒产业近年来发展迅猛。特别是互联网在中国的发展已经基本与世界同步，推动数字媒体不断发展，因此，尽管非数字媒体目前仍是全球传媒产业的主要收入来源，但这种格局很可能在未来3～4年内发展根本性变化。我们认为，随着国家推动文化产业成为国民经济支柱产业战略的逐步落地，以及互联网对传媒产业发展的驱动力日渐增强，未来5年的中国传媒产业将持续两位数的增长，2018年有望突破两万亿（见图11），GDP占比将超过5%，产业结构也会不断优化，中国传媒产业即将迎来以互联网为核心，媒介融合发展的新时代。

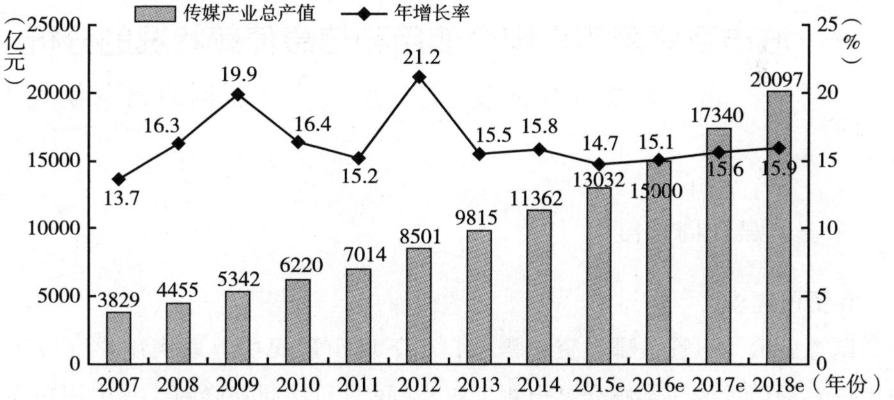


**图11　2007～2018年中国传媒产业总值及增长率**

① 根据普华永道和国际货币基金组织（IMF）统计数据估算。

# B.2
# 移动互联时代：城市用户媒介使用和信息消费的“新常态”*

喻国明　何其聪　吴文汐**

摘　要：本文基于“移动互联网时代我国城市居民媒介接触使用状况”调研，对我国城市互联网用户媒介使用、信息倚赖状况、社会化媒体使用现状进行总结与分析。

关键词：媒介使用　社会化媒体　城市用户

## 一　城市互联网用户媒介使用和信息倚赖状况的分析
### ——用户的媒介倚赖度、信任度及网络新闻的浏览模式

### （一）媒介倚重度

#### 1. 资讯需求

调查显示，不管是哪类资讯需求，当下城市居民中互联网用户（以下简称用户）最倚重的三类媒介是电视、PC 互联网和移动互联网。其中用户在获

---

* 本文基于中国人民大学新闻与社会发展研究中心在央视－索福瑞媒介研究有限公司的大力支持下，于2014年8月进行的“移动互联网时代我国城市居民媒介接触使用状况”大型调研。调研采用历时两周的同源样本的“日记法调查＋问卷调查”的方式进行，通过随机采样获得了来自天津（762个）、青岛（683个）和西安（759个）三个城市共计2204个有效随机样本。

** 喻国明，长江学者，中国人民大学新闻学院教授，中国人民大学新闻与社会发展研究中心主任，中国传媒经济与管理学会会长；何其聪，中国人民大学新闻学院博士后；吴文汐，东北师范大学传媒科学学院讲师。

取国内外时事资讯、本地资讯、健康资讯、广告资讯和整体新闻资讯时均最倚重电视，在获取服务资讯时最倚重移动互联网，在获取投资理财资讯、科技资讯时最倚重 PC 互联网。

如果将移动互联网和 PC 互联网的选择比例加总，即为互联网的选择比例，可发现，除了广告资讯需求以外，用户的各类资讯需求均最倚重互联网，其中用户在获取本地资讯需求、国内外时事资讯需求、服务资讯需求、投资理财资讯需求、健康资讯需求、科技资讯需求以及整体新闻资讯需求时，对互联网的倚重度显著高于对电视的倚重度（见表 1）。

**表 1　资讯需求的媒介倚重度**

单位：%

| 项　目 | 国内外时事资讯 | 本地资讯 | 服务资讯 | 投资理财资讯 | 健康资讯 | 科技资讯 | 广告资讯 | 整体新闻资讯 |
|---|---|---|---|---|---|---|---|---|
| 报纸 | 10 | 12 | 7 | 10 | 5 | 5 | 9 | 7 |
| 广播 | 4 | 7 | 6 | 5 | 7 | 5 | 6 | 7 |
| 电视 | 38 | 36 | 18 | 16 | 26 | 20 | 34 | 30 |
| 杂志 | 2 | 4 | 5 | 5 | 7 | 4 | 5 | 4 |
| PC 互联网 | 21 | 16 | 25 | 31 | 19 | 26 | 16 | 21 |
| 移动互联网 | 21 | 22 | 33 | 21 | 19 | 19 | 18 | 23 |
| 书籍 | 2 | 1 | 2 | 6 | 12 | 16 | 2 | 3 |
| 户外交通楼宇液晶电视 | 1 | 1 | 2 | 3 | 2 | 2 | 8 | 2 |
| 电影 | 1 | 0 | 1 | 1 | 1 | 2 | 1 | 2 |
| 未填答 | 0 | 1 | 1 | 2 | 2 | 1 | 1 | 1 |
| 合　计 | 100 | 100 | 100 | 100 | 100 | 100 | 100 | 100 |

### 2. 知识及素养需求

用户在获得知识时，最倚重的四类媒介分别是书籍（34%）、PC 互联网（21%）、移动互联网（15%）以及电视（13%），而用户希望增加文化素养时，最倚重的四类媒介也是书籍（32%）、PC 互联网（15%）、电视（15%）以及移动互联网（14%）。将 PC 互联网和移动互联网的选择比例加总，可发现互联网已成为人们获得知识的重要渠道和途径。但调查显示，在增加文化素养时人们对书籍的倚重度仍然高于互联网。

3. 政治参与需求

用户在满足政治参与需求时，对电视的倚重度最高，选择率为28%，其次是PC互联网，选择率为24%，位居第三位的是移动互联网，选择率为18%，报纸的倚重度居第四，选择率为11%。除去2%的“未填答”问卷用户，其他媒介选择率分别为：广播6%，杂志4%，书籍3%，户外交通楼宇液晶电视3%，电影1%。如果将PC互联网与移动互联网的选择率加总，则用户在政治参与需求上，对互联网的倚重度最高，达42%，明显高于对其他媒介的倚重度。

4. 休闲娱乐需求

在满足娱乐需求方面，用户对移动互联网的倚重度最高，达26%，其次是PC互联网，为22%，电视的倚重度位居第三，为20%。除去1%的“未填答”问卷用户，其他媒介选择率分别为：杂志7%，电影7%，报纸5%，户外交通楼宇液晶电视5%，广播4%，书籍3%。用户在满足娱乐需求方面对移动互联网、PC互联网和电视这三类媒介的倚重度显著高于其他媒介。

5. 决策判断需求

用户在日常消费决策、时事观点判断以及价值评判上对电视、PC互联网和移动互联网的倚重度居前位。传统意义上对于人们决策与价值判断起着最为重要作用的报纸，在当下城市互联网用户的各项决策和价值判断媒介倚重度竞争中，其倚重度明显被边缘化了（见表2）。

**表2　互联网用户对决策判断的媒介倚重度**

单位：%

| 项　目 | 日常消费决策 | 时事观点判断 | 价值评判 |
|---|---|---|---|
| 报纸 | 7 | 10 | 10 |
| 广播 | 4 | 6 | 7 |
| 电视 | 23 | 29 | 28 |
| 杂志 | 7 | 4 | 6 |
| PC互联网 | 23 | 20 | 17 |
| 移动互联网 | 24 | 19 | 15 |
| 书籍 | 3 | 7 | 10 |
| 户外交通楼宇液晶电视 | 6 | 2 | 3 |
| 电影 | 1 | 1 | 2 |
| 未填答 | 2 | 2 | 2 |

## （二）媒介及信源的信任度

### 1. 媒介信任度

在总体媒介信任度方面，用户最为信任的是电视，有34%的用户认为电视最可信，接下来依次是PC互联网（16%）、移动互联网（13%）、书籍（11%）、报纸（11%）、广播（6%）、杂志（4%）、户外交通楼宇液晶电视（2%）、电影1%、未填答（2%）。如果将PC互联网和移动互联网的选择率相加，有29%的用户认为互联网最可信，可信度仍然低于电视。

### 2. 不同决策情境下各种信源的信任度

不管在哪类决策情境下，亲人、朋友和同事/同学都是用户最信任的信源，其中用户对亲人的信任度最高，其次是朋友，同事/同学位居第三。信任度排在第四位的信源，则因决策情境的不同而有所差别。在日常消费决策情境下，用户第四信任的信源是促销人员；而在时事观点判断和价值评判上，媒体上的专家学者则是用户第四信任的信源，说明在这两类决策情境下，用户对专家学者的信任度仅次于对除邻里以外的初级和次级社会关系的信任度。

## （三）用户的网络新闻浏览行为

### 1. 标准网络新闻用户的接触时长与类型特征

互联网用户的日均浏览网络新闻时长为18.93分钟，标准差为34分钟，最小值为0分钟，最大值为459分钟。互联网用户日均浏览网络新闻的时间差异较大，其中不浏览网络新闻的互联网用户（日均浏览网络新闻时长为0分钟）占37%。排除37%的不浏览网络新闻的互联网用户，其他存在网络新闻浏览行为的用户人群日均网络新闻接触时长为30分钟，标准差为3.36分钟，中位数为17分钟，下四分位数为9分钟，上四分位数为34分钟。

由于日记卡是15分钟为一个时段进行填答，本研究将日均浏览网络新闻时长达到或超过15分钟，即每天至少浏览一次网络新闻的互联网用户定义为标准网络新闻用户，在本调查中，共有521名受访者属于标准网络新闻用户。

就性别比而言，在标准网络新闻用户当中，男性以55%的比例高于女性45%的占比。男性对于新闻的关注程度比女性高。

从年龄分布来看，标准网络新闻用户多集中在25~34岁、35~44岁两个人群中。而根据特征显著度指标，标准网络新闻用户 18～24 岁、25～34 岁以及 35～44 岁的特征显著，说明标准网络新闻用户具有年轻化的显著特征。

从文化程度上看，标准网络新闻用户主要集中在高中、中专或中技，大专以及大学本科这三类人群中。对于数据的显著度检验分析表明，标准网络新闻用户的高学历特征十分显著，大专、大学本科以及本科以上特征显著，且特征显著度是随着学历的提升而增加的。

从收入水平上看，标准网络新闻用户的收入集中在 2000～3999 元、4000～5999 元两档收入。根据特征显著度指标分析，标准网络新闻用户的高收入特征较为明显，4000～5999 元、6000～9999 元以及 10000 元及以上的收入特征显著。

就职业分布而言，调查表明，标准网络新闻用户的社会阶层主要集中在技术人员阶层和办事人员阶层。而根据特征显著度指标，标准网络新闻用户的管理阶层、技术人员阶层、办事人员阶层特征十分显著，说明标准网络新闻用户拥有中高社会阶层的明显特征。

从生活方式的类型来看，标准网络新闻用户主要集中在踏实进取和时尚新潮两种生活方式人群中，根据特征显著度指标分析，标准网络新闻用户踏实进取的生活方式特征较为显著。

### 2. 浏览网络新闻所使用的互联网接入终端

标准网络新闻用户浏览网络新闻所使用的互联网接入终端以台式机或笔记本电脑、智能手机或平板电脑这两类终端为主，其中台式机或笔记本电脑（54%）的选择率目前仍明显高于智能手机或平板电脑（44%），说明在网络新闻浏览方面传统的上网习惯仍居于主导地位。

### 3. 浏览网络新闻的时段地点与关系环境

网络新闻的接触率从 6：00 开始逐渐攀升，9：00～9：15 达到 2%，形成第一个峰值，之后一直维持在 1%～2% 之间，到了 20：00 以后开始再一次攀升，到 20：45～21：45 达到晚间峰值 4%，22：00 以后逐渐回落。因此一天中网络新闻接触率最高的时段是 20：45～22：00（见图 1）。

标准网络新闻用户主要在自己住所的客厅、自己住所的卧室以及工作（学习）场所浏览网络新闻，在这三类空间浏览网络新闻的日均时长分别占浏览网络新闻日均总时长的 33%、26% 和 23%。

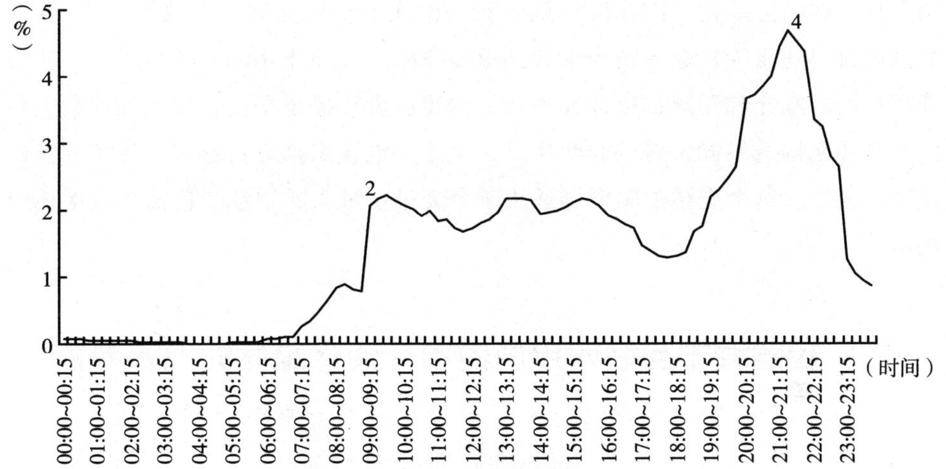


**图 1　用户网络新闻的时段特征分布**

标准网络新闻用户浏览网络新闻主要发生在与家人在一起、独自一人以及与同事或其他相识的人在一起的关系情境下，占比分别为 40%、33% 和 23%；发生在与亲戚或朋友、与陌生人在一起的关系情境下，占比总合为 4%。

## （四）简要的结语

如果说，PC 互联网时代的互联网还只是传统媒体的挑战者的话，那么，移动互联网时代的互联网就已经成为全媒体霸主和注意力大赢家了。

在对 PC 互联网和移动互联网的数据合并挖掘时，我们发现，受众在资讯需求、知识及素养需求、政治参与需求、休闲娱乐需求、决策判断需要五个方面的信源倚重度上，互联网已经全面超越了其他媒体。电视是唯一尚可与之在一定程度上相抗衡的传统媒体。可惜，报纸、广播之类的老牌传媒则在两种互联网夹击之下被全面边缘化了。

在媒体信任度方面，电视（34%）获得了一次艰难的全垒打，战胜了互联网（29%）和其他媒介。这有可能是电视在未来的移动互联时代打翻身仗的关键性受众基础，毕竟互联网信息把关人缺位问题在未来一二十年仍将是个痼疾。

当然，电视行业要做的并不是继续在传播渠道、通路和手段上模仿互联网。只有在内容规则、产业形态甚至赢利模式上都以互联网思维模式为基础，并且把自身建设为社会系统当中起到重要联结、沟通作用的开放性平台，使传统意义上的媒介和受众都可以在平台上构建信息传播子平台，以人的社会关系作为半径来构造不同领域的媒介生态，这才是电视未来进行融合、转制的正确逻辑。当然，这个变革逻辑同样适用于今天举步维艰的报纸、广播等其他传统媒体。

## 二　我国城市互联网用户使用社会化媒体的现状考察
### ——使用时长、类型偏好、认知—使用率及在线社交活动的若干特征

### （一）8种社会化媒体使用情况总体分析

本文所称谓的社会化媒体指的是，能够为使用者提供即时便捷的互动交流功能的移动互联社会化媒体平台，而非狭义的“社交媒体”。

根据表3，在8种社会化媒体中，LINE的使用率最低，只有26%；排名倒数第二位的是人人，使用率为40%；微信的使用率最高，达到81%；QQ空间的使用率居第二位，达到77%；优酷的使用率排在第三位，为67%；前些年曾经一枝独秀的新浪微博退居第四位，使用率为59%（见表3）。

**表3　8种社会化媒体的日均使用时长**

单位：%，分钟

| 项目 | QQ空间 | 新浪微博 | LINE | 微信 | 腾讯微博 | 优酷 | 土豆 | 人人 |
|---|---|---|---|---|---|---|---|---|
| 从不使用 | 23 | 41 | 74 | 19 | 43 | 33 | 47 | 60 |
| 15分钟以内 | 30 | 27 | 12 | 15 | 24 | 22 | 21 | 20 |
| 15~60分钟 | 23 | 16 | 7 | 22 | 16 | 21 | 16 | 11 |
| 60~120分钟 | 13 | 9 | 4 | 18 | 9 | 14 | 10 | 6 |
| 120分钟以上 | 11 | 7 | 3 | 26 | 8 | 10 | 6 | 3 |
| 合计 | 100 | 100 | 100 | 100 | 100 | 100 | 100 | 100 |
| 日均使用时长 | 39 | 28 | 11 | 65 | 27 | 37 | 25 | 15 |
| 标准差 | 48 | 44 | 29 | 59 | 44 | 48 | 41 | 32 |

本研究采用组中值来代表该组用户的日均使用时长，其中，最后一组是开放式组距，在此参考上一组的组距来代表该组组距。据此，“从不使用”组的组中值为0分钟，“15分钟以内”组的组中值为7.5分钟，“15～60分钟”的组中值为37.5分钟，“60～120分钟”组的组中值为90分钟，“120分钟以上”的组中值为150分钟。

研究发现，在这8种社会化媒体当中，相对于每一种社会化媒体的使用者而言，微信使用者使用微信的日均使用时间最长，达65分钟，显著高于其他几类社会化媒体的日均使用时长；其次为QQ空间，使用者日均使用时长为39分钟；优酷位居第三，为37分钟；LINE最低，日均使用时长仅11分钟（见表3）。

## （二）不同类别的人群在使用8种社会化媒体方面的偏好比较

从总体上说，不同性别用户使用8种社会化媒体的日均时长均不存在显著差异；不同学历、不同社会阶层用户对8种社会化媒体的日均使用时长均存在显著差异；不同收入水平用户在使用QQ、新浪微博、LINE和微信时日均时长存在显著差异，而在使用腾讯微博、优酷、土豆和人人时日均时长则不存在显著差异；不同生活方式用户在QQ空间的使用时长上不存在显著差异，在其他七类社会化媒体的使用上均存在显著差异。

本报告只对存在显著差异的部分列表呈现。

首先，数据分析显示，65岁以上人群对这8种社会化媒体的日均使用时长均很低。除了QQ空间以外，其他7种社会化媒体使用时间最长的群体均为18～24岁、25～34岁以及35～44岁这三类。QQ空间的使用人群更加年轻化，使用时间最长的群体包括10～17岁、18～24岁以及25～34岁这三类。18～24岁人群是社会化媒体使用最活跃的人群（见表4）。

其次，社会化媒体的使用人群呈现出学历偏高的特征。除了QQ空间以外，其他7种社会化媒体使用时间最长的三类人群均为大专、大学本科以及本科以上，QQ空间使用时间最长的三类群体则为高中、中专或中技，大专以及本科以上这三类人群。本科以上人群是社会化媒体使用最活跃的人群，各类社会化媒体使用时间最长的学历群体均为本科以上人群（见表5）。

**表4　不同年龄用户使用8种社会化媒体的日均时长**

单位：分钟

| 项　目 | QQ空间 | 新浪微博 | LINE | 微信 | 腾讯微博 | 优酷 | 土豆 | 人人 |
|---|---|---|---|---|---|---|---|---|
| 10~17岁 | 44 | 13 | 3 | 44 | 17 | 32 | 14 | 7 |
| 18~24岁 | 57 | 39 | 17 | 86 | 42 | 48 | 33 | 26 |
| 25~34岁 | 43 | 36 | 13 | 84 | 35 | 48 | 31 | 16 |
| 35~44岁 | 34 | 24 | 10 | 61 | 23 | 32 | 22 | 15 |
| 45~54岁 | 26 | 18 | 8 | 45 | 18 | 26 | 19 | 9 |
| 55~64岁 | 25 | 17 | 5 | 34 | 14 | 19 | 19 | 6 |
| 65岁以上 | 3 | 10 | 2 | 5 | 1 | 1 | 0 | 2 |
| F值 | 13.437 | 11.557 | 4.642 | 29.918 | 13.221 | 13.329 | 7.342 | 9.043 |
| P值 | .000 | .000 | .000 | .000 | .000 | .000 | .000 | .000 |

**表5　不同学历用户使用8种社会化媒体的日均时长**

单位：分钟

| 项　目 | QQ空间 | 新浪微博 | LINE | 微信 | 腾讯微博 | 优酷 | 土豆 | 人人 |
|---|---|---|---|---|---|---|---|---|
| 小学及小学以下 | 16 | 8 | 4 | 23 | 5 | 26 | 7 | 4 |
| 初中 | 30 | 13 | 3 | 40 | 14 | 25 | 17 | 5 |
| 高中、中专或中技 | 39 | 23 | 10 | 55 | 26 | 32 | 23 | 14 |
| 大专 | 42 | 30 | 13 | 74 | 32 | 40 | 28 | 19 |
| 大学本科 | 38 | 36 | 11 | 80 | 29 | 44 | 28 | 14 |
| 本科以上 | 52 | 48 | 28 | 80 | 47 | 51 | 31 | 27 |
| F值 | 3.276 | 11.647 | 6.965 | 19.457 | 7.566 | 6.242 | 3.459 | 7.550 |
| P值 | .006 | .000 | .000 | .000 | .000 | .000 | .004 | .000 |

再次，4种社会化媒体用户的收入特征有所差别，但整体来说，这四类社会化媒体的用户主要集中在中高收入人群（见表6）。

**表6　不同收入水平用户使用4种社会化媒体的日均时长**

单位：分钟

| 项　目 | QQ空间 | 新浪微博 | LINE | 微信 |
|---|---|---|---|---|
| 无收入 | 48 | 23 | 6 | 63 |
| 2000元以下 | 32 | 21 | 8 | 54 |
| 2000~3999元 | 38 | 27 | 12 | 67 |
| 4000~5999元 | 37 | 32 | 13 | 64 |

续表

| 项　目 | QQ 空间 | 新浪微博 | LINE | 微信 |
|---|---|---|---|---|
| 6000 ~ 9999 元 | 41 | 35 | 14 | 74 |
| 10000 元及以上 | 35 | 34 | 5 | 76 |
| F 值 | 2.761 | 3.049 | 2.454 | 2.325 |
| P 值 | 2.761 | 3.049 | 2.454 | 2.325 |

说明：仅上述 4 种社会化媒体的使用与人们的收入水平呈现显著性。

最后，8 种社会化媒体用户的社会阶层特征有所差别。整体而言，除了 LINE 以外，其他社会化媒体的社会阶层分布均比较分散，其中商业服务业员工阶层在除 LINE 以外的各类社会化媒体中活跃度均较高（见表 7）。

**表 7　不同社会阶层用户使用 8 种社会化媒体的日均时长**

单位：分钟

| 项目 | QQ 空间 | 新浪微博 | LINE | 微信 | 腾讯微博 | 优酷 | 土豆 | 人人 |
|---|---|---|---|---|---|---|---|---|
| 管理阶层 | 43 | 39 | 17 | 75 | 28 | 39 | 34 | 20 |
| 私营企业主 | 43 | 31 | 16 | 61 | 32 | 37 | 28 | 22 |
| 技术人员阶层 | 41 | 29 | 16 | 75 | 37 | 42 | 33 | 16 |
| 办事人员阶层 | 39 | 32 | 11 | 71 | 26 | 40 | 23 | 14 |
| 个体工商户 | 39 | 26 | 9 | 70 | 27 | 36 | 25 | 15 |
| 商业服务业员工阶层 | 44 | 35 | 15 | 77 | 37 | 40 | 31 | 22 |
| 产业工人 | 29 | 21 | 8 | 51 | 23 | 33 | 25 | 12 |
| 城乡无业失业半失业 | 22 | 14 | 2 | 45 | 15 | 30 | 20 | 7 |
| 学生 | 52 | 24 | 9 | 66 | 26 | 39 | 22 | 15 |
| 离退休 | 24 | 19 | 5 | 33 | 14 | 16 | 11 | 6 |
| 其他 | 32 | 26 | 10 | 69 | 36 | 45 | 25 | 9 |
| F 值 | 4.311 | 3.024 | 2.485 | 7.048 | 3.393 | 2.949 | 3.064 | 2.726 |
| P 值 | .000 | .001 | .006 | .000 | .000 | .001 | .001 | .003 |

## （三）城市互联网用户在线社交活动的现状分析

### 1. 标准在线社交活动用户分析

数据显示，互联网用户的日均在线社交活动时长为 19.77 分钟，标准差为 47.996 分钟，最小值为 0 分钟，最大值为 749 分钟。互联网用户日均在线社交活动的时间差异较大，其中日均在线社交活动时长为 0 分钟，即不进行在线社交活动的用户占了45.9%。排除45.9%的不进行在线社交活动的用户，针对存在在线社交活动的用户进行分析。在这一人群中，日均在线社交活动时长为36.53分钟，标准差为60.374分钟，中位数为18.21分钟，下四分位数为8.57分钟，上四分位数为38.57分钟。

由于日记卡是15分钟为一个时段进行填答，本研究将日均在线社交活动时长达到或超过15分钟，即每天至少进行一次在线社交活动的互联网用户定义为标准在线社交活动用户。在本调查中，共有429名受访者属于标准在线社交活动用户。

调查表明，标准在线社交活动用户并没有显著的性别特征，男女比例相当。标准在线社交活动用户年轻化特征显著，其中18~24岁以及25~34岁的特征最为显著。

标准在线社交活动用户主要集中在高中、中专或中技，大专以及大学本科这三类人群中。从特征显著度来看，标准在线社交活动用户具有显著的高学历特征，用户以大专、大学本科及本科以上学历为主。标准在线社交活动用户具有显著的中高收入特征。标准在线社交活动用户为管理阶层、私营企业主、技术人员阶层、办事人员阶层以及学生的特征较明显。

#### 2. 在线社交活动时用户所使用的互联网接入终端

标准在线社交活动用户在线社交活动所使用的互联网接入终端以智能手机或平板电脑、台式机或笔记本电脑为主，其中通过智能手机或平板电脑进行在线社交活动的比例较高，占57%，而通过台式机或笔记本电脑进行在线社交活动的比例为41%，明显低于前者。

#### 3. 在线社交活动的时段分布、空间所在及情绪特征

调查显示，在线社交活动的参与率从7：00开始攀升，8：00~10：00，参与率一直维持在1%，10：00~20：00一直在1%~3%波动，到20：00以后，逐渐上升，在20：30基本达到峰值4%。22：00以后回落至3%，23：00以后回落到1%。由此可见，一天当中在线社交活动最活跃的时段是20：30~22：00（见图2）。

在线社交活动主要发生在自己住所的卧室、自己住所的客厅以及工作（学习）场所中，占比分别为26%、24%和26%，发生在这三类空间的比例远高于发生在其他空间的比例。

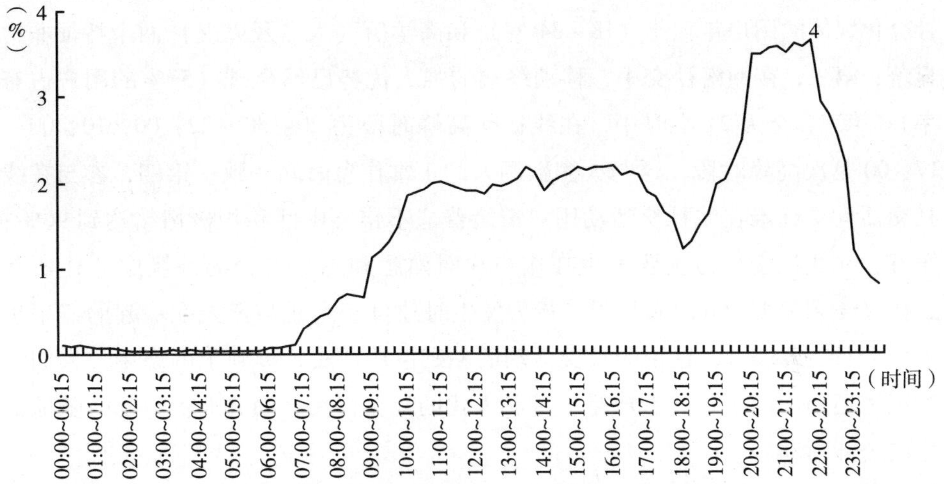


**图 2　用户在线社交活动的时段分布**

在线社交活动主要发生在与家人在一起、独自一人以及与同事或其他相识的人在一起的情境下，占比分别为 33%、31% 和 27%，发生在与亲戚或朋友、与陌生人在一起两类关系情境下的占比很低。

#### 4. 在线社交活动的情绪

在进行在线社交活动时，有 55% 的标准在线社交活动用户为积极情绪，有 41% 的用户的情绪为中性，而伴随着消极情绪的用户比例则极低。这一点充分表明在线社交活动是一种维系人们正向情绪的、较为积极的社会行为。

### （四）简要的结语

调查显示，排在国内最常使用的社会化媒体前八位的，分别是微信、QQ 空间、优酷、新浪微博、腾讯微博、土豆、人人和 LINE。值得一提的是，在日均使用 1 小时以上的高忠诚度标准在线社交活动用户中，微信的使用比例很高。这与微信从一开始就以移动平台作为技术开发的目标载体有关。微信与迅速扩大的移动互联市场的适应度和契合度都很好，而移动互联网的便捷性和即时性也使网络用户愿意增加微信的在线时间。适者生存，微信已然抢占了移动互联时代社会化媒体平台的先机。

对在线社交行为进行数据挖掘的过程中，我们有几个重要发现：第一，使用社会化媒体的用户年轻化（18～34 岁）和高学历（大专及以上）两个特征非常显著；第二，在网络社交中，移动终端的强大优势已然显现（57% 的用户占有率）；第三，全天 24 小时中，在线社交高峰时段为 20：30～22：00，10：00～17：00 是次高峰时段，这与大多数国人的正常作息时间一致；第四，参与在线社交活动中标准在线社交活动用户情绪普遍不错，中性和积极情绪达到 96%；第五，在线社交行为主要发生在用户相对熟悉和感觉安全的环境中［住所及工作（学习）场所］，而且用户行为发生时独自一人或与家人在一起的概率最大（合计为 64%），这说明社交活动的私密性从现实延续到了网络中，人们潜意识里还是把网络社交看成是一种私人化的社会行为，而并非可以随时随地发生的公开活动。

而且与普通用户相比，日均在线社交活动超过 15 分钟的用户还具有三个特别之处：一是社会阶层中的中高层（管理阶层、私营企业主）、白领（技术人员阶层、办事人员阶层）和学生的占比高；二是中高收入特征明显；三是高学历特征明显。

# B.3
# 2014年中国印刷媒体发展概要

蓝皮书课题组

印刷媒体作为传统媒体，近年来的发展可谓是背水一战。新旧媒体之间的交融竞合仍在继续，传统媒体的竞争压力增大，面对互联网的汹汹来势，严峻的现状迫使印刷媒体必须通过不断变革创新来寻求突破。

2014 年，国家加强对出版产品创作生产的政策引导，推动出版业由规模数量型向质量效益型转变。全民阅读立法初见成效，全民阅读活动广泛开展。中国图书零售市场整体继续保持快速发展，实体书店图书零售渠道扭转了前两年销售下滑的市场态势，实现正向增长；网上书店渠道销售继续保持高速增长，出版发行机构对线上零售的重视程度和投入力度也在增强。

2014 年，报业传统广告收入延续了 2012 年和 2013 年的下滑趋势，而且下滑的势头更加迅猛。2014 年中国报纸广告降幅扩大到 18.3%，远远超过了前两年的降幅，创下报纸广告下降的历史新高。与 2011 年相比，报业广告收入减少了三成。全国报纸发行总量环比下降超过 10%，读者加速向新媒体分流。2014 年，全国各类报纸的零售总量与 2013 年相比下滑了 30.5%。但不同报种的情况各不相同：都市报、财经报和IT报三大报类的发行量持续领跌，党政类报纸和生活服务类报纸的发行量相对稳定，时政类报纸的发行量呈上扬之势。

2014年，期刊市场整体平均销量延续了2013年的下滑态势，动漫、体育、育儿等类别期刊平稳过渡；主流媒体期刊表现出较强的竞争态势，市场集中度高；一线城市竞争激烈，二三线城市竞争也在加剧。期刊内容优势和品牌效应凸显，国际交流与跨界合作稳步开展。

印刷媒体转型的探索一直在持续，同时也加快了步伐，2014年取得了一些突破性进展。一些报社的多元化经营已经初显成效，不少报业集团的总收入中，广告收入仅占总收入的50%，其余是非报收入。报纸、期刊在微信、APP等移动媒体上的传播影响与渗透正在逐渐增强。移动互联网对于纸媒来说更是转型和发展的契机，纸媒唯有紧握时代脉搏，不断创新传播渠道和技术手段，才能真正地实现新旧媒体的融合发展。

B.4

# 2014年中国报业广告发展与转型

姚 林*

摘 要：2014年中国报业广告的颓势越发强烈，传统报业如何在危境中找到生存之路，成为共同关注的话题。本文以央视CTR媒介智讯的数据为依据，具体分析报业广告下降原因以及行业特点，对报业发展与转型给予一定建议。

关键词：报业广告 报业广告发展 报业广告转型

2014年，中国报业广告依然没有摆脱衰退的困境，报纸广告降幅扩大到18.3%，远远超过了前两年的降幅，创下报纸广告下降的历史新高。

## 一 传统媒体同遇困境，危机中仍有机会

根据央视CTR媒介智讯的数据，2014年传统媒体广告市场下降了1.7%，这是近年来传统媒体广告总体首次出现负增长。过去3年，平面媒体广告的大幅下降是拉低传统媒体广告整体增长的主要原因之一，作为第一大广告媒体的电视广告的增长虽然仍继续支撑着传统媒体广告整体的上升，但2014年的电视广告也出现了负增长，尽管广播电台广告、户外广告仍然保持增长趋势，但已无法改变传统媒体广告整体的走势。

2014年传统媒体广告可谓冰火两重天，电视广告下降了0.5%，虽然降幅很小，但足以改变传统媒体广告市场的趋势。平面媒体报、刊广告仍然双双下

* 姚林，央视市场研究股份有限公司资深研究顾问。

降，降幅也在继续扩大，其中报纸广告降幅达到了 18.3%，比上年多出 10 个百分点，期刊广告降幅为 10.2%，也大大超过上年降幅。保持增长的是广播电台广告和户外广告，广播电台广告增长了 10.6%，户外广告增长了 9.5%（见图 1）。

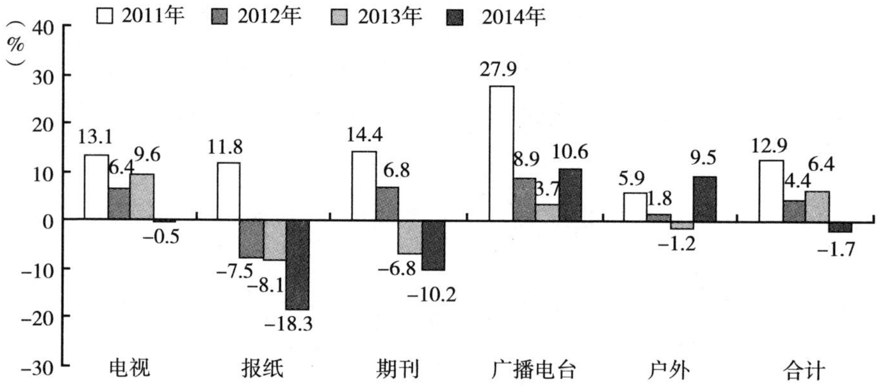


**图 1　2011～2014 年传统媒体广告增长趋势**

数据来源：央视 CTR 媒介智讯。

广播电台广告和户外广告为什么能在困境中崛起？痛则思变，改变自己，抓住机遇是它们共同的特点。2014 年，广播电台普遍开辟网络电台，建立多元化收听渠道，线上线下融合，同时创新内容、创新编排，实现精准传播。而户外广告的增长一方面来自户外新媒体的发展，另一方面得益于城市地铁大发展的机遇。广播电台广告和户外广告的增长对报业应该有所启示。

广告资源量是指广电媒体的广告时长、平面和户外媒体的广告版面面积。从媒体广告资源的变化看，除广播电台外各类媒体的广告资源量都在持续下降，2014 年电视广告时长下降了 8.9%，广播电台广告也微降 0.8%；报纸广告版面面积下降 20.8%，期刊降幅达 19.4%，户外广告下降了 2.5%（见图 2）。

从各媒体广告刊登额与资源量的比较可以看出，资源量的减少均超过广告刊登额的减少，这意味着各媒体广告含金量都有不同程度的变化，当然实际含金量是否提高还取决于广告折扣的变化。

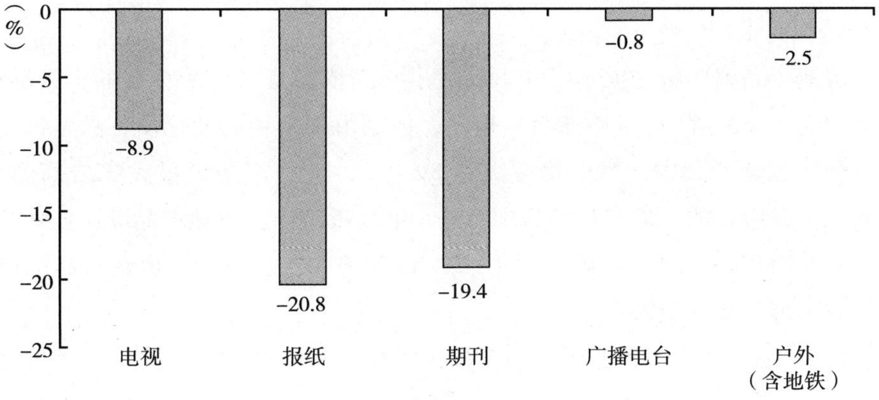


**图2　2014 年传统媒体广告资源量变化**

数据来源：央视 CTR 媒介智讯。

## 二　报纸广告下降速度加快，是否接近谷底？

自 2012 年报纸广告由增长转为下降后，降幅逐年扩大，2014 年降幅由上年的 8.1% 急剧扩大到 18.3%，报纸广告恶化的形势日益加剧，2010～2012 年，报纸广告累计下降了 33.9%。广告下降带来的是报纸广告版面的减少，2014 年报纸广告资源量（报纸广告占版面积）比上年下降了 20.8%。

2014 年报纸广告的月度趋势依旧。以各月环比增减和月度广告量来看，虽然波动很大，但报纸广告的季节性特征没有发生改变，依然是春节月、五一长假、十一长假是其低谷月，而低谷月之前的 4 月、9 月、12 月是其广告量最大的几个月。

### （一）2014年主要品牌报纸广告投放趋势

2014 年报纸广告投放前 20 位品牌与上年同期相比，有 6 家增长、14 家下降，有 4 个品牌 2013 年还在 TOP20 之外，而 2014 年已进入前 20 位。从前 20 位品牌的构成来看，房地产品牌仍然占据半壁江山，达到 10 家。其他品牌基本是老面孔，家电卖场、家居卖场、汽车、通信各占两席，家电只有格力一家。最引人注目的是阿里巴巴淘宝以大增幅居第8位，稳定在报纸广告品牌前10位的位置上。

房地产品牌广告占据半壁江山反映了它们依旧是报纸最重要的广告资源，在增长的6个品牌中，5个来自房地产，但是由于市场的变化使各品牌投放的差异非常显著。其中，恒大增幅高达39.9%，坐稳了报纸最大广告商席位，而其他4家增长的房地产品牌除中天外，增幅都很小。房地产品牌广告降幅较大的是龙湖和碧桂园，降幅高达47.2%和38.4%。总体看，房地产品牌广告的投放不容乐观（见图3）。

前20位品牌中，其他行业都在减少投放，苏宁易购、国美广告投放分别下降了31.6%和26.2%，中国移动通信和中国电信广告投放分别下降了32.9%和35.6%。汽车品牌中只有上海大众和东风悦达起亚还保留在前20位，但广告投放也都在减少（见图3）。前20位品牌广告投放合计下降了12.3%，而其他品牌合计下降了19.0%。

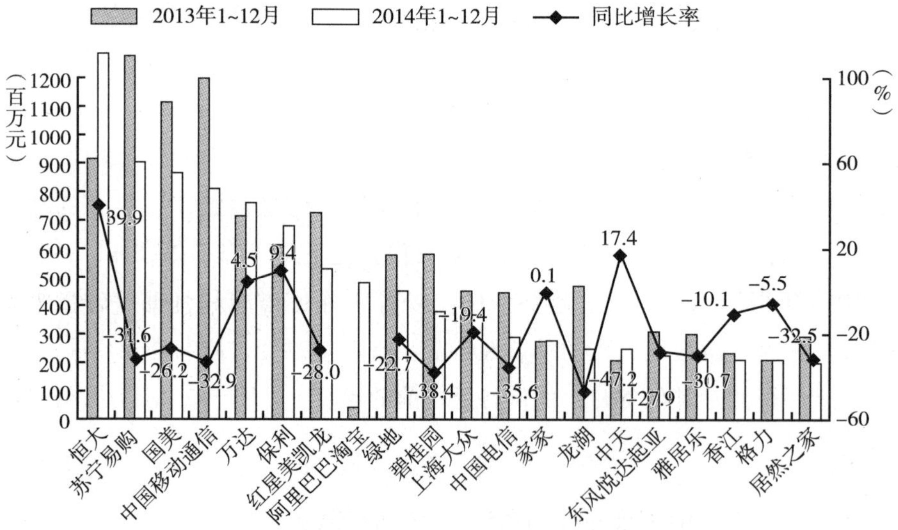


**图3 2014年主要品牌报纸广告投放趋势**

数据来源：央视CTR媒介智讯。

值得思考的是，在传统产业品牌减少对报纸的广告投放时，作为电商代表和旗帜的阿里巴巴淘宝却以8倍以上的增幅大举增加对报纸的广告投放。阿里巴巴淘宝的举动至少说明他们对报纸的传播价值有着充分的认可，这是值得报业经营者反思的问题。

## （二）2014年报纸广告主要行业趋势

2014 年，主要行业报纸广告投放几乎都在下降。房地产从上年增长 17.5%急剧转为下降，降幅达到 23.8%。商业零售业下降 22.1%，汽车业降幅高达 35.6%，娱乐及休闲业下降 10.3%。降幅较大的还有个人用品行业（下降 23.5%）、酒类行业（下降 29.5%）、家用电器业（下降 31.6%）。

报纸广告投放增长的行业有 4 个，分别是食品业（增长 15.7%）、药品业（增长 5.6%）、家居用品业（增长 5.9%）、商业服务性行业（增长 2.2%）。

10 年前，邮电通信、食品、药品曾经是报纸广告投放排名前六的行业，然而 2009 年开始陆续掉出前六名，而在报纸广告遭遇衰退时，邮电通信又回到前六名，食品、药品也在逆势增长。尤其值得注意的是，报纸食品广告增长率不仅超过传统媒体食品广告 1.5%的总体增长，也远远超过其他传统媒体的增长率。这表明报纸广告的行业结构在衰退过程中亦发生着变化，一度衰落的食品、药品正在成为增长点。

2014 年报纸广告比 2011 年下降了近三成（-29.6%）。各行业在 3 年中下降趋势不完全相同，在报纸广告中所占比重也有差异。占报纸广告比重达 31%的房地产广告三年减少了 16.2%，且都集中在 2014 年，因而对 2014 年的报纸广告影响较大。商业零售业、汽车广告的减少在 3 年中几乎是持续的。

## （三）重点行业广告趋势分析

### 1. 房地产

2014 年是报纸房地产广告急剧变化的一年，自 2012 年报纸广告进入衰退以来，房地产曾以一己之力支撑着报纸广告，在 2013 年还逆势增长了 17.5%，但进入 2014 年以来形势急转直下，房地产广告降幅逐月加大，形势日益严峻，最终下降了 23.8%。

房地产广告趋势的变化源于房地产市场的变化，而市场的变化源于政策的变化。2010 年 4 月“国十条”颁布后，主要城市陆续实行了限购政策，由于房地产市场复杂的博弈关系使得调控政策效应明显带有迟滞性，这从报纸房地产广告 2011 年大涨 23.6%，2012 年下降 5.7%，2013 年又大涨 17.5%，2014 年再大降 23.8% 的波动中可见一斑。

2014 年下半年以来，全国各地的限购政策大都已经调整，央行“930 新政”对市场的作用似乎并没有达到预期目标。虽然 10 月开始各地住房交易开始活跃、销售开始回升，但也远远没有达到开发商的预期。反之，不少城市住房的存量还在上升。值得注意的是，一些开发商对 2015 年抱有很大期待，这从一些城市土地交易的升温可以看出。但是，房地产市场的变动并没有拉动广告投放的增长，反而是投放不断减少。

2014 年传统媒体总体的房地产广告下降了 9.6%，降幅明显扩大，其中在广播电台增长 12.6%、户外增长 34.3%、电视下降 1.9%、报纸下降 23.8%、期刊下降 14.7%。可以看出，在新的市场趋势和传播环境下，房地产开发商的媒体策略也在变化，报纸虽然还是房地产广告的主要选择，但媒体格局的变化已经是不争的事实。

在经济发展方式调整、经济增速和消费增长减缓、经济社会进入新常态的大环境下，经过 4 年调整、动荡、博弈的房地产市场也将逐步进入新常态发展。虽然大部分限购政策已放开，贷款政策也趋于宽松，但市场趋势表明，中国房地产市场将从消费需求和投资（投机）需求交织的市场向消费需求为主的市场转移，市场将逐步趋于稳定发展，过度开发的地区需要时间来解决“泡沫”问题，市场供求关系将会发生变化。因此，报纸作为房地产广告最大的媒体平台也需要适应这一变化过程。

2. 商业零售业

报纸是商业零售业最大的广告载体，这是因为商业零售业的地域性特征和报纸的地域性特征相互吻合。网络在地域上具有无限性，在互联网发展的初期，对实体商业零售业基本没有形成冲击；但是依赖互联网，特别是移动互联网发展起来的电商网购却对实体商业零售业形成了巨大冲击，它不仅突破了实体商业零售业的地域界限，更通过低价、快捷、便利等各种优势成为网络时代的生活方式。

正是在这种大环境之下，实体商业零售业在受到巨大冲击的同时，必将给广告投放及广告媒体的选择带来巨大改变。这在近几年报纸商业零售业广告的变动趋势中得到了充分印证。2011 年报纸商业零售业广告增长 9.4%，在这之前，报纸商业零售业广告虽也有波动，但波动基本上是源于零售市场的变化。可以说，之前的报纸商业零售业广告是报纸最为稳定的广告资源。

2012 年市场开始发生剧变，也正是在这一年电商网购开始突飞猛进的发展。反映到报纸广告上，2012 年商业零售业广告开始下降，当年下降了 13.6%，之后下降趋势不可抑制，2013 年下降了 11.9%，2014 年再下降 22.1%。

2014 年传统媒体总体的商业零售业广告同比下降 8.3%，其中，电视下降 4.5%，期刊下降 13.0%，而户外却上升 9.1%，广播电台更是增长了 14.9%。这也反映出传统媒体的商业零售业广告总体下降趋势中媒体选择结构发生了变化。

### 3. 汽车

汽车广告也曾经是报纸最重要的广告资源，长期位居报纸广告规模的第三位。2010 年报纸的汽车广告达到高峰，当年增长率达到惊人的 38.8%，占报纸广告的比例也达到了 12.5%。报纸汽车广告的下滑先于报纸广告总体。2011 年，当报纸广告还在高歌猛进时，汽车广告就已下降了 4.1%，之后一路下降，降幅逐年扩大，2012 年下降了 13.0%，2013 年下降了 25.2%，2014 年降幅则创纪录地达到了 35.6%。

其原因至少有二：一是新媒体的发展，社交方式的改变，使得人们获取信息的方式发生了改变；二是汽车品牌营销模式的改变，而在这些改变中，报纸却迟迟无法相应改变，明显落伍了，不适应了，由此广告流失也就在情理之中了。如何从新闻纸走向新媒体，如何从单纯广告走向整合营销是报纸必须面对的问题。

## 三　2015年发展展望：转型给报业经营带来转机

2014 年报业转型的步伐明显加快，报社或报业集团的产业布局和经营收入结构的变化表明了转型初见成效。过去广告收入普遍占到报纸经营收入的 70% ~80%，而现在在一些报社或报业集团的经营收入中，来自报纸广告收入比例已经下降到 50% 左右。这不仅意味着报业的经营开始走出单纯依靠报纸广告的模式，更重要的是意味着报纸转型的探索正在收到成效。

2015 年继续下降的趋势还无法改变，报纸广告不能期待反转回暖。但三年三成的降幅说明，即使是在甚嚣尘上的唱衰浪潮中，报纸依然是重要的广告媒体，还没有其他媒体可以完全替代报纸的作用。未来两年左右，报纸广告下降的趋势有可能接近谷底，降幅会逐渐减缓。但是，谷底之后会不会反弹，则取决于报业的转型。不转型将使谷底遥遥无期，甚至即使到了谷底也会被淘汰。

报业转型已经到了关键时期。可喜的是，一批报社或报业集团已经在转型的路上迈出大步，转型的成效已经初见端倪。笔者了解到，虽然报纸广告收入普遍下降，但一些报社或报业集团的总经营收入不降反升，经营收入中来自报纸广告收入的比例已下降到五成左右。这说明报业的经营模式正在发生变化，报业有足够的能力生存发展下去。

B.5

# 2014年中国图书出版：从规模数量向质量效益提升

魏玉山*

摘　要：2014年初，国家新闻出版广电总局在部署新闻出版方面的重点工作时提出，要不断优化行业规划、基金资助、政府评奖机制，加强对出版产品创作生产的政策引导，推动出版业由规模数量型向质量效益型转变。由此，推动图书出版由规模数量向质量效益的提升，成为2014年图书出版工作的主基调。

关键词：图书出版　政策　融合发展

## 一　图书出版

### 1. 品种增速放缓，质量稳步提升

中国图书品种数量持续、快速增长，虽然反映了创作的自由与出版的繁荣，但也引起广泛的反思与不安：高质量、好口碑、可以争相传颂的图书不多，图书编校质量滑坡，出版单位图书单品种效益下降，编辑的工作量不断加大等。

为了解决图书质量效益下滑的问题，国家新闻出版广电总局一方面提出推动出版业由规模数量型向质量效益型转变的工作思路，号召各出版单位控制图书品种规模；另一方面把2014年确定为“出版物质量专项年”，加大对图书

* 魏玉山，中国新闻出版研究院院长、党委副书记。

的质量检查。通过一系列的政策措施，图书品种快速增长的势头得到了遏制，2014 年新闻出版产业分析报告显示：2013 年全国共出版图书 44.4 万种，较 2012 年增长 7.4%，增速较 2012 年回落 4.7 个百分点；重印重版图书品种增长 9.6%，增速提高 3.4 个百分点。2014 年图书出版的统计数据尚未发布，但是依据统计快报的显示，图书品种增速下降，重印再版图书品种继续增长的趋势没有改变。图书品种总数增速下降与重印再版书品种增速的提高，反映了新书与重印再版图书比例结构的调整和图书质量的稳步提高。

### 2. 开展质量检查，助推图书质量提高

2014 年，国家新闻出版广电总局组织了三批图书质量检查，对包括少儿图书、教辅图书在内的多种图书进行了抽查。2014 年 2 月，总局公布第一次抽查结果，有 5 家出版社的 7 种少儿图书编校质量不合格；2014 年 6 月，公布第二次抽查结果，有 10 家出版单位的 10 种少儿图书编校质量不合格；2015 年 1 月，又公布 13 家出版社的 13 种教辅读物编校质量不合格。至此，2014 年的图书质量专项治理，以 30 种图书被处罚收尾。按照《图书质量管理规定》的要求，对于质量不合格的图书，出版单位应当召回，对连续两年编辑质量不合格图书的责任编辑，将取消其出版职业资格，调离编辑工作岗位。严格的图书质量检查有助于提高图书质量。

### 3. 主题图书配合重大任务，引导社会阅读

2014 年政府部门组织了四次主题出版工作，包括学习贯彻习近平同志系列重要讲话精神、培育和践行社会主义核心价值观、纪念邓小平同志诞生 110 周年、庆祝新中国成立 65 周年。主题出版一方面配合了重大事件的宣传，营造了浓厚的舆论氛围，另一方面也引导了读者的阅读方向。

## 二　图书发行

### 1. 实体书店回暖

从 2013 年起，财政部、国家税务总局、国家新闻出版广电总局联合实施了两项有利于实体书店发展的政策，即免征图书批发零售环节增值税；在北京、上海、南京、杭州、广州、武汉、长沙、合肥、南昌、成都、西安、昆明 12 个城市开展实体书店扶持试点工作，2014 年 4 月，财政部与国家新闻出版

广电总局决定实体书店扶持试点工作从原来的 12 个试点城市扩展至 12 个省市。受到免税和资金扶持双重利好的影响，图书发行领域出现了回暖的局面。一方面图书发行企业利润增长，2013 年全国图书发行业实现营业收入 2710. 7 亿元，较 2012 年增长 12. 1%；利润总额 221. 1 亿元，增加 25. 1 亿元，增长 12. 8%。① 另一方面特色书店开设分店的越来越多。比如，西西弗书店，2014 年在贵州、重庆、深圳新开业了多家分店②；上海汉源书店在陕西南路与复兴路口开设分店③；纸的时代书店在郑州开设分店④；等等。

2014 年，发行领域特别值得关注的一个现象是 24 小时书店的兴起。4 月 9 日起，北京三联韬奋书店实行 24 小时不打烊，一时间引发舆论关注高潮。此后，重庆、杭州等地也开办了 24 小时书店，到 2014 年底，内地共有 11 家 24 小时书店。⑤ 从经济效益的角度看，绝大多数 24 小时书店短期内难以实现赢利，但是从培育人们的阅读习惯，为喜欢夜读的人们提供一个可以潜心阅读的场所，其社会效益是难以估量的。

**2. 网店销售快速增长**

网购环境的改善，包括移动终端的普及，网上支付系统的便捷，线下配送系统的发达，不仅极大地促进了网购的发展，也带动了图书网购的快速增长。国家新闻出版广电总局 2015 年 1 月发布的《2014 中国出版物发行业年度报告》显示：2013 年全国网上书店数量已达到 511 家，比 2012 年增长 39. 2%，网店出版物销售总额 176 亿元，比 2012 年增长 54. 4%，增速大大高于行业平均水平。⑥ 据当当网发布的数据，2014 年上半年，当当网图书品类销售首次破亿，达到 1. 6 亿册，销售额同比增长 40%。⑦ 京东、亚马逊等电商的图书销售也都有不同程度的增长。

---

① 参见 http：//www. chinaxwcb. com/2014 -07/10/content_ 297590. htm。

② 参见 http：//finance. qq. com/a/20141027/009034. htm。

③ 参见 http：//www. whb. cn/zhuzhan/kandian/20141128/19773. html。

④ 参见 http：//hn. house. sina. com. cn/scan/2014 -11 -05/14565935655616831083631. shtml。

⑤《内地 24 小时书店夜间普遍亏本经营，只是一种文化坚守?》，http：//www. chinadaily. com. cn/dfpd/cq/2014 -12/04/content_ 19026082. htm。

⑥ 参见 http：//www. dajianet. com/news/2015/0112/209949. shtml。

⑦ 参见 http：//book. ifeng. com/gundong/detail_ 2014_ 08/14/38173266_ 0. shtml。

### 3. 图书发行业继续向好

在税收减免与资金扶持政策的影响下，全国图书发行业已经走出困境，进入一个新的发展境界。中国新闻出版研究院发布的《2013 年新闻出版产业分析报告》显示：2013 年全国出版物发行业，包括图书销售册数、销售金额、营业收入、利润总额等都有不同程度的增长。新华书店系统和出版社自办发行单位实现全国居民和社会团体图书零售总额 659.2 亿元，较 2012 年增长 6.8%；图书零售数量 63.5 亿册，较 2012 年增长 3.1%。[①]

## 三　全民阅读

### 1. 全民阅读立法初见成效

从 2013 年下半年开始，国家层面的全民阅读立法工作正式启动。2014 年下半年，《全民阅读促进条例》（草案）开始在行业内征求意见。与国家层面的阅读立法不同，地方的全民阅读立法工作进度较快，2014 年 11 月，江苏省率先颁布了我国首部地方全民阅读法规《江苏省人民代表大会常务委员会关于促进全民阅读的决定》，并从 2015 年 1 月 1 日起正式实施。同月，湖北省人民政府常务会议审议通过《湖北省全民阅读促进办法》，并将自 2015 年 3 月 1 日起施行。此外，深圳等地的全民阅读立法工作也在加紧进行中。可以说，从 2014 年开始，全民阅读步入有法可依的时代。自 2013 年全民阅读立法伊始，对开展全民阅读立法必要性的质疑声就一直存在。随着地方阅读法规的出台，大家可以清晰地看到，阅读立法不是对国民阅读行为进行规范，而是对各级政府部门如何保障、促进阅读提出了要求。

### 2. 全民阅读活动广泛开展

从中央到地方，从企事业单位到民间组织，各种阅读活动丰富多彩。为推动全民阅读活动的开展，全国各级新闻出版广电部门与其他政府部门联合行动，共同开展形式多样的阅读推广活动，提升了全民阅读活动的影响力。与此同时，一些社会化组织的阅读推广也受到越来越多人的重视。如深圳的“后院读书会”，一年组织 53 场读书活动。虽然每次只有几十人参加，但是几年下

---

① 《2013 年新闻出版产业分析报告》，http：//www.gapp.gov.cn/news/1658/211947.shtml。

来参加的人数已经超过2万。[1] 又如2013年5月刚刚在北京开业的“第二书房”，以会员制的方式开展家庭教育和儿童阅读为特色的读书会、讲座沙龙等活动，[2] 受到社会的重视。

## 四 传统出版与新型出版融合发展

2013年11月，十八届三中全会通过《中共中央关于全面深化改革若干重大问题的决定》，该决定提出整合新闻媒体资源，推动传统媒体和新兴媒体融合发展。2014年4月，《人民日报》刊发了中共中央政治局委员、中宣部部长刘奇葆的文章《加快推动传统媒体和新兴媒体融合发展》，8月，中央全面深化改革领导小组审议并通过了《关于推动传统媒体和新兴媒体融合发展的指导意见》。中央全面深化改革领导小组组长习近平就推动传统媒体和新兴媒体融合发展做出重要指示。在不到一年的时间里，中央就传统媒体和新兴媒体融合发展做出如此密集的指示，可见此问题的重要性、紧迫性。在融合发展的大框架下，传统出版，特别是图书出版如何与新技术、新型出版融合发展，也成为出版界需要思考、实践的一个重大课题。

为了促进出版单位的转型升级与融合发展，中宣部、财政部与国家新闻出版广电总局联合启动了中央文化企业数字化转型升级项目，2013年，首批53家中央级出版单位从财政部争取到1.7亿元资金支持，2014年，又有十几家中央级的专业出版社获得重点扶持，预计共投入1.5亿元资金。[3] 2014年4月，国家新闻出版广电总局、财政部联合发布《关于推动新闻出版业数字化转型升级的指导意见》，旨在推动传统出版运用新技术，加快转型升级，走向融合发展。9月，国家新闻出版广电总局专门召开出版传媒集团主要负责人座谈会，研究推动融合发展问题，在此基础上，2015年4月总局正式颁布《关于推动传统出版与新型出版融合发展的指导意见》，进一步助力融合发展。

---

① 参见 http：//roll. sohu. com/20140708/n401917139. shtml。

② 参见 http：//culture. people. com. cn/n/2013/0712/c22219 - 22172060. html。

③ 参见 http：//www. cdpi. cn/xzx/toutiaoyaowen/20141211/12011. html。

B.6

# 2014年全国报刊发行市场盘点

田 珂 蔡正鹏 崔江红*

摘 要： 2014年，全国各类报纸的零售总量和2013年相比下滑了30.5%，其中都市报下滑幅度最大，居各报之首。但不同报种的情况各不相同：都市报、财经报和IT报三大报类的持续领跌，党政类报纸和生活服务类报纸的发行相对稳定，时政类报纸呈上扬之势。

2014年的期刊市场整体平均销量延续2013年的下滑态势，动漫、体育、育儿等类别期刊平稳过渡；主流媒体期刊表现出较强的竞争态势，市场集中度高；一线城市竞争激烈，二三线城市竞争也在加剧。

关键词： 报刊发行 下跌 都市报 市场

## 一 报纸市场

### （一）综述

#### 1. 2014年全国报纸发行量下滑，都市类报纸首当其冲

根据世纪华文对全国70个城市的报纸零售终端的持续监测数据，2014年，全国各类报纸的零售总量和2013年相比下滑了30.5%，其中都市报下滑幅度最大，居各报之首。总结全国发行量涨跌情况，大抵可以概括为三大特

---

* 田珂、蔡正鹏、崔江红，北京世纪华文国际传媒咨询有限公司。

点。一是都市报、财经报和 IT 报三大报类的持续跌势。2014 年都市类报纸整体零售发行下滑 31.8%，财经类报纸下降 7.3%，IT 类报纸下降 10.8%，从近三年市场趋势来看，这三类报纸一直呈下滑态势。二是党政类报纸和生活服务类报纸的发行相对稳定。2014 年全国党政类报纸的整体零售量维持相对稳定，销量微涨 0.3%，生活服务类报纸 2014 年的整体销量也基本维持着原有水平，销量微降 0.1%。整体来看，在市场化和同质化并存的报纸零售竞争环境中，党政类报纸和生活服务类报纸坚守住了阵地。三是时政类报纸的上扬之势。在日益恶化的报业销量环境中，2014 年全国时政类报纸零售销量环比上升 17.5%，呈现再度抬头的趋势。

都市类报纸在全国报纸发行市场上占重头，市场化程度较高，在互联网时代随着读者阅读习惯的改变，都市类报纸的传统发行结构改变最大，销量下降最显著。财经类报纸、IT 类报纸在零售市场的覆盖率低，近几年报刊亭的拆迁改造更是影响了其销量。党政类报纸、生活服务类报纸销量稳定，读者群体相对固定，报纸内容相对独立，所以即使在新媒体时代，此类报纸依然有可靠的市场空间。而时政类报纸销量能够逆转，很重要的原因在于读者涵盖各个阶层，近几年人们对国家新政、时事以及反腐等要闻的关注持续增长，刺激了时政类报纸的销量。

从城市表现来看，根据城市的基础设施规模和经济发展程度不同，一线城市的报纸平均铺摊率都在 90% 以上，并占据着城市主干道，是城市居民接触报纸的重要渠道。2014 年，一线城市的报纸实销率上升 5.04%，而覆盖率下降了 2.42%，这说明一线城市的报纸有缩小发行范围，强化有效发行的趋势，在零售市场内的发行竞争越来越趋理性。而二三线城市的报纸实销率和覆盖率均呈现下滑趋势，报纸销量滑坡，媒介地位正在下降，相对来说，三线城市的下降幅度更大一些（见表 1）。

**表 1　全国报纸一二三线城市实销率与覆盖率对比**

单位：%

| 区域 | 实销率 | | | 覆盖率 | | |
|---|---|---|---|---|---|---|
| | 2013 年 | 2014 年 | 变化率 | 2013 年 | 2014 年 | 变化率 |
| 一线城市 | 80.3 | 85.34 | 5.04 | 95.63 | 93.21 | -2.42 |
| 二线城市 | 84.5 | 83.98 | -0.52 | 90.80 | 88.73 | -2.07 |
| 三线城市 | 86.4 | 82.89 | -3.51 | 92.36 | 86.87 | -5.49 |

### 2. 华南、华西地区报纸发行下滑明显

2014 年多数地区的报纸实销率维持在 85% 左右，报纸发行态势比较稳定，短期内销量大幅下滑的可能性不大。华南、华西地区的报纸平均销量降幅最多，接近 1/4。华南地区的报纸实销率、覆盖率仍高于全国其他各地区，居全国首位（见表 2）。

**表 2　2013 ~ 2014 年各地区报纸零售发行指标对比**

单位：份/摊，%

| 区域 | 整体平均销量 | | | 实销率 | | | 覆盖率 | | |
|---|---|---|---|---|---|---|---|---|---|
| | 2013 年 | 2014 年 | 变化率 | 2013 年 | 2014 年 | 变化率 | 2013 年 | 2014 年 | 变化率 |
| 华北 | 513.18 | 419.33 | -18.29 | 79.68 | 84.46 | 4.78 | 87.55 | 88.51 | 0.96 |
| 华南 | 547.71 | 411.25 | -24.91 | 87.78 | 85.76 | -2.02 | 92.57 | 91.66 | -0.91 |
| 华西 | 284.07 | 213.43 | -24.87 | 77.68 | 80.11 | 2.43 | 81.52 | 89.11 | 7.59 |
| 华东 | 711.04 | 581.82 | -18.17 | 80.32 | 84.74 | 4.42 | 87.25 | 89.77 | 2.52 |
| 华中 | 106.1 | 85.84 | -19.10 | 73.31 | 78.76 | 5.45 | 78.34 | 83.13 | 4.79 |

### 3. 新媒体时代报纸发行竞争格局面临变化

在全国报纸销量下滑的比例中，都市类报纸就占 90% 以上。自 2012 年开始，都市类报纸在报纸发行市场比重平均每年下滑 7%，其作为主流报纸的发行地位衰减。财经类报纸、党政类报纸、IT 类报纸由于市场覆盖程度低，销量基数小，不太可能与都市类报纸争夺市场空间。相应的，时政类报纸和生活服务类报纸，虽然近两年也出现销量跳跃性的波动，但销量下降幅度没有都市类报纸高，市场覆盖程度可与都市类报纸相媲美，会继续抢占都市类报纸的市场地位和空间，构造全新的全国报纸发行结构。

### 4. 传播结构改变，互联网时代报纸发行的转型

2014 年，报纸的广告刊登额、发行量继续呈现同步下降的态势。报业界出现频率最多的关键词就是“转型”与“融合”。技术驱动下的媒介传播方式的改变，促使报纸在网络时代追求新的发行方式和深度转型，报纸内容碎片化地呈现在视频网站、客户端、微信等领域，人们获取报纸的信息，不再是单媒形态，而是多媒形态。

## （二）2014年全国各类报纸发行特征与趋势

### 1. 都市类报纸

目前各级新闻网站上仍有 40% 以上的新闻来源于报纸。报纸内容被源源

不断搬移到网络、手机微信、客户端领域，因而受影响最大的是传统的报刊亭零售领域，越来越多的城市报亭面临着经营困难问题；但即使这样，都市类报纸也没有放弃发行市场，相反的，都市类报纸运用辅助手段继续争夺零售市场，和同城报纸继续展开竞争。可以说，都市类报纸仍然占领着报纸市场的高位，仍然是中国报纸发行市场的“风向标”（见表3）。

**表3　2012～2014年都市类报纸零售发行指标对比**

单位：份/摊，%

| 时间 | 整体平均销量 | 实销率 | 覆盖率 |
|---|---|---|---|
| 2012年上半年 | 2983.05 | 87.32 | 92.07 |
| 2012年下半年 | 2862.75 | 89.44 | 94.43 |
| 2013年上半年 | 2631.1 | 87.95 | 93.44 |
| 2013年下半年 | 2348.97 | 85.51 | 91.2 |
| 2014年上半年 | 1932.21 | 82.45 | 87.82 |
| 2014年下半年 | 1465.75 | 85.69 | 91.39 |

### 2. 时政类报纸

时政类报纸多为全国发行，而由于全国报刊亭总量减少，时政类报纸的覆盖率明显下滑。但2014年全国时政类报纸的平均销量比2013年有明显提升，但与2012年相比仍有较大距离，可以说，2014年是时政类报纸的销量回暖季节（见表4）。

**表4　2012～2014年时政类报纸零售发行指标对比**

单位：份/摊，%

| 时间 | 整体平均销量 | 实销率 | 覆盖率 |
|---|---|---|---|
| 2012年 | 286.09 | 80.44 | 77.32 |
| 2013年 | 216.56 | 76.28 | 68.97 |
| 2014年 | 254.41 | 67.43 | 61.99 |

### 3. 生活服务类报纸

2014年，生活服务类报纸的发行水平基本维持了2013年的水平，实销率、覆盖率略有上升。从发展趋势看，这类报纸单期销量也比较大，在都市类报纸继续下行的趋势中，生活服务类报纸凭借稳定的市场态势，市场地位有进一步的延伸空间（见表5）。

**表5　2012～2014年生活服务类报纸零售发行指标对比**

单位：份/摊，%

| 时间 | 整体平均销量 | 实销率 | 覆盖率 |
|---|---|---|---|
| 2012年 | 291.28 | 73.54 | 73.55 |
| 2013年 | 238 | 70.13 | 68.5 |
| 2014年 | 237.73 | 74.7 | 71.74 |

### 4. 党政类报纸

2014年党政类报纸的零售量和2013年保持一致，但是，实销率和覆盖率均有一定程度的下降。一方面，与都市类报纸一样，党政类报纸的读者群体阅读方式发生改变，越来越多的报纸读者选择网络渠道阅读。另一方面，城市改造报刊亭减少造成了一部分报亭管理松懈，党政类报纸的铺货率出现下降。从未来发行趋势上看，党政类报纸主要发行不是零售市场而是订阅市场，零售市场基本满足了部分读者的购买需求，并且读者群体相对稳定，党政类报纸销量在短期内不会出现太大改变（见表6）。

**表6　2012～2014年党政类报纸零售发行指标对比**

单位：份/摊，%

| 时间 | 整体平均销 | 实销率 | 覆盖率 |
|---|---|---|---|
| 2012年 | 128.68 | 57.73 | 46.31 |
| 2013年 | 105.28 | 56.53 | 58.39 |
| 2014年 | 105.6 | 47.46 | 39.24 |

### 5. 财经类报纸

2014年财经类报纸的发行下降7%以上，延续了近几年来下滑的趋势。读者对财经类报纸的需求并不高，而网络信息化趋势对财经类报纸的冲击力更大。财经类报纸从数据采集、内容采编上都面临新的挑战，其所定位的高知群体、精英读者也更善于利用新媒体渠道获取信息，这更加速了财经类报纸在零售市场上的停滞（见表7）。

表7 2012~2014年财政类报纸零售发行指标对比

单位：份/摊，%

| 时间 | 整体平均销量 | 实销率 | 覆盖率 |
|---|---|---|---|
| 2012年 | 68.54 | 63.01 | 47.22 |
| 2013年 | 63.87 | 60.24 | 51.67 |
| 2014年 | 59.2 | 62.36 | 51.88 |

### 6. IT类报纸

IT类报纸在报纸发行市场仅占较小的一部分，市场份额徘徊在3%左右。从销量趋势上看，近三年来IT类报纸正在缓慢下降，报纸种类逐渐减少，实销率只在60%~64%，覆盖率维持在55%左右，已风光不再（见表8）。

表8 2012~2014年IT类报纸零售发行指标对比

单位：份/摊，%

| 时间 | 整体平均销量 | 实销率 | 覆盖率 |
|---|---|---|---|
| 2012年 | 47.78 | 63.01 | 47.22 |
| 2013年 | 43.51 | 66.41 | 56.16 |
| 2014年 | 38.79 | 60.79 | 55.92 |

## （三）2014年全国综合类日报城市盘点

### 1. 北京

2014年北京都市类报纸的零售总量下降了30%以上，再创历年新低，继续维持着“早报”和“晚报”的两大阵营。早报市场主要由《新京报》《京华时报》占主导地位，晚报市场由《北京晚报》《法制晚报》继续维持。

### 2. 广州

2014年广州都市类报纸零售总量下滑了6.6%。在一线城市中，广州报业的发行下滑幅度较低，其主要因素是《广州日报》作为广州第一大报，销量基本稳定，牢牢把握零售市场。各报在城市零售点的铺摊率较高，基本达到了全覆盖状态，报纸实销率多在90%以上。2014年，《广州日报》的零售市场份额维持在60%左右，《羊城晚报》的市场份额有所增长，而《南方都市报》的市场份额有所下降。在社区订阅发行市场上，广州三大报纸的订阅排名基本和零售市场一致。在单位订阅排行榜上，前三名依次是《广州日报》《信息时报》《南方都市报》。

3. 上海

2013年底，上海报业进行了重组，成立了上海报业集团，重组之后的报纸发行市场出现了新局面。上半年上海报纸的零售量上升了约17%。与2013年相比，2014年上海报纸零售发行量上涨了约1%，虽然基本维持了2013年的水平，但是从整体趋势来看，持续下降的发行颓势得到了缓解和遏制。

综上所述，2014年全国报纸市场有如下特征或趋势。其一是发行市场向强势媒体集中，形成了强者更强的竞争局面；其二是同质化趋势下促使部分报业集团进行资源整合，合并或撤销部分同类报纸共竞市场的局面；其三是市场化程度越高的报纸（如都市类报纸）所受新媒体冲击越大，销量持续下降幅度越大，而内容相对专业、读者定位明确的报纸销量变化幅度较小；其四，经济发达地区的报纸发行压力更大，部分城市或将面临重新洗牌的局面。

## 二　期刊市场

### （一）期刊发行市场整体平均销量下降，市场向优势媒体集中

2014年，我国期刊整体平均销量延续了2013年的下滑态势，动漫、体育、育儿等类别期刊平稳过渡；主流媒体期刊表现出较强的竞争态势，市场集中度高；一线城市竞争激烈，二三线城市竞争也在加剧。

第一，全国30余类期刊整体平均销量呈现下降态势。从2013～2014年期刊总量变化来看，2013年环比下降5.66%，2014年上半年下降1.64%，2014年下半年下降6.98%，下降幅度有所增加。第二，期刊零售发行依然呈现高度集中态势，其中文摘类、女性类、时政类、汽车类、女性高码洋时尚类在全国50城市销量指数排名前五位，旅游类、育儿类、财经类、军事类、男性高码洋时尚类、体育类、家居类的销售指数依次排在第六至十二位。第三，从各类期刊总量对比来看，大多数类别的期刊呈下滑态势，与2014年上半年对比来看，动漫类、体育类、育儿类等少数类别的期刊不降反升；文摘类、女性

类、男性高码洋时尚类、IT 类等类别的期刊下滑明显；女性高码洋时尚类、财经类、摄影类等类别的期刊下滑幅度较低，在 5% 以内。第四，发行市场代销比例增加，期刊竞争压力增大。为避免发行量的下滑，部分期刊或渠道商开始加大代销比例。第五，市场流量向各类期刊排名在前列的优势媒体集中。文摘类、女性高码洋时尚类、男性高码洋时尚类、时政类、财经类、汽车类、旅游类等类别的期刊呈现出向优势媒体集中的态势，这些类别的期刊排名靠前，因而在许多大中城市市场集中度越来越高。第六，大中城市报刊亭拆改建，期刊整体发行下滑。2008 ~ 2012 年，全国仅邮政报刊亭就被拆除了 1 万多个，2013 年和 2014 年报刊亭拆改建数量还在增加，这势必会使阅读人群减少（见图 1）。

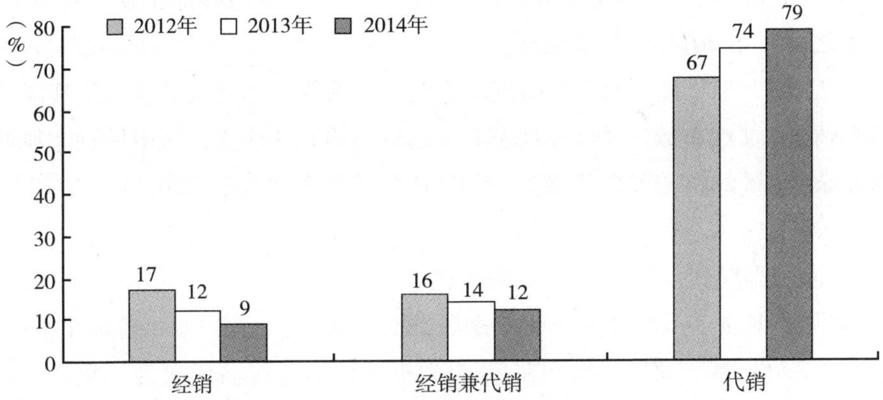


**图 1　2012 ~ 2014 年期刊销售渠道对比**

## （二）主要类别期刊零售市场走势分析

### 1. 文摘类期刊：种类繁多　《知音》（普通版）表现突出

文摘类期刊在 2014 年全国 50 城市期刊总量排名中居首位，其种类繁多，零售发行市场上较为活跃的期刊也较多，整体市场表现趋于稳定。2014 年下半年，《知音》（普通版）、《读者》（原创版）、《青年文摘》（红、绿版）、《特别关注》的市场份额占比靠前。

### 2. 女性高端时尚类期刊：竞争激烈　主流期刊各自拥有优势区域

该类期刊在零售市场占主流位置。从女性高码洋时尚类期刊总销量来看，

2014 年经历了先下降后上升的发展；从竞争格局来看，种类繁多，竞争激烈。2014 年下半年，《瑞丽服饰美容》《昕薇》《瑞丽伊人风尚》《时尚伊人》《瑞丽时尚先锋》的市场份额占比靠前。

### 3. 男性时尚类期刊:市场向优势媒体集中

2014 年，男性高码洋时尚类期刊的整体平均销量相对平稳，其中，华东和华西两地区的增长幅度相对较大；从竞争格局来看，男性高码洋时尚类期刊的销量排名依次为《男人装》《时尚先生》《男人风尚》《智族 GQ》《时尚健康男士版》《时尚芭莎男士版》《ELLEMEN 睿士》《风度》《新视线》《精英》。

### 4. 汽车类期刊：竞争加剧　二三线城市市场集中度较高

监测数据显示，2014 年下半年，汽车类期刊的总量与 2013 年相比，同比总量下滑了 27.43%，环比总量下滑了 11.54%，其中还有部分期刊停刊，如《车主之友》于 2014 年 7 月停刊。

2014 年下半年排名前十位的汽车类期刊依次为《汽车之友》《汽车导购》《轿车情报》《汽车族》《汽车博览》《越玩越野》《座驾》《中国汽车画报》《汽车杂志》《汽车与驾驶维修》，其中只有《汽车之友》市场份额在 10% 以上。

### 5. 家居类期刊：竞争格局保持稳定

监测数据显示，2014 年下半年家居类期刊在 20 个大中城市整体平均销量达到 80.24 份/摊，家居类期刊在 20 个大中城市综合排名依次为《瑞丽家居》《时尚家居》《安邸 AD》《家居廊》《家饰》《美好家园》《世界家苑（新家)》。从所监测的主要的 20 个大中城市来看，《瑞丽家居》和《时尚家居》整体排名前两位，《瑞丽家居》在全国 18 个大中城市平均销量全面领先；《时尚家居》在华南地区的广州和深圳两城市平均销量领先；家居类期刊的零售市场格局保持稳定状态。从实销率和覆盖率来看，《瑞丽家居》和《时尚家居》高于同类期刊。

### 6. 动漫类、体育类、育儿类期刊：销量不降反升

动漫类、体育类、育儿类等类别的期刊不降反升，表现突出。整体来看，这三类期刊销量上升与市场需求、一再细分有关，动漫类期刊越来越受到年轻人追捧，《知音漫客》《漫画世界》《幼儿画报》《米老鼠》《侵客星期天》销量排名靠前。全球篮球经济热带动了中国篮球经济的发展，我国体育类期刊的

零售发行市场呈现向篮球类期刊聚拢的态势，从体育类期刊市场份额来看，《足球周刊》《扣篮》《当代体育·扣篮》依次排在前三位，市场份额在20%～10%。近年来育儿类期刊更是一再细分，市场上0～3岁版颇受欢迎。2014年育儿类期刊的整体平均销量呈上升态势，销量排名依次为《妈咪宝贝·孕0～3岁版》《宝贝世界》《父母必读》《妈妈宝宝》《父母》。

**7. 时政类、财经类、旅游类、女性类等类别期刊**

这四类期刊零售市场呈现出不同程度的下滑态势。从期刊总量排名来看，女性类、时政类、旅游类、财经类依次排在第二、四、六、八位，具一定的市场表现力。

科普类期刊具一定的科学普及性，是一本小众类期刊；文学类期刊在2014年因更贴近市场，贴近百姓而呈现平稳态势；主妇类期刊同样是一支细分类别的期刊，其内容更为生活化。这几个类别的期刊都拥有各自的读者群。

B.7
# 2014年报业新媒体影响力报告

田 珂　蔡正鹏*

摘　要：本文从互联网角度出发，以数据的形式勾勒出报纸在新媒体领域的传播地位及结构。本文可帮助报纸媒体更清楚地了解自身，也便于其更好地实现新旧媒体融合发展。

关键词：报业新媒体　影响力　媒体融合

跨界传播是报纸在新媒体时代的重要里程碑，从传播角度延伸了报纸的存在价值和媒体地位，成为报纸运用新媒体平台实现自我更新、融合转型的必由之路。

## 一　互联网时代报纸继续占领舆论主导地位

数据显示：2014 年全国 328 份主流报纸刊载的新闻报道被各类新闻类网站转载达到 203 万篇，平均每份报纸每天被转载 16 篇新闻。

根据世纪华文 MBR 报纸网络传播监测系统（以下简称 MBR）的数据，2014 年全国各级新闻门户网站中 42% 以上的新闻内容来自报纸。从趋势来看，这一比重是相对稳定的，即报纸一直为互联网媒体源源不断地输送着新闻内容，是互联网新闻不可或缺的重要组成部分。很显然，报纸在互联网新闻中占据极其重要的位置，更是主宰舆论导向、传播正能量、掌握话语权的中流砥柱。导致互联网媒体严重依赖报纸媒体的原因，一方面是多数新闻网站没有新闻采访权，另一方面是传统媒体在新闻的权威性、信息的可靠性等方面，有着新兴媒体无法比拟的优势，而这也让报纸再次成为新闻舆论导向的主体，在传播影响力领域中掌控主导地位。

* 田珂、蔡正鹏，北京世纪华文国际传媒咨询有限公司。

## 二 党政类报纸、都市类报纸在报纸网络传播中占据主导地位

MBR数据显示，党政类报纸、都市类报纸、财经类报纸、时政类报纸四大报纸类型在互联网领域的传播结构和地位有所不同。整体来看，党政类报纸、都市类报纸在报纸网络传播中占据最主要的地位。都市类报纸整体占60%以上的份额，尤其是在新闻网站、微博等领域，传播影响力相对较大。党政类报纸在网络传播领域中基本占据着20%以上的市场份额，尤其是在新闻领域、微信领域、搜索领域和媒体客户端领域占据重要席位。时政类报纸在网站、微博、微信领域贡献度较低，但在搜索、新闻APP和媒体APP等移动领域占据着20%以上的份额。财经类报纸在网络传播领域中整体贡献度在10%以下，微博和微信领域是财经类报纸市场份额相对占比较高的领域。其他类型的报纸，例如IT类报纸、生活服务类报纸、体育类报纸、行业类报纸等，市场份额均在5%以下（见图1）。

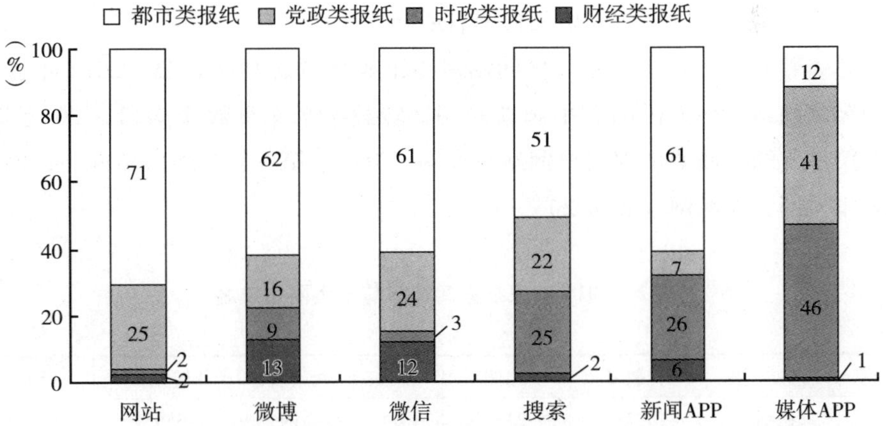


**图1 各类报纸在网络传播中的地位比较**

另外，从新闻网站分类来看，党政类报纸内容更多输向国家或地区的官方新闻网站，财经类报纸内容更多输向商业新闻门户网站，都市类报纸更多地输向各地方级新闻门户网站。各类报纸在传播功能和结构上有所区别（见表1）。

**表1　2014年各类报纸新闻在新闻门户网站中被转载情况**

单位：%

| 项目 | 国家级新闻门户 | 地方级新闻门户 | 商业新闻门户 |
|---|---|---|---|
| 各类报纸总体 | 41.0 | 41.9 | 17.4 |
| 党政类报纸 | 46.0 | 45.8 | 8.5 |
| 都市类报纸 | 38.7 | 41.4 | 19.9 |
| 时政类报纸 | 45.2 | 38.9 | 19.4 |
| 财经类报纸 | 51.6 | 13.2 | 39.6 |

## 三　报纸新闻多数流向官方新闻门户网站

MBR数据显示，2014年被转载到互联网的报纸新闻总量达到200多万篇，引发的用户点评量超过1744万次。

都市类报纸和党政类报纸在新闻传播中占据主导地位，转载这两大报纸的新闻网站主要是地区性新闻门户网站和国家级新闻门户网站。商业新闻门户网站转载报纸媒体内容比例仅有15%左右，随着近些年新闻视频化趋势，商业新闻门户网站对报纸媒体的依赖程度有所降低。

总体看来，国家级新闻门户网站对报纸媒体的转载率最高，2014年排名前两名的网站——人民网和中国新闻网，转载报纸文章数量均超过30万篇。排名第三名的是商业新闻门户网站新浪网，第四、第五名为地区新闻门户网站代表华龙网、大河网（见表2）。

**表2　2014年报纸新闻转载前十大网站排名**

单位：篇，%

| 排名 | 网站名称 | 转载量 | 比例 | 排名 | 网站名称 | 转载量 | 比例 |
|---|---|---|---|---|---|---|---|
| 1 | 人民网 | 468387 | 23.1 | 6 | 搜狐网 | 55854 | 2.7 |
| 2 | 中国新闻网 | 380249 | 18.7 | 7 | 凤凰网 | 46125 | 2.3 |
| 3 | 新浪网 | 153179 | 7.5 | 8 | 东北新闻网 | 44644 | 2.2 |
| 4 | 华龙网 | 67485 | 3.3 | 9 | 新华网 | 31175 | 1.5 |
| 5 | 大河网 | 60780 | 3.0 | 10 | 汉网 | 27647 | 1.4 |

## 四　微博、微信领域，报纸发展速度超乎想象

在微博、微信等社交媒体传播领域中，报纸媒体发展速度之快和传播影响力之强超乎想象。

在微博领域，74%以上的报纸媒体均在新浪微博开通了官方微博，其中，有60家报纸的官方微博粉丝量超过了100万人，报纸在新浪、腾讯、搜狐、网易四大微博的粉丝总量累计达到13亿人，以《人民日报》为首的党政类报纸在新浪等四大微博的粉丝总量超过了3900万人（不包括“人民微博”粉丝量），报纸在网络上的用户（粉丝）数量远远高于报纸线下的读者数量。新兴媒体赋予传统报纸不同的传播介质，也带来了更快速、更广泛的传播效果。

在移动互联网的微信传播领域，259份主流报纸每个月在微信公众平台产生了10万篇以上的新闻推送量，并且每个月以7%左右的速度增长。传统报纸借助互联网技术，实现了越来越显著的领域传播和内容渗透。

随着微信订阅号、服务号的开放，各类报纸迅速发展了在微信领域的传播优势。根据MBR监测数据，截至2014年12月，全国215家主流报纸拥有微信公众号，仅12月就在微信平台上发布1339篇新闻，总阅读量达489万次，总点赞量超过2万次。其中，125家都市类报纸的微信公众号发布了871篇新闻，总阅读量达300万次以上（单篇阅读量在10万次以上的新闻未在统计范围内），总体覆盖的用户群最为广泛，阅读总量最多。59家党政类报纸总计发布了316篇新闻，总阅读量也达到了97万次以上。总体来说，都市类报纸和党政类报纸在微信领域的影响力占主体地位。时政类报纸虽然种类较小，微信公众号较少，但是单篇呈现的阅读量和点赞人数却在各类报纸中排名首位。

从各报纸的微信平台对比来看，在200多家的报纸微信公众号排名榜中，《人民日报》《广州日报》《南方都市报》在总榜中排名前三。在排名前几名的微信公众号中，都市类报纸表现得尤为强势，用户阅读量和互动程度也较高，与其线下的媒体影响力和发行量相得益彰（见表3）。

**表 3　2014 年 12 月报纸微信公众号前五名**

单位：次，个

| 总排名 | 报纸名称 | 阅读排行 | | | 互动排行 | | |
|---|---|---|---|---|---|---|---|
| | | 总阅读数 | 平均阅读量 | 排名 | 总点赞数 | 平均点赞量 | 排名 |
| 1 | 人民日报 | 595060 | 39671 | 2 | 2918 | 195 | 3 |
| 2 | 广州日报 | 424790 | 26549 | 3 | 3514 | 220 | 2 |
| 3 | 南方都市报 | 131625 | 26325 | 4 | 1373 | 275 | 1 |
| 4 | 新晚报 | 86885 | 21721 | 6 | 370 | 93 | 5 |
| 5 | 海峡导报 | 157142 | 26190 | 5 | 438 | 73 | 8 |

## 五　百度等搜索引擎增强报纸跨界传播中的用户黏性

搜索行为是互联网媒体产生的新式信息交互形式，报纸跨界传播后，除了在社交媒体上有所创新，在用户行为和轨迹上也产生了新的传播数据。MBR 数据显示：互联网用户每个月通过百度、360 等搜索引擎工具搜索报纸的频次达到 200 多万次，并且每个月以 3% 左右的速度增长。可见，报纸在跨界传播中很大程度上增强了用户的黏合度，凸显报纸在新闻传播中的主流地位。

在各类报纸的百度搜索排行中，时政类报纸排名第一，《参考消息》的百度指数名列各报第一，《环球时报》《南方周末》等时政类报纸的排名也在前五名。可见，在搜索领域，时政类报纸的影响力更大。2014 年报纸百度指数排名前十位的分别为：《参考消息》（72.2%），《广州日报》（7.1%），《人民日报》（4.8%），《环球时报》（3.8%），《南方周末》（2.9%），《南方都市报》（1.9%），《羊城晚报》（1.7%），《南国早报》（1.6%），《都市快报》（1.6%），《扬子晚报》（1.3%）。此外，随着报纸发行量的下降，报刊亭数量大大减少，时政类报纸在全国报亭的覆盖率不高，这也造成了读者更多地运用起网络工具对时政类报纸及其信息进行搜索。

由此看来，报纸读者并未真正流失，在互联网各个领域均可寻觅到报纸的轨迹，并且通过用户的互联网行为继续传递着报纸的舆论作用和影响力。

## 六　在移动互联网中报纸的渗透率逐渐增强

近年来，随着互联网技术以及智能手机的发展，移动互联网发展突飞猛进，也成为报纸发挥舆论导向和信息传播的重要领域。

在微信领域，报纸在微信公众平台发挥着重要作用，根据MBR数据，各类报纸每个月在微信公众平台的提及量高达45万次，并且每个月以5%～7%的速度增长。报纸为微信领域的新闻传播提供了海量的新闻内容和权威信息。

在APP领域，报纸除了拥有自身的新闻客户端之外，还为其他第三方新闻客户端提供新闻。例如，目前排名比较靠前的“今日头条”“腾讯新闻”“网易新闻”“搜狐新闻”“Flipboard”等新闻客户端，有大量的新闻内容仍然依赖于报纸提供。从各类报纸来看，目前在新闻APP上推送新闻量最大的还是都市类报纸，占比61%；时政类报纸，占比26%；党政类报纸在移动客户端的新闻比重相对较小，仅占7%左右。

当前，移动互联网发展速度已经超过PC互联网，报纸在互联网跨界传播中，其影响重心在PC互联网领域，而实现快速增长却是在移动互联网领域。报纸在微信、APP（新闻端和媒体端）上的传播影响与渗透正在逐渐增强，一方面，用户和新兴媒体对报纸还有很大依赖性，报纸正在实现多种媒体形式和媒介手段的融合，另一方面，新技术对纸媒来说更是转型和发展的契机。智能手机、平板电脑等移动终端已成为用户上网获取信息的最主要手段，当今时代技术发展之快超乎想象，各种微信息、微内容进行着跨平台的高速流动，唯有紧握时代脉搏，不断创新传播渠道和技术手段，才能真正地实现新旧媒体的长期融合和深度融合发展。

综上所述，随着报纸“读报时代”的市场萎缩和互联网“读屏时代”的款款而来，报纸的传播手段和传播环境已发生了根本改变。一方面，我们不能用传统发行的角度囿限报纸的影响范围和主流作用，而是应该以传播的广度和深度，全面衡量报纸在互联网各领域中的影响。另一方面，无论新媒体如何发展，当前新媒体在形式上如何翻新，在内容上却严重依赖于纸媒，反过来报纸也运用新媒体平台实现了二次传播，实现了新旧媒体的融合发展。

在纸媒的跨界传播中，牵涉到报纸和互联网间的关系问题。笔者认为，今后的报纸和互联网媒体将是相互依存、融合发展的关系，而并非对立发展的关系。传统媒体可以借助新媒体的技术手段实现更优化的传播效果，加强用户参与度和黏合度，扩大媒体传播力和影响力；互联网媒体依靠传统媒体的公信力和影响力，对传播内容进行筛选、检索和分发，拢聚读者关注，弥补传统媒体的劣势，从而形成传播领域上质的飞跃。

B.8

# 2014年中国图书零售市场分析报告*

杨 伟**

摘 要： 2014年，中国图书零售市场整体继续保持快速发展的态势，实体书店图书零售渠道扭转了前两年销售下滑的市场局面，实现了3.26%的正向增长；网上书店渠道销售量继续保持高速增长，出版发行机构对线上零售的重视程度和投入力度也在增强。结合线上与线下两个渠道，我国图书零售市场实现了10%左右的年度整体增长率，在全球范围看来这一增长速度也是非常可观的。

关键词： 图书 零售市场 分析报告

## 一 图书零售市场快速增长，渠道格局重构是近期重要特征

按照开卷对中国图书零售市场的持续观测和行业研究的结果，目前我国图书零售市场总体码洋超过500亿元，其中实体书店渠道零售码洋规模约为340亿元，网店渠道零售码洋规模达到200亿元。不过由于两个渠道目前所处的发展阶段不同，其年度表现也有一定差异。

### 1. 开卷实体图书零售指数创新高，实体书店渠道全面回暖

近几年来，我国实体渠道图书零售市场的增长速度表现为逐渐放缓的趋势，2008～2010年全国图书零售市场地面书店渠道增长速度连续三年低于

---

* 本文数据均来源于北京开卷信息技术有限公司自1998年建立的“全国图书零售观测系统”。

** 杨伟，北京开卷信息技术有限公司副总经理。

5%，2011 年回升到 6% 左右，不过在 2012 ~2013 年分别出现了 1% 左右的市场负增长。与此同时，网上书店渠道快速扩张，连续多年保持两位数以上的增长速度，尽管增速比前几年有所回落，但是从年度增幅来看仍旧远高于实体书店渠道。可见，实体书店渠道的销售增速回调很大程度上是由于图书零售渠道的格局重构。由于电子商务体系的发展以及网店购书的价格、服务优势，出现了部分购买力从实体书店向网络书店迁移的现象。

但是，伴随着图书零售行业市场化程度的提升以及线上、线下购买力分布格局逐渐稳定，实体书店渠道受到网店分流的影响也逐渐减弱。进入 2014 年，实体书店图书零售渠道在全年四个季度均实现了同比正向增长（第一、二、三、四季度同比增长率分别为 4. 51%、3. 81%、3. 33%、1. 14%），开卷地面图书零售指数也在 2014 年 2 月达到 418. 35，超过前两年峰值并创历史新高。

对于实体书店渠道来说，图书零售渠道的格局调整既是挑战，也是在新的文化消费环境之下重新思考定位和审视服务体验的重要契机。在过去两三年的时间里，众多实体书店在进一步清晰定位的同时不断完善店堂环境与现场服务，这也成为带动实体书店销售回暖的重要原因。我们看到，实体书店的销售回暖并非只体现在个别区域或者个别类型的书店，而是多种类型实体书店渠道整体销售的提升。

开卷将所观测的书店按照所在城市划分出以“北京、上海、广州、深圳”为代表的“一线城市书店”，以其他直辖市及部分计划单列市为代表的“二线城市书店”，以及其他重点城市构成的“三线城市书店”。在 2014 年，增长最为突出的书店正是前期受到网络分流影响较大的类型：比如北京、上海、广州、深圳等“一线城市书店”年度同比增速接近 8%；全国中到大型的“大书城”群体在本年度的增长速度最为突出；民营书店群体也在 2014 年也实现了销售码洋超过 1% 的增长速度。相关指标都已经比上一年度有所改观。可以看出，这些前期受到网上书店快速发展分流影响的书店已经重新恢复增长；实体书店渠道的整体销售回暖成为 2014 年我国图书零售市场当中具有标志性意义的现象。

**2. 网店渠道增长明显，2014年我国图书网上零售码洋突破200亿元**

根据开卷全国读者调查结果显示，18 ~35 岁人群一直是图书消费的核心群体，而这一人群恰恰与网络使用习惯强的网购人群高度重合。加之网上书店具备“打折售书”的价格优势和“送货上门”的便捷服务，因而吸引了更多的图书网购行为，促进了网络书店的快速发展。

网络书店渠道多年来保持了两位数以上的增长速度，其码洋规模得以从不足50亿元逐渐增长到100亿元以上，到2014年这一指标突破200亿元。以三大电商的图书自营业务以及逐渐崛起的第三方电商平台图书业务开始成为我国图书零售市场的重要组成部分。

当然，线上线下两种零售渠道经过几年的竞争与发展，不同读者、不同类型图书各自形成了特色化的渠道分布，我国的图书零售分布格局已经基本稳定。未来，实体书店和网络书店将依托各自不同优势进行发展。

## 二　线上线下零售渠道稍有差别，销售结构和市场热点各显特点

### 1. 社科、少儿图书市场占比突出，教辅教材图书在实体书店重要性高

数据显示，线下与线上图书零售的类别分布既有共性又有不同。社科类、少儿类和文学类图书在两个渠道的表现都非常突出，尤其是社科类和少儿类图书，2014年度这两个类别图书在实体书店渠道合计码洋比重超过35%，在网上书店渠道合计码洋比重超过50%。但是在实体书店渠道占比达到1/4的中小学教辅教材类图书在网店渠道的销售码洋比重仅为7%左右。公务员考试类、成人专业考试、少儿类下属的卡通绘本漫画类等主题图书在网上书店渠道的销售比例也略高于实体书店渠道。

两个渠道图书销售的主体需求基本类似，只是在个别细分类上的表现有所差别。而这种差别与实体书店渠道和网上书店渠道购书人群的差异及其需求特点有直接关系。相对年轻化的网购人群的需求类别，或者受到价格折扣影响较大的类别往往在网上书店渠道的表现会更为突出，而全民性的销售热点或者综合性销售类别往往在实体书店渠道的销售中占比更高。

### 2. 畅销热点渠道分布基本一致，畅销书在网店渠道贡献更为突出

在图书零售市场当中，畅销书的贡献能力非常突出。数据显示，2014年实体书店渠道销售册数TOP5的畅销书贡献率达到63.53%；在网店渠道当中，该指标进一步达到80.55%。可见，畅销书在网上书店渠道的影响力更强一些。

当进一步对比线上与线下的畅销书类型，我们会发现其实不管是实体书店

渠道还是网上书店渠道，读者购书的消费热点基本上还是一致的。少儿、小说等类别无论在线上渠道还是在线下渠道都是大众畅销书榜单上的上榜主力，但是两个渠道在具体的畅销主题和上榜图书方面会稍微存在一些区别。相比之下，少儿类、小说类图书在实体书店上榜数量更多，而少儿卡通绘本漫画、经管、育儿相关的生活类图书在网络书店更为热销。

少儿类图书，不管是线上还是线下的上榜数量都非常高（大众畅销书销量前 100 名中上榜数量均超过 50 种）。我们对排除了少儿类图书的大众阅读榜单进行观察，发现实体书店渠道与网上书店渠道成人阅读畅销书前 100 名的整体重合度达到 43%，来自文学、心理自助、学术文化、生活、经管、教育、科普等类别的 43 种畅销书无论是在线上渠道还是在线下渠道都进入了成人阅读畅销书榜单的前 100 名。各细分类表现大致如下：（1）小说类、散杂文类、传记类图书在两个渠道都非常受欢迎，但是从上榜数量上来看这几个类别在实体书店受欢迎程度更高，网店上榜数量明显低于实体店。（2）生活类、经管类图书在网店销售表现更加突出，且主题更加丰富，线上线下渠道的具体上榜书存在较大差别：生活类图书在实体书店渠道的上榜书集中于养生类图书，而网上书店销售较好的集中在育儿类图书；经管类图书在实体书店渠道的上榜书集中于经济理论和金融类图书，但是在网上书店渠道增加了企业管理、销售营销等图书。（3）学术文化、教育、自然科学等类别在线上线下的上榜表现大致均衡，不过也存在部分上榜品种的差异现象。

总体说来，线上与线下渠道的畅销书结构差异一方面反映了当下不同渠道读者阅读热点的不同，另一方面反映出了不同出版单位的不同产品目前在渠道发行方面的侧重点和策略布局。

## 三　2014年图书零售市场畅销热点分析

### 1. 虚构类

在成人阅读虚构类图书当中，不同主题、不同类型的小说类图书一直是畅销榜单的主角，2014 年小说类图书在实体书店渠道畅销书榜单销量前 100 名当中占据了 91 个席位。除此以外，中国古典文学图书和成人绘本漫画也都有品种上榜。我国的文学类图书市场早已呈现出类型化的趋势，虽然与欧美国家成熟的类型化小说分布存在一定的差距，但是目前热销上榜的小说类图书在主题方面依旧是相当丰富的。在上述上榜作品当中，外国一般当代小说、中国一般当代小说和中国幻想小说均表现较好，小说类世界名著、中国恐怖/冒险小说和中国现代小说也有上佳表现。与2013年相比，小说类世界名著的上榜品种有了大幅提升，这可能与各省加强语文中考、高考中对名著的考查有关。而与前些年的青春文学大热不同，中国青春/校园小说虽然仍有作品保持在榜单前列，但是从热销作品的数量和销量排名来看均与高峰期相比出现了较大的回落。

2014年，影视剧同期书依然火爆，而且已不仅仅局限于传统媒体播放的影视剧，以网络为媒介流行起来的美剧、网络剧带动的同期书也开始进入畅销书榜单的前列。此外，热销的引进版图书数量继续增加，流行小说和经典名著都有不俗的表现。与此同时，一些上市已久的名家畅销书，比如《百年孤独》《活着》《平凡的世界》等依然取得了较好的销售排名，而这一现象在网络书店渠道更为明显。不过总体说来，在实体书店渠道与网络书店渠道畅销的虚构类图书热点基本相同，上榜畅销书的重合度也比较高（见表1）。

**表1　2014年虚构类大众畅销书排行榜TOP 10**

| 实体书店渠道 | | 网络书店渠道 | |
|---|---|---|---|
| 排名 | 书名 | 排名 | 书名 |
| 1 | 从你的全世界路过:让所有人心动的故事 | 1 | 从你的全世界路过:让所有人心动的故事 |
| 2 | 百年孤独 | 2 | 百年孤独 |
| 3 | 追风筝的人 | 3 | 追风筝的人 |
| 4 | 大清相国 | 4 | 活着 |
| 5 | 狼图腾 | 5 | 麦田里的守望者 |
| 6 | 偷影子的人 | 6 | 一个人的朝圣 |
| 7 | 活着 | 7 | 平凡的世界(共三部) |
| 8 | 龙族III:黑月之潮(下) | 8 | 偷影子的人 |
| 9 | 纸牌屋 | 9 | 追风筝的人 |
| 10 | 老舍集·骆驼祥子 | 10 | 遇见未知的自己 |

### 2. 非虚构类

总体说来，与社会大众关注热点紧密联系的畅销新书，和经过市场考验得到读者认可的经典品种依然是榜单的主要构成部分。在榜单靠前席位中，有紧扣时政热点的《之江新语》与反映大众娱乐潮流的《爸爸去哪儿》，有经典常销书《文化苦旅》《目送》的再版图书。延续近年来畅销势头并逐渐从畅销转化为常销品种的“谁的青春不迷茫”系列、《看见》《大数据时代》《好妈妈胜过好老师》等品种也获得了较高的排名。

在非虚构畅销图书的渠道比对当中，我们发现线上、线下两个渠道的畅销书热点和类型构成是大致接近的，但是在局部方面体现出网购人群的差异性特点。比如经管类图书在网络书店渠道上榜品种数高于实体书店渠道；生活类上榜书在实体书店渠道的畅销书主题倾向于一般饮食或者养生保健，而网络书店渠道的畅销书主题则集中在育儿和烘焙方面（见表2）。

**表2　2014年非虚构类类大众畅销书排行榜TOP 10**

| 实体书店渠道 | | 网络书店渠道 | |
|---|---|---|---|
| 排名 | 书名 | 排名 | 书名 |
| 1 | 之江新语 | 1 | 好妈妈胜过好老师：一个教育专家16年的教子手记 |
| 2 | 谁的青春不迷茫系列——你的孤独，虽败犹荣 | 2 | 谁的青春不迷茫系列－你的孤独，虽败犹荣 |
| 3 | 看见 | 3 | 跟着君之学烘焙：一本教你轻松做西点的魔法书 |
| 4 | 爸爸去哪儿 | 4 | 天才在左　疯子在右：国内第一本精神病人访谈手记 |
| 5 | 文化苦旅（新版） | 5 | 健康家常菜系列——新编聪明宝宝营养餐1288例（最新超值版） |
| 6 | 大数据时代：生活、工作与思维的大变革 | 6 | 人性的弱点全集 |
| 7 | 目送（插图新版） | 7 | 不畏将来不念过去 |
| 8 | 绝望锻炼了我：朴槿惠自传 | 8 | 育儿百科 |
| 9 | 好妈妈胜过好老师：一个教育专家16年的教子手记 | 9 | 大数据时代：生活、工作与思维的大变革 |
| 10 | 本色 | 10 | 谁的青春不迷茫 |

### 3. 少儿类

2014年的实体书店渠道少儿类畅销书榜单相比于往年并没有出现太多的结构性变化，整个榜单依旧延续了过去几年的特征：少儿文学占主导，畅销系列引领榜单，本土作家作品表现较好，老牌“常青树”经久不衰等。纵观近几年来少儿畅销书 TOP 100 榜单，少儿类畅销书的细分板块构成更加集中。其中，少儿文学一直是少儿类畅销书排行榜上的主流，其次为卡通/漫画/绘本，而其他细分类一般只有个别品种能够入榜。在内容主题方面，近年来少儿文学的畅销书也逐渐显现出类型化的特点，校园文学、冒险解谜题材、童话小说、动物小说等都是少儿文学畅销书的主流。低龄孩子的父母习惯于在网络书店渠道购书，而形成了自主决策意识的小读者更加习惯于在实体书店渠道选书，由此导致了卡通/漫画/绘本在网络书店渠道的热度高于实体书店渠道（见表 3）。

**表 3　2014 年少儿类大众畅销书排行榜 TOP 10**

| 实体书店渠道 | | 网络书店渠道 | |
|---|---|---|---|
| 排名 | 书名 | 排名 | 书名 |
| 1 | 墨多多谜境冒险系列——查理九世(21)：沙海谜国 | 1 | 胡小闹日记——爸妈不是我的佣人 |
| 2 | 笑猫日记——从外星球来的孩子 | 2 | 胡小闹日记——加油！你不可以输给自己 |
| 3 | 墨多多谜境冒险系列——查理九世(22)：所罗门王的魔戒 | 3 | 胡小闹日记——我将来是个有钱人 |
| 4 | 巴学园系列——窗边的小豆豆 | 4 | 胡小闹日记——绝不为老师和父母读书 |
| 5 | 墨多多谜境冒险系列——查理九世(23)：香巴拉，世界的尽头 | 5 | 胡小闹日记——坏人都知道我有多厉害 |
| 6 | 动物小说大王沈石溪品藏书系——狼王梦 | 6 | 胡小闹日记——妈妈，我爱你！ |
| 7 | 墨多多谜境冒险系列——查理九世(20)：黑雾侏罗纪 | 7 | 不一样的卡梅拉(1)——我想去看海 |
| 8 | 曹文轩纯美小说系列——草房子 | 8 | 不一样的卡梅拉(7)——我要找到朗朗 |
| 9 | 墨多多谜境冒险系列——查理九世(17)：外星怪客 | 9 | 巴学园系列——窗边的小豆豆 |
| 10 | 墨多多谜境冒险系列——查理九世(1)：黑贝街的亡灵 | 10 | 不一样的卡梅拉动漫绘本(2)——我要逃出皇家农场 |

# B.9
# 2014年中国期刊业发展报告

陶 丹 袁丽娜 邓元宏*

摘 要：本文结合典型案例以及行业数据对2014年期刊业整体发展情况进行了总结和分析，并对我国期刊业未来发展进行了预测。

关键词：期刊业 发展 变革

## 一 2014年中国期刊业发展分析

### 1. 期刊行业内部结构调整有序进行，增长幅度逐渐放缓

我国期刊行业总体发展较为平稳，营业收入和利润总额呈现持续升高的态势，但增长幅度逐渐放缓，互联网期刊收入逐年增长（见图1）。从总体上看，2014年我国期刊行业内部结构调整深入展开，一方面，在数字化传播环境下，一些刊物，如赫斯特集团的《心理月刊》、专业技术期刊《程序员》等选择休刊，而《数字通讯》《钱经》《科技新时代》《动感驾驭》《都市主妇》《Oggi今日风采》《读者原创版·全世爱》等一批期刊被迫停刊。[①] 另一方面，期刊集团建设成效显著，多元化、延伸发展为期刊集团的发展带来新的活力。如2002年成立的家庭期刊集团有限公司是我国期刊行业较早实施整体转制的期刊单位，在拥有《家庭》等多个知名品牌期刊的基础上积极利用新媒体平台开展相关业务。

* 陶丹，河北大学新闻传播学院教授、博导；袁丽娜，河北大学新闻传播学院博士生，唐山学院教师；邓元宏，河北大学新闻传播学院讲师。

① 小井：《2014，那些与我们告别的纸媒》，新京报网，2014年12月12日。

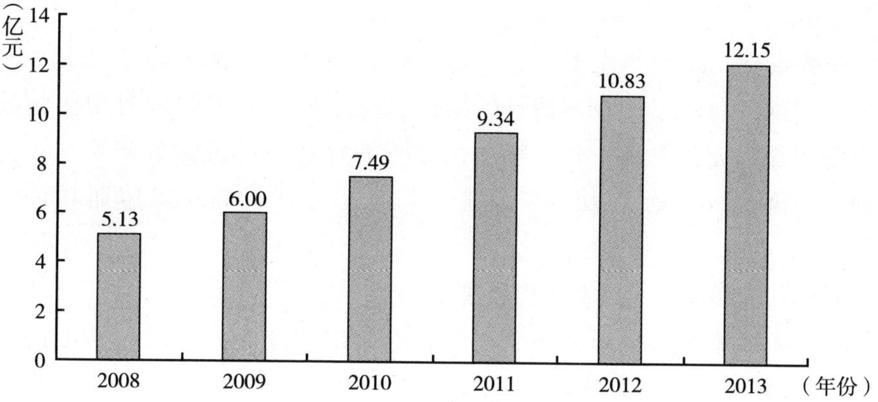


**图1　2008～2013年我国互联网期刊收入**

数据来源：中国新闻出版研究院编《中国数字出版年度报告》（历年）。

### 2. 数字技术推动期刊内容生产的变革

2014年，数字技术的发展带动了期刊业内容生产的革新，使视频资源更多地融入到期刊中。期刊界开始关注4G技术在期刊中的应用，以期实现人们对期刊文章的延伸阅读。如2014年6月16日的《财经》杂志，在版面中设置了多个二维码，读者通过手机微信扫描二维码，就可以看到与文章内容相关的视频内容，从而实现对期刊文章的延伸阅读。

2014年12月，新闻出版国家标准MPR（多媒体印刷读物）和CNONIX（中国出版物信息交换）进入应用示范阶段。国家新闻出版广电总局选取了22个MPR国家标准应用示范单位和22个CNONIX国家标准应用示范单位，此举有利于出版企业开发多媒体、复合出版产品形态。

### 3. 新媒体期刊订阅与数字报刊亭兴起

传统的邮政订阅和报刊亭零售的作用不断减弱，随之而来的是数字报刊亭的兴起。2014年3月，北京第一批多功能数字报刊亭投入使用，多功能数字报刊亭的内部安装了微云基站和互联网的云服务器，无线网络能够覆盖报刊亭周边半径50米的范围。公众通过下载手机客户端“e亭e生活”，就可以免费收看大量的多媒体信息，包括报刊文章、周边商家信息等。2014年底，继北京、成都出现多功能数字报刊亭后，武汉第一批由长江日报报业集团与华影时代（北京）国际文化创意产业投资管理有限公司共同建设的长江智能报刊亭投入使用。

作为期刊传统发行主渠道，中国邮政在保持自身优势的基础上不断开辟依托中国邮政网络的新媒体订阅渠道。一方面，中国邮政对中国邮政报刊订阅网加以完善升级，建立标准化订阅平台和企业批量订阅系统；另一方面，中国邮政开通了微信、微博、手机 APP 订阅等新媒体期刊订阅渠道。

#### 4. 期刊内容优势和品牌效应凸显

在平面媒体向数字媒体转变，台式电脑正逐渐向移动设备转变的背景下，打造品牌、强化期刊内容优势受到了期刊经营者的更大关注。在世界品牌实验室发布的 2014 年“中国 500 最具价值品牌排行榜”中，《读者》杂志连续第 11 年荣登该排名榜，品牌价值增加到 127. 28 亿元，稳居中国期刊第一的位置。读者出版传媒集团在数字化建设过程中，立足内容资源，在平台、渠道和终端建设方面实施了一系列转型举措，如在手机、平板电脑等设备中预置《读者》的内容和读者云图书馆，用户在购买硬件设备的同时可以免费获得读者电子版内容和《读者》云图书馆的内容。

## 二　中国期刊业发展趋势预测

#### 1. 大数据开发、纯数字化期刊出版的吸引力逐渐增强

期刊经营应运用大数据挖掘技术，对内容资源的整合利用效果、用户的消费习惯和购买情况等信息进行收集、整理、分析，通过建立信息数据库，为用户提供量身定制的个性化内容。一些期刊社开始摆脱纸质期刊直接经营数字期刊，如《电脑乐园游戏攻略》在 2014 年 12 月推出最后一期纸质期刊后，从 2015 年开始专注于移动端 APP 的经营。

时尚传媒集团采用 Adobe 数字出版套件制作电子杂志，建立了数字出版平台。此外，Adobe 与美国广告商协会合作推出行业标准化读者指标，该指标可以计算每期平板电脑的读者总数、每期小节总数、平均每个读者每期阅读时间以及平均每个读者每期阅读的小节数。[①]

① 《Adobe 助力时尚传媒集团打造数字出版平台》，赛迪网，2014 年 2 月 20 日。

**2. 适应公众阅读习惯变化，多种媒体平台互动营销**

据《第十一次全国国民阅读调查报告》显示，我国成年国民数字化阅读方式的接触率持续增长，达到50.1%。由于不同新媒体平台之间的传播优势和特点有所差异，因此，发挥整合传播的力量，对微博、微信、APP应用进行整合利用是未来发展的趋势。

相关调查结果显示，微博杂志类媒体十强、微信杂志类媒体十强参见表1、表2。

**表1　微博杂志类媒体十强**

| 序号 | 杂志名称 | 微博名称 | 综合影响值 |
|---|---|---|---|
| 1 | 中国新闻周刊 | @中国新闻周刊 | 1049.53 |
| 2 | Vista看天下 | @Vista看天下 | 916.52 |
| 3 | 三联生活周刊 | @三联生活周刊 | 798.21 |
| 4 | 新周刊 | @新周刊 | 787.16 |
| 5 | 创业家 | @创业家杂志 | 780.99 |
| 6 | 米娜 | @米娜 | 772.23 |
| 7 | 南都娱乐周刊 | @南都娱乐周刊 | 742.99 |
| 8 | 昕薇 | @昕薇 | 719.02 |
| 9 | 看电影 | @看电影周刊 | 703.29 |
| 10 | 南都周刊 | @南都周刊 | 699.09 |

**表2　微信杂志类媒体十强**

| 序号 | 微信名称 | 微信ID | 综合影响指数 |
|---|---|---|---|
| 1 | 读者 | duzheweixin | 98.2 |
| 2 | 壹读 | yiduiread | 83.1 |
| 3 | 男人装 | nrz200405 | 71.3 |
| 4 | 故事会 | story63 | 65.4 |
| 5 | Vista看天下 | vistaweek | 63.2 |
| 6 | 南都周刊 | nbweekly | 57.1 |
| 7 | 摄影世界 | photoworldmagazine | 52.1 |
| 8 | 青年文摘 | qnwzwx | 45.5 |
| 9 | 国家人文历史 | gjrwls | 43.8 |
| 10 | 中国国家地理 | dili360 | 41.4 |

### 3. 跨界合作成为新时尚

在期刊传统销售渠道作用逐渐减弱的态势下，利用新媒体创新销售渠道成为期刊探索建立新型商业模式的着力点。

其一，期刊企业直接与电商合作，开设官方店铺。如《读者》与阿里巴巴合作，开通了网店销售平台，既做销量，也创品牌。8 月，时尚传媒集团分别与天猫、京东达成合作协议。时尚传媒集团旗下的《COSMO》和《时尚芭莎》（BAZAAR）成为天猫制作时装秀和时尚大片的传播平台之一。同时，《男人装》《时尚家居》《时尚健康》等时尚传媒集团旗下的期刊以开设天猫媒体站的方式，设置了手机天猫客户端的扫码功能，将期刊的阅读与购物消费同步完成，实现品牌商与消费者的直接关联。《时尚芭莎》与京东的合作以时尚为主题，《时尚芭莎》的旗舰店入驻京东，利用京东的大数据优势与《时尚芭莎》在时尚专业指导方面的内容优势，实现商业利益的共赢。

2014 年 3 月，创刊于 1950 年的《大众电影》在遭遇销量急速下滑而停刊 3 年后，与万达集团合作重新复刊，以入驻万达影院的形式，力图借助影院的受众群和品牌优势，向影视产业链的上下游延伸，通过开发数字期刊、APP 等移动端产品的方式，建立新的商业模式。

其二，借助微信平台的影响力开设微店。这种经营方式省去了中间商的角色，使期刊社通过微信直接面对消费者。如北京时代华语公司、华文天下、著名出版品牌《读库》的微店都在 2014 年相继开张。

### 4. 注重开发移动终端的期刊营销手段

在期刊的营销过程中，期刊数字化发行使用户信息的收集更加便利。期刊社可以通过大数据、云平台收集的信息，对用户进行细分，针对不同的用户设计创新型活动，增加对阅读的增值服务、用户互动和用户个性化体验，从而开展精准营销。2014 年 1 月，瑞丽数字媒体推出的“瑞丽新娘”APP，为中国新人提供原创的婚礼概念、婚戒资讯和婚礼筹备的实用资讯，强化了对用户的服务功能。①

又如《壹读》2013 年开发了“壹读”APP。截至 2015 年 1 月 4 日壹读传媒的新浪官方微博粉丝数为 328704 人。壹读微信公众号中发布的内容不局限

---

① 赵新乐：《〈瑞丽〉：让内容炫“动”起来》，中国新闻出版网，2014 年 9 月 12 日。

于《壹读》杂志，而是选择适合在移动阅读终端进行阅读的内容。2014 年 5 月 5 日，《壹读》推出新产品“拍呀”。“拍呀”是一项注重与用户互动的产品，利用《壹读》的已有用户，让用户在不需要支付金钱而是付出时间的方式拍得相应的实物，通过赚取虚拟货币来换取相应的拍品。虚拟货币的获取方式是在微博、豆瓣、人人网上分享《壹读》的文章，或是从淘宝上购买《壹读》杂志。

# B.10 2014年中国广电产业发展概要

蓝皮书课题组

2014 年中国广电产业持续发展，融合化传媒生态圈呼之欲出，在传媒新贵互联网行业的技术创新和产业创新影响下，真正开始进入了“互联网时代”。

广播产业基本维持平稳运行，前 11 个月，全国广播广告收入达到 124.95 亿元，是所有传统媒体中唯一连续每月同比正增长的媒体。相对其他传统媒体，较为出色的业绩使得广播产业在新媒体的洪流面前有了更多的余裕和应对空间。节目形态稳中有变，在增强与新媒体融合的同时，在针对性、专业性和细分程度上都有一定提高；收听市场表面平静，听众规模、竞争格局和主导频率分布变化不大，但移动化、多样化、智能化趋势进一步显著发展。在收听市场方面，2014 年，广播听众为 6.81 亿人次，较 2013 年增长 1.33%。车载收听量比重连续三年上升。新闻、音乐、交通三类频率的市场份额在 2014 年超过 80%，依然占据主导，其中交通频率遥遥领先。

电视广告市场的增长趋于平缓，连续两年增长率低于两位数。电视剧播出与收视比重下跌表明电视剧市场需求的饱和。相反，电视综艺节目百花齐放。电视节目类型更加多样化，100 多档真人秀节目涌向市场，季播节目独领风骚，成为收视增长的动力。电视台积极转变营销模式，采用社会化营销，加强台网联动，实现了网络、微博、微信等多平台传播格局。伴随数字有线和宽带技术发展，具备回看时移收视功能的互动机顶盒在一些地区开始普及，时移收视让观众更主动地安排收视时间和观看内容。在国家新闻出版广电总局新政的支持下，纪录片播出时长明显增加，各级频道开始打造自己的纪录片品牌。总体来看，各大卫视进一步深入探索新媒体融合，在内容的制作、编排、推广和广告经营方面进行台网联动。

2014 年是中国电影产业的互联网元年，电影产业结构、产业形态、市场格局都在发生重大改变。2014 年全球票房共计 375 亿美元，作为第二大电影市场的中国，其票房占全球票房的 13%，并且中国仍保持着 30% 以上的高增长。中国电影因为鲜明的本土性已逐渐形成自给自足的内向型发展模式。在全球化背景之下，过于依赖内向市场的粗放式发展模式潜伏着一定的产业危机。"电影 + 互联网" 成为新常态，未来的电影行业竞争大格局，将使得互联网与电影之间的关系更加紧密。娱乐宝、众筹、在线购票网站、微信支付等都介入了电影营销。网络营销已经从以前的高概念、新奇感、冲击力的时代，转变为精耕细作、精准营销、话题营销、网络分发的格局。3D 与动画电影、技术与美学期待更大突破。

未来，互联网、移动通信和数字技术将进一步发展，新旧媒体融合会进一步深入，广播、电视、电影应在融合与变革中形成社会化的传播模式，加快国际化高端人才、技术人才的培养，营造良性发展环境，形成正反馈产业生态圈。

# B.11

# 大融合·大变革*

## ——2014年中国电视产业发展报告

胡正荣　李继东　黄 炜**

摘　要：2014 年中国广播电视业持续发展，电视收视时长和广告收入都呈现出了下降的趋势，真人秀节目猛增，电视剧增量时代结束，纪录片播出量增加，版权意识得到强化。各级电视台积极谋求融合与变革。本文在对 2014 年中国电视产业发展状况进行回顾和分析的基础上，对发展趋势进行了探析。

关键词：电视产业　融合　真人秀　电视剧　版权

2014 年中国广播电视业的发展有两大特点：一是大变革，移动互联网、可穿戴设备等新技术蓬勃发展，世界信息传播产业正在发生着巨变，传媒政策也在不断调整、变化，信息传播行为更加碎片化、社会化和移动化；二是大融合，传统广电“开门办台”，拥抱互联网，网络视频网站大量吸纳传统广电人才，创新内容生产，融合化传媒生态圈呼之欲出。

---

* 本文没有标记出处的数据均来自于国家新闻出版广电总局官方网站、办公厅、规划财务司、传媒司、科技司、电视剧司等的最新统计数据。中国传媒大学传播研究院2013级硕士生赵京文做了大量的文献梳理和分析工作，在此一并表示感谢！

** 胡正荣，博士，中国传媒大学副校长、教授、博导；李继东，博士，中国传媒大学广播电视研究中心研究员、硕导；黄炜，博士，陕西省文化厅副厅长。

# 一 2014年中国电视产业发展概况

### 1. 传统电视收视时长下降，电视广告首次出现负增长

随着移动互联时代的到来，传统电视收视时间在减少，并呈现出老龄化趋势，同时电视广告也开始下滑。2014 年，消费者收看电视的平均时长没有较大变化，在智能手机和平板电脑上观看视频的时长有所增加，通过台式电脑观看视频的时长有所减少（见图 1）。

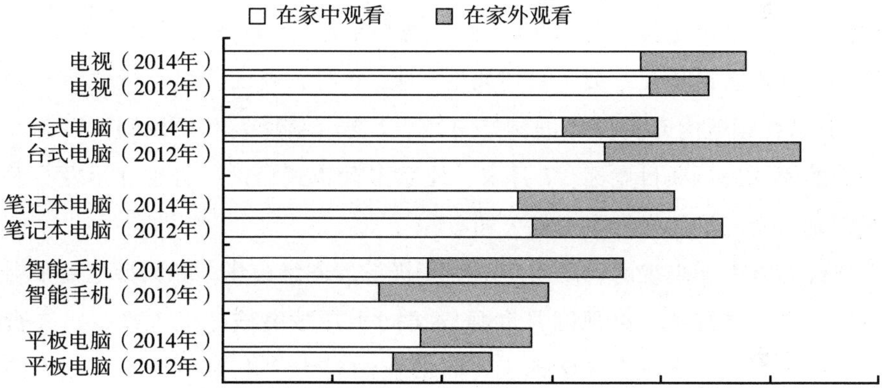


**图 1 中国城市用户每周通过各种设备观看视频的平均时长**

数据来源：爱立信消费者研究室，《2014 年电视与媒体消费趋势报告》。

此外，电视观看人群开始呈现“老龄化”趋势。近 4 年来，15～34 岁观众人均收视分钟数在下降，[①] 他们更愿意通过互联网自主地选择观看视频的时间以及感兴趣的内容。从收视份额看，央视和省级卫视占有绝对优势。

2014 年，电视广告投放份额仍居首位，但首次出现负增长，比 2013 年下降了 0.5%，[②] 而国内商业视频网站的广告收入的增长率则保持在 40% 以上。[③]

---

① 李小年：《当视频网站自制成熟时，电视台可能真的会被嫌弃死》，钛媒体，http：//www.tmtpost.com/167743.html，2014 年 11 月 11 日。

② 《2014 年传统媒体广告市场现负增长电视广告增长转负是主因》，网易新闻，http：//news.163.com/15/0213/13/AIBB8A8J00014SEH.html，2015 年 2 月 13 日。

③ 《2014 全球广告规模 5150 亿美元：电视广告演进六大趋势》，爱家 TV，http：//www.ijiatv.com/article－4131－1.html，2014 年 10 月 4 日。

不过，省级卫视频道依然保持着良好的增长势头，特别是位于第一梯队的湖南卫视、江苏卫视、浙江卫视等，以2014年7月为例，省级卫视以14%的增幅位列第一，省级地面频道以5%的增幅紧随其后。①

**2. 融合进程不断深化，跨界经营方兴未艾**

2014年，各大电视台积极探索与新媒体融合，与社会力量联动。2014年3月，上海东方传媒集团有限公司（SMG）宣布合并“大小文广”，② 成立东方卫视中心，制定了“以卫视为依托，以独立制作人为突破，整合资源”的娱乐板块改革方案。4月，湖南广电将旗下“金鹰网”及“芒果TV”两大平台改版整合，推出全新“芒果TV”网络视频平台；5月开启了“芒果TV”独播战略，其点击量从百万级飞跃到数千万级。6月，浙江卫视进行“节目团队化”，尝试在频道内部实行“准制播分离”，交给制片人八项权利，以制片人为核心的团队进行项目竞标。7月末，北京卫视正式启动广告独立运营，并成立了北京京视卫星传媒有限责任公司。

在经营方面，央视网、湖南广电等积极扩展网络市场，和大型电商平台进行深度合作。据统计，央视网月度独立访问用户数突破5亿人次，“央视影音”客户端下载量突破3.3亿人次。而被业内誉为“电视湘军”的湖南广电则依靠自身的优质节目内容向多屏转移，推出综艺节目的电影版、手游版，针对不同媒体的特性开放相应的媒介产品，玩转跨界经营。2014年初《爸爸去哪儿》大电影收获了7亿元的巨额票房，③ 其手游产品也获得了丰厚的回报。而东方卫视的《女神的新衣》这档节目与天猫商城合作，开拓了全新的T2O模式（TV to Online），这档节目将媒体、企业、电商平台、明星、设计师、行业专家和互联网等多方资源联结起来，将技术、资金、市场、媒体评论等方面整合在一起，形成了跨界资源整合、多方共赢的产业联盟平台。

---

① 《2014年度全国电视广告发展报告》，综艺+，http://www.zongyijia.com/News/News_info?id=30559，2014年12月14日。

② “大小文广”指的是上海文化广播影视集团和上海东方传媒集团，前者是后者的母公司。除了以广播电视频道为主体的上海东方传媒集团，“大文广”旗下还有已上市的东方明珠等10余家子公司，而另一家上市公司百视通此前则是在“小文广”的旗下。

③ 《电影〈爸爸去哪儿〉7亿收官载入影史成行业范本》，http://ent.163.com/14/0423/14/9QH92J5R000300B1.html，网易娱乐，2014年4月23日。

### 3. 广电数字化基本完成，全媒体制播能力进一步提高

2014 年广电数字化、网络化和高清化进一步提高，全媒体制播能力不断提高。据统计，全国广播电视台数字化基本完成，省级以上广播电视台都完成了网络化制播，中央电视台常规频道全部实现高清播出，70% 以上的省级电视台具备了高清电视制播能力，截至 2014 年 11 月底，国家新闻出版广电总局共批准开办高清频道 56 个。同时，80% 以上的省级台开设了网络广播电视、手机广播电视等新媒体，中央电视台和上海、江苏、浙江、湖南等省级电视台还开启了全媒体制播平台。

### 4. 促融合政策更加明晰，强化广电监管力度

2014 年新旧媒体融合发展政策更为明确，对广电内容的监管力度有所加强。中央关于传统媒体与新兴媒体融合发展的顶层设计，不仅明确了传统媒体转型的方向，也给新媒体带来了发展机遇。

2014 年广电政策强化了监管力度，国家新闻出版广电总局下发《关于进一步完善网络剧、微电影等网络视听节目管理的补充通知》《关于进一步落实网上境外影视剧管理有关规定的通知》等一系列强化对网络剧、海外剧等的管理文件。同时，关于“电视盒子”的政策也可谓是步步收紧。此外，国家新闻出版广电总局对卫视电视剧播出结构也进行了调整，在 2014 年 4 月 15 日总局召开的全国电视剧播出工作会议上通过了自 2015 年 1 月 1 日起开始实施的“一剧两星”政策。

## 二　2014 年中国电视产业发展分析

### 1. 真人秀节目井喷，季播独领风骚

2014 年可谓真人秀的大发展之年，全年差不多有 100 多档真人秀节目涌向市场，而且呈现出多样化态势。① 《中国好声音》（第三季）、《我是歌手》（第二季）、《中国梦之声》（第二季）、《最美和声》（第二季）等歌唱类栏目依然保持强势，《爸爸去哪儿》（第二季）、《爸爸回来了》等亲子类节目收视

① 《2014 电视行业十大现象盘点》，新浪网，http：//news. sina. com. cn/m/2014 - 12 - 10/101731268261. shtml，2014 年 12 月 10 日。

率、口碑双丰收，《奔跑吧！兄弟》在2014年末独领风骚，成为现象级综艺节目，《女神的新衣》《12道锋味》《明星到我家》《囍从天降》等明星真人秀也获得了不错的收视，而《笑傲江湖》《中国喜剧星》《我们都爱笑》《我为喜剧狂》等喜剧类节目也在2014年成为一个新的风潮。

从收视率方面看，季播综艺节目独领风骚，也成为一线卫视增收的主要动力。浙江卫视的《中国好声音》（第三季）依旧表现抢眼，15期节目中有10期收视率超过4%，平均收视率为4.03%，决赛收视率为5.613%，创收12.5亿元；湖南卫视的《爸爸去哪儿》（第二季）以3.36%的平均收视率紧随其后，微博话题阅读量达200亿人次，① 创收11.5亿元。相比较而言，常规类节目则显得黯淡不少，在收视前30的电视节目中，《非诚勿扰》《快乐大本营》《天天向上》等节目占了三席（见表1）。

**表1　2014年电视综艺节目平均收视率排名***

单位：%，亿元

| 排名 | 名称 | 频道 | 收视率 | 市场份额 |
|---|---|---|---|---|
| 1 | 中国好声音(第三季) | 浙江卫视 | 4.03 | 12.53 |
| 2 | 爸爸去哪儿(第二季) | 湖南卫视 | 3.36 | 14.70 |
| 3 | **非诚勿扰** | 江苏卫视 | 2.53 | 8.12 |
| 4 | 我是歌手(第二季) | 湖南卫视 | 2.53 | 7.07 |
| 5 | **快乐大本营** | 湖南卫视 | 2.38 | 6.52 |
| 6 | 奔跑吧！兄弟 | 浙江卫视 | 2.11 | 6.93 |
| 7 | 最强大脑 | 江苏卫视 | 1.94 | 8.44 |
| 8 | 酷我真声音 | 浙江卫视 | 1.89 | 9.84 |
| 9 | 花儿与少年 | 湖南卫视 | 1.78 | 8.50 |
| 10 | **天天向上** | 湖南卫视 | 1.61 | 4.99 |
| 11 | 跑男来了 | 浙江卫视 | 1.53 | 8.73 |
| 12 | 笑傲江湖 | 东方卫视 | 1.42 | 4.46 |
| 13 | 中国喜剧星 | 浙江卫视 | 1.42 | 4.22 |

① 《2014十大现象级电视综艺》，http：//www.adquan.com/post－8－29487.html，2014年12月18日。

续表

| 排名 | 名称 | 频道 | 收视率 | 市场份额 |
|---|---|---|---|---|
| 14 | 中国梦想秀(第七季) | 浙江卫视 | 1.35 | 4.23 |
| 15 | 中国达人秀(第五季) | 东方卫视 | 1.28 | 3.98 |
| 16 | 女神的新衣 | 东方卫视 | 1.28 | 4.02 |
| 17 | 中国好舞蹈 | 浙江卫视 | 1.24 | 3.87 |
| 18 | 妈妈咪呀(第二季) | 东方卫视 | 1.22 | 3.71 |
| 19 | 中国梦之声(第二季) | 东方卫视 | 1.20 | 3.85 |
| 20 | 12 道锋味 | 浙江卫视 | 1.17 | 3.41 |
| 21 | 一年级 | 湖南卫视 | 1.17 | 5.28 |
| 22 | 和爸爸在一起 | 湖南卫视 | 1.13 | 14.50 |
| 23 | 我是演说家 | 北京卫视 | 1.09 | 3.44 |
| 24 | 明星到我家 | 江苏卫视 | 1.08 | 4.70 |
| 25 | 勇敢的心 | 北京卫视 | 1.07 | 3.37 |
| 26 | 爸爸回来了 | 浙江卫视 | 1.01 | 4.74 |
| 27 | 中国梦想秀(第八季) | 浙江卫视 | 1.00 | 3.11 |
| 28 | 我们都爱笑 | 湖南卫视 | 0.95 | 5.58 |
| 29 | 我为喜剧狂 | 湖北卫视 | 0.91 | 3.22 |
| 30 | 超级演说家(第二季) | 安徽卫视 | 0.91 | 2.98 |

说明：①《2014 年度电视媒体生态研究报告——栏目篇》，http：//mp. weixin. qq. com/s? _ _ biz = MjM5MDAwNTk2MA = = &mid = 202577962&idx1. 20 = 1&sn = f6dfb53439428bdcbc1094d7bb4e55 be&scene = 1&from = groupmessage&isappinstalled = 0#rd，2015 年 1 月 8 日；②黑体字表明的为常规类节目，其他为季播类节目。

数据来源：CSM，71 城市网，2014 年 1 月至 11 月 22 日，19：30 ~ 24：00。

### 2. 电视剧拼量时代即将过去，网络自制剧蓬勃发展

近年，一线卫视电视剧已突破以数量制胜的困局，二三线卫视则仍在拼数量，不过其播出比重有所下降，同时网络自制剧迅猛发展。2014 年尼尔森网联的统计数据显示，除了位居首位的天津卫视电视剧播出时长占比刚刚过半之外，其他卫视均滑到四成左右，与 2013 年同期前 10 名中有 8 家过半形成鲜明对比（见表 2）。

**表2　2012～2014年卫视频道电视剧播出时长占比排名**

| 2012年1～10月 | | | 2013年1～10月 | | | 2014年1～10月 | | |
|---|---|---|---|---|---|---|---|---|
| 序号 | 频道名称 | 播出时长占比 | 序号 | 频道名称 | 播出时长占比 | 序号 | 频道名称 | 播出时长占比 |
| 1 | 四川卫视 | 57.20 | 1 | 河北卫视 | 58.16 | 1 | 天津卫视 | 50.15 |
| 2 | 黑龙江卫视 | 54.41 | 2 | 黑龙江卫视 | 56.50 | 2 | 安徽卫视 | 49.61 |
| 3 | 天津卫视 | 54.20 | 3 | 青海卫视 | 53.48 | 3 | 山东卫视 | 47.45 |
| 4 | 青海卫视 | 52.91 | 4 | 四川卫视 | 52.85 | 4 | 新疆卫视 | 47.18 |
| 5 | 河北卫视 | 52.58 | 5 | 天津卫视 | 52.56 | 5 | 陕西卫视 | 46.21 |
| 6 | 新疆卫视 | 51.50 | 6 | 云南卫视 | 51.36 | 6 | 内蒙古卫视 | 44.92 |
| 7 | 山东卫视 | 49.49 | 7 | 山东卫视 | 50.94 | 7 | 河北卫视 | 44.12 |
| 8 | 广西卫视 | 47.44 | 8 | 广西卫视 | 50.30 | 8 | 宁夏卫视 | 44.00 |
| 9 | 内蒙古卫视 | 46.95 | 9 | 新疆卫视 | 49.31 | 9 | 山西卫视 | 43.38 |
| 10 | 安徽卫视 | 46.88 | 10 | 内蒙古卫视 | 48.44 | 10 | 北京卫视 | 42.89 |

数据来源：尼尔森网联 arianna 海量样本收视率分析软件。

2014年，网络剧在数量上全面开花，题材多元。相比两年前，主流视频网站自制节目总量增长较多，其中优酷、腾讯视频、爱奇艺增长最为明显，同时网络自制节目播放量位居前五位的均近2亿次，其中腾讯视频的《大牌驾到》（7.2亿次）、《HI歌》（3.1亿次）和《你正常吗?》（3亿次）都超3亿次，搜狐视频的《大鹏嘚吧嘚》为2.3亿次，爱奇艺的《娱乐猛回头》为1.7亿次。

### 3. 纪录片播出时长增长明显，各级频道加大投入力度

自2010以来政府陆续出台的相关政策为纪录片播出时长的增长带来明显效果，据尼尔森网联发布的《2014年纪录片电视市场研究报告》显示，2014年前11个月中，央视频道纪录片播出时长较上年同期增长69%，省级卫视则大幅增长104%。具体来看，央视频道播出时长两极分化。央视纪录频道日均播出超过21小时，中央一套日均播出近2小时，央视纪录频道和央视十套播出总量时长占总量的2/3，其次为央视七套和四套。① 而在31家省级卫视中，

① 《2014年纪录片电视市场研究报告》，法制节目网，http：//www.law－tv.cn/a/gongzuodongtai/20141230/3258.html，2014年12月30日。

四川卫视、黑龙江卫视、云南卫视日均播出时长接近 4 个小时，近半数卫视的播出时长在 60 分钟以下。

各大电视台加大对纪录片的投入，打造自己的纪录片品牌。比如，湖南卫视鼓励首播、强调原创，打造青春励志纪录片，湖南广电高层专门组建了纪录片评审委员会，湖南卫视总编室还与湖南台金鹰纪实频道联合成立了纪录片项目部，面向全国至少 20 个以上纪录片制作公司发布了引进、合拍、定制等需求。江苏卫视则在探索一种与传统专题片不一样的纪录形式——把纪录片与主流节目形态结合，按照季播节目剪辑和播出。

**4. 版权意识进一步强化，二三线城市卫视抱团取暖**

2014 年电视台通过自身改革、谋求向新媒体转型的需要越来越强烈，版权意识更加强化，独播战略风行。湖南卫视在 2014 年 4 月将旗下“金鹰网”及“芒果 TV”两大平台改版整合，推出全新“芒果 TV”网络视频平台；5 月，湖南卫视对外表示将实施独播策略。再如，获得 SMG 百视通投资的风行，则得到了东方卫视 2014 年综艺节目独家版权，并且在台网融合方面尝试深度合作。而获得苏宁投资的 PPTV，因苏宁与江苏卫视同在南京，以及广告等方面的关系，获得江苏卫视的多档综艺节目独家版权。① 而作为国家级电视台，在《开讲啦》《中国汉字听写大会》《梦想星搭档》《舞出我人生》《出彩中国人》《嗨！2014》等联合制作的节目纷纷亮相荧屏后，同样强调版权和打造自己的独播平台。

2014 年，广电行业的“马太效应”愈加明显，二三线城市卫视双星联播，联合发展、抱团取暖。2014 年，贵州卫视与青海卫视就以双平台同步联播的形式播出了一档亲子益智挑战节目《爸爸请回答》，首开国内卫视联播综艺节目的先河，这种摊薄节目成本的联播方式为二三线城市卫视的发展提供了一个参考范例。此外，江西卫视、河南卫视、湖北卫视、云南卫视四台联手在 2014 年贵阳国际广告节上，共同举办“江河湖滇·汇天下”联合推介会，推出 2015 年四家卫视的核心资源及招商政策；而河南卫视、重庆电视台、北京卫视、贵州卫视、东南卫视、安徽卫视、河北电视台、湖北卫视、陕西卫视组

---

① 《2014 电视行业十大现象盘点》，新浪网，http：//news. sina. com. cn/m/2014 - 12 - 10/101731268261. shtml，2014 年 12 月 10 日。

成九合组织，联合展开2015年招商活动；另外东方、山东、天津、深圳这四家成长潜力巨大的卫视则一起联合召开了题为“巅峰视界　四海纵横”的优质资源联合推介会。

## 三　发展趋势探析

### 1. 融合将进一步深化，产业生态圈即将形成

移动互联网浪潮已然不可逆，单打独斗的时代已经结束，电视台内部、电视台之间、电视与网络和线下实体店，以及高校、制作机构等，应该逐步走向融合。电视媒体在资本运作方面必然会像纸媒一样向集团化运营方向发展，未来必然会出现百亿级甚至千亿级的电视媒体集团。

同时，电视台、制作公司与视频网站等多方的合作势必将更加深入，由此应更新理念，整合资源，吸纳社会力量，形成正反馈产业生态圈。

### 2. 季播真人秀等综艺节目持续高涨，原创节目研发更加关键

2015年“一剧两星”开始实施，电视剧播出空间将更加紧凑，综艺节目将继续抢占电视荧屏，各卫视将积极投身新节目的制作，对新节目的研发和新团队的打造成本将继续加大，由此差异化、定制化的节目设置及精准的节目用户定位将是赢得收视的关键。

“从全球来讲，只要是成功的模式，国内基本都买光了，如果还是把希望寄托在拼价格买模式节目上，是没有意义的。”① 过度依赖从国外引进电视节目模式，也会影响本土节目的原创动力，只有原创才是中国电视行业发展的可持续之道。

### 3. 社会化传播已是大势所趋，场景之战即将开启

随着互联网、移动通信和数字技术的发展运用，新旧媒体融合早已是大势所趋，以用户、关系为核心的社会化传播是移动互联网时代重要的资源，而利用好人际关系和多元社会资源则是获胜的关键。以用户为主体的全新的传播理念改变了传统的用户行为模式和媒体市场形态。个体及其形成的人际网络关

① 沈浩卿：《2015年200档新节目备播荧屏，电视内容还缺失什么?》，媒介360，http://www.chinamedia360.com/newspage/102311/52937A55B7ADF37D.html，2015年1月13日。

系、大数据等精准搜索定位技术的发展使得原有的扁平式的媒体市场逐渐走向纵深。正如电通公司所提出的互联网时代 AISAS 消费者行为分析模型，这一个模式正在取代传统的 AIDMA 法则，即营销方式正从传统的 Attention（注意）、Interest（兴趣）、Desire（欲望）、Memory（记忆）、Action（行动）逐渐向含有网络特质的 Attention（注意）、Interest（兴趣）、Search（搜索）、Action（行动）、Share（分享）模式转变。互联网时代用户的主动搜索和分享是关键，综艺节目的社会化媒体营销最重要的是吸引用户参与，主动扩散，这样才能聚合社会资源，实现预期传播效果。因此，无论是传统广电，还是网络视频网站，都需要重视用户需求，利用社会资源，积极适应“全民、全媒、全网”的传媒变革，以形成社会化传播的新模式。

无论是羊年春晚，还是红包满天飞，都预示着场景之战的大幕已经开启。腾讯公司等一些新兴传播机构，开始尝试探索以用户为中心（UC）、位置为基准（LBS）、服务为价值（VA）的新观念，借助 IT 技术、大数据技术、人工智能等技术，将用户关系建构置于特定情境之下，以洞察用户需求、强化用户黏性，深度开发和拓展内容与用户的价值。

# B.12

# 2014年中国广播业运行与分析

邓炘炘　王菁　郝丽婷*

摘　要：2014 年，广播行业基本保持平稳运行。广播机构不仅继续加强内容和形式的创新，也在新媒体传播领域积极进行内容、平台、渠道和模式等多方面的融合尝试。除此之外，在制度建设方面，也进行了若干重要推进和尝试。

关键词：新媒体传播　制度建设　创新　融合

## 一　广播节目样态的变与不变

2014 年广播节目选题更加丰富多元，针对性更强，细分程度愈加明显，广播主动与新媒体融合，提升了听众的参与度。

多家广播电台频率进行了改版。有的采取广播节目多信源采集、多媒体编辑、多平台分发的传播思路，不仅通过各种移动终端收听，还与苹果、阿里巴巴、腾讯等公司达成“融媒体”品牌战略合作，打造“资源通融、内容兼容、宣传互融、利益共融”的新型模式；有的电台频率进行多媒体制播方式的创新，但未来效果值得继续观察；有的电台试图走做纯节目类型电台的路子，试图打造“广告量最少、最纯净的品质广播电台”。

全年节目样态并没有发生重大的变动，尤其是品牌广播节目的变化十分谨慎。一方面，品牌节目的风格和听众群已经稳定，在当前激烈竞争的媒体格局中不敢轻易变动；另一方面，广播在改革和尝试新模式方面的力度比较弱。目

* 邓炘炘，中国传媒大学新闻学院教授、博导、传播系主任；王菁、郝丽婷，中国传媒大学硕士研究生。

前，大部分的品牌广播节目对新媒体的运用和融合，只停留在收听终端的多媒体、多渠道方向上，还没有深入内容框架。比如，上海《直通990》节目开发的“直通990”移动终端，只是一种形式的创新或者说是为了应对新媒体所带来的压力而进行的融合变通。内容创新如何在新媒体环境下进行，是这些品牌节目乃至所有频率节目要面临的共同问题。

音乐广播是各地普遍开办的、收益效果显著的都市化频率。但大多数的音乐频率仅仅满足于连续播放音乐，模式风格比较单一；音乐美育、性格教化和艺术知识等方面的普及介绍都很少。2014年底，《零点乐话》停播。节目长时间内没有变化，听众流失，近年网络电台的崛起与竞争，不同程度的制约了《零点乐话》的生存。2014年12月，在“第二届中国网络视听大会”之“媒体融合发展峰会”上，有电台负责人表示打算“在音频产业的中游，抓住最后的机会，做一个音频聚合的平台”。[①] 开发平台无疑契合当前媒体融合的热议方向，但是广播电台做多媒体传播平台，不但要跨行、跨界、跨资源，而且投入巨大，技术难度也不小，广播电台在实力上距离这一愿景普遍差距较大。不过这种设想的可行步骤和阶段性努力，值得继续认真讨论和观察实验。

## 二　广播广告逆势微扬

2014年，中国广告市场总体形势不佳，而相关管理、规制和行业监督则逐渐加大。年初，国家有关部门发布《关于广播电视节目和广告中规范使用国家通用语言文字的通知》，严格要求规范地使用国家通用语言文字。

2014年1~11月，电台广告增幅呈现小幅度起伏状态，但与其他传统媒体相比，一直处于平稳增长的趋势。从广告刊例增幅可以看出，电台不仅上半年领先于其他传统媒体，达到13.8%，在前三季度也同样领先于其他传统媒体，达到12%。从前11个月的广告媒体投放情况来看，传统广播电台相比较于其他传统媒体，是唯一连续每月同比都呈现正增长的媒体，但与整个2013

① 参见http://www.aiweibang.com/yuedu/6243719.html，2014年12月20日。

年相比，资源量也有小幅的缩减。①

目前，广告主更青睐互联网媒体，由于网络视频广告比重较大，与电台广告的重合度不高，因此受其直接影响的程度，不如电视明显。截至2014年12月30日，北京广播电台广告收入最终突破8.5亿元；北京交通广播单频率创收接近5亿元，达到4.969亿元，同比增长9.28%②。北京广播电台的广告收入在全国广播电台中居于首位。此外，交通、音乐、都市广播等在大城市中已经非常成熟并饱和的频率模式，随各地中小城市的繁荣和发展，还有扩大发展的空间。新的广播广告市场正向三线城市渗透和扩张。在人口约60万的三线城市四川省内江市，内江广播电视台2014年新办了交通广播，当年就创收500万元，比该台原有的新闻综合广播年收入额高出2倍。

从相关管理和行业监督来看，2014年，广播电视广告的整治，特别是对医药保健广告的整治，主要集中在电视媒体，对广播医药广告的整治力度不大。在特大中心城市和行业领先的广播电台，如中央台、北京台等，医疗药品广告已经明显减少，酒类、邮品、贵金属收藏等广告正逐渐占据广播频率时段，但在一些地方电台，广播中依旧充斥坐堂诊治和卖药广告情况，播送频次密集。

广告收入目前仍是广播电台收入的主力。《中华人民共和国广告法（修订草案）》的再次审议以及其未来正式的颁布，必将对广播媒体的广告投放和经营产生相当大的影响，也必然会迫使广播业界启动新的运行改革与制度创新进程。

## 三　媒体融合的必然与艰难

媒体融合是趋势和方向，但却没有统一的模式和固定的路径。把旗下广播频率集中在手，并成立广播全媒体制作中心的做法，是一种融合；直接建办多媒体平台，集中多媒体资源和分向传播通道，也是一种融合。如江苏广电局计

① 《传统媒体广告从零增长跌至负增长》，http：//www. meipo360. com/html/Article/2015/0108/20150108113350865. shtml，2015年1月8日。

② 参见 http：//www. cssn. cn/xwcbx/xwcbx_ rdjj/201501/t20150116_ 1482640. shtml，2015年1月16日。

划重点打造“云·组团·多终端”的新型传播体系。[①] 2014 年广播行业在新媒体融合转型方面的动作，主要集中在以下几方面。

第一，多个省份推进网络广播电视台的建设。2014 年年初，湖南、重庆网络广播电视台获准开办。3 月，重庆网络广播电视台上线运行。9 月 29 日，广东广播电视台官网——荔枝台上线。该网络站点是整合了原南方广播影视传媒网、原广东电视网、原广东广播在线、原南方电视网的综合门户网站，不仅包含了广东台的所有自制视频、音频、图文等内容，还将为网民提供从各大权威网络媒体采集的社会热点新闻。[②]

第二，广播电台业务继续向新媒体延伸扩展。如广播节目互动方式更加多元，论坛、微博、微信等社交媒体渠道的运用更广更自如。以微信方式为例，截至 2014 年底，除西藏外，内地其余 30 个省区市的广播电台均开通了微信公众号。其中多数采用分频率开通的形式。

第三，省级电台在与新媒体公司的跨界战略合作上取得进展。如湖北广播电视台（集团）4 月携手百度视频、百度贴吧，形成跨媒体、双平台合作；浙江电台“城市之声”5 月全新改版，提出用广播构建“车联网”。

移动互联网已经成为新媒体发展的重要传播渠道。年内，多个省份广播电台的新媒体产品开发向手机移动端倾斜。这类广播移动 APP 客户端分为两类，一类是单频率服务扩展，如浙江交通之声的“听说交通”APP，将整个广播平台从后台到前台全部互联网化，并利用手机软件功能，记录、分析用户行为，为用户提供量身服务。类似的还有 6 月初中央人民广播电台改版的娱乐音频类 APP 产品“中国广播”客户端。[③] 另一类是综合服务节点，如河北广播电台手机客户端“即通”。用户打开河北广播电台“即通”手机客户端，不仅可以收看新鲜资讯、收听直播或点播广播节目、娱乐评书、名嘴秀场，还能实时查看路况导航，参与各种互动，以及实现一键挪车、在线支付等

① 参见 http：//www. jsgd. gov. cn/ReadNews. asp？NewsID = 13861，2014 年 9 月 18 日。

② 参见 http：//www. rftgd. gov. cn/node _ 11/node _ 39/2014/09/30/141204633467794. shtml，2014 年 9 月 30 日。

③ 参见 http：//www. enet. com. cn/article/2014/0623/A20140623387876. shtml，2014 年 6 月 23 日。

生活服务功能。①

相对于传统广播机构，网络音频 APP 客户端点拥有更开放的思路、更通畅的路径，更先进的技术保证。一旦将传统广播节目资源与用户使用打通，其平台优势和人气聚合力可迅速显现，且有着广阔的发展前景，对传统音频广播已经并将继续形成强大冲击。

① 参见 http：//www. cctime. com/html/2014 - 8 - 8/201488959514809. htm，2014 年 8 月 8 日。

# B.13

# 2014年中国广播产业发展概况

刘云 曲帅 张卫东*

摘 要： 2014年广播媒体与移动终端融合，众多网络广播APP应运而生；运用移动互联网的平台优势，新型广播生产模式不断涌现。新的形势下，广播频率的专业化、类型化演进步伐增速，广播媒体的产业化、市场化发展走势更加稳健。传播技术的革新使得众多质量参差不齐的自制节目流入市场，既带来了广播产业的繁荣，也使得业态竞争更加激烈。

关键词： 广播新象 受众市场 广播广告

## 一 2014年中国广播产业发展

### （一）广播新象

2014年5月，已经在苹果App Store上架三年半的“蜻蜓FM”宣称用户已达8000万户；同月，备受瞩目的“喜马拉雅FM”获1150万美元A轮投资，电台节目总数近300万条，拥有创作者超过8500人，已激活用户超过8000万户。[①] 借助新媒体优势，这些异军突起的移动平台确实开拓了包括传统

* 刘云，浙江大学传媒与国际文化学院广播影视研究所副所长，副教授；曲帅，浙江大学传媒与国际文化学院广播影视研究所2011级硕士研究生；张卫东，浙江大学传媒与国际文化学院广播影视研究所2012级硕士研究生。

① 刘颖：《车联网就要来了！看手机电台如何抢听众》，《中国广播影视》2014年12月下半月刊。

听众在内的亿级新市场，“喜马拉雅 FM”甚至以“重新发明电台”作为口号。各种现状表明，“电台”正在被重新定义。

2014 年 6 月 9 日，整合了上海广播电视台、上海文化广播影视集团有限公司旗下现有 12 个广播频率的东方广播中心揭牌成立。打破同质竞争、资源配置合理化、减少管理层级、提高工作效率等成为这次重组的直接原因，也是上海广播迈出向新媒体转型的坚实一步。而整合后的效果也是立竿见影的，截至 2014 年 11 月 7 日，上海广播的全年广播广告订单突破 7 亿元，预计到 12 月底，全年广告订单数将超过 7.3 亿元。①

2014 年 10 月 10 日，新华社正式宣布跨界音频市场，“新华社发布”通过车联网频道为听众提供权威资讯和智能服务，独家海量内容加上强大研发实力使得新华社成为音频 APP 市场有力的份额竞争者。

目前及未来很长一段时间内广播媒体的发展依然紧紧围绕着与新媒体的结合，深化体制改革以及产业升级转型等方面。

## （二）广播广告

截至 2014 年 10 月底，全国广播电视广告收入 1123.09 亿元，广播广告收入 124.95 亿元（见表 1）。

**表 1　2014 年 1～10 月全国广播电视广告收入地区分布情况**

单位：亿元，%

| 项目 | 广播电视广告收入 | 所占比例 | 广播广告收入 | 所占比例 | 电视广告收入 | 所占比例 | 其他广告收入 | 所占比例 |
|---|---|---|---|---|---|---|---|---|
| 全国合计 | 1123.09 | | 124.95 | | 897.30 | | 100.84 | |
| 中央级 | 270.32 | 24.07 | 5.10 | 4.08 | 261.29 | 29.12 | 3.93 | 3.90 |
| 东部地区 | 531.55 | 47.33 | 69.96 | 55.99 | 375.26 | 41.82 | 86.32 | 85.60 |
| 中部地区 | 223.24 | 19.88 | 31.89 | 25.52 | 185.44 | 20.67 | 5.91 | 5.86 |
| 西部地区 | 97.99 | 8.72 | 18.00 | 14.40 | 75.31 | 8.39 | 4.68 | 4.64 |

数据来源：《中国广播影视》2014 年 12 月下半月刊。

① 《上海广播广告突破 7 亿：逆势大卖的电台广告有何秘密》，广告买卖网，http：//www.admaimai.com/news/ad201411132 - ad119419.html，2015 年 1 月 13 日访问。

CTR媒介智讯的最新研究显示，2014年前三季度中国广告市场同比增长4.1%。其中，传统媒体的广告花费同比增长0.5%。电台广告刊例花费的同比增幅依然领衔于其他传统媒体（见表2）。

**表2　2014年前三季度媒体广告花费及资源**

单位：%

| 媒介 | 刊例花费同比 | 资源量同比 | 媒介 | 刊例花费同比 | 资源量同比 |
|---|---|---|---|---|---|
| 电视 | 2 | -7 | 电台 | 12 | 1 |
| 报纸 | -16 | -19 | 传统户外 | 10 | -3 |
| 杂志 | -9 | -19 | | | |

2014年上半年，电台广告投放量的69%集中在五大重点行业，其中汽车行业以20%的投放份额成为投放量最大的行业，第二、三、四位分别是份额基本持平的零售以及服务性行业、文化娱乐休闲以及金融投资行业。值得关注的是以9%的投放份额跻身前五名的房地产行业在2013年仅以7.4%排名的第八位，而投放量的增长跟房地产行业本身的发展现状并无直接关系，主要是其在报纸媒体7.3%的投放下跌、资源流动造成的。

尼尔森网联全媒体广告监测（AIS）数据显示，2014年上半年，从投放电台广告的各个行业来看，汽车行业投放额最高，投放额增长3%。电台广告投放TOP10品牌以通信、汽车、金融行业为主，广告主偏中高端。2014年上半年，TOP10品牌基本都增大了在电台媒体的投放力度。[①] 虽然随着汽车保有量的饱和，近年来的广播广告增势有所减缓，但是驾车人群收入稳定，购买力强，收听频次较高。因此相比较其他传统媒体来说，广播广告在特定人群中的转换率高，效果更加显著，短时间内依然会维持领先优势。

## 二　2014年中国广播产业发展特点

### （一）专业化、类型化演进增速

广播频率的专业化是广播电台综合考虑广播受众的特定需求和市场内在规

① 数据来源：尼尔森网联全媒体广告监测《2014年上半年广播广告市场研究报告》。

律的产物，它以具体的广播频率为单位，对广播内容进行划分，使节目能够相对集中地满足特定领域广播听众的需求。“类型化”由“专业化”承袭创新而来，在某种程度上是对“专业化”的进一步深化。

我国第一个类型化电台是2002年12月开播的中央人民广播电台“音乐之声”。2014年是云南广播电台类型化改革的第10年，经过10年的发展和完善，云南广播的10个频率已经完全类型化。

广播以声音为主要内容载体，是唯一的单一传播介质媒体，因此专业化和类型化既是未来发展的路径也是捷径，在各级广播媒体积极开拓多种运营方式及新兴业务的今天，回归本真，做实自己尤为重要。

## （二）数字化、网络化融合明显

广播媒体与互联网在地域性、移动性、伴随性等方面有共通的传播属性。在网络时代，音频已成为最容易进入移动互联网的应用之一，音频和网络得到了有效的融合，音频和互联网的融合还具有诸如操作简易、成本较低、商业及赢利模式清晰等优势。因此，广播媒体的数字化、网络化融合趋势为传统的广播媒体形态的发展提供了机遇。

2014年“浙江交通之声”除了拓展新媒体业务之外，还创新地将新媒体与品牌推广相融合。在品牌推广方面“浙江交通之声”提出电商化操作概念，围绕“在一起”氧气音乐节这一广受好评的线下活动，“浙江交通之声”不但利用电商平台做活动宣传，而且与电商合作定制“氧气曲奇”“氧气环保包”等衍生产品，另外还邀请名人在平台上开设音乐教室，同时推广公益活动，如此一来，有效地将电台听众和电商客户相结合，实现了品牌推广的最大范围覆盖和最大影响力。

## （三）产业化、市场化走势稳健

2014年6月25日，央广视讯传媒（北京）有限公司正式转制为股份有限公司。从2009年中央人民广播电台旗下的中国广播网开始实施改制，到2010年中国广播网与央广新媒体文化传媒有限公司一支队伍两块牌子运行模式建立，再到2014年央广视讯传媒（北京）股份有限公司成立，中央媒体在产业化和市场化改革上做出了很好的表率。

地方广播方面，黑龙江广播电台在产业结构的调整升级上取得佳绩，上半年实现广告收入1.75亿元。① 黑龙江广播电台注重策划创意团队的建设，积极走出去举办更多的线下营销活动，开拓新兴产业业务。“一种传输，四种到达”的传播理念，“4+2”的产业运营模式，使得黑龙江广播电台在“2014年全国广播业综合实力大型调研”活动中荣获“全国最具综合实力省级广播电台”殊荣。

广播媒体进行产业化升级、接受市场检验是大势所趋，体制壁垒既是改革过程中的阻碍，也是长时间以来广播媒体拥有发展先机的保护伞。在改革的过程中广播媒体不仅要开阔思路、增强自身创新能力，同时要很好地借力体制优势，转弊为利。

## 三　2014年中国广播产业发展的思考

### （一）以新媒体为背景

未来10年内，传统媒体和新媒体并存的局面不会被打破，但是任何一方脱离开另一方单独发展都不会走太远。

广播媒体在中国经历了多年的快速增长后，同样面临着拓展听众规模困难、经营创收增长乏力的窘境。与此同时，“喜马拉雅FM”“蜻蜓FM”“考拉FM”“懒人听书”等网络电台悄然进入受众的视野。广播借助互联网与手机终端，获得了新生，众多网络广播APP应运而生。

相比其他传统媒体，广播具有不限用户数量，覆盖范围大，制作成本低等特点。广播的传播特点决定了其能很好地运用互联网的平台优势发展自己。这种合作一定程度上扩大了广播的影响力，拉拢了大量用户，但其本质并没有发生变化。因此，发展网络电台广播APP只是完成了广播产业与互联网的“物理反应”结合。这样的结合，也仅仅是传统广播为互联网媒体提供了“信源”，虽然短时间内增加了收听率，但是如果没有真正厘清传播机制中用户与

---

① 迟小磊：《黑龙江人民广播电台做本土传播的领航者》，《中国广播影视》2014年7月下半月刊。

媒体的关系，实现广播与互联网的“化学反应”，其合作也只能是昙花一现。在广播数字化的实践过程中，数字广播系统实际上已经是一个快速、低成本的数字发布系统。因此，未来广播用户的参与程度会更高，传播者与接收者的身份会越发模糊。互联网在广播领域的真正实践是由用户需求方式变化推动的，这也将成为广播数字化背景下互联网思维在广播产业中的最佳实践。

### （二）以窄播化为方向

“窄播就是广播”的传播理念已经得到业界广泛论证，那么面对新的复杂传播环境，实现精准化、专业化的传播效果，变“大水浇田”为“滴水灌溉”，为特定客户提供定制服务，满足其特定个性化需求的专业化服务亦应运而生。广播相亲节目、广播母婴节目等都是在专业化经营过程中的成功尝试。

2014 年 11 月 27 日国内首档广播版投资真人秀节目《乐创梦工厂》在“浙江之声”开播。节目主持人每期为听众呈现一个创新创业项目，由投融导师对该项目进行可行性论证。浙江民营经济的发展领先于全国平均水平，“浙江之声”针对投融界的听众，为特定人群提供个性化服务，该节目播出后受到广泛关注。

“窄播”的根本立脚点在于“抓住特定听众”。新闻、交通、音乐广播一直是广播收听率的三大支柱，但即使是在这有限的三大频率中，窄播化的程度依然有待加强。交通广播可以针对汽车广播、出租车广播及私家车广播等不同车载人群，甚至是不同年龄段和不同性别的车载人群而细化频率与节目，同样的，新闻广播和音乐广播也可以根据听众对象细化自身频率与节目。移动互联网时代不再对受众和消费者进行严格界定，统一以“用户”代之，这里面便赋予了更多人性化管理的含义，例如增添用户体验、维护用户关系、注重用户服务等，窄播化广播仅有定位还不够，能够主动创造需求以满足用户之未知需求，掌握消费导引权才更为重要。

### （三）以内容营销为王

通过分析用户使用广播媒体的习惯，从而确定广播节目的生产内容以及营销渠道，使不少广播节目收益。2014 年用户分别达到 8000 万和 7000 万的“喜马拉雅 FM”与“考拉 FM”采用了两种不同的内容制造模式。

“喜马拉雅 FM”以 UGC（User Generated Content）为主，“打造专属于你的个性化电台”是其所标榜的宗旨，个人和机构用户可以创建自己的电台，也可以根据兴趣爱好选择想要收听的电台，不仅可以在线收听，平台还提供下载服务。目前，“喜马拉雅 FM”拥有电台节目总数近 300 万个，拥有创作者超过 8500 人，UGC 模式既解决了接与受的单向传播问题，又很好地弥补了电台频率资源有限的缺点。

“考拉 FM”以 PGC（Professionally-generated Content）为主，其定位是“华语世界最大最权威的音频好内容平台”。“考拉 FM”的内容团队超过 80 人，制作播出新闻资讯、脱口秀、音乐等节目。作为车语传媒的子公司，“考拉 FM”不仅具备成熟的听众基础，而且拥有丰富的版权储备，2014 年“考拉 FM”已经拿到了 iTunes 华语播客 TOP100 排行榜上近一半节目的版权。

互动体验的加入使得用户既是内容的创造者又是内容的消费者，同步解决产品质量和广告销售的问题，在这一点上新媒体电台远远地走在了传统广播电台的前面，拥有海量制播资源和庞大收听群体的传统广播电台应该抓住机会，奋起直追。

# B.14

# 2014年中国电影产业备忘

尹 鸿 冯飞雪*

摘 要：2014年是中国电影产业的互联网元年。中国电影产业结构、产业形态、市场格局都在发生重大改变。电影产业仍然在高速增长的通道上前行，但因为鲜明的本土性特征而逐渐形成自给自足的内向型发展模式。这也使得在全球化背景下，过于依赖内向市场的中国电影产业粗放发展模式潜伏着一定的产业危机。

关键词：中国电影产业 互联网元年 网生代 电影市场 内向型模式

2014年全球电影市场稳中略有上升。全球票房达375亿美元，其中美国占27%的市场份额；世界第二大市场的中国占全球票房市场份额的13%；英国、法国、德国、日本、韩国、印度、澳大利亚、俄罗斯等国家的电影票房占比均未超过5%。在全球多数地区电影市场增长停滞的背景下，中国仍保持了30%以上的高增长。在全球新增的16亿美元票房中，中国贡献了其中的75%。[①] 2014年，“网生代”则成为年度新词，中国电影在传媒新贵互联网行业的技术创新和产业创新影响下，正在发生不同于欧美国家的产业变局，甚至可以说中国电影真正开始进入“互联网时代”。

---

* 尹鸿，清华大学新闻与传播学院教授、博导、常务副院长，中国电影家协会理论评论会会长；冯飞雪，清华大学新闻与传播学院博士研究生。

① 根据《好莱坞报道》的相关数据整理。

# 一 数字解读：继续创造增长奇迹

## 1. 电影产量：连续第二年调整性负增长

2014 年国产故事片产量 618 部，同比减少影片生产数量 20 部，连续两年产量调整性下降，与 2012 年的最高产量比，已减少了 127 部（见图 1）。电影产量与印度、美国基本相当，位居全球前三。年度生产影片中有 250 多部进入影院放映。总体来看，电影从产量上来说仍然供大于求。①

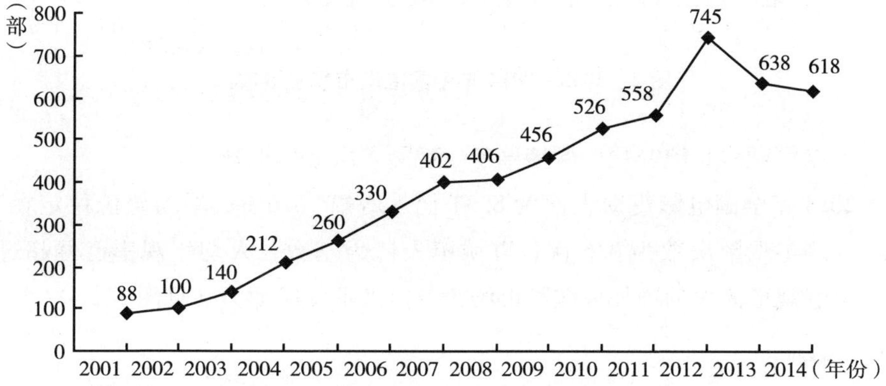


**图 1 2001 ~ 2014 年国产故事片产量**

## 2. 电影票房：全球增长最快的电影市场

2014 年全国电影票房收入共计 296.39 亿元，同比增长 36.15%。票房总收入约 48 亿美元，接近世界第一大票房市场北美地区的 1/2。电影版权国内收入为 20 亿元，海外销售收入为 18.7 亿元。电影带来的影院、电视和网络广告等方面的相关收入共计 63 亿元。非票房市场对电影产业的贡献有所提升，但与欧美国家相比，电影票房收入在电影总收入中占比仍然很高。电影的版权效益未得到充分实现（见图 2）。

① 本文未标明出处的数据，均为作者根据国家新闻出版广电总局电影局、中国电影发行放映公司、《中国电影报》、艺恩咨询公布的数据整理而成。

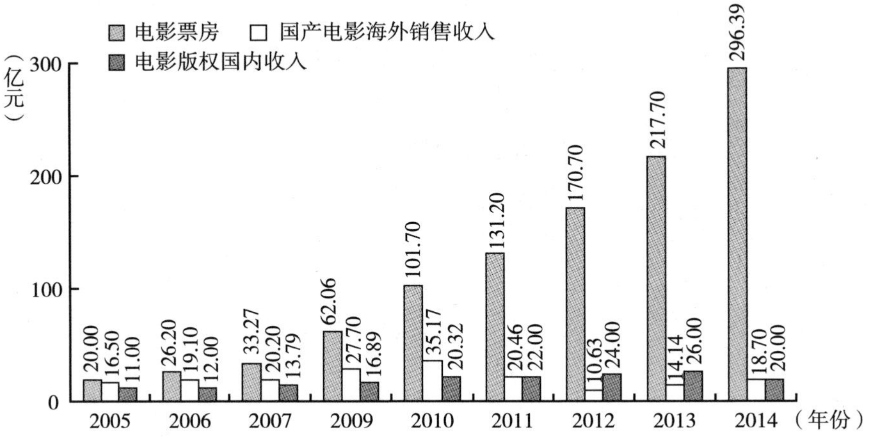


**图 2　2005～2014 年中国电影市场主要收入**

### 3. 电影观众：电影票价保持稳定，观影人次继续提升

2014 年全国电影观众人次为 8.33 亿，增幅 36.6%；平均票价稳定在 36 元；人均年观影次数为 0.6 次；以城镇人口为基数，人均年观影已经超过 1 次。电影观影人次的增加为电影市场繁荣提供了发展动力（见图 3）。

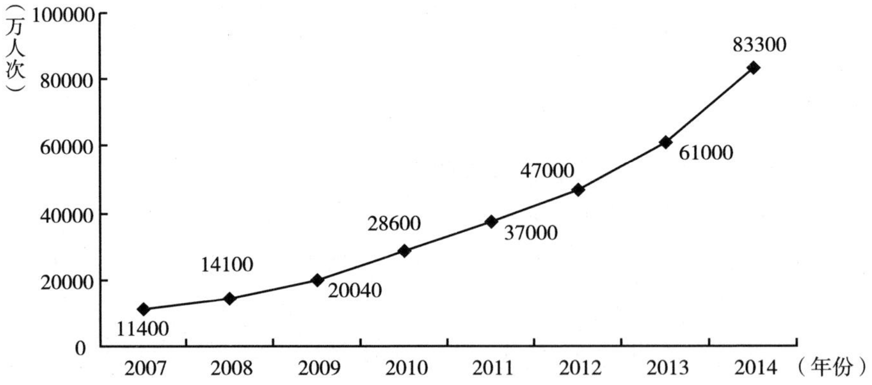


**图 3　2007～2014 年中国电影市场观影人次增长趋势**

### 4. 电影银幕：银幕总数超过2万块

2014 年全年内地新开业影院 1015 家，新增银幕 5397 块，日均新增银幕 15 块。全国银幕总数约达 2.36 万块，数量仅次于北美地区。观影人次与银幕增长同步，为影院票房提升准备了充分条件（见图 4）。

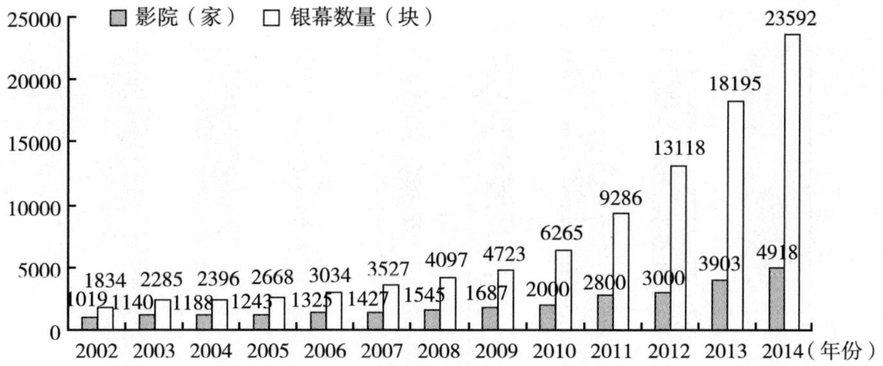


**图4　2002～2014年中国电影市场影院与银幕数量增长趋势**

### 5. 电影产品：平均每月出现3部票房过亿元的国产片

全年内地院线发行电影388部，有66部票房过亿元，其中国产片占36部。平均每个月有近6部票房过亿元影片上映（见图5）。国产片总收入161.55亿元，占比54%；进口片占比46%（见图6）。在配额限制和市场调控背景下，国产片份额优势勉强维持。全年票房冠军则由好莱坞电影《变形金刚4》获得，其19.8亿元的票房收入，不仅超过该片在北美本土市场的成绩，也成为中国电影市场上遥遥领先的单片票房纪录。

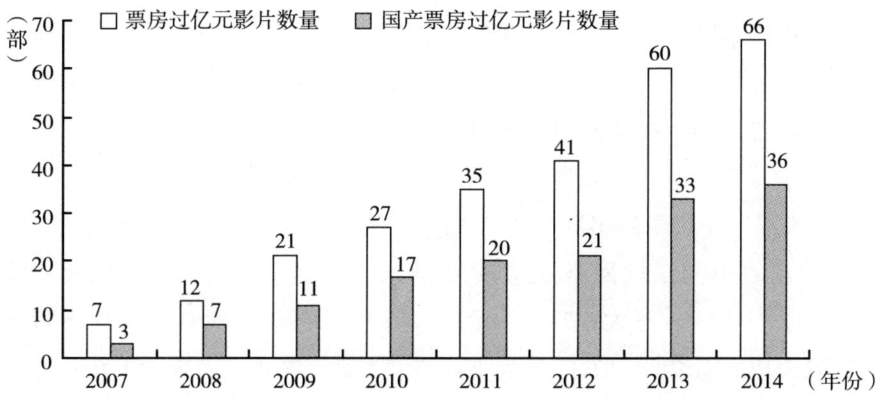


**图5　2007～2014年中国电影市场票房过亿元影片数量增长趋势**

2014年，全球电影市场多少有些老气横秋，作为世界第一大电影市场的北美地区，其票房甚至稳中有降。而中国电影市场则仍然青春焕发，产业数据

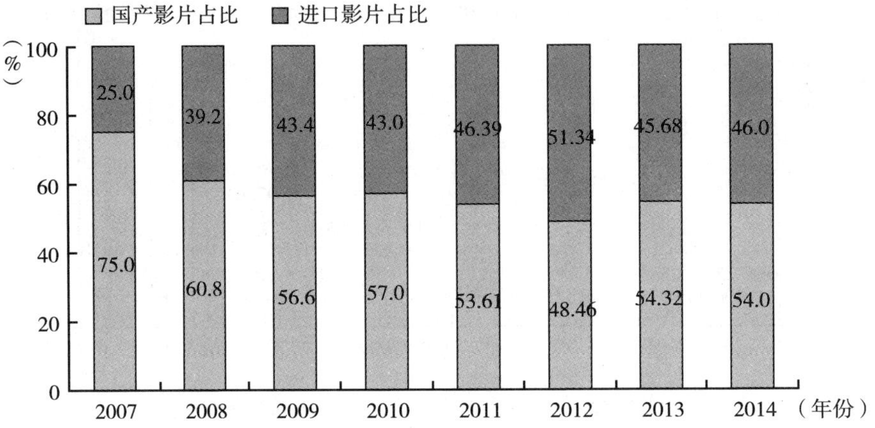


**图 6　2007～2014 年国产与进口影片市场份额**

喜人，市场要素积极，中国在全球电影市场的大国地位进一步巩固。与此同时，全球电影市场也对中国电影市场刮目相看、倍加重视。中国已成为全球电影产业中最活跃的区域。

## 二　产业格局："电影＋互联网"成为新常态

当今中国，已高度市场化的电影产业与国有主导的、尚处在"准市场化"状态的传媒行业之间仍然缺乏资本融合、资源整合的制度条件，中国电影业与传统的广播电视业、报纸期刊业之间的化学融合难以完成，这种若即若离状态决定了，中国无法产生将电影、电视、平面媒体整合起来的类似于"时代华纳""迪士尼""新闻集团""维亚康姆"之类的传媒集团。与此同时，同样高度市场化的中国互联网行业却发展得风生水起。百度、阿里巴巴、腾讯（即所谓的"BAT"）三大互联网企业不仅市值几乎超过所有中国传统传媒机构，而且可以跻身全球顶尖传媒企业行列。需要新资本、新渠道的市场化的中国电影，与需要新内容、新用户的同样市场化的中国互联网，彼此一见钟情、一拍即合。于是，中国电影相比全球其他任何国家都更早更快、更决绝地进入了互联网时代。"互联网基因"全面渗透到电影产业之中，互联网企业全面投资电影公司、深入渗透电影制作、颠覆性地影响电影营销，甚至创造了"网生代”的电影新概念。“电影 + 互联网”正在成为中国电影产业“新常态”。

**1. 电影管理：产业政策效应递减，市场监管缺位频现**

随着电影的高度市场化，社会资金大量进入电影业，电影政策对整个电影产业的影响明显递减。反之，在投资管理、制片管理、院线管理、票房管理、信息管理、审查及分级管理等方面，由于行政管理的法规性不足、协会管理的刚性不足，缺位明显，恶性竞争不断，负面社会影响也时有显现。

2014 年 4 月 16 日，国务院办公厅印发《文化体制改革中经营性文化事业单位转制为企业的规定》《进一步支持文化企业发展的规定》，6 月 19 日，国家发改委、国家新闻出版广电总局等 7 部门下发《关于支持电影发展若干经济政策的通知》，提出加大电影精品专项资金支持力度，每年安排 1 亿元资金，用于扶持 5 ~ 10 部有影响力的重点题材影片；通过文化产业发展专项资金重点支持电影产业发展；对电影产业实行税收优惠政策；实施中西部地区县级城市影院建设资金补贴政策；对电影产业实行金融支持政策；实行支持影院建设的差别化用地政策，等等。11 月 27 日，财政部、海关总署、国家税务总局联合发布《关于继续实施支持文化企业发展若干税收政策的通知》，这些文件规定对电影制片企业销售电影拷贝、转让版权取得的收入，电影发行企业取得的发行收入，电影放映企业在农村的放映收入，免征增值税；对国家重点鼓励的文化产品出口实行增值税零税率；对国家重点鼓励的文化服务出口实行营业税免税。此外，经营性文化事业单位转制为企业后，在有效时段内免征企业所得税。而从事文化产业支撑技术等领域的文化企业，被认定为高新技术企业的，则减去按 15% 的税率征收的企业所得税。这些政策，对于降低电影产业税负，提升产业赢利水平有一定的积极作用，但这些政策对产业的重大推动作用已经不明显。

与此同时，电影制作发行放映环节的契约纠纷不断，电影票房市场瞒报现象仍然不断发生，电影制片业资金监管不够科学严格，电影版权保护仍然困难重重，甚至影院的放映质量也由于影院的成本考量而达不到放映标准。当然，更引起社会关注的是电影审查带来的种种非议，人们抱怨审查尺度有时太严，要求修改太多，影响到作品艺术的完整性；而有时人们又批评审查尺度太松，“黄赌毒”内容对青少年身心健康可能产生消极影响。造成这种左右分裂局面的主要原因是由于电影审查不分级，成人标准与儿童标准混在一起，导致审查标准的左右为难、进退维谷。中国电影产业管理亟须从政策促进向法规化、体系化管理转变，以维护和推动电影产业的健康发展。

2. 产业态势：资本运作频繁，产业整合互联网化

电影因为其巨大的社会影响力和市场的快速发展，在整个文化板块中受到资本的格外青睐。2014 年，不仅有充裕的资金进入电影制作、影院建设环节，而且有大量资本进入电影业，形成电影业资本运作的活跃局面。

通过媒体报道统计，国内 2014 年共发生 169 起文化传媒行业并购案，包括影视、游戏、广告、出版、有线和卫星电视等多个子行业，涉及资本总额约 1605 亿元。其中，影视类并购占据近四成，平均每 6 天就会发生 1 起影视公司并购案，涉及资金超过 650 亿元。湘鄂情（后更名中科云网）、熊猫烟花、中南重工等业外公司接连发布跨界影视并购的消息。不少原有业态呈下滑趋势的上市公司，不约而同向影视公司抛出橄榄枝，希望借影视业的光环注入新鲜血液。①

与这些资本游戏不同，互联网企业与电影的联姻似乎更是各有所需。腾讯继“泛娱乐”战略之后高调进入电影业，除继续制作根据游戏 IP 改编的动画电影之外，宣布投资拍摄包括《钟馗伏魔：雪妖魔灵》在内的 6 部影片；阿里巴巴宣布斥资 62.44 亿港元收购文化中国，建立影业公司；百度旗下的爱奇艺成立了新的影视企业。继第一个宣布拥有互联网基因的乐视影业之后，阿里影业、爱奇艺影业、优酷土豆合一影业、“腾讯电影 +”等相继登台亮相，“电影公司为互联网打工”和“互联网公司为电影打工”的说法看起来相互对立，但实际上是一种两相情愿的“恋爱”：互联网通过电影来实心化、创造产品群、提升平台价值；电影借助互联网来获取资源、扩大影响、寻找用户、延伸价值。二者你情我愿，使中国电影早于全球其他国家与互联网实现融合，中国电影真正进入了互联网时代。

3. 电影企业：传统格局动态变化，电影新贵蓄势待发

2014 年，在互联网新媒体的冲击下，曾经一骑绝尘的老牌民营电影企业华谊兄弟似乎略显疲态，票房业绩多年来第一次退到第四位，甚至开始对外宣称要调低“电影板块”在公司整体战略中的地位；光线传媒、博纳影业等电影企业则在继续强化自己的核心竞争力，垫高竞争门槛，而新的互联网企业则

① 参见《腾讯大数据解析 2014 中国娱乐业：电影篇、明星篇》，http：//www. wtoutiao. com/a/1112884. html。

开始了对电影业的全面进军。

从2014年出品和联合出品的电影数量与票房来看，在几家具有互联网基因的电影企业中，乐视影业、优酷土豆合一影业的表现突出。乐视影业出品了《归来》《小时代3》等6部电影，收获14.77亿元票房；优酷土豆合一影业联合出品电影11部，共计33.18亿元票房，其中6部电影票房过亿元、3部电影票房超5亿元。但两家影业公司相比较：乐视影业是电影主导方，而优酷土豆合一影业目前主要还是联合出品方；乐视影业已经是一家有互联网基因的电影公司，而优酷土豆合一影业还在从互联网公司向电影公司的转型路上。爱奇艺影业和“腾讯电影+”在2014年还处在试婚期。爱奇艺影业参与电影的方式主要以互联网营销为主，唯一一部联合出品的影片是未能带来预期票房成绩的《一步之遥》；“腾讯电影+”基本专注于拥有网络游戏IP的电影孵化。总体看，四家互联网公司出品和联合出品的影片数量虽然只有20部，仅仅约为国产片总量的3%，但这些影片却占了国产片票房份额的38%。特别是乐视影业，出品和联合出品6部影片，其中5部票房过亿元。互联网企业与电影市场的关联度由此可见一斑（见表1）。

**表1　互联网企业的电影生产**

| 影业公司 | 出品/联合出品数（部） | 票房共计（亿元） | 票房过亿元影片数（部） | 国产片票房占比（%） |
|---|---|---|---|---|
| 爱奇艺影业 | 1 | 5.13 | 1 | 3.3 |
| 优酷土豆合一影业 | 11 | 33.18 | 6 | 22 |
| 腾讯电影+ | 2 | 3.6 | 2 | 2.6 |
| 乐视影业 | 6 | 14.77 | 5 | 9.9 |

未来的电影行业竞争大格局，将使得互联网与电影之间的关系更加紧密。互联网思维、互联网气质、云计算、大数据、粉丝、社交化、用户至上、整合营销这些概念蜂拥而入电影行业，“网生代”电影企业、电影导演、电影题材、电影观众一时间让中国电影风云突变。但如何在互联网经营理念与电影生产方式上达成理性结合，将是对中国电影产业未来发展的严峻考验。过度的互联网化，在一定程度上也可能最终影响到电影整体的艺术品质和商业价值。用好互联网这柄双刃剑，对电影行业和互联网行业来说都是一场没有先例的新游戏。

## 三　电影制作：大片不强小片不弱

中国电影的生产模式多种多样。其中有各级各类党政部门宣传性投资生产的电影，也有企业赞助性投资生产的电影，还有各种闲散资金随意性投资生产的电影……这些电影大多对影院和市场回报没有明确指标与预期，多数这类影片没有进入过影院渠道流通，甚至也很少进入其他全国性的商业渠道流通。这些影片的投资规模大多为百万元量级，千万元以上成本的产品不多，而且这些产品的产业价值很小。真正的电影产品则大多仍然是由华谊兄弟、光线传媒、乐视影业、博纳影业、万达影视五大民营电影企业以及中影股份、小马奔腾等专业电影公司制作。BAT 三大互联网企业则参与了部分这类商业投资电影的出品和发行。

### 1. 制作机构：民营电影公司逐渐分化，互联网企业厉兵秣马

2014 年，华谊兄弟、光线传媒、乐视影业、万达影视、博纳影业五大民营电影公司主导发行的影片占国产片票房 58% 的份额。其中，光线传媒占国产片市场份额 19%，博纳影业占 15%，乐视影业占 11%，位列前三。

光线传媒发行的国产片全年共取得 31 亿元票房，较上年提升近 50%。虽然与年初宣称的 40 亿元目标还有一定距离，但光线传媒已首次超越同行成为年度国产片发行冠军；博纳影业取得了 24 亿元票房，近三年来首次占据次席地位，其发行影片多以自主开发和主投项目为主；乐视影业取得 19 亿元票房，其中主打年轻群体的暑期档影片表现最为突出；万达影视开始在产品上游发力，一季度独占国产电影近 50% 的惊人份额，其发行的《北京爱情故事》《十万个冷笑话》都成为年度关注影片；而没有冯小刚压阵的华谊兄弟 2014 年以发行中小成本影片和引进片为主，《撒娇女人最好命》和《微爱》成绩较好，但整体的国产片发行出现了票房负增长。

其他民营电影企业，华策影视与和力辰光、乐视影业等公司联合出品《小时代 3》成绩不俗；福建恒业在 2014 年出品的《京城 81 号》、发行的黄真真导演的小妞电影《闺蜜》都取得了票房超过 2 亿元的好成绩；小马奔腾以电影《匆匆那年》在年末显示了自己的一席地位；天娱传媒依托“快乐男声”推出纪录片《我就是我》，与光线传媒联合出品《爸爸去哪儿》大电影，则拓

展了电视综艺节目大电影化的路子；星美参与出品《不能说的夏天》《太平轮（上）》则均未达预期目标；新丽传媒的《我的早更女友》则以小博大，表现不俗；安乐影业联合出品《黄飞鸿之英雄有梦》，寰亚出品《不再说分手》，寰亚与英皇娱乐集团联合出品《救火英雄》，银都机构联合出品《人间小团圆》《窃听风云3》《魔警》《反贪风暴》《盗马记》《百变爱人》等片，这些香港公司虽然规模不大，但都各具特色。

2014年的国有制片企业表现平平。中影股份参与发行的影片大多并非自己主导；八一电影制片厂依靠南水北调题材的主旋律电影《天河》在北京的政策性推广下，获得了3000多万元票房成绩已是年度最好；上影、长影、西影等在2014年几乎都未能制作出有重大影响的作品。民营电影企业主导电影制作的局面已基本形成。

**2. 创作人才：新老交替，跨界上位**

中国第五代导演一直是中国电影产业化改革以来最可靠的创作资源。但随着电影观众的年轻化、互联网基因的广泛影响，第五代导演及其同辈电影人在电影产业中的核心地位逐渐被边缘化，一批更年轻的电影人，甚至是跨界转行的电影人陆续进入电影聚光灯的中心区。

国产电影“三国演义”中的冯小刚、陈凯歌缺席，张艺谋以《归来》独自撑持。影片虽然受到评论界好评，但票房成绩并不突出。即便是20世纪60年代出生的第六代导演的棋手姜文，其万众期待的作品《一步之遥》也远远没有达到预期的票房和口碑。全年36部票房过亿元的国产片中，由70后、80后年轻导演、新人导演执导的作品已达到16部。

畅销书作家韩寒首次执导的电影《后会无期》取得6.3亿元的票房收入，堪称国产电影处女作票房之最；1978年出生的陈思诚从演员转型为编导，将电视剧《北京爱情故事》搬上大银幕，收获了4.06亿元票房；郭敬明推出《小时代3》，在争议之中票房达到5.22亿元，“小时代”系列三部影片总票房超过12亿元，成为系列电影票房之王；演员邓超执导的《分手大师》竟然在《变形金刚4》的牙缝中挤出了超6亿元的票房；青年导演路阳的新片《绣春刀》虽然票房平平，但却好评如潮。国产电影的票房冠军则被70后青年导演宁浩的《心花路放》斩获。演员转型、作家转行、青年人接班，使2014年的中国电影行业更加年轻化。

在内地老资历导演普遍遭遇市场滑铁卢的时候，几位香港资深导演却还保持了不错的创作状态。徐克的《智取威虎山》在制作水平和创作水平上都体现了他人难以超越的水准，陈可辛的《亲爱的》虽然是艺术片素材却取得了商业片的成绩；但吴宇森的豪华巨制《太平轮（上）》、许鞍华的全明星制作《黄金时代》却没能被市场广泛接受，前者明星拼盘的制作模式已经落伍，后者过于文学化的叙述限制了观众的接受面。

中国电影人的改朝换代似乎已基本成势。70 后导演宁浩、张一白、郑保瑞、周显扬、陈思诚、邓超，80 后电影新人韩寒、郭敬明、郭帆、陈正道、肖央、田羽生等纷纷跨入亿元票房俱乐部。这些年轻的电影人，即便在专业能力上还不如前辈艺术家，但他们在文化价值观、生活方式、界面亲和、营销关系方面似乎与年轻的电影观众更加贴近。

**3. 电影产品：大片疲软，轻电影成宠儿**

从《英雄》开始，一直由大制作电影支撑国产电影市场，但以《失恋 33 天》和《泰囧》为标志，态势发生改变。2014 年票房前 30 名的国产影片中，中小成本的爱情、喜剧和动作三种类型占近 70% 的票房，武侠、惊悚、魔幻等类型也有一定份额。中国大制作电影没有能够成为市场领头羊，反而是轻松题材、轻松风格、轻松类型的电影大行其道。国产电影制作模式发生了改变。

从公开发布和调研得来的数据看，2014 年生产的 618 部国产故事片中，17 部投资成本过亿元，投资在 3000 万 ~ 1 亿元的影片有 16 部，投资在 1000 万 ~ 3000 万元的影片有 34 部，其他 551 部的投资成本都在千万元以下。国产片票房前 10 名的影片中投资过亿元的影片只有《西游记之大闹天宫》《澳门风云》《一步之遥》《智取威虎山》4 部，投资在千万元以下的则是脱胎于电视综艺节目的《爸爸去哪儿》。而郭敬明和韩寒两位明星作家跨界导演的电影《小时代 3》《后会无期》则都是中等制作成本，但票房均超过 5 亿元。

大片遭遇滑铁卢的现象 2014 年更加明显。《太平轮（上）》《黄金时代》等片都是同类影片中的投资“巨无霸”，但市场回报并不令人满意；赵宝刚转向电影的大制作影片《触不可及》在市场上更是一败涂地；《冰封：重生之门》《黄飞鸿之英雄有梦》《魔警》《救火英雄》等大制作动作影片的票房情况也不理想；最让市场大跌眼镜的则是投资超过 5000 万美元（约合 3 亿元人民币）的姜文新作《一步之遥》。这些影片，虽然在制作规模、制作水平方面代表了中国电影的最高标准，场面宏大、造型逼真、画面精致、镜头考究，但其叙事的笨重、文化的精英感、故事取向的左右不逢源，却带来了“大片不强”的集体后果。只有徐克的《智取威虎山》因为其类型的纯粹和叙事的极致，成为高成本影片中少有的高票房回报案例。

2014 年，中小成本影片在以小博大方面屡创佳绩。《同桌的你》投资成本仅千万元，票房回报却达4.5 亿元；《北京爱情故事》《亲爱的》《催眠大师》《撒娇女人最好命》等片都体现了较高的投入产出比；以网络微电影《老男孩》展开的《老男孩之猛龙过江》投资不到千万元，票房却超过 2 亿元，主题曲《小苹果》更成为“神曲”而风靡一时；《十万个冷笑话》延续了网络上的超高人气，首映当日票房即过千万元……这批中小成本电影，刷新着各种票房纪录。根据电视综艺节目改编的电影《爸爸去哪儿》竟然奔向 10 亿元票房的天文数字。两类影片成为畅销产品：一类是重口味喜剧片，如《分手大师》；另一类是小清新爱情片，如《匆匆那年》；当然最畅销的则是将重口味喜剧与小清新爱情混合在一起，如《心花路放》。各种粉丝电影、网络小说电影、游戏 IP 电影都粉墨登场，甚至顾长卫都起用年轻明星 Angelababy 和陈赫推出段子式的电影《微爱》。此外，《京城 81 号》以 4.1 亿元票房为惊悚电影类型带来了信心；《催眠大师》则成为 2014 年最受推崇的国产心理惊悚片。类型的丰富和中国化，体现了 2014 年中国类型电影的发展态势。

当然，2014 年更值得提到的是中国电影产品的丰富和多样。电影市场从十多年前不到 10 亿元总票房的“小饼干”变成了如今接近 300 亿元的“大蛋糕”。随着市场的扩大，一批具有独特艺术风格、艺术个性的产品不仅能够被生产，而且还创造了数千万元甚至数亿元的票房成绩。其中，既有关注拐卖儿童的现实主义社会问题电影《亲爱的》，也有表现大时代文人情感生活的《黄金岁月》；既有国际获奖片、洞察人性善恶的《白日焰火》，也有表现荒诞政治背景中个人悲剧的《归来》；既有外国著名导演参与创作的表现现代乡愁和家庭沟通的《夜莺》，也有根据“现象级”电视综艺节目创作的纪录电影《爸爸去哪儿》，甚至清华大学清影工作室出品的中国国际广播电台著名主持人的微成本纪录片《飞鱼秀》，也通过互联网把 10 多个城市的粉丝聚集起来在影院连续放映了 21 天。艺术电影如果能更好地控制成本与效益间的平衡，未来将会成为中国电影产品的重要补充。

#### 4. 3D 与动画电影：技术与美学期待更大突破

全球主流商业电影3D 化已是大势所趋。好莱坞全球票房最高的前30 部影片中 3/4 为 3D 影片。3D 影片几乎成为好莱坞为全球电影市场设下的一道难以逾越的技术门槛，捍卫着美国电影的霸主地位。

2014 年国家投入 3 亿元支持 6 家国有重点制片基地发展，其中包括新兴技术的升级改造，并且坚持对高技术格式电影进行补贴。相较于往年，2014 年高技术格式电影无论是数量还是质量都有明显进步。在票房前 10 位的国产片中，高技术格式影片数量也首次超过了半数。

动画电影作为一种“家庭电影”产品，一直在全球电影票房中占有重要位置。近年来国产动画电影数量虽然不断增长，但长期是“喜羊羊与灰太狼”系列一枝独秀。2014 年有 35 部国产动画电影上映，累计票房超过 11 亿元。借助电视影响力，3D 动画片《熊出没之夺宝熊兵》超越“喜羊羊与灰太狼”系列成为历年来票房最高的国产动画电影；《神秘世界历险记 2》、由网络游戏改编的《赛尔号 4：圣魔之战》、由动画系列片改编的大电影《秦时明月之龙腾万里》都进入了国产动画片票房前 5 名。2014 年，国内市场引进动画片 18 部，其中 6 部票房过亿元，《驯龙高手 2》则以 4 亿元票房成为新标杆，其票房成绩仍然是国产动画片难以媲美的。国产动画片无一部进入国产片票房前 10 名，国产动画片依然未能成为中国主流电影产品。

2014 年，合拍片保持了稳定走势。内地影业公司与中国香港、台湾，法国，美国，韩国，日本等国家和地区合拍影片，但与中国香港合拍仍然是主流。合拍影片类型涉及魔幻、喜剧、动作、悬疑、爱情、古装等。喜剧片、警匪片和武侠片三种类型最受欢迎，喜剧片有黄真真的《闺蜜》、谷德昭的《六福喜事》、李志毅的《盗马记》等；警匪片有《窃听风云 3》《魔警》《反贪风暴》等；武侠片有《四大名捕大结局》《白发魔女传之明月天国》等。合拍片《西游记之大闹天宫》《澳门风云》，以及陈可辛的《亲爱的》、徐克的《智取威虎山》均为 2014 年成功的合拍片项目。

真正的中外合拍片数量并不多，但中方企业开始积极参与外国电影的投资。内地年度电影票房总冠军《变形金刚 4》就有中国资金参与投资，此外华谊兄弟投资了战争类型片《狂怒》等。中国与其他国家之间的合拍片方面有所突破，其中两部中法合拍片《夜莺》和《狼图腾》均为法国导演执导，《夜莺》被推荐代表中国内地参与奥斯卡最佳外语片角逐；中韩合拍片也取得了突破，两国签署了《中韩电影合拍协议》，随后多部影片相继确定合作意向，华策影视、新丽传媒等公司与韩国 CJE&M 等公司达成战略合作；中日合拍片则多为动画电影，如《聪明的一休》电影版、《喵星少年漂流记》等。

总体来看，2014 年的中国电影产品更加贴近市场、贴近观众。电影产品的生产方式由于互联网的影响正在发生着改变。电影观念和电影人的新老交替同步进行。大片未必强，小片未必弱，成为本年度重要的电影制作现象。与此同时，人们也担心，通俗直到庸俗是否正在成为一些影片所谓“接地气”的追求。过去占主导地位的大城市白领观众的趣味被更加草根、大众的互联网用户所改变，一些电影产品似乎在离商品更近的同时离电影更远了。

## 四　电影市场：内向型经济特征继续强化

2014 年的电影市场生机勃勃。由于银幕更多，观众更广，二三线城市对电影市场的影响更明显。新的观众构成带来了新的电影消费习惯和观影趣味，新的营销手段带来了新的市场变异和市场奇迹。在内地市场消费力和互联网社交化的双重影响下，中国电影在限制进口电影的配额和份额的同时，更加强化以国内市场需求为主的经济模式。市场在很大程度上决定着中国电影产业的走向。

### 1. 院线与影院

2014 年中国内地共有影院 4918 家，累计银幕 23592 块。整个院线市场基本稳定。全国前十大院线票房总和 196. 7 亿元，占票房总份额的66%，比上一年的 63% 略有提高。万达影视以 42 亿元的票房成绩傲视群雄。大地院线首次挺进全国院线票房收入前三甲。大地院线年度票房收入增长 48%，成为院线增长冠军。北京新影联则连续五年排名下滑，从昔日全国第一后退到 2014 年第十。中影数字院线票房收入同比增长 47%，仅仅略低于大地院线，排名上升至全国第七位。其余大部分院线的排序变化不大。

院线竞争基本处于胶着期，尽管一些院线经营效益不好，但由于资产关系复杂，集中度提升困难重重。这也直接导致一些院线较多的区域竞争加剧，出现恶性竞争苗头，院线的区分度也比较低。电影院线集中度的进一步提升，有赖于国有资产改革的进一步深入，否则影院市场管理面临的挑战还将进一步凸显。

### 2. 电影观众：粉丝观众大量出现，青年学生成为观影主力

2014 年观影人次较上一年净增约 2.2 亿人次，增幅达 36%，与票房增长幅度基本同步。从近两年中国电影观众构成看，青少年电影观众大幅度增长。19～40 岁观众占到总观影人次的 87%，其中 19～30 岁观影人群占比超过五成。[①] 暑期和节假日，电影的核心受众则更加低龄化。中国电影越来越鲜明地体现出所谓“互联网”气质。2014 年不仅出现了类似《后会无期》《小时代 3》这类动辄票房数亿元的“粉丝电影”，而且像《老男孩之猛龙过江》《分手大师》《心花路放》等影片叙事的碎片化、台词的网络化、场景的戏谑性、审美的简陋性、价值观的大众“草根性”等也都受到青少年观众的认可。

### 3. 电影票房：160部影片票房超千万元

2014 年的中国电影市场，从年初开始井喷，票房过亿元的影片频频出现。2014 年票房超千万元的影片继前一年首次突破百部之后，已增加到 161 部；票房超过 5000 万元的影片共 89 部，每月平均 7.4 部；票房超 1 亿元的影片 66 部，每月平均 5.5 部。全年发行的 388 部电影中，41.5% 的影片达到了千万元票房的级别，显示了中国电影市场的巨大消费能力。

2014 年进口片票房份额仍然被国产影片压倒，但单片票房冠军被《变形金刚 4》在密钥未获延期的情况下以近 20 亿元票房取得。34 部分账发行影片中的 30 部进入了亿元区间，票房超 5 亿元的有 7 部。30 部过亿元票房进口影片中，29 部为 3D 格式或巨幕版、IMAX 版。在高新技术影片市场上，进口电影具有明显优势。即便在放映窗口受到局限的情况下，进口分账影片单片平均票房也远超过发行的国产影片。国产影片份额优势仍然是在一定的发行保护、市场失范前提下取得的。国产电影的市场竞争力，特别是高新技术格式的国产影片竞争力还有待提升。

---

① 《艺恩咨询：中国电影对全球的影响力正在提升》，http://mp.weixin.qq.com/s?__biz=MjM5MDIzOTE4MA==&mid=201927473&idx=1&sn=b004c420404895fc3329dbc88d4cbe49&scene=2&from=timeline&isappinstalled=0#rd。

2014 年超过 5 亿元的影片有 15 部，占票房份额的 42%；票房在 1 亿 ~ 5 亿元的影片有 51 部，票房占比 46%，二者之和的影片数量为发行总量的 17%，票房份额为 88%。这与美国电影市场结构大同小异。2014 年美国电影市场票房过 1 亿美元的影片有 29 部，占总市场份额的五成；票房在 5000 万 ~ 1 亿美元的 33 部影片占 20%，二者合计达到七成。美国电影市场的多样化水平稍高于中国电影市场，但"倒二八"定律在电影市场上基本是共性特点。

**4. 消费类型：进口影片看大片，国产影片看爱情、喜剧和偶像**

从 2014 年过亿元票房的影片来看，爱情、喜剧和动作三种类型共同撑起了中国国产片近 70% 的票房份额，这与美国电影市场很不相同。美国电影市场中科幻片占据市场份额的 45%，类型高度集中。在中国，进口片市场也以科幻、动作为主，夺下近 75 亿元票房，但国产片却呈现出完全不同的景象，"爱情 + 喜剧 + 偶像"的类型组合是国产影片最大的赢家。该类影片取得了近 68 亿元票房，前 10 名影片中仅有《西游记之大闹天宫》《一步之遥》属于传统大片。[①] 国产的硬派动作电影和严肃剧情片，虽然有一定的市场规模，但观众的接受度相对较低，整体国产电影观众趣味有轻软化、过度娱乐化的趋势。

这种现象的出现，一方面因为进口电影在工业奇观方面远远超越国产电影的制作和创作水平，观众更倾向于选择好莱坞大片消费而不认同国产大制作电影；另一方面因为国产电影在爱情、喜剧、偶像方面更容易找到与当下人们生活情境、情感状态的认同和勾连，形成好莱坞电影难以替代的本土亲近性。当然，如果国产电影工业水平不能跟上电影发展的步伐，这些刚刚回到影院的观众被好莱坞培养出奇观电影的趣味偏好之后，特别是当爱情、喜剧类影片大量泛滥造成审美疲劳之后，国产电影将很可能出现市场危机。

**5. 电影营销：互联网营销来势汹汹**

营销对电影票房变得越来越重要。据不完全统计，2014 年中国电影营销费用上升到 36 亿元（占全国总票房的 12%），同比增长 24%。电影营销重点

① 李博：《电影：互联网时代新类型新观众》，《中国艺术报》2014 年 12 月 31 日。

更加明显地从传统渠道转向互联网和新媒体。娱乐宝、众筹、在线购票网站、微信支付等都介入了电影营销。网络营销已经从以前的高概念、新奇感、冲击力的时代，转变到了精耕细作、精准营销、话题营销、网络分发的阶段，甚至营销创新也转向病毒营销和娱乐营销。时兴的“众筹”则借助投资平台开展电影营销。阿里巴巴数字娱乐事业群推出“娱乐宝”，第一期上线《小时代3》《小时代4》《狼图腾》《非法操作》4部电影以及网络游戏《模范学院》募资总额达7300万元，第二期“娱乐宝”在100小时内为《露水红颜》《绝命逃亡》《全城通缉》《老男孩之猛龙过江》《魁拔Ⅲ》5部电影筹资9200万元；百度旗下的众筹平台“百发有戏”上线1天就为电影《黄金时代》募集资金1800余万元。这种众筹模式的营销意义其实远大于融资意义。

以BAT为代表的互联网企业的入局，为电影的营销注入了越来越多的新思路，而在线售票从宣传推广、售票再到分享观影感受，形成了不断扩展的网状传播，冲击了传统发行营销模式。业内根据相关数据估计，2014年296.39亿元的总票房中，有40%是观众通过手机软件客户端或互联网站购买的。以猫眼美团、淘宝电影、格瓦拉、时光网、百度糯米等众多第三方综合购票网站为主的网络购票体系已经形成。《后会无期》《心花路放》《一步之遥》都通过网络售票创造了很好的效果。“双十一”期间，阿里巴巴旗下淘宝电影、阿里影业联合与微博电影、新浪娱乐，对贺岁档11部电影进行的低价预售同样大获成功，4天内售票68.59万张。正如四川太平洋院线业务部经理秦立为所说：“互联网对发行公司带来的冲击是最大的。长时间以来，发行人员都是到一个城市和媒体、影院交流，并没有和观众交流；而电商有精确的数据分析能力，还能实现有效的营销和快捷的支付，不排除互联网公司在未来掌握发行的话语权。”① 作为目前互联网改造电影产业链的主要发起点，在线票务的发展或许也会推动电影新的发行模式的形成，并使电影产业链的上下游更为紧密地融合。

### 6. 档期变化：贺岁档期风光不再，节庆假日爆发消费

从2012年开始，暑期档就逐渐取代曾经红火了10年的贺岁档，成为暑期

① 汪景然等：《互联网公司全面布局电影业是“添翼”而非“颠覆”》，《中国电影报》2015年1月21日。

中青年观众集中消费的爆发期。2013 年的贺岁档期更是出现了 12 年来首次票房同比下降的现象。2014 年的贺岁档期仍然不温不火，而节假日档期则显示出巨大的市场冲刺能力。

从 2014 年各档期表现看，元旦、五一档期由于缺乏有影响力的大片带动，也缺乏高品质的合家欢电影，同比呈现出下滑趋势。元旦档期下降高达 63%，五一档期则下降 16.3%；但其余节假日档期均呈现明显上扬。妇女节档期则以 125% 的同比增幅成为年度最快成长档期，春节档、端午档、七夕档、国庆档同比增幅均超 70%。特别是春节档的《西游记之大闹天宫》《爸爸去哪儿》两部亲子合家欢电影，让人们看到了家庭电影消费的巨大潜力。而国庆档期中《心花路放》的喜剧定位，则吸引了大部分消费人群。

2014 年，诸多票房纪录都因为《变形金刚 4》的出现而被改写。6 月 28 日，《变形金刚 4》上线，创造了单日票房 2.83 亿元的最高纪录；7 月月度票房（36.93 亿元）也由于《变形金刚 4》的带动创造了单月票房纪录；《变形金刚 4》的 19.8 亿元票房也创造了单片票房纪录。合适的档期、合适的影片、合适的营销、合适的影片与观众的定位契合，都会为电影票房的爆发式增长提供契机。

**7. 大电影市场：电影版权经济举步维艰**

“多窗口”一直是全球电影产业的大趋势。但由于中国“多窗口”市场不通畅，知识产权保护难度大，中国电影国际竞争能力弱，因而使得中国电影仍然只能高度依赖内地影院的票房回收成本。

电影局通报称，2014 年中国在境外 44 个国家及我国港澳台地区举办了 65 次中国电影节影展活动，展映影片 452 部次。共有 345 部次国产影片（含合拍片）参加了 29 个国家及我国港澳台地区的 99 个国际电影节，其中 70 部次影片在 22 个电影节上斩获 117 个奖项。国产影片的海外票房和销售收入为 18.7 亿元，同步增长 32.25%。尽管如此，中国电影全部海外电影收入仅仅相当于国内电影票房的 6.6%，完全不能成为有战略价值的电影窗口。

北美地区是世界最大的电影市场。据好莱坞票房官方网站（boxofficemojo.com）统计，2014 年共有十多部华语片进入北美院线上映，其中 8 部与中国大陆上映日期相隔不到一周，但华语电影票房总收入只有 327 万美元（约合

2000 万元人民币），在北美外语片市场上排在印度、墨西哥、韩国、波兰、法国之后的第六位，而这些票房大多由海外华人观看所贡献。

华语电影在文化邻近的亚洲地区的票房收入情况也很不理想，除《一生一世》票房超过百万美元，其余影片则都不到 20 万美元的票房收入，对整个电影产业的贡献几乎可以忽略不计。

造成这种“墙内开花墙外不香”的原因众多，最主要还是电影的制作水平、创作水平普遍不高，题材选择、情感表达、类型设计不够国际化，中国电影在国内“成”在本土性，在国际上“败”也在本土性。中国电影不仅没有呈现出国际化趋势，甚至还有更加明显的以内需、内销为唯一诉求的内向型倾向。

国产片在海外电影市场表现平平，在电视和互联网市场上也没有取得理想的版权回报。在互联网视频行业发展迅速的大背景下，整个电影版权国内销售收入仅仅只有 20 亿元，这说明电影版权目前还缺乏多窗口价值，也缺乏充分的市场议价能力。这既与电影的版权价值不高有关，也与电影知识产权的有效保护仍然不足有关。目前，中国电影产业依靠本土影院一条腿走路的现实，在很大程度上制约着中国电影的发展水平。

**8. 港台地区：好莱坞一家独大，华语电影市场相互割裂**

香港电影市场近年来略有上升。2014 年票房总收入为 16.47 亿港元，与 2013 年的 16.26 亿港元相比，略微上升 1.3%。全年首轮上映电影 310 部，与 2013 年基本持平，但其中港片的放映数量有较大增长，从前一年的 43 部提高到了 51 部，增长 18.6%。本土电影数量上的优势并未换来票房结果的同步。从市场来看，仅有《金鸡 SSS》《澳门风云》2 部本土电影挤进了香港票房前十强。与此前两年情况基本相似，港片在好莱坞电影面前依然缺乏竞争优势。香港市场的票房前五名均为好莱坞电影。在香港举行全球首映礼的派拉蒙科幻动作大制作《变形金刚 4》，以 9820 万港元的成绩雄踞年度票房冠军。

而在香港市场华语片前 10 名中，则完全没有大陆主导的影片。除香港本土片之外，大部分为内地与香港的合拍片。而内地与香港的合拍片，内地票房往往远远超过香港本地。如《澳门风云》在香港的票房为 3360 万港元，而在大陆为 5.3 亿元人民币，香港票房仅仅相当于其内地票房的 5.6%。仅此一例，就可以清楚地看到香港电影工业对于内地市场的依赖。

台湾的电影市场比较疲软。在台北电影市场票房出现 -2.55% 的小幅衰退的同时，台北以外的县市新增 3 家首轮戏院、110 块银幕，全台湾电影票房基本持平或有不到 2% 的微成长，整体票房规模约 90 亿元新台币（相当于 18.5 亿元人民币）。据台北市戏院公会统计，2014 年总计逾 10 国、622 部（含 12 个影展的 189 部影片）电影进入台北电影市场。其中，好莱坞 6 大电影公司在台北上映影片 66 部，票房为 20.7 亿元新台币。好莱坞影片虽然数量仅占放映总数的 15.2%，却获取了 58.3% 的票房份额，连同英、美独立片商，引进片市场占有率高达 75.7%。

2014 年台北上映本地国语片 33 部，较上一年减少了 11 部，总票房为 3.8 亿元新台币，占票房份额的 10.2%；上映陆港片 12 部，获得 1.2 亿元新台币的票房。虽然台湾本土影片不能与好莱坞抗争，但是相比中国大陆影片和香港影片，似乎更易被本地市场接受。在台湾票房前 10 名的影片中，依旧是《变形金刚 4》独占鳌头，而国语片只有《KANO》《等一个人咖啡》入围了前十位。①

在港台电影市场上，好莱坞电影的优势地位明显，而由于政治制度、文化传统、审查方式、市场状态的不同，虽然内地、香港、台湾的电影企业、电影人之间的融合增强，合拍片也越来越多，但是华语电影的市场却仍然相互分割，即便在有限的华语电影空间中，各地观众也更愿意接受本地电影。三地电影市场的一体化还没有实现。

整体来看，中国内地电影市场，仍然处在高速扩展的黄金时期。国产电影在亲和力、接近性上具有一定的本土优势。但好莱坞电影的制作水平和全球化元素，对国产电影市场的威胁仍然严峻，中国电影过度依赖影院市场的局面未能改变。内地、香港、台湾三地的华语电影市场仍然相互隔离。中国电影主要是一种内向型发展模式，在全球电影市场上几乎没有话语权。这种自给自足的内向状态，在全球化大背景下潜伏着一定的发展危机。

① 《台北 2014 年电影市场呈现负增长》，http://group.mtime.com/ChinaMovies/discussion/3535688/，2015 年 1 月 13 日。

## 结语　从电影大国到强国的一步之遥

过去一年，虽然票房飘红的国产电影不少，但被人们记住和赞誉的影片却不多，甚至可以说，中国电影市场的繁荣，在一定程度上稀释了中国电影提升电影工业化水平、提升电影艺术和文化内涵的动力。不少电影美学上的粗鄙化、伦理上的虚无主义，迎合了青年人叛逆、逆袭、释放、宣泄、颠覆的需求，这种“粗糙娱乐”的电影，势必会逐渐遭遇社会舆论的压力和观众审美疲劳的抵制。互联网文化中的碎片化、粗俗化倾向，使得过去一年的中国出现了不少有高票房的电影产品，但是却罕有具有文化价值的电影作品。

对于电影来说，市场与美学并非必然的天敌。如果我们能够支持、鼓励和善于管理，市场反而可能成为电影多样性的土壤。美国电影产业完全市场化，但既可以产生《指环王》《哈利·波特》《变形金刚》这类高技术、高奇观的商业娱乐电影，也能出现《阿甘正传》《当幸福来敲门》《林肯》《为奴十二年》等众多主题严肃、充满人文关怀的优秀作品。因此，在中国电影高速发展的大背景下，如何为电影创作提供更宽松自由的创作环境，如何通过电影政策和电影批评去营造更加鼓励创新的开放体系，如何推动电影观众、电影创作者、电影产业链各环节在文化多样性上达成更多共识，如何为电影生产和创作的多样性提供更有利的市场引导，都是中国电影能否从市场繁荣走向创作繁荣的重要条件。

对于未来中国电影产业来说，行政管理的当务之急也许并不是微观促进某部电影的票房，而应确立并保障电影的市场规则，让电影竞争健康有序，减少恶性竞争带给电影的负面影响；应该加强电影的法制化管理，尽快推动中国特色的电影分级管理体系，清晰划分普通级、辅导级和不宜级别的不同审查标准；应该把有限的电影基金用于国际化的高端人才、电影技术人才的培养；应该推动建立市场化的数字时代的电影制作基地；应该完善和改进电影合拍规则，促使中国电影与世界电影更广泛的合作；应该支持多样化的电影批评，为电影健康发展营造既政策宽松但又有舆论监督的良性环境。

中国电影仍然处在蜕旧变新的过程中，创作者的新老交替正在进行，新市场新观众带来的电影美学观念的调整还在摸索过程中，市场机制尚未成熟，电影价值观的探索和表达还缺乏自觉意识，甚至高新技术带来的对电影创作观念的冲击也还没有完全适应，中国从一个电影大国成为电影强国的目标还任重道远。[①] 审查分级、高端人才、高新技术、版权保护、市场规则，是中国电影未来发展必须迈过的五道坎，也是中国从电影大国到电影强国之间的真正距离。

① 尹鸿：《交替》，《人民日报》2015 年 1 月 27 日。

# B.15
# 经济新常态下广播影视发展

李 声*

摘 要：我国经济进入了新常态，增速变化、结构优化、动力转化的特点更为明显，转方式、调结构、提高发展质量和水平的任务更为繁重。本文对新经济形势下的影视发展状况进行介绍，提出未来发展对策。

关键词：经济新常态 广播影视 创新发展

## 一 广播影视的发展机遇

经济新常态下，我国经济运行总体仍保持在合理区间，改革效应不断释放，新的增长动力正在生成，为文化改革发展进一步创造了有利条件。宏观经济转方式、调结构、扩大内需、拉动消费，文化作为少数几个总供给还不能满足总需求的领域之一，有较大的增长空间，有利于培育国民经济新的增长点。

### 1. 产业战略地位提升

党的十八大和十八届三中、四中全会对文化改革发展做出了新的重大战略部署，特别是把“文化产业成为国民经济支柱性产业”列入2020年全面建成小康社会的指标体系，将“制定文化产业促进法”纳入全面推进依法治国的整体部署，文化产业发展被提升到了一个新的高度。随着经济发展进入新常态，我国将处于经济转型和产业升级的关键时期。与此相对应的是，文化产业

* 李声，江苏省广播电视总台（集团）副台长、副总经理。

具有资源消耗低、产出效益高的鲜明特征，因此在促进经济结构调整、加快转变经济发展方式方面的作用势必将更加凸显。

2. 政策支持力度加大

十八届三中全会之后，国家密集出台政策从财政、税收、金融、资本、土地、人才等各方面支持文化产业改革发展，相关政策措施含金量高，标志着文化产业发展跳出以往广播影视、出版、演艺等传统领域，融入国民经济整体发展的“大循环”，力度远超以往。这一轮政策措施在宏观管理、体制机制等深层次难点问题上也有重大突破。

3. 社会文化消费需求持续增长

新常态下经济结构不断优化，社会文化消费需求持续升级，文化消费市场规模持续快速增长。以文化产业中市场化程度较高的电影市场为例，中国电影票房多年来持续保持着30%左右的增速，近几年更是迎来爆发式增长，中国电影市场已经成为仅次于北美的世界第二大电影市场。

4. 资本市场高度认可

作为国家经济结构调整重点支持的产业，文化产业近年获得资本市场的高度认可，成为股权投资、IPO、并购热点。2014 年以来，多家影视企业通过 IPO、借壳实现上市。万达院线 2015 年 1 月 22 日以 21.35 元/股在深交所挂牌上市，连续出现 12 个涨停，总市值接近 500 亿元，市盈率接近 70 倍。之前已经上市的华谊兄弟、华策影视、百视通、光线传媒、电广传媒等广播影视公司，近年受到资金追捧，股价屡创新高。而海润影视、完美影视等影视传媒企业也成功借壳上市。国家政策的支持以及消费需求升级的刺激，引发了文化传媒行业的并购热潮。

## 二　广播影视面临的挑战

1. 传统广告市场整体增速放缓

媒体广告市场高度依附宏观经济，宏观经济的增速放缓直接反映在媒体广告增速放缓。根据 CTR 发布的数据，2014 年传统媒体广告市场出现了负增长，全年广告下降 1.7%。其中，电视广告下降 0.5%，虽然降幅还很小，但足以改变传统媒体广告市场的趋势；广播广告仍然保持增长趋势，增长了 10.6%，但已无法改变传统媒体整体的广告走势。①

### 2. 互联网媒体抢占市场份额

传统媒体广告增速放缓的同时，互联网广告依然保持高速增长。在整体市场规模增长有限的情况下，这意味着互联网广告正在逐步分割传统媒体广告市场份额。根据艾瑞咨询发布的市场数据，2014 年中国网络广告市场规模达到 1540 亿元，同比增长达到 40.0%，增速较上年小幅下降但依然维持了高速增长态势。②

### 3. 马太效应进一步显现，市场趋向集中

在传统媒体广告市场增速放缓的情况下，广播影视行业竞争的马太效应进一步显现，市场份额向行业领先者进一步集中。

一线广电广告收入持续高速增长。如湖南卫视 2014 年广告创收超 70 亿元，2015 年将目标锁定在 100 亿元。收视份额、广告投放向市场优质节目高度集中，现象级节目广告投放屡创新高。湖南卫视《我是歌手》第二季首播收视率为 2.27%，总决赛为 4.28%，冠名费为 2.35 亿元，第三季冠名费为 3 亿元；《爸爸去哪儿》第二季在上星频道中连续 16 期蝉联周五收视冠军，微博话题阅读量 200 亿人次，冠名费 3.1 亿元，刷新季播综艺节目冠名纪录，第三季冠名费为 5 亿元。江苏卫视《非诚勿扰》以 5 亿元冠名费创下常态类节目冠名纪录；《最强大脑》第一季首播 CSM48 城市收视率为 1.42%，最终以 2.74% 收官，冠名费为 6000 万元，第二季冠名费涨至 2.5 亿元。浙江卫视《奔跑吧！兄弟》第一季首播收视率为 1.12%，随着关注度不断上升，收视率一度破 4%；冠名费为 1.3 亿元，硬广收入 2.5 亿元，第二季冠名费为 2.16 亿元。《中国好声音》连续三季冠名费分别为 6000 万元、2 亿元、2.5 亿元，第三季总决赛收视率达 5.61%。

## 三　创新发展策略

### 1. 坚守创新底线："双效统一"

广播影视在创新发展的过程中，要始终把社会效益放在首位，确保导向正

---

① 数据来源：央视市场研究（CTR）媒介智讯《2014 年媒体广告花费及资源》。

② 数据来源：艾瑞咨询《2012～2018 年中国网络广告市场规模及预测》。

确，实现社会效益和经济效益相统一。坚持双效统一，一是要在理念上进行强化，把社会效益的要求内化为广播影视整个行业的发展理念与自觉追求，把追求社会效益与经济效益相统一的要求贯穿到内容生产、经营管理等各个创新环节和发展全过程。二是健全两个效益相统一的体制机制，在制度设计上破除唯利润论、唯票房论的倾向，把握住政治导向，努力推出能产生巨大社会反响和市场反响的精品力作。

2. 突出创新重点：“内容为王”

“内容为王”是广播影视行业不变的规则。在行业整体增速放缓，竞争加剧，马太效应日益显现的背景下，内容优势成为竞争的核心优势。从具体市场反应来看，现象级节目和电视剧对媒体平台，无论是传统频道频率还是互联网视频平台的提升作用都是最大的。

内容的创新除了在传统制播模式下，对内容形态、节目类型等层面进行创新升级以外，还要在新形势下对内容产业链进行创新拓展。2014 年，面向媒体融合提出的“内容 IP 化”成为内容产业的年度热词，凸显出内容在推进产业发展的龙头作用。“内容 IP 化”的实质是对内容产业链的创新与拓展，围绕热门电视剧、综艺节目、电影等，向产业链上下游纵深，形成贯穿游戏、出版物、电商、动漫、APP 等多种产品的新形态。作为内容研发流程的最后一个环节，内容产业链开发对内容创新具有多层意义，既能拓展赢利模式，还能将内容向多渠道传播与渗透，提高社会影响力。在延伸内容价值链的过程中，把内容变成产品，变观众为用户，不断放大优质内容的价值。因此要打破依靠播出赢得收视率吸引广告投放的传统思维模式，在创新内容的源头就将产业链开发纳入计划。

例如，现象级综艺节目《爸爸去哪儿》是“内容 IP 化”运营的经典案例。节目的热播带火了图书销售和大电影，同名图书未上架即预售 3 万册；第一季和第二季的大电影分别取得 6.86 亿元和 2.2 亿元票房，基于大电影的衍生产品《电影全记录》和同名动画片及衍生脱口秀节目《村长趣哪鹅》也被开发。芒果传媒还推出同名手游与可穿戴智能设备，同名手游上线首日下载量即破百万次，目前注册用户已上亿户，日活跃用户超 300 万户。江苏卫视的《最强大脑》《一站到底》，深圳卫视的《极速前进》等也都开发了同名手游。东方卫视的《女神的新衣》将天猫、东方卫视以及节目制作公司的资源进行整合，打通电视、电商以及时尚产业链，观众可进入天猫购买节目中嘉宾展示的服装。

3. 明确创新方向：“融合发展”

2014 年被称为“媒体融合元年”。经济新常态下，坚持融合发展，更是广电产业实现创新发展的迫切需要和主攻方向。

上海 SMG 合并百视通与东方明珠，重点发力互联网电视业务和网络视频，打造新型互联网媒体集团。江苏广播电视总台打造包括 PC 互联网、移动互联网、IPTV、互联网电视以及移动电视多个层面的自有平台，构建立体化传播格局，致力打造“云・组团・多终端”的新兴传播体系；探索媒体融合制播新模式，推出大型全媒体新闻纪实节目《你所不知道的中国》，实现传统媒体与新媒体一同策划、一同制作、一同播出。

4. 探索创新路径：“双轮驱动”

经济新常态下，传统广告市场不仅整体增速放缓，而且面临互联网媒体抢占市场份额，使得广播影视以广告为主的传统经营模式受到了冲击。但与此同时，文化产业的内涵与外延都在不断深化扩展，游戏、动漫、会展、旅游等多个细分领域都有着巨大的市场空间。这为广播影视依托传统平台优势，拓展新产业提供了机遇。创新发展模式，拓展新产业，实现传统产业与新产业双轮驱动是广播影视创新发展的重要路径。例如，江苏广播电视总台提出“双轮驱动”发展战略，在做强传统业务的同时，坚持拓展新产业，打造包括“幸福蓝海”“居家购物”等在内的“七大产业板块”，形成新的增长点，推动产业经营逐步实现转型升级。

B.16

# 2014年中国广播收听市场分析

黄学平*

摘　要：2014 年的受众调查及收听率调查数据显示，从听众的收听习惯改变及收听市场的变化趋势来看，广播作为最“老”的传统媒体，在新媒体时代再次面临挑战。本文将在 2014 年赛立信全国 70 个城市收听率调研及新媒体调研数据的基础上，分析 2014 年中国广播收听市场的特点及变化趋势，以及新媒体对广播媒体的影响。

关键词：广播　广播收听　市场特点

## 一　中国广播听众规模

数据显示，2014 年中国广播接触率是 59.6%，全国广播拥有 6.81 亿广播听众，与 2013 年相比增长了 1.33%。自 2009 年开始，广播的接触率一直维持在 59.5%～60.0%之间，说明广播收听市场相对比较稳定，但是，随着新媒体对人们生活影响力的增强，将给广播收听市场带来冲击（见图 1）。

广播借助车载移动、微信、微博、APP、在线广播等新平台，多角度、多维度、多终端的延伸和拓宽其传播通路，大大扩大了广播媒体的影响力，而这又尤其体现在年轻群体中。与 2013 年相比，2014 年广播听众的变化趋势延续了 2013 年的特点——呈现年龄下行、收入上行的趋势。25～45 岁的听众占比较 2013 年增涨了 8.17 个百分点，月收入在 5000～9999 元和 10000 元以上的听

* 黄学平，赛立信研究集团总裁。

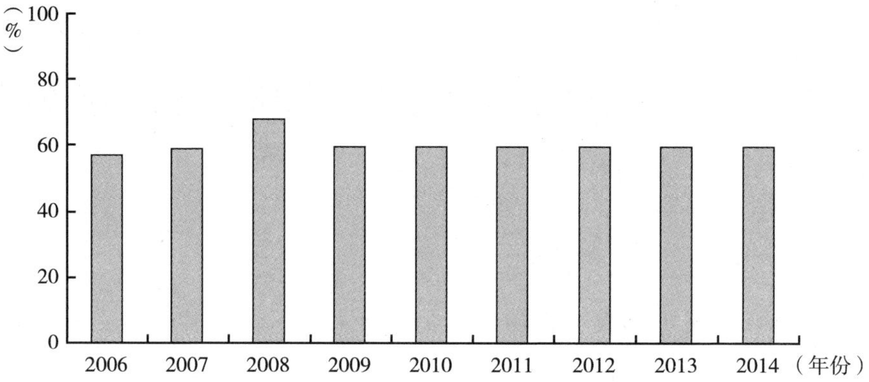


**图1　2006～2014年中国广播接触率**

数据来源：赛立信媒介研究，2006～2014。

众占比分别上升了2.57%和11.64%，可见广播媒体的受众价值在不断地提升。

## 二　广播听众收听习惯的特点及变化趋势

### 1. 移动收听逐渐占主导位置

连续三年的不同场所收听量占比数据显示，“车载收听量”的比重呈不断上升之势，与逐年下滑的“居家收听量”形成强烈的反差。2014年“车载收听量”占总收听量的比重接近40%，在北京、上海、天津、广州等大城市甚至高于40%。值得注意的是，“户外收听量”的占比也呈上升趋势。连续三年比较，“车载收听量”和“户外收听量”的占比在逐年上升，可见“移动收听”已经逐步在收听市场占主导地位（见图2）。

### 2. 听众收听广播的终端呈现多样化、智能化、移动化

多种传播渠道带动收听终端的多样化。2014年，手机、车载收音系统是听众使用最多的工具，传统收音工具（包括便携式收音机、音响、台式收音机等）的使用率逐年减少。与2013年比较，车载收音系统的使用率上升了12.8%，是使用率上升幅度最大的收听工具；连续两年，手机的使用率均超过40%，在众多收听工具中居首位，收听终端的移动化、智能化日趋明显（见图3）。

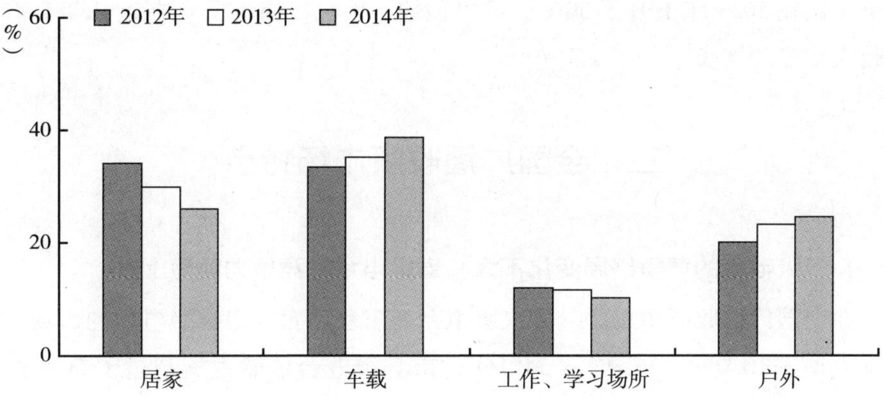


**图 2　2012～2014 年在不同场所的收听量比例变化情况**

数据来源：赛立信媒介研究，2012～2014。

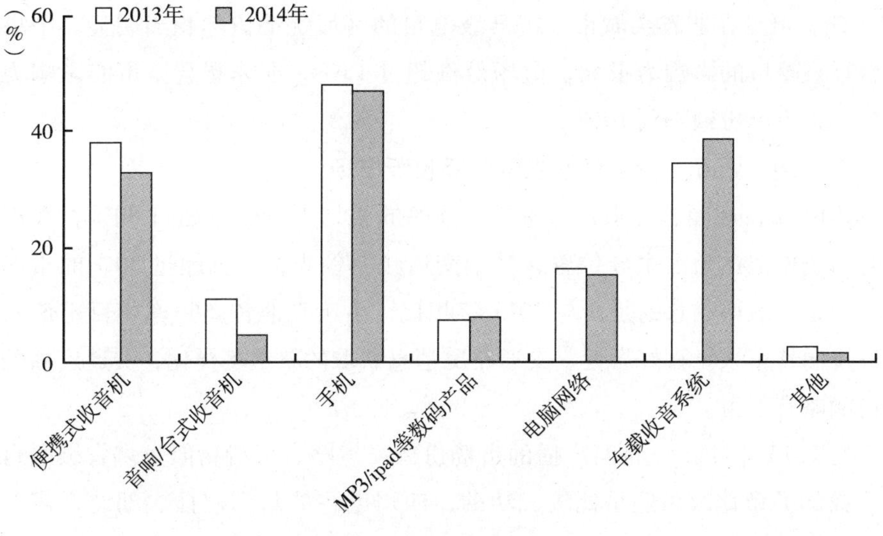


**图 3　2013～2014 年听众使用的收听工具**

数据来源：赛立信媒介研究，2013～2014。

广播在智能终端传播平台日益增多，听众对传播内容的关注度也越来越高。随着 Wi-Fi 的普及和流量费用的降低，手机广播的听众规模将进一步扩大。在用手机收听广播的听众中，超过 20% 的人平时通过移动互联收听广播，这个比例较2013年上升了50%，可以预估，手机广播的受众在近几年会有一个较大幅度的增长。

## 三　全国广播收听市场特点

### 1. 三级电台的竞争格局变化不大，省级电台的竞争力略有上升

在全国广播收听市场中，中央级电台、省级电台、市县级电台的市场份额分别占据了10.0%、35.9%、54.1%，市县级电台依然占据超过了50%的市场份额。在直辖市，直辖市台的优势相当明显，占据超过80%的市场份额，中央级电台的市场份额略超15%；在省会城市，收听市场的主角依然是省级电台和省会城市电台，相比之下，省级电台的优势更为明显，占据市场份额超过50%；在非省会城市，市县级电台的影响骤增，市县级电台的市场份额超过70%，可见在非省会城市，市县级电台的区域优势依然相当明显。中央级电台在直辖市的影响力最大，市场份额超过15%，在非省会城市的影响力相对较小，市场份额不到10%。

### 2. 交通、新闻、音乐频率主导广播收听市场

2014年，新闻、音乐、交通三类频率的累计市场份额超过80%，在广播收听市场中依然是占主导位置，其中交通频率领先，占据超过30%的市场份额。但是，值得注意的是，与2013年相比，由于其他各类频率节目定位及风格逐步向驾车人士喜好靠近、交通路况消息获取的渠道多样化，交通广播的市场份额略有下滑。

与2013年相比，新闻广播的市场份额虽然略有下滑，但较多省级电台新闻广播的类型化改版还是比较成功的，四川电台的新闻广播、湖北之声、江苏新闻广播等新闻类频率进行类型化改版后，频率的收听率都呈上升之势。虽然2013年新闻广播的市场份额达到三年来的最高，但是在2014年面临新的挑战，轮盘式的新闻确实吸引了较多的听众，但毕竟新闻节目听众收听的时间较短，听众收听该频率的时长依然有限，从而抑制了新闻广播收听率水平的提升。

2014年音乐广播的市场份额较2013年有略微上升，说明音乐节目在广播

听众中依然是最受欢迎的节目，值得注意的是，许多网络广播类似豆瓣等纯音乐 APP 的兴起，将会使传统音乐广播的优势大幅降低。

## 四　主要城市广播收听市场的竞争状况

### 1. 北京

在北京地区，北京广播电台的市场占有率超过60%，是北京地区竞争力最强的频率。在中央级广播电台的大本营——北京，中央级广播电台以27.48%的市场份额步步逼紧北京广播电台。2014 年，中国国际广播电台在北京地区的影响力明显提升，占到超过5%左右的市场份额。

北京广播电台在全天大部分时段占有绝对的优势，市场占有率大多在50%以上，但早上7：00 以前表现较弱。中央级广播电台在18：00 ~20：00 以后表现得比较好，市场占有率超过30%，其全天的市场份额基本保持在20%以上。

北京交通广播电台是北京地区广播电台中的佼佼者，市场占有率超过20%（见表1）。

**表1　北京地区主要电台频率的平均收听率和市场份额**

单位：%

| 排名 | 电台名称 | 平均收听率 | 市场份额 | 排名 | 电台名称 | 平均收听率 | 市场份额 |
|---|---|---|---|---|---|---|---|
| 1 | 北京交通广播 | 1.57 | 22.52 | 6 | 中央电台都市之声 | 0.37 | 5.26 |
| 2 | 北京音乐广播 | 0.95 | 13.56 | 7 | 中央电台音乐之声 | 0.29 | 4.22 |
| 3 | 北京文艺广播 | 0.78 | 11.23 | 7 | 中央电台文艺之声 | 0.29 | 4.15 |
| 4 | 北京新闻广播 | 0.65 | 9.25 | 9 | 北京体育广播 | 0.28 | 3.95 |
| 5 | 中央电台中国之声 | 0.59 | 8.50 | 10 | 中央电台经济之声 | 0.24 | 3.45 |

数据来源：赛立信媒介研究，2014。

### 2. 上海

上海文广新闻传媒集团（SMG）在上海地区广播收听市场占主导地位，市场占有率接近90%。中央级广播电台在上海地区落地三套频率，合计占据近10%的市场份额，其他广播电台影响力较弱，几乎可以忽略。SMG 在全天各时段均占有绝对的竞争优势。中央级广播电台在上海地区影响力一般，全天时段表现平平。

收听率排名前 10 位的频率中，除了中央级广播电台“中国之声”排名第九，其余九个席位均是 SMG 旗下频率。在上海地区的广播电台市场中，音乐、新闻、交通频率呈现三足鼎立的市场竞争态势（见表 2）。

**表 2　上海地区主要广播电台频率的平均收听率和市场占有率**

单位：%

| 排名 | 电台名称 | 平均收听率 | 市场占有率 | 排名 | 电台名称 | 平均收听率 | 市场占有率 |
|---|---|---|---|---|---|---|---|
| 1 | 上海流行音乐广播[动感 101] | 0.81 | 13.23 | 6 | 上海流行音乐广播[LOVE RADIO] | 0.46 | 7.42 |
| 2 | 上海 990 新闻广播 | 0.72 | 11.79 | 7 | 上海东方都市广播 | 0.44 | 7.20 |
| 3 | 上海交通广播 | 0.65 | 10.64 | 8 | 上海戏剧曲艺广播 | 0.37 | 6.04 |
| 4 | 上海东广新闻资讯广播 | 0.53 | 8.56 | 9 | 中央电台中国之声 | 0.35 | 5.77 |
| 5 | 上海第一财经广播 | 0.47 | 7.59 | 10 | 上海经典音乐广播 | 0.33 | 5.45 |

数据来源：赛立信媒介研究，2014 年。

### 3. 沈阳

在沈阳地区，辽宁广播电台凭借省、市两台合并成就“一家独大”局面，以明显优势占据市场主导地位，市场份额接近 80%。中央级广播电台在沈阳地区收听优势明显，占约 20% 的市场份额，优于在其他落地城市的表现。分时段看，辽宁广播电台在全天所有的时段均处于领先地位，时段的市场占有率维持在 60% 以上，表现出强劲的竞争力。

就单个频率而言，辽宁都市广播表现突出，市场占有率高达 23.02%，远远领先于沈阳地区其他频率。辽宁都市广播是沈阳地区竞争力最强、听众最多的频率，也是为数不多排名第一的非“音乐交通新闻”类频率（见表 3）。

**表3 沈阳地区主要广播电台频率的平均收听率和市场份额**

单位：%

| 排名 | 电台名称 | 平均收听率 | 市场份额 | 排名 | 电台名称 | 平均收听率 | 市场份额 |
|---|---|---|---|---|---|---|---|
| 1 | 辽宁都市广播 | 1.57 | 23.02 | 6 | 辽宁沈阳新闻广播 | 0.50 | 7.33 |
| 2 | 辽宁音乐广播 | 1.03 | 15.14 | 7 | 中央电台中国之声 | 0.43 | 6.34 |
| 3 | 辽宁交通广播 | 0.85 | 12.50 | 8 | 中央电台经济之声 | 0.39 | 5.75 |
| 4 | 辽宁综合广播 | 0.59 | 8.62 | 9 | 辽宁乡村广播 | 0.27 | 3.93 |
| 5 | 中央电台音乐之声 | 0.50 | 7.36 | 10 | 辽宁经济广播 | 0.23 | 3.44 |

数据来源：赛立信媒介研究，2014。

### 4. 武汉

从武汉地区的整体广播市场竞争格局来看，湖北广播电台与武汉广播电台垄断了该地区的广播收听市场，其中湖北广播电台优势突出，以70%的市场份额占据武汉地区首位，武汉广播电台所占市场份额在23%左右。中央级广播电台在武汉地区影响力较弱，约占7%的市场份额。从各电台的时段市场占有率竞争情况来看，湖北广播电台在全天的时段竞争中均居领先地位，全天市场占有率均在60%以上。

武汉地区广播收听市场特点是交通频率强势出击，湖北楚天交通广播以13.9%的市场份额占据第一位（见表4）。

**表4 武汉地区主要广播电台频率的平均收听率和市场份额**

单位：%

| 排名 | 电台名称 | 平均收听率 | 市场份额 | 排名 | 电台名称 | 平均收听率 | 市场份额 |
|---|---|---|---|---|---|---|---|
| 1 | 湖北楚天交通广播 | 0.86 | 13.90 | 6 | 湖北之声 | 0.40 | 6.36 |
| 2 | 湖北楚天音乐广播 | 0.74 | 11.87 | 7 | 湖北妇女儿童广播 | 0.39 | 6.28 |
| 3 | 湖北经典音乐广播 | 0.47 | 7.53 | 8 | 武汉交通广播 | 0.39 | 6.21 |
| 4 | 武汉经典音乐广播 | 0.46 | 7.43 | 8 | 湖北经济广播 | 0.36 | 5.79 |
| 5 | 湖北生活广播 | 0.42 | 6.73 | 10 | 武汉人民广播电台 | 0.35 | 5.57 |

数据来源：赛立信媒介研究，2014。

### 5. 广州

广州有超过30个广播电台频率落地，是广播竞争最激烈的地区之一。整体而言，广东广播电台以过半的市场份额占据主导地位，广州广播电台以31.84%

的市场份额紧随其后，省、市两台的市场份额进一步拉近。此外，其他广播电台的实力也不容小觑，中央级广播电台的市场份额为7.76%，而广州周边的佛山广播电台也来分一杯羹，其市场份额为7.27%。从时段竞争走势上来看，广东广播电台与广州广播电台两个台的时段竞争呈非常明显的此消彼长的趋势，而中央级广播电台与佛山广播电台则是激烈的抗衡关系。

从平均收听率与市场占有率分析，广州地区频率竞争相当激烈。广东音乐之声、广东羊城交通台占据前两位，广州新闻电台不断提升竞争力，排名上升至第三位。除了上述三个频率以外，排名靠前的频率还有广东珠江经济台、广州金曲音乐广播以及广州交通广播等频率（见表5）。

**表5　广州地区主要广播电台频率的平均收听率和市场份额**

单位：%

| 排名 | 电台名称 | 平均收听率 | 市场份额 | 排名 | 电台名称 | 平均收听率 | 市场份额 |
|---|---|---|---|---|---|---|---|
| 1 | 广东音乐之声 | 0.74 | 12.00 | 6 | 广州交通广播 | 0.53 | 8.48 |
| 2 | 广东羊城交通台 | 0.72 | 11.65 | 7 | 中央电台中国之声 | 0.28 | 4.49 |
| 3 | 广州新闻电台 | 0.64 | 10.26 | 8 | 广东南方生活广播 | 0.27 | 4.38 |
| 4 | 广东珠江经济台 | 0.61 | 9.87 | 9 | 广东新闻广播 | 0.26 | 4.20 |
| 5 | 广州金曲音乐广播 | 0.61 | 9.78 | 9 | 广州青少年广播[都市88] | 0.21 | 3.32 |

数据来源：赛立信媒介研究，2014。

# B.17

# 2014 ~ 2015年电视媒体广告市场现状及趋势展望

杜国清　邵华冬　田妮妮*

摘　要：本文从央视、省级卫视、省级地面频道与城市台的层面对2014 年电视媒体广告市场的情况进行了梳理和分析，并对2015 年电视媒体广告市场的发展趋势予以展望。

关键词：电视媒体广告　现状　趋势

## 一　电视广告市场增幅回调，分化加剧

据 CTR 相关调研数据，2014 年前三季度中国广告市场同比增长 4.1%。其中，电视媒体广告刊例花费增长 2%，远低于 2013 年同期增幅水平（11%）。[①] 尽管如此，从广告主广告投放活动的调研数据来看，电视广告依旧是广告主广告投放的第一媒体。根据中国传媒大学广告主研究所连续 10 年的统计数据来看，所有广告主对不同媒体类型的投放金额比例虽然都有所下滑，但电视媒体却始终处于第一位。

电视媒体广告收入两极分化加剧。2014 年广告收入实现增长及下降的被访电视媒体比例都有所上升，两极分化的趋势加剧。2014 年有 55.8% 的被访电视媒体实际广告收入上升，这一比例相比 2013 年增长了 10.3%，但平均增

* 杜国清，中国传媒大学广告学院广告主研究所所长，教授；邵华冬，中国传媒大学广告学院副教授；田妮妮，中国传媒大学广告学院 2013 级硕士研究生。

① 《2014 年 Q1 - Q3 全媒体广告月度分析》，http：//www.199it.com/archives/291751.html，2014 年 11 月 13 日。

幅较2013年下降了4.6%；有30.2%的被访电视媒体广告收入下滑，较2013年增加了9%。

从不同层级的电视媒体表现来看，省级地面频道的刊例花费同比增长6%，省级卫视刊例花费同比增长4%，央视则下降11%，省会城市台下降6%。从广告时长看，各级频道同比都在下降，中央级、省级卫视的降幅都在两位数，分别为-16%、-11%。①

从电视媒体的广告客户行业分布来看，食品、饮料、化妆品/浴室用品、交通及邮电通信仍保持了较为稳定的广告投放。但投放预算更加倾向于拥有优质节目内容资源的央视及省级卫视。中国传媒大学广告主研究所调研数据显示，2015年广告主预期的电视媒体广告预算分配中，央视及省级卫视仍占据最高比例，分别为29.1%和29.6%。其中，投放于省级卫视的预算分配比例更是相比2014年同期上升了1.9%。

## 二　央视：广告经营在压力下谋求发展

### 1. 央视主要广告客户结构不变，互联网行业加大投放

连续三年被访广告主的电视媒体广告费用在不同层级电视媒体上的分配中，央视的分配比例仍位居首位，但呈现逐年下滑趋势。近年来由于受到互联网新媒体和强势省级卫视的夹击，央视的广告经营压力较大。

从广告客户的结构来看，根据央视广告招标情况，2014年食品饮料、家电、汽车位居前三位，2015年主要的广告客户结构基本稳定，食品饮料、家电、汽车、日化等行业仍是央视的广告大户。2014年由于受世界杯的影响，央视广告资源吸引了一批以天猫为代表的互联网企业。腾讯、百度、新浪、阿里巴巴等越来越多的互联网巨头开始在央视投放广告。

### 2. 紧抓优势内容，进一步开放办台

一直以来，央视在诸如新闻、纪录片、体育等节目内容上占有资源优势，如创造广泛收视和讨论热潮的《舌尖上的中国》。2014年央视在加强优势内容

① 《2014年Q1-Q3全媒体广告月度分析》，http://www.199it.com/archives/291751.html，2014年11月13日。

制作的同时，为了力保广告市场份额，在对优势内容的把控上加大了力度。如2014年世界杯期间央视不再出售卫视转播权和网络直播权，而只是将点播回看权卖给视频网站。① 显然，强势独播资源对于央视广告经营的提升亦给予了丰厚回报。

此外，在综艺娱乐内容方面，央视进一步贯彻开放办台的理念，广纳社会资源，与内容制作公司合作，推出了一系列叫好又叫座的节目。2015年央视继续加大开放力度，推出多档优秀节目：《挑战不可能》《大开演界》《最野假期》《叮咯咙咚呛》《一人一世界》等，受到了广告主和行业的广泛关注。

### 3. 加强同互联网等新媒体合作

伴随互联网媒体的迅猛发展，央视也在积极谋求与互联网媒体的合作。一方面在媒体广告产品上，积极打造新媒体广告产品，如2015年央视广告招标已将新媒体项目纳入招标资源范畴。另一方面，在自身的节目内容上也在积极谋求与电子商务等互联网企业的合作。如《舌尖上的中国2》就与天猫旗下的天猫食品达成合作。天猫食品成为《舌尖上的中国2》独家合作平台，同步首发每期节目中的食材和美食菜谱，上百种食材可边看边买。

### 4. 渠道下沉，深耕区域市场

在较为严峻的经营压力下，央视从广告销售渠道上亦积极进行调整，力推了“直营、承包、区域代理”的渠道下沉策略，深耕区域市场，开拓市场空间。2014年，央视三套、八套、纪录频道等，陆续推行了广告经营区域代理制，实现了由承包代理向区域代理经营模式的转变，进一步推进了央视广告经营销售渠道向销售终端、客户终端靠拢，释放频道广告资源价值。由此形成了5个频道、34个代理区域、30余家区域代理公司的区域经营格局，建立了“直营、承包、区域代理”比肩而立的渠道经营体系。区域代理实行以来，央视各频道广告创收效果显著，并且实现了各频道价格的统一管理。②

---

① 孙冰：《央视独播世界杯：不再出售转播权　广告收入15亿》，《中国经济周刊》，http：//business. sohu. com/20140624/n401271188. shtml，2014年6月24日。

② 李芸：《2014年度全国电视广告发展报告》，《中国广播影视》，http：//www. zongyijia. com/News/News_ info? id＝30559，2015年1月4日。

## 三 省级卫视：开放包容战略下，实现内容与广告市场双赢

### 1. 一线卫视地位稳固，综艺节目成为吸金利器

2014 年全国省级卫视的竞争格局保持相对稳定，湖南、浙江、江苏卫视地位稳固，其中湖南卫视优势显著，一支独大。与二三线省级卫视相比，一线卫视无论是在节目资源和观众关注度上都遥遥领先，三大阵营未来短期内不会出现大的变动。表现在广告市场方面，一线卫视的黄金资源成为广告主竞相争夺的焦点，屡创高价，其中综艺节目更成为卫视广告营收的撒手锏。2015 年卫视广告资源招标信息中，综艺栏目冠名费屡创新高。浙江卫视的《奔跑吧！兄弟》《爸爸回来了》分别吸金 2.16 亿元、1.38 亿元；江苏卫视的《非诚勿扰》《最强大脑》分别吸金 5 亿元、2.5 亿元；湖南卫视王牌综艺栏目众多，《我是歌手》《快乐大本营》《偶像来了》《爸爸去哪儿》四档节目仅冠名费共收入 15.5 亿元。

### 2. 媒企合作更加紧密，互利共赢

伴随经济下行压力，媒企的合作也力求更加紧密，追求共同利益的提升。比如《中国好声音》与加多宝合作，除了节目中为加多宝宣传之外，加多宝也在产品包装上印有《中国好声音》的相关图案，并在其官网上同步链接《中国好声音》栏目相关内容，营销宣传方面实行一体化捆绑。

此外，广告主在与电视媒体的合作过程中，参与的环节也在不断拓展，逐渐深入产品制作环节。比如《极速前进》就是深圳卫视与英菲尼迪联合推出的节目，英菲尼迪全程参与了节目的制作。

为适应广告主加深媒企合作的需求，各大卫视在节目组机制体制方面进行了积极调整。如 2014 年东方卫视成立了专门对接节目组的部门，包括节目的全国推广、实行项目经理制。项目经理的主要任务是了解业务部的广告主客户信息和诉求，然后跟栏目组沟通，讨论客户的诉求是否可行；如果可行，项目经理就可把客户权益锁定，交由企划部评估价格、谈判，最终确定该节目与广告主的合作。[①]

---

① 李芸：《2014 年度全国电视广告发展报告》，《中国广播影视》，http：//www.zongyijia.com/News/News_ info? id = 30559，2015 年 1 月 4 日。

### 3. 深化探索新媒体融合，加强互联网基因

2014年各大卫视进一步深入探索新媒体融合，在内容的制作、编排、推广和广告经营方面进行台网联动。以往各大卫视与互联网合作，互联网大多作为营销推广平台，力求尽可能多的吸引观众，发挥内容价值。2014年各大卫视与互联网融合更加深入，更加强调互联网基因。比如新浪网与天津卫视合作推出的社交生存真人秀节目《百万粉丝》，互联网合作方新浪网和新浪微博深度参与到节目的投资、制作和销售环节，“将门户的资讯优势和微博大数据融合打通，第一次实现资源整合、联合售卖的新形式”①。

### 4. 开发T2O模式，加强传播向销售的直接转化

2014年全国经济呈现结构性减速的态势，广告主的实效导向更加显著，更加青睐于销售效果更为直接的广告形式。T2O模式将节目播出与商品销售直接连接起来，大大加强了电视广告的销售转化。最早提出T2O模式的是旅游卫视，即观众在收看节目的过程中，对于自己感兴趣的商品，可以利用中航遍布全国的销售网络，将产品送到用户身边。2014年，东方卫视的《女神的新衣》，推出了边看直播边下单的新模式。该栏目不仅收视飘红，多次领跑全国周末综艺收视率，对于合作企业的赢利效果也十分显著，根据统计数据，首播当晚，朗姿、茵曼、伊芙丽与Asobio四家女装品牌的天猫旗舰店访问量均是日常访问量的10倍，第二期播出后，近7天四大品牌的搜索指数均上升30%以上。②

## 四　省级地面频道与城市台：资源整合，提升广告平台价值

### 1. 抱团取暖，谋求出路

2014年，在经济下行态势下，省级地面频道和城市台的经营压力更为严峻。因此，抱团取暖，壮大资源、资本力量成为2014年省级地面频道和城市

---

① 轩召强：《网台联动打造社交真人秀天津卫视推〈百万粉丝〉》，人民网，http://sh.people.com.cn/n/2014/0910/c209948-22262408.html，2014年9月10日。

② 《明星站台的“电视购物秀”你会埋单吗?》，新民网，http://js.winshang.com/news-282878.html，2014年9月4日。

台的应对之举。2014 年 7 月，哈尔滨、沈阳、长春、广州、南昌、郑州、武汉、成都、青海、河北、广西等全国 30 多个省区市地面台组建“全国地面频道电视剧播出联盟”。该联盟推行“购、编、推”一体化，即统一提供选剧购剧、编排、推广、效果评估等支持，大幅降低了成员台电视剧播出的人力、物力成本，弥补了地面频道在电视剧市场资金、数据分析技术与人才方面的短缺。[①] 与此同时，各省区市地面频道联盟的意义不仅仅在于收获优秀电视剧资源，提升收视率，还在于广告资源的整合，形成更大覆盖、高价值的广告播出网络，提高对广告主的吸引力。

### 2. 节目本地化，打造公共服务平台

节目的本地化深耕是省级地面频道和城市台的优势所在。以苏州广播电视总台为例，一方面主打“本地新闻牌”，开展知名节目的本地化再造，推出了苏州版“非诚勿扰”和苏州版“舞动中国”，大受本地观众欢迎。另一方面其着力将自身打造成公共服务平台，服务政府部门、服务本地大众，为其提供天气、健康、养生、旅游餐饮等生活服务类的内容，同时为广告客户提供适应本地特色的广告服务。

### 3. 广告市场下沉为省级地面频道及城市台广告经营带来机遇

新生代市场监测机构的数据显示，中国目前大约有 1200 个县级的三线城市、3.44 万个乡镇和 61.4 万个行政村的消费需求还没有被充分满足，伴随着中国城镇化加速发展，低线城市消费者的消费力进一步爆发，吸引各行业广告主纷纷进行市场下沉，掘金三四线市场。根据中国广告生态调研的数据，被访广告主对于“未来一年，贵企业将加大对地市县等三四五级市场的营销推广力度”这一观点的态度中，有 45.4% 的被访广告主表示同意。随着大量广告主涌向县域市场，广告市场随之下沉，卫视以外的省级电视台以及地市县级电视台的投放呈现上涨趋势，这为城市台等地面频道的发展提供了契机。

## 五 展望：改革与创新持续深入，机遇与挑战并行

未来一年内，经济下行趋势短期内难以改变，电视媒体广告市场仍面临较

① 田文姿：《中国“剧盟”正式成立地面台联手突围破发展困局》，湖南新闻网，http://www.hn.chinanews.com/news/ylty/2014/0702/213026.html，2014 年 7 月 2 日。

为严峻的生存压力。电视媒体广告市场的改革与创新还将持续深入。第一，伴随广告主预算收紧，对于优质黄金媒体内容的投入加大，电视媒体广告市场的节目内容、广告产品的融合与创新还将持续。第二，伴随在线收视、在线消费等行为的快速发展，电视媒体与PC互联网、移动互联网媒体的融合探索还将进一步深入。媒介融合已经成为电视媒体的重要发展方向，市场与体制双重身份下的电视媒体在与新媒体的融合、创新方面将面临新一轮博弈。第三，伴随广告主市场下沉，贴近市场消费终端的省级地面频道和城市台仍具有较大发展机遇，但广告定价、投放的规范以及更大覆盖的投放网络的形成将成为重点症结所在。第四，把握经济寒冬下的行业机遇，守住食品饮料、卫浴化妆等行业投放稳定的老客户，同时积极开拓网游、电子商务等新兴行业客户。

# B.18

# 电视节目线性播出的收看时间延伸

## ——电视节目时移收视行为观察

陈晓洲*

摘　要：当电视观众成为数字有线或 IPTV 互动机顶盒的用户并开通互动点播、回看功能之后，以往在固定时间内收看节目的方式得以改变。节目收看时间不再完全被动地受限于线性播出时间，而是延伸到了观众自主选择的更大时间范围内。本文在对时移收视进行介绍的基础上，通过统计数据，对时移收视行为特点进行分析。

关键词：电视节目　时移收视　线性播出　观察分析

## 一　时移收视概述

### 1. 时移收视的概念

在电视台节目固定播出时间以外，通过回看或点播收看电视台已经播出的节目内容称为时移收视。回看功能提供一定播出日期内的电视节目，例如过去 7 天内播出的电视节目，具体日期范围依运营商提供的回看功能而定。点播，则可能不限日期地提供更多节目，例如正在播出的电视剧的所有往期剧集，已经播出完毕的电视剧或综艺节目的全部完整内容等，甚至几年前播出的电视剧或未在电视台播出的电影、纪录片等。

* 陈晓洲，CSM 媒介研究，高级市场策略总监。

2. 时移收视实践条件

若要实现时移收看，必须在硬、软件方面同时具备条件，网络、机顶盒、服务、用户这四个方面缺一不可。首先，作为硬件设施，数字有线或宽带网络必须实现双向传输，电视用户使用的机顶盒（数字电视机顶盒或 IPTV 机顶盒等）必须具有双向互动功能，也就是通称的互动机顶盒。在软件部分，运营商必须提供回看点播功能和相应的节目内容，最后用户必须开通该项服务才能真正成为“互动用户”和“时移用户”。

在上述实现条件中，经过多年数字有线网络改造和宽带普及，网络双向传输在多数地区已经完成，因此各地时移收视能否实现、在多大用户范围内实现主要取决于各地互动机顶盒普及率、回看点播等互动功能的开通率。除了个别地区免费提供一台互动机顶盒以外，多数地区互动机顶盒需要用户付费购买（几百至上千元不等），提供的互动功能在各地多少不一，用户开通互动功能需要另行收费，也有的地区可以使用机顶盒购置费做一定的冲抵。目前各地的互动机顶盒普及率参差不齐，在多数地区还相对较低。虽然尚未形成大众普及之势，但在具备回看点播时移收视功能的地区和用户中，时移收视已经显现出自主选择收视时间为观众收视行为带来的变化以及为电视节目延伸收看时间带来的效果。

3. 节目时移收视的测量和时移收视率的计算

电视台按节目线性播出的节目称为“直播”，包括首播和重播，观众跟随电视台固定节目播出时间收看节目的收视称为“直播收视率”。观众通过回看点播功能收看已经播出的电视节目内容称为“时移收视”，其收视率称为“时移收视率”。参照国际通行计算规则，时移收视率通常计算节目播出 7 天之内的时移收看行为。目前常规收视测量提供的电视节目收视率主要是直播收视率，即反映观众收看当天播出的直播节目的收视情况。在此基础上，扩大日期范围，将观众收看的节目内容与电视台 7 天内播出的节目内容进行匹对，可以得到 7 天内的电视节目时移收视率。

除了收视总量，时移收视还可以显现观众在 7 天内发生时移行为的具体日期，包括节目播出当晚，节目播出 1 天内、2 天内，直至 7 天内的时移收视率。以 10 月 19 日《中国梦之声》为例，在上海地区 7 天内的时移收视中 60% 的收视率来自节目播出次日。

本文基于CSM收视调查北京、上海、天津和重庆四个直辖市2015年1月的数据（见表1），描述具有时移功能机顶盒用户（以下简称“时移用户”）时移收视行为特点。如无特殊说明，本文所述的时移收视为节目播出7天内的时移收视。

**表1　4个直辖市部分节目时移收视**

单位：%

| 地区 | 节目 | 频道 | 节目类型 | 收视率 直播（首播+重播） | 收视率 时移（7天内） | 收视率 收视 | 时移收视占比 |
|---|---|---|---|---|---|---|---|
| 北京 | 老农民 | 北京卫视 | 电视剧 | 13.44 | 0.94 | 14.37 | 7 |
| | 锋刃 | 中央电视台综合频道 | 电视剧 | 2.01 | 0.32 | 2.33 | 14 |
| 重庆 | 后会无期 | 中央台六套 | 电影 | 3.2 | 1.85 | 5.04 | 37 |
| | 光影 | 重庆电视台影视频道(一套) | 电视剧 | 3.85 | 2.01 | 5.86 | 34 |
| 上海 | 新老娘舅 | 上海电视台娱乐频道 | 生活服务 | 4.11 | 1.56 | 5.68 | 28 |
| | 二炮手 | 上海东方卫视 | 电视剧 | 3.89 | 0.52 | 3.89 | 13 |
| | 新闻坊 | 上海电视台新闻综合频道 | 新闻/时事 | 3.96 | 0.55 | 4.51 | 12 |
| 天津 | 特工迷影 | 天津电视台三套(影视频道) | 电视剧 | 1.13 | 0.7 | 1.82 | 38 |
| | 非你莫属 | 天津卫视 | 综艺 | 5.78 | 0.85 | 6.63 | 13 |

数据来源：CSM，节目首播期为2015年1月4～10日，时移功能用户。

## 二　时移收视整体特征

### 1. 时移收视总量

依据节目播出时间表实时收看电视台的直播节目仍是广大观众的主要收视习惯，全天大部分收视时间用于收看直播节目。不同城市时移用户使用回看点播时移功能收看往期电视节目的时间存在差异，相比而言，上海时移用户时移收视时间最长，约占全天总收视的14%（见表2）。

时移收视时间长短，与各地时移功能提供的内容多少、时移功能在观众中的知晓度高低、时移功能操作便捷性大小、用户收看直播行为的固有习惯强弱等多种因素有关。

**表 2　4 个直辖市直播收视和时移收视时长**

单位：分钟，%

| 城市 | 每日人均收视时长分钟 | 直播收视 | | 时移收视 | |
|---|---|---|---|---|---|
| | | 时长 | 占比 | 时长 | 占比 |
| 北京 | 195 | 187 | 95.9 | 8 | 4.1 |
| 重庆 | 203 | 190 | 93.6 | 13 | 6.4 |
| 上海 | 144 | 124 | 86.1 | 20 | 13.9 |
| 天津 | 200 | 183 | 91.5 | 17 | 8.5 |

数据来源：CSM，2015 年 1 月 4～17 日，时移功能用户。

观众使用时移功能，通常是为了选择收看特定节目，带有更强的目的性和选择性，可以随时开始或中断收视，时移收视连续收看时间相比直播节目收视时间更短。从每个收视段的收看时间长度可以看出，时移收视时的连续收看时间明显短于直播节目的连续收看时间，各城市趋势相同，差异程度有异。

### 2. 时移收视全天时段分布

时移收视与直播收视相比呈现鲜明的时段特征，时移收视晚间收视高峰出现在 21：40 前后，直播收视高峰在 20：50 前后，时移收视高峰错后 1 个小时左右（见图 1）。从全天收视分布可以明显看出，观众在晚间时段先以收看电视台当晚播出节目为主，之后随着时间逐渐推移陆续开始回看点播时移收视，直至晚间直播节目收看临近尾声而时移收视维持到更晚的深夜时段。

### 3. 时移收视的周天变化

以每天时移收视在总收视中的比例来观察时移收视量的多少，虽然有一些细微的差异，但大体上观众在周六的时移收视最多，随后是周日和周一，其他周间日期的时移收视相对较少。以上海为例，周六回看点播电视节目的时移收视占总收视量的 15.5%，周六至周一时移收视比例都超过了 14%，周二至周四则每天在 12%～13% 之间（见表 3）。

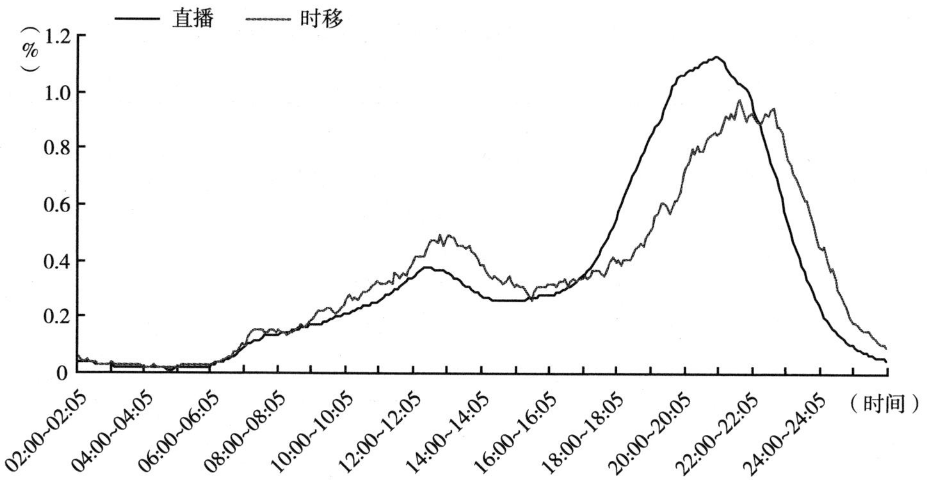


**图1　4个直辖市时移收视全天时段分布**

数据来源：CSM，2015年1月4～17日，时移功能用户。

**表3　4个直辖市周一至周日时移收视占总收视量比例**

单位：%

| 时间 | 北京 | 重庆 | 上海 | 天津 |
| --- | --- | --- | --- | --- |
| 周一 | 4.7 | 5.9 | 14.1 | 9.2 |
| 周二 | 4.3 | 8.3 | 12.9 | 6.6 |
| 周三 | 3.6 | 4.0 | 12.5 | 9.0 |
| 周四 | 3.6 | 7.7 | 12.6 | 8.6 |
| 周五 | 3.8 | 6.0 | 13.7 | 8.6 |
| 周六 | 4.7 | 8.7 | 15.5 | 9.5 |
| 周日 | 4.4 | 4.7 | 14.7 | 9.4 |

数据来源：CSM，2015年1月4～17日，时移功能用户。

### 4. 时移收视的时效性

电视节目播出7天内的时移收视最多发生在前3天，从第4天开始观众回看点播明显减少。上海和天津时移收视超过80%集中在前3天内（见图2）。观众补看错过的节目或重温已收看节目需求显现出较强的时效性。

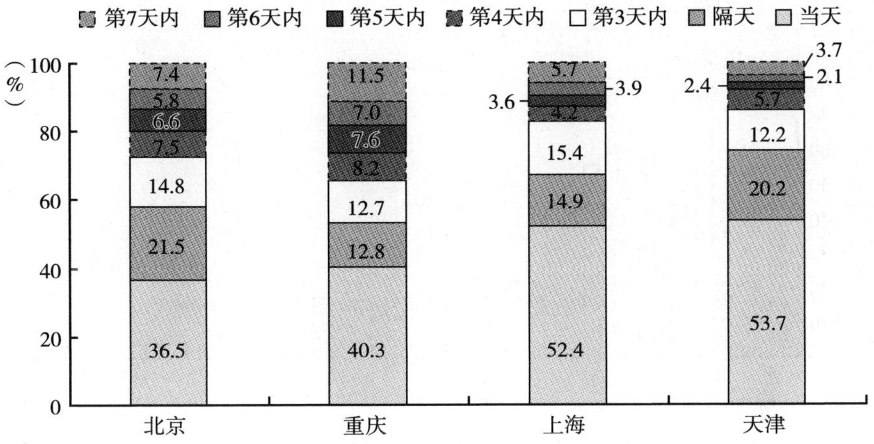


**图 2　4 个直辖市时移收视分天比例**

数据来源：CSM，2015 年 1 月 4 ~ 17 日，时移功能用户。

## 三　时移收视的节目类型构成

观众时移收看更多选择的是电视剧和电影，这两类节目在时移收视中的份额普遍高于在直播收视中的份额，尤其是电视剧成为时移收视的绝对主力，北京、重庆和天津甚至超过 50% 的时移收视来自电视剧，而电视剧虽然也是直播收视最多的节目类型，但直播收视所占比例却在 40% 以下。电影收视份额虽然整体不高，但是各城市时移收视份额都超过直播收视份额。综艺节目在北京时移收视份额也超过直播收视的份额（见图 3）。

与娱乐性较强影视节目成为观众时移收看的热门选择相反，时效性强的新闻时事以及较为常态化的专题和生活服务节目则很少被观众时移收看，与直播收视量相比，在观众时移收视中份额显著缩小，其中尤以新闻时事为甚。新闻节目时移收视份额在上海最大，为 8.7%，但是与之在直播收视中 17.4% 的比重相比却缩减过半，北京、重庆和天津的新闻时事时移收视额低于 3%（见图 4）。

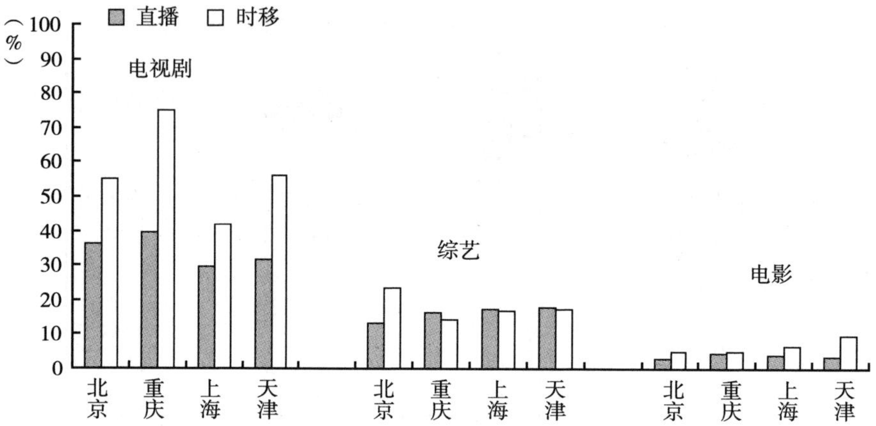


**图3　4个直辖市电视剧、综艺和电影收视在所有节目收视中所占比例**

数据来源：CSM，2015年1月4~17日，时移功能用户。

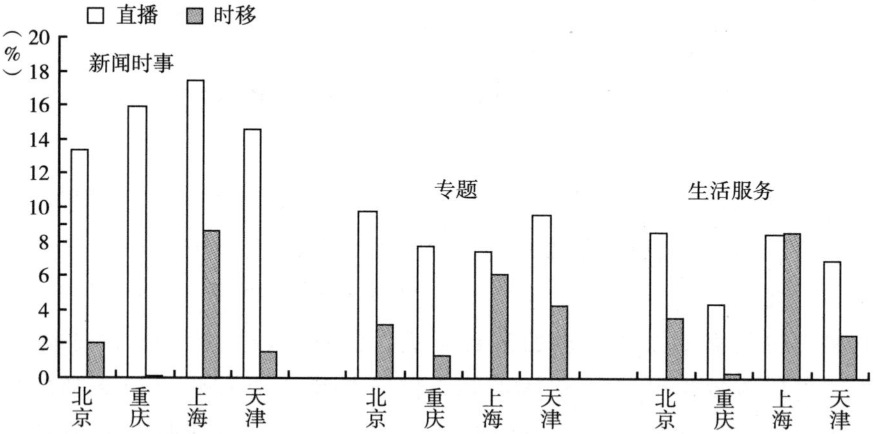


**图4　4个直辖市新闻时事、专题和生活服务收视在所有节目收视中所占比例**

数据来源：CSM，2015年1月4~17日，时移功能用户。

## 四　时移收视中的频道市场份额

省级上星频道在时移收视中获得的市场份额比直播收视中更高，北京、重庆和天津60%多的时移收视市场份额为省级上星频道占有，相比其在直播收视中40%多的市场份额多出很多，观众在进行时移收看时多数选择的是回看省级上星频道近期播出的节目（见图5）。

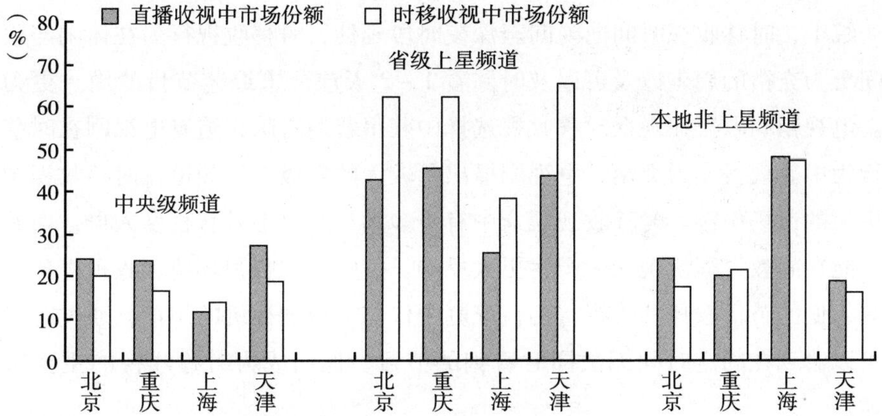


**图5　4个直辖市各级频道组市场份额**

资料来源：CSM，2015年1月4~17日，时移功能用户。

## 五　时移收视观众特征

教育程度：时移收视的观众中，大学以上教育程度观众比例较大，各城市差异程度虽有不同，但趋势一致。自主性更强的回看点播功能更多地为高教育程度人群使用。

年龄段：时移收视观众在年龄段方面与直播收视观众有较大差异是各城市的共性，而此种差异在不同年龄群体中的表现则呈现出每个城市的个性。例如，北京和重庆15~24岁人群在时移观众中所占比例近乎成倍高于在直播收视观众中的比例，天津25~34岁和55~64岁人群在时移收视观众中比例明显高于在直播收视观众中的比例。

家中电视机数量：相比有多台电视机的观众，家中只有1台电视机的观众中时移动收看比例明显更高。例如，北京直播收视观众中有1台和多台电视机的观众比例相近，分别为50.4%和49.6%，而时移收视观众中只有1台电视机的观众比例上升至61%；天津时移收视观众中72%来自只有1台电视机的家庭。多数家庭通常只有 1 台互动机顶盒，连接多台电视机中的一台，另一台电视机仍只能收看直播节目，从而在有 2 台以上电视机家庭中家庭成员整体收视中直播收视更多。

综上，时移收视时间向晚间至深夜时段延伸，时移收视行为在休闲与娱乐时间更为充裕的周末以及可以及时回看 1～2 天前周末综艺节目的周一更为高涨。电视剧和电影在观众时移收视选择中获得普遍青睐，追看电视剧在时移收视行为中表现得尤为突出，电视剧播出量较大的省级上星频道在时移收视中获得更大的市场份额。时移收视观众中有更多大学及以上教育程度人群，回看点播功能在高教育程度观众中产生更大反响。家庭中的收视环境和收视设备也影响着人们的节目选择和收视行为，家庭中仅有 1 台电视机的用户，通过时移功能可以看到在固定时间无法同时看到的节目，他们成为时移收视的主要观众群体。

B.19

# 聚人气、大数据与生态圈：2014年中国电视节目创新一瞥

李继东　于啸月*

摘　要：在新旧媒体融合、网络自制节目迸发，以及收视行为碎片化、社交化和移动化的媒介环境下，2014 年中国电视节目的理念、制播方式和营销方式都有所创新。理念上更加注重聚原创人气和接地气，制播上注重大数据运用、广泛联结各种社会资源，以提升节目价值和为用户创造价值，由此开展社会化营销，进而探索内容生态圈的构建。

关键词：电视节目创新　聚人气　大数据　生态圈

2014 年中国电视节目发展势头良好，综艺类节目等收视率更是一路飘红，其中“破一”的节目达 36 个之多。同时，电视节目制作呈现出拼投入、拼技术、拼明星等新趋向。就节目创新发展而言，整体呈现出创新繁荣、多元发展的态势。

## 一　重原创，接地气，聚人气

2014 年中国电视节目理念强调原创，贴近人民生活，注重彰显传统文化。2014 年，《中国好歌曲》《出彩中国人》《私人订制》《中国喜剧星》和《超级

* 李继东，博士，中国传媒大学广播电视研究中心研究员，硕导；于啸月，中国传媒大学传播研究院 2014 级硕士研究生。

女兵》等一批高品质的本土原创节目开始显现，“原创”“首档”等词语不仅频频出现在新节目宣传口号中，而且成为节目的最大亮点。《出彩中国人》汇聚了各行各业的标兵能手，力图展现当下中国人最出彩、最耀眼的精神气质；《私人订制》由影视剧明星组成梦想订制团，帮助普通人实现梦想，凸显情怀、温度和担当；《汉字英雄》《国色天香》等致力于对汉字、戏曲等传统文化精粹的开掘与弘扬；《超级笑星》《中国喜剧星》等喜剧类节目强调源于生活、笑对人生，传递乐观向上的正能量。各大卫视高度重视原创节目的研发，开始联合社会力量。例如，江苏卫视从2014年8月起面向全社会公开召集节目创新方案，其总监李响在2015年资源推介会上表明，他们共收到了12000份方案，考量方案的首要标准即必须是“无版权纠纷的原创节目模式”①。

从河南卫视的《成语英雄》到央视的《中国汉字听写大会2》，围绕汉字制作的节目越来越多。汉字和成语这一极具中国特色的文化资源，作为节目素材被开发在“失写症”愈加严重的今天有着非凡的教育和警示意义。在上星综合频道节目调控工作中，把传承弘扬优秀传统文化的电视节目作为重点扶持节目类型，极大地激发了各上星频道的创作热情。云南卫视的《中国灯谜大会》、黑龙江卫视的《最爱中国字》、贵州卫视的《最爱是中华》、四川卫视的《我知道》、甘肃卫视的《大国文化》、江西卫视的《挑战文化名人》等文化类节目广受称赞。

通过嘉宾和话题来打动人心、汇聚人气已成为节目取胜的法宝。首先，在节目设置中挖掘和运用明星、名人、名家等资源，充分发挥这些资源的粉丝力量，汇聚电视、网络和手机等多终端收视群体，聚集人气。不管是《开讲啦》的各路明星演讲，还是《超级演说家》《我是演说家》等的名人导师，抑或是《中国好声音》《笑傲江湖》的明星导师，无不是联结各种社会资源、融通多种平台、联动线上线下，提升节目的口碑和人气。其次，巧设话题，提升人气指数。在节目编排中挖掘、展示热点话题或引入话题嘉宾，制造嘉宾间戏剧冲突，吸引注意力，引发相关社会讨论。导师（嘉宾）抢人、飙泪、争执和巧透隐私等，都引发了网民、观众的围观和热议。电视剧方面亦是如此，比如《古剑奇谭》中的李易峰、《一仆二主》中的闫妮、《红高粱》中的周迅、《离

① 《2015年新节目备播荧屏，电视内容还缺失什么?》，http：//news. sina. com. cn/m/2015－01－16/100231407609. shtml。

婚律师》和《马向阳下乡记》中的吴秀波、《神雕侠侣》中的“包子姑姑”，以及《武媚娘传奇》的停播等，网民、粉丝和媒体共同发掘、制造和关注话题，汇聚人气，拉高节目收视率，提升传播效果。特别是2014年8月4日在江苏、浙江、天津和深圳四大卫视首播的《离婚律师》，曾创下收视率同时超过1%的纪录，持续稳坐收视冠军宝座。同时，该剧在网络视频网站的播出也刷新了电视剧播放的纪录。而2014年2月16日起在安徽卫视、北京卫视、东方卫视、浙江卫视开播的《大丈夫》所表现的老少恋、姐弟恋播出后也成为热议话题，突破了长期以来家庭伦理情感剧一味展示婆媳矛盾的模式。

## 二　大数据，大联结，增价值

2014年，中国电视节目类型更加多样化，大数据的运用成为最大的创新点。大数据及云计算的应用，催生了数据新闻这一全新模式，即通过数据的搜集、整理、挖掘、分析和可视化呈现等报道事件、展示事实、披露真相，其主要理念为从数据中发现新闻，用数据来解读新闻。央视在2014年春节前夕推出了“据说春运”系列报道，随后“据说春节”“据说两会”“大数据看出行”等一系列数据新闻，凭借其可视性、准确性和新鲜感得到了受众的一致好评。

近两年来，台网联动、节目与网民互动等联结模式成为节目创新的重要方式之一，跨界、混搭和网民参与节目制作等方式不仅颠覆着传统电视节目生产模式，也改变着收视行为。2014年收视排在前列的综艺节目，网络播放量和移动播放量都是佼佼者。例如，《中国好声音》《爸爸去哪儿》《我是歌手》的网络播放量和移动传播都位列前十位（见表1、表2）。2014年11月底，天津卫视联合新浪、中广天择传媒共同制作的全球首档台网联动社交生存真人秀《百万粉丝》实现了“台网联动”的双屏合作。选手通过微博赢得粉丝完成90天互联网生存考验，电视台和网络同步直播选手的网络生活。另外，网民可以通过微博切身参与到节目之中，而节目的走向也会受到网友的意志驱动，最终完成节目。整档节目的投资、生产、销售真正实现了跨界融合，将网民纳入节目生产中来，颠覆了传统的电视用户收视习惯。节目首播后微博讨论首期破5.4亿人次，排名微博疯狂综艺季榜单首位，截至2015年1月23日，#百万粉丝#微博话题阅读量达到29.3亿人次，讨论量达到154万人次。而东方卫视的

《女神的新衣》与天猫商城合作，开拓了全新的T2O（TV to Online）模式，在节目中女明星T台走秀展示的服装作品会在其天猫网店上同步出售。这就意味着消费者可以一边看电视，一边能在网上下单购买自己中意的“明星同款”。这档节目联合了媒体、企业、电商平台、明星、设计师、行业专家和互联网等多方资源，形成了跨界资源整合与跨界合作的产业联盟平台。

**表1　2014卫视季播综艺节目网络播放量**

单位：亿人次

| 排名 | 节目名称 | 播出卫视 | 网络平台 | 播放量 |
|---|---|---|---|---|
| 1 | 中国好声音3 | 浙江卫视 | 腾讯视频独播 | 38.40 |
| 2 | 爸爸去哪儿2 | 湖南卫视 | 爱奇艺+芒果TV | 23.45 |
| 3 | 奔跑吧！兄弟 | 浙江卫视 | 全网 | 19.49 |
| 4 | 爸爸回来了 | 浙江卫视 | 全网 | 12.10 |
| 5 | 中国好舞蹈 | 浙江卫视 | 腾讯视频独播 | 7.60 |
| 6 | 12道锋味 | 浙江卫视 | 腾讯视频独播 | 7.56 |
| 7 | 笑傲江湖 | 东方卫视 | 全网 | 7.13 |
| 8 | 我是歌手2 | 湖南卫视 | 乐视+芒果TV | 6.46 |
| 9 | 中国好歌曲 | CCTV-3 | 腾讯视频独播 | 4.76 |
| 10 | 变形计7 | 湖南卫视 | 腾讯视频独播 | 4.72 |

说明：《奔跑吧！兄弟》取前11期全网播放量。

数据来源：六大视频网站+芒果TV截至12月24日前公开数据。

**表2　2014年电视节目移动播放量前十位**

| 排名 | 节目名称 | 所属频道 | 综合指数 |
|---|---|---|---|
| 1 | 中国好声音3 | 浙江卫视 | 70.98 |
| 2 | 非诚勿扰 | 江苏卫视 | 67.75 |
| 3 | 非你莫属 | 天津卫视 | 65.8 |
| 4 | 爸爸去哪儿2 | 湖南卫视 | 64.81 |
| 5 | 我是歌手2 | 湖南卫视 | 60.93 |
| 6 | 天天向上 | 湖南卫视 | 59.11 |
| 7 | 开讲啦 | CCTV1 | 58.97 |
| 8 | 家庭幽默录像 | 江西卫视 | 57.93 |
| 9 | 我们都爱笑 | 湖南卫视 | 56.71 |
| 10 | 中国梦想秀 | 浙江卫视 | 52.87 |

数据来源：《人民网发布2014中国媒体移动传播指数报告》，人民网，http://media.people.com.cn/n/2015/0209/c120837-26532163-5.html。

更值得关注的是，众多卫视根据热门节目汇聚的关注度又制作出形式内容多样的衍生节目，增加节目的价值。开发衍生节目不仅有利于对母体节目的传播，提高网站点击率，还可以将视频网站的角色从简单的渠道方转变为附加值的提供者，共同纳入一个节目制作、宣传、发行、营销的大产业链条中。比如，2014 年湖南卫视利用《爸爸去哪儿》节目拍摄幕后故事剪辑成的纪录片《和爸爸在一起》，也获得了很好的收视，还带动了平台零点档的整体收视率。

## 三　社会化营销与节目生态圈的构建

2014 年中国电视节目的社会化营销蔚然成风，许多电视节目开通了微博和微信，实现了网络、微博、微信等多平台传播格局。比如《我是歌手 2》播出前在微博上注册节目官方账号，对节目进行议程设置，从而达到宣传效果；在节目播出同时更新比赛情况，并邀请观众对歌手的现场表现进行微博投票，为节目造势；在节目播出后发起话题讨论，使受众持续关注节目，增加受众的收视热情。而《爸爸去哪儿 2》热播的同时，湖南卫视趁热打铁借用节目的高关注度开发同名手机游戏，不仅提高了电视台的收益，无形中还增加了节目的曝光度。

节目创新实际上是一项系统工程，好的创新往往整合内外部资源，搭建全媒体、全价值链创新平台，形成正反馈循环节目生态圈。比如，2014 年芒果 TV 正式开启“独播”模式，其用户数和访问量均迅速增长。芒果 TV 独播实施 4 个月，最高峰时仅 PC 端用户数就达到 1400 万。截至 2014 年 7 月，芒果 TV 拥有 PC 端用户 1000 多万，互联网电视用户 300 多万，手机电视用户 1000 多万，IPTV 用户 150 万，与芒果盒子的结合，成为抢占未来客厅的重要一步。[①] 截至 2014 年 12 月，芒果 TV 的日均独立 PV 在 2000 万次左右，其电视机端有 400 多万真正的激活用户数，排在行业前列。[②] 湖南广电集团以芒果 TV 为核心，融通手机、互联网等多平台，同时吸纳社会力量以拓展节目资源，强化社会化传播力度，延伸节目价值链，从而逐步形成了良性循环的节目生态圈。

---

① 参见 http：//tech. qq. com/a/20141030/060593. htm，2014 年 10 月 30 日。

② 参见 http：//mi. techweb. com. cn/2014 - 12 - 17/2108414. shtml，2014 年 12 月 17 日。

随着信息传播新技术的发展运用，新旧媒体融合进程的不断深化，电视节目的内涵也在拓展，基于互联网、移动终端等新平台自制内容的蓬勃发展，各种节目形态尽现视频网站，比如优酷土豆的《万万没想到》《报告老板!》系列剧，搜狐的《屌丝男士》《大鹏嘚吧嘚》等节目，还有腾讯的《你正常吗?》《Hi 歌》等，爱奇艺的《奇葩说》等，这些节目延伸或突破了传统电视节目的内容。因此，我们如何来看待电视节目本身，已成为亟须探讨的一个重要命题。或许不久的将来，我们会更倾向于用视频这一概念来梳理和分析视听合一节目的创新，而略去了带有明显媒介区隔色彩的电视这一术语。

B.20

# 2014年中国电视剧播出与收视市场回顾

李红玲*

摘 要：本文依托CSM电视剧数据，对2014年中国电视剧整体制作、播出状况，重点卫视收视份额、竞争格局等进行解析，在此基础上为电视剧行业发展提出建议。

关键词：中国电视剧 收视 竞争

## 一 电视剧市场的制作总量与制作力量分布

### 1. 2014年共审批发行电视剧429部15983集

在我国电视剧市场产业链中，生产量往往伴随着政策和市场的双重博弈，十多年来一直维持在每年400～500部、12000～18000集之间。当“市场之手”用力过猛时，就会出现产量激增的局面（例如2012年产量506部17703集），而当“政策之手”收紧时，总量就会应声而落（例如2009年跌至402部12910集）（见图1）。

经过政策这只“看得见的手”和市场这只“看不见的手”的双重调节，2014年电视剧市场继续挤出多余泡沫，总部数持续回落，但总集数仍然维持在高位。2014年全年全国生产完成并获得《国产电视剧发行许可证》的剧目共计429部15983集，现实题材剧目共计243部8335集，分别占总比例的56.64%和52.15%；历史题材剧目共计178部7383集，分别占总比例的41.49%和46.19%；重大题材共计8部265集，分别占总比例

* 李红玲，CSM媒介研究，研究经理。

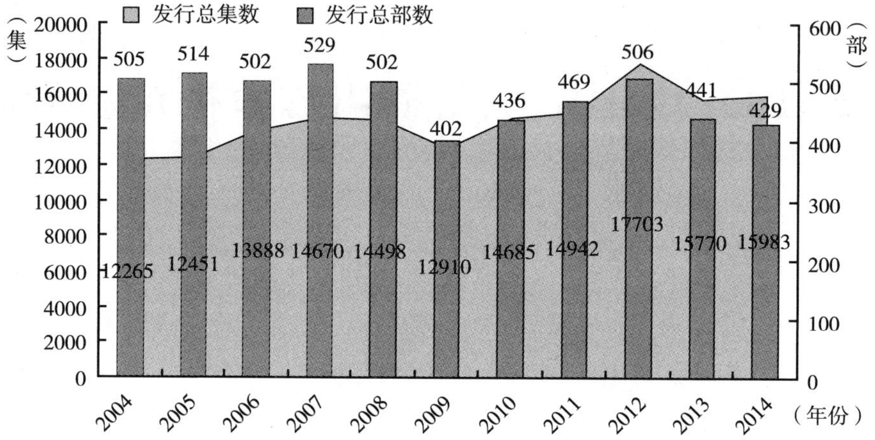


**图1　2004～2014年通过审批发行的电视剧数量**

数据来源：国家新闻出版广电总局。

的1.86%和1.66%。可见，政府依旧秉持了鼓励现实题材剧、限制古装剧的思路。

热钱投资电视剧的风潮过后，投资意愿趋于理性、谨慎，更加注重每一部剧的精耕细作和投资回报，因而导致总部数上理性回归、总集数上不降反升。一个明显的趋势是电视剧“越拍越长”——2004年平均每部通过审批发行的电视剧篇幅为24.3集，2014年更是激增至平均每部约37.3集，较之2013年增长了1.5集。这从一个侧面反映了制作方力图规避政策风险、寻求单部利润最大化的市场行为。

### 2. 制作机构羸弱分散，“1部剧”公司占近八成

我国电视剧市场尽管整体产量达到世界第一的高度，然而“内核”一盘散沙的局面很严重。我国电视剧生产商普遍规模弱小，制作能力不足，年产量不稳定，缺乏良性发展的后劲，80%的公司每年仅1部剧获批发行（笔者称为“1部剧”公司）的现状并没有得到改善。2014年共有301家制作机构的电视剧获批发行，其中“1部剧”制作公司比重上升到76.7%，年产2部剧的公司持续减少到12%，年产3部剧的制作公司比例增加（占7%），年产4部剧及以上制作公司占4.3%。

从产业集中度（每家制作公司获得发行许可证的集数与总集数的占比）

来看，我国电视剧产业呈现“高度分散”的状态，缺乏大型制作公司，属于典型的“分散竞争型”（CR8＜20%）①。笔者统计了2009年以来每年获得审批发行许可证的总集数前8名的制作机构所占比重，发现其CR8的比重一直很低，2013年仅为4%，2014年尽管有大幅度的提升，但是仍然仅占11.2%（见表1）。

**表1　2009～2014年每年我国制作机构的产业集中度（CR8）**

单位：集，%

| 年份 | 前8家制作集数 | 年度总集数 | CR8 |
|---|---|---|---|
| 2009 | 1003 | 12910 | 7.8 |
| 2010 | 1199 | 14685 | 8.2 |
| 2011 | 574 | 14942 | 3.8 |
| 2012 | 1263 | 17703 | 7.1 |
| 2013 | 623 | 15770 | 4 |
| 2014 | 1794 | 15983 | 11.2 |

数据来源：国家新闻出版广电总局。

可以说众多的小舢板式的制作公司构成了目前我国电视剧的生产主力，我国电视剧市场经过30多年的高速发展，却依然停留在小作坊生产的低层次阶段，不可谓不是一个令人深思的问题。

## 二　电视剧市场的播出与收视总量

### 1. 2014年首播新剧约350部，35%在省级卫视播出

电视剧制作出来之后，电视台是其最重要的播出与成本回收渠道。由于电视频道的数量有限、购片资金有限，加上新媒体分流等其他原因，并不是所有的剧都能流入播出市场。CSM TVPRIS系统统计发现，近三年来80个城市全天时段每年播出的新剧数量呈现不断减少的趋势，2012年播出新剧391

① 根据美国经济学家贝恩和日本通产省对产业集中度的划分标准，将产业市场结构粗分为寡占型（CR8≥40%）和竞争型（CR8＜40%）两类。其中，寡占型又细分为极高寡占型（CR8≥70%）和低集中寡占型（40%≤CR8＜70%）；竞争型又细分为低集中竞争型（20%≤CR8＜40%）和分散竞争型（CR8＜20%）。

部，2013 年播出新剧 368 部，2014 年进一步减少到 351 部（见图 2）。可见，电视台每年的电视剧播出容量已经饱和，生产环节单纯依靠数量无法突破渠道壁垒。

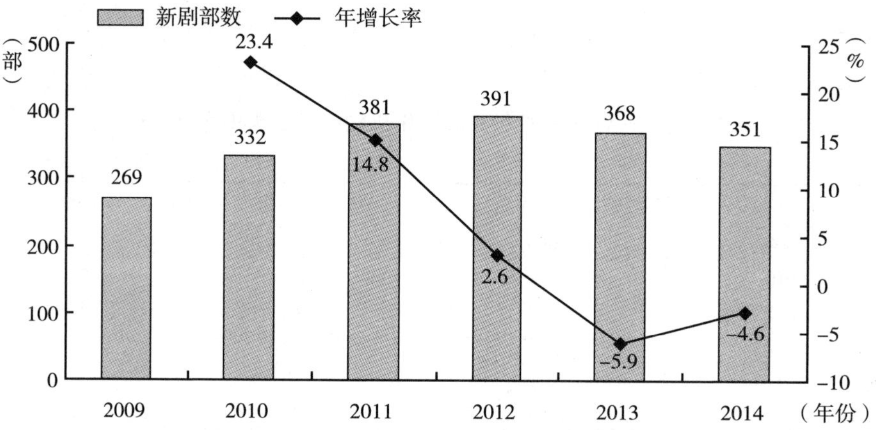


**图 2　2009 ~ 2014 年每年首播新剧数量（全天，80 个城市）**

数据来源：CSM 媒介研究。

在所有播出渠道中，省级地面频道是新剧首播时的主打平台，吸引了 45% 的新剧，其次是卫视频道共占 35%（中央台占 10%，省级卫视占 25%），省会台和地级台则共占 19%。与 2013 年相比，2014 年更多的新剧在省级卫视和地级台播出，分别增长了约 3%，而中央台减少了约 2%，省级地面频道减少了约 5%。

### 2. 播收份额齐跌，仍为电视市场支柱

2000 ~ 2014 年的 15 年数据显示，电视剧播出与收视总量均已达到饱和状态，且其播出与收视之间已经形成相对稳定的结构。CSM 历年所有调查城市数据显示，电视剧约占节目播出总量的 1/4，约占收视总量的 1/3，在电视市场量上的份额已经到达临界点。

2014 年电视剧播出比重占 25%，收视比重占 31.1%，较之 2013 年双双下降，但资源使用效率却有较大的提升。电视剧在电视节目市场仍然发挥着“定海神针”的作用，仍然是电视台最为稳定且重要的价值高地，仍是观众需求量最为旺盛的娱乐内容。

## 三　电视剧各题材播出与收视总量

### 1. 热播与热视题材高度集中

2014 年晚间黄金时段，我国电视荧屏上的热播与热视题材呈现出较为统一的特征，均集中于近代传奇、反特/谍战、军事斗争和都市生活领域，播出比重分别占 16.0%、15.9%、13.5%、12.6%，在 TOP 20 中的收视比重分别占 13.0%、20.1%、19.4%、11.9%。这四类题材共占播出量的 58%，共占收视量的 64.4%。目前我国的制播市场经过多年的供需调整与摸索，已经进入一种良性循环的状态，这是我国电视剧市场总量保持稳定的重要原因之一。然而，题材高度集中化又容易造成另一个问题——跟风创作、扎堆播出，不利于节目创新和发展。

近代传奇剧和反特/谍战剧是 2014 年电视台播出的最大题材，而反特/谍战剧和军事斗争剧在 2014 年的“TOP20 好剧俱乐部”中表现异常突出，反映了情节性较强、戏剧冲突激烈的“麻辣烫式”的电视剧更契合当今观众的收视心理。

### 2. 省级卫视和省级地面频道题材选择出现差异化

尽管不同平台对主要题材的选择有雷同之处，然而由于平台定位、实力、偏好不同，省级卫视和省级地面频道还是存在一定的差异。

2014 年晚间黄金时段，中央台首选风格偏宏大、厚重的军事斗争为主力题材（占 10.1%），其次是神怪玄幻和言情题材，播出比重均超过了 8%。省级卫视在题材的选择上显得更为接地气，“软硬兼顾”，其中都市生活题材播出量最大，占 15.9%，言情剧次之，占 12.9%，军事斗争和近代传奇题材较为接近，为 12.5% 和 12.4%。和省级卫视频道相比，省级地面频道题材的集中化程度更高，反而更青睐于比较硬朗的题材（见表 2）。

**表 2　2014 年各级频道主要题材电视剧的播出比重（18：00～24：00，80 个城市）**

单位：%

| 中央台 | | 省级卫视 | | 省级地面频道 | | 市县级频道 | |
|---|---|---|---|---|---|---|---|
| 题材 | 占比 | 题材 | 占比 | 题材 | 占比 | 题材 | 占比 |
| 军事斗争 | 10.1 | 都市生活 | 15.9 | 反特/谍战 | 18.2 | 近代传奇 | 18.1 |
| 神怪玄幻 | 8.2 | 言情 | 12.9 | 军事斗争 | 17.2 | 反特/谍战 | 16.6 |
| 言情 | 8.1 | 军事斗争 | 12.5 | 近代传奇 | 15.4 | 都市生活 | 13.1 |
| 反特/谍战 | 7.4 | 近代传奇 | 12.4 | 都市生活 | 10.3 | 军事斗争 | 12.6 |

数据来源：CSM 媒介研究。

## 四　电视剧市场热点剧目

### 1. 热点剧目不分题材大小

2014 年各类题材都出现了自己的“剧王”，笔者以 80 个城市收视率 TOP20 频次多寡来排序，发现明星剧目不分题材大小，小题材也有自己的“牛剧”（见表 3）。

**表 3　2014 年各题材进入各地 TOP20 频次最多的电视剧（18：00～24：00，80 个城市）**

单位：个

| 题材 | 电视剧名称 | 进入前 20 名的城市数 | 总频道数 | 题材 | 电视剧名称 | 进入前 20 名的城市数 | 总频道数 |
|---|---|---|---|---|---|---|---|
| 时代变迁 | 父母爱情 | 26 | 18 | 军旅生活 | 神犬奇兵 | 11 | 7 |
| 反特/谍战 | 利箭纵横 | 21 | 46 | 神怪玄幻 | 封神英雄榜 | 10 | 18 |
| 警匪 | 湄公河大案 | 19 | 2 | 社会伦理 | 豆腐西施杨七巧 | 9 | 15 |
| 重大革命 | 历史转折中的邓小平 | 18 | 5 | 当代传奇 | 天堂不相信眼泪 | 5 | 23 |
| 军事斗争 | 绝地枪王 | 18 | 28 | 悬疑 | 使徒行者 | 4 | 14 |
| 近代传奇 | 飞哥大英雄 | 18 | 41 | 武侠 | 少林寺传奇藏经阁 | 4 | 4 |
| 言情 | 因为爱情有奇缘 | 16 | 1 | 奋斗励志 | 她的一生之梅花香 | 3 | 9 |
| 历史故事 | 武媚娘传奇 | 13 | 1 | 商战 | 名门暗战 | 2 | 14 |
| 其他 | 原乡 | 12 | 1 | 人物传记 | 高山青 | 2 | 8 |
| 农村 | 马向阳下乡记 | 12 | 8 | 公案 | 少年神探狄仁杰 | 2 | 13 |
| 都市生活 | 大丈夫 | 12 | 13 | 青春 | 苦咖啡 | 1 | 2 |
| 戏说演绎 | 宫锁连城 | 11 | 1 | 民间传奇 | 薛丁山和樊梨花 | 1 | 7 |

数据来源：CSM 媒介研究。

### 2.《父母爱情》《绝地枪王》领衔省级卫视和省级地面频道

2014 年，在全国 80 个城市卫视晚间首播档时段收视率不低于 1.5%（包括当年未播完的）的剧目题材较为分散，竞争异常激烈。其中，中央台一套占10部、山东卫视占2部、湖南卫视占6部。中央台一套的《父母爱情》《湄公河大案》《历史转折中的邓小平》，湖南卫视的《武媚娘传奇》《因为爱情有奇缘》在当年的平均收视率均超过了2%，其中《父母爱情》以2.61%的平均收视率成为省级卫视单频道的“年度冠军”（见表4）。

**表4　2014年卫视频道所播收视率≥1.5%的电视剧（19：00～22：00，80个城市）**

单位：%

| 频道 | 电视剧名称 | 题材 | 收视率 |
|---|---|---|---|
| 中央台一套 | 父母爱情 | 时代变迁 | 2.61 |
| | 湄公河大案 | 警匪 | 2.29 |
| | 历史转折中的邓小平 | 重大革命 | 2.04 |
| | 毛泽东 | 重大革命 | 1.8 |
| | 我在北京挺好的 | 时代变迁 | 1.8 |
| | 铁血红安 | 军事斗争 | 1.74 |
| | 开国元勋朱德 | 重大革命 | 1.65 |
| | 马向阳下乡记 | 农村 | 1.63 |
| | 大河儿女 | 近代传奇 | 1.54 |
| | 原乡 | 其他 | 1.52 |
| 山东卫视 | 红高粱 | 近代传奇 | 1.63 |
| | 勇敢的心 | 军事斗争 | 1.5 |
| 湖南卫视 | 武媚娘传奇 | 历史故事 | 2.53 |
| | 因为爱情有奇缘 | 言情 | 2.24 |
| | 宫锁连城 | 戏说演绎 | 1.89 |
| | 神犬奇兵 | 军旅生活 | 1.62 |
| | 因为爱情有奇迹 | 言情 | 1.59 |
| | 幸福爱人 | 言情 | 1.5 |

数据来源：CSM媒介研究。

省级地面频道播出的电视剧获得全国各地市场普遍认可的剧目则以军事斗争、反特/谍战、近代传奇为主，呈现出题材高度集中、风格硬朗的鲜明特质。

省级卫视频道和省级地面频道热视题材的差异化有一定内在原因。省级卫视频道在购剧资金上更为充沛，选剧范围也更宽泛，“看题材更看剧”；省级地面频道在购剧竞争中整体处于下风，好剧流失，只能转而选择播出商业气味浓厚但又有一定收视保障的“强情节剧”，市场验证观众也的确爱看军事斗争、反特/谍战和近代传奇等强情节题材。这样的局面是各方博弈的结果。

### 3. 独家首播剧占省级卫视首播剧的55%

2014年国家宣布自2015年1月1日开始，同一部电视剧每晚黄金时段联播的省级卫视综合频道不得超过两家。实际上，前几年，实力较强的省级卫视平台为了进一步提升竞争实力，已经开始加大优质电视剧资源的垄断力度。独家首播剧尽管价格不菲，然而优势也显而易见，无论是资源的稀缺独占性，还是营销编排的灵活性都非联播剧可比。2014年省级卫视频道晚间黄金档首播剧以独家首播剧为主，约138部，占总数55%。中央台一套《父母爱情》《湄公河大案》《历史转折中的邓小平》，湖南卫视《武媚娘传奇》《因为爱情有奇缘》等独家首播剧收视较好。

联合首播剧能够分摊成本，对内形成收视共振，对外形成收视封锁，但也有内容同质化、浪费平台资源、播出进度协调难之嫌。2014年联合首播剧约111部，包括两家首播32部、三家首播32部、四家首播47部。其中，《红高粱》（浙江、北京、上海东方、山东四家省级卫视首播），《勇敢的心》（江苏、北京、天津、山东四家省级卫视首播），《大丈夫》（安徽、浙江、北京、上海东方四家省级卫视首播）表现突出。

两种模式中，独家首播剧播出量大，在优质电视剧中绝对数量也居多。2014年，省级卫视晚间首播档收视率破1%的首播剧约67部，独家首播剧占58%，5部独家首播剧收视率超过2%，约占8%。联合首播剧中，以四家联合首播剧目获得高收视的概率更大，约39部（占33%）；三家和两家联合首播剧目出彩的概率不高，各仅3部。

从另一个角度来看，独家首播剧中有28%收视率破1%，四家联合首播剧中有47%收视率破1%，两家和三家联合首播剧中均仅有9%收视率破1%（见表5）。可见，四家联合首播剧有其存在的“数据价值”，起码在收视效果上还是不错的。这实际上体现了多家电视台共同购片时的集体智慧、群体决策，是播出平台规避风险、资源布局的一种效果。

不管是哪种播出模式，电视台对优质电视剧资源的需求缺口越来越大，精品电视剧的增量空间极其可观。

**表5　2014年省级卫视晚间首播档首播剧播出模式及收视率≥1%的部次比例（19：00～22：00，80城市组）**

单位：部，%

| 首播模式 | 2014年省级卫视首播剧 | 首播剧所占比例 | 收视率≥1%的首播剧部次 | 收视率≥1%的剧占首播剧比例 | 收视率≥1%的剧占各模式比例 |
|---|---|---|---|---|---|
| 独家首播 | 138 | 55 | 39 | 58 | 28 |
| 两家联合首播 | 32 | 13 | 3 | 4.5 | 9 |
| 三家联合首播 | 32 | 13 | 3 | 4.5 | 9 |
| 四家联合首播 | 47 | 19 | 22 | 33 | 47 |

数据来源：CSM媒介研究。

## 五　全国电视剧市场竞争态势

### 1. 省级卫视收视份额上升、地面持续萎缩

电视剧产业化以来，全国市场的电视剧份额之争就从未停息。中央级频道2012年之前曾经遭受省级卫视的残酷挤压，收视份额呈现逐年下降的颓势，竞争实力波动剧烈；然而从2012年开始收视份额开始逐年回升，2014年更是达到16.1%。省级卫视整体收视份额一直呈现出连年稳定攀升的强悍态势，2012年突破48%，2014年达到49.8%，逼近50%。

面对省级卫视强劲的竞争势头，省级地面频道却显出颓势，领地被逐步蚕食。2010年省级地面频道收视份额达到27.8%，2014年份额已跌至23%。市县级频道收视份额也连年下滑，从2010年的13.3%到2014年的10.3%，5年时间减少了3个百分点（见表6）。

**表6　各频道组历年电视剧收视份额对比（全天）**

单位：%

| 电视剧 | 2009年 | 2010年 | 2011年 | 2012年 | 2013年 | 2014年 |
|---|---|---|---|---|---|---|
| 中央级频道 | 20.0 | 16.2 | 14.4 | 15.0 | 15.8 | 16.1 |
| 省级上星频道 | 38.4 | 40.9 | 44.9 | 48.0 | 48.4 | 49.8 |
| 省级非上星频道 | 26.8 | 27.8 | 27.2 | 24.7 | 24.1 | 23.0 |
| 市县级频道 | 12.5 | 13.3 | 12.0 | 11.0 | 10.7 | 10.3 |
| 其他频道 | 2.2 | 1.9 | 1.5 | 1.3 | 1.0 | 0.9 |

数据来源：CSM媒介研究历年所有调查城市。

### 2. 不足1/4的省级卫视电视剧收视率破1%

每部剧对省级卫视频道而言都至关重要，然而部部精彩却不易。笔者试图用收视率能否破1%来粗浅衡量各省级卫视在优质电视剧资源中的实力强弱（破1%即“达标”）。2014年，全国层面晚间黄金强档，收视率破1%的剧目分布在10个省级卫视，其中，湖南卫视占15席，中央电视台一套占13席，山东卫视后来居上占10席，江苏卫视占8席，中央电视台八套、浙江卫视各占6席，北京卫视占5席，上海东方卫视有2席，天津卫视和安徽卫视各占1席。省级卫视间的达标率差异很大，中央台部部剧收视率破1%，湖南卫视有75%的剧、江苏卫视四成剧能达标，山东、浙江、北京三家卫视有两成多的剧达标，中央台八套有14%的剧达标，而上海东方、天津、安徽三卫视达标率不足10%。其他超过3/4的卫视则无1部电视剧收视率破1%（见表7）。

**表7　2014年卫视频道在优秀剧中的“达标率”（19：00～22：00时段，80个城市，达标率＝收视率破1%的剧占频道内播出部数的比例）**

单位：部，%

| 卫视 | 收视率破1%的部数 | 播出部数 | 达标率 |
|---|---|---|---|
| 中央电视台综合频道 | 13 | 13 | 100 |
| 湖南卫视 | 15 | 20 | 75 |
| 江苏卫视 | 8 | 20 | 40 |
| 山东卫视 | 10 | 37 | 27 |
| 浙江卫视 | 6 | 26 | 23 |
| 北京卫视 | 5 | 24 | 21 |
| 中央电视台八套 | 6 | 43 | 14 |
| 上海东方卫视 | 2 | 26 | 8 |
| 天津卫视 | 1 | 24 | 4 |
| 安徽卫视 | 1 | 38 | 3 |

数据来源：CSM媒介研究。

如此残酷的现实更彰显出优秀电视剧对于目前我国电视剧市场来说，弥足珍贵、极度稀缺。

B.21

# 2014年中国纪录片行业发展报告

张国飞　孙 平　孙式良*

摘　要：本文透过2014年纪录片行业现象，从形态、业态、生态三个层面对2014年中国纪录片的整体情况进行梳理和分析。

关键词：中国纪录片　形态　业态　生态

## 一　2014年纪录片新形态呈现

### 1. 套拍纪录片已成常规产品

由于视频网站成为影视产品的重要接收渠道及互联网的海量存储能力，大量的影视产品上映或上线之前会发布套拍纪录片，这些纪录片由于占有题材上的优势，属于影视作品的衍生产品，往往获得较高关注。

影视剧套拍纪录片。2002年张艺谋执导的电影《英雄》带动了电影与纪录片的联姻。导演甘露耗时4年追踪《英雄》拍摄过程，制作了纪录片《缘起》。自此，电影套拍纪录片公映成为国内电影界比较普遍的现象。2014年电影《亲爱的》《白发魔女传》《黄金时代》《救火英雄》等在影院上线的同时都有独家纪录片在网站上线。

电视节目套拍纪录片。2013年，搜狐视频纪录片频道与《中国好声音》节目共同制作纪录片《突袭最强战队》，仅上线十余日，点击量就达50万人次。2014年春晚，搜狐视频独家推出纪录片《〈扰民了您〉诞生记》，上线10天，点击量达41万人次。综艺类、真人秀类节目套拍纪录片可以从主持人、制作团队、参演嘉

* 张国飞，中央电视台综合频道节目统筹部副总监、主任编辑；孙平，清华大学新闻与传播学院博士后；孙式良，尼尔森网联媒介数据服务有限公司总裁助理，营销管理总监。

宾等多个角度全面揭秘节目幕后花絮，将本身备受关注的节目影响力再次放大。

2. 现象级纪录片再次出现

从《大国崛起》《舌尖上的中国》（以下简称《舌尖》）开始，引发社会关注的“现象级”纪录片再次出现。2014 年，现象级纪录片当属《舌尖 2》。尼尔森网联海量样本收视率数据显示，《舌尖 2》收视率在北京达 3.08%，杭州达 4.09%，广州达 2.53%，成都达 4.51%，平均收视份额为 9%，较《舌尖 1》增长 56%，已经接近《爸爸去哪儿 2》等热门节目的高收视率。①

《舌尖 2》投资 3000 万元左右，首播版共分 7 集，每集 50 分钟，首创国内纪录片的周播模式，在中央电视台综合频道、中央电视台纪录频道同步播出，冠名费近 9000 万元；海外的版权销售单集价格达到 6 万美元，创下中国纪录片海外销售最好成绩。

除了广告、电商合作、海外版权营销，《舌尖 2》在图书、网络版权销售等领域均有良好收益，其品牌效应已经形成并走向成熟。2015 年《舌尖 3》冠名招标拍出 1.18 亿元。

3. 方言纪录片诞生

2014 年 1 月，日播纪录片栏目《闲话上海滩》，由上海纪实频道推出。这档纪录片用上海方言作为节目的语言形态，讲述上海民俗风物、市井人情。节目在电视台播出的同时也在视频网站及微博等媒体发布，与受众互动机制良好。

4. 微纪录片普及

2014 年，全国微纪录片赛事成井喷状态。从新闻媒体到高等院校再到地方政府，均展开丰富的微纪录片竞赛活动，对微纪录片推广起到积极作用。微博、微信等社交媒体更多地成为微纪录片抢占的平台。

## 二　纪录片行业业态分析

1. 纪录片行业制播主体

中央电视台各频道：中央电视台是我国纪录片制播机构中最大的行业主体。央视纪录频道是全纪录片播出频道，首播时段是 18：00～23：30，每天 5

---

① 数据来源：尼尔森网联海量样本收视率监测（mTAM）。

个半小时的首播时间。2014 年，从央视全部 24 个频道（包括 6 个外语频道）收视情况来看，纪录频道排名第 10 位。在央视所有栏目收视排名中，纪录片栏目《探索发现》《走近科学》《地理中国》均进入前50 名。[①] 从2011 年纪录频道开播至 2014 年，其收视份额以每年 55% 的速度持续增长，从最初的无广告发展到每年 4 亿 ~5 亿元广告额。[②]

除纪录频道，纪录片占比较高的还有央视科教频道、央视农业军事频道、央视中文国际频道、央视综合频道。除少数专业频道，绝大部分频道有纪录片播出。

省级纪录片专业频道、省级卫视及地面频道：省级电视频道是我国纪录片制播机构中的另一重要主体。目前，我国省级纪录片专业频道有中国教育电视台三套[③]、重庆科教频道、湖南金鹰纪实频道、上海纪实频道、北京纪实频道、天津科教频道、辽宁北方频道 7 家。国家新闻出版广电总局 2014 年正式批准北京纪实频道、上海纪实频道上星，并实现全国覆盖。全国付费纪录片频道有世界地理、老故事、先锋纪录 3 家。

省级卫视频道在 2014 年国家新闻出版广电总局新政的要求下每天必须播出不少于 30 分钟的纪录片，据估算总共增加约 6000 分钟的规定播出时长。很多省级卫视已具备纪录片品牌栏目，比如北京卫视的《档案》、云南卫视的《经典人文地理》、江西卫视的《经典传奇》等。

市级电视台：作为第三级主体，城市电视台的纪录片制播现状比较复杂。据中国纪录片研究中心调研显示[④]，近年来，全国约半数的市级电视台纪录片创作停滞，近两成在艰难地维系生产。但随着总局政策、管理者认知等因素影响，40% 的城市台开始在纪录片领域积极寻求突破。

民营制作机构：目前，我国至少有 200 多家民营公司、工作室参与纪录片创作。规模较大的制作机构年度营业额接近 1 亿元，规模较小的公司年度营业

① 参见 http：//cctv. cntv. cn/paihang/index. shtml。

② 《中国纪录片挺进“联盟时代”》，新华网，http：//news. xinhuanet. com/newmedia/2013 - 08/12/c_ 125152626. htm。

③ 为便于分析归类，本文将教育电视台归为省级频道。

④ 中国纪录片研究中心：《2012 年对城市电视台纪录片制播状况的研究成果》。

额在一两百万元。[1] 当前比较知名的民营纪录片公司有三多堂、雷禾传媒、东方良友、大陆桥、新影世纪等，这些民营公司的纪录片项目一般与电视台、视频网站及其他新媒体平台有多渠道合作。

视频网站：随着自制节目的不断尝试，视频网站已经成为又一快速发展的纪录片制播主体。目前纪录片视频提供网站主要集中于优酷纪录片频道、土豆纪实频道、爱奇艺纪录片频道、迅雷看看纪录片频道、搜狐视频纪录片频道、网易视频纪录片频道、腾讯视频纪录片频道、凤凰视频，此外乐视、酷六、新浪、56 网等网站也提供部分纪录片视频。

### 2. 2014年中国纪录片传播概况

（1）全国电视纪录片播出总量。

2014 年全国电视频道纪录片播出总量为 7683328 分钟；2014 年央视频道纪录片播出总量为 1216613 分钟；2014 年省级卫视纪录片播出总量为 964939 分钟。[2]

（2）各级城市样本电视纪录片播出份额。

尼尔森网联 2014 年对全国范围内各级电视媒体节目播出状况进行了监测，分四个层次获得了纪录片播出份额数据。[3]

在以北京、上海、广州、成都为代表的一线城市样本中，数据统计得出央视频道纪录片播出总量（时长）居前，其次是省级卫视频道。在北京，央视频道纪录片播出份额高达 51%。四个城市省级卫视频道纪录片播出份额均占到 30% ~40%。四个城市中广州省级地面频道和广州市级台纪录片份额最大，约为 20%。

在以南京、杭州、郑州、武汉、西安为代表的二线城市样本中，央视与省级卫视纪录片播出份额之和占到全部纪录片播出份额的 88%，这些城市的市级台与省级地面频道播出量分别为 5% 和 7%，占比较小。在扬州、嘉兴等地级市为代表样本的三线城市，省级地面频道占比为 5%，城市台份额仅占 1%，央视与省级卫视纪录片播出份额占到全部纪录片播出份额的 94%。在四级县

---

① 张同道：《2014 中国纪录片发展研究报告》，社会科学文献出版社，2014，第 144 页。

② 尼尔森网联全媒体广告监测（AIS）2014 年全国电视频道监测数据。

③ 尼尔森网联全媒体广告监测（AIS）2014 年 1 ~11 月监测数据。

级市样本中，县级电视台纪录片播出份额占比为0，即县级台几乎无纪录片播出。

（3）各主体纪录片播出时长及分布。

2014 年全国上星频道在播纪录片 835 部，占在播节目比例约 13%。[①] 2014 年 1～11 月，央视频道纪录片播出时长较上一年同期增长 69%，最高每月播出量近 2000 小时。播出纪录片时长最长的为央视纪录频道，日均播出时长为 1299 分钟；其次是央视科教频道，日均播出时长为 892 分钟；两者之和占总量的 2/3。[②]

对于省级卫视而言，由于总局新政，使得 34 家省级卫视频道共增加了约 6000 分钟的规定播出时长。在所有节目类型中，纪录片内容在所有节目中占比为 6%。播出量较大的省级卫视有四川卫视、黑龙江卫视、云南卫视、江苏卫视等，其中前三名的日均播出量近 4 个小时。每天总播出时长在 60 分钟以下的卫视频道占卫视总数的近一半。

央视全天纪录片播出时间分布均衡；省级卫视频道播出时段则较多集中于睡眠时间，其中凌晨 2：00～4：00 时段播出量占比达 29%。[③]

（4）纪录片网络传播概况。

美兰德信息公司通过对 17 家视频网站的数据信息进行统计显示，目前网站纪录片存储量 1 万余部。在所有视频网站中，中国网络电视（CNTV）纪录片存储量最大，达 3700 余部。全网纪录片视频点击量超过 153 亿人次，其中生活类纪录片点击量最高，可以看出网民观看纪录片仍以实用目的为主。[④]

不同视频网站纪录片频道呈现不同定位：土豆视频侧重国内纪录片，主推《老梁故事汇》《老梁观世界》《绝对经典》等；优酷视频侧重自制纪录片，主推《季录》《经典传奇》《变形记》《优酷影像录》等；爱奇艺打出“正版”标签，主要有《传奇故事》《真相》等；迅雷侧重上线国外纪录片，主推《探

---

① 来源：美兰德《2014 年中国纪录片网络影响力研究报告》。

② 来源：尼尔森网联全媒体广告监测（AIS）2014 年 1 月～11 月监测数据。

③ 来源：CSM 媒介研究。转引自赵明《浅析 2014 卫视纪录片的编播及收视》，http：//www. baidu. com/link？url = 5CpUNgsQfb8Xkf_ yPrP0oOvbwaVbEHaoKEud6DNzivYSgJxFPU4bKZQqIq1IvNEqZ9b5s7X6J7wbc4IhWGkV_ a。

④ 美兰德：《2014 年中国纪录片网络影响力研究报告》。

索》《荒野求生》等。

当前，移动端已经成为关注纪录片的重要平台。美兰德调研数据显示，2014年《舌尖2》相关微博发布中，PC端占比为40.1%，而移动端占比为59.9%。

（5）电影纪录片。

《千锤百炼》《我就是我》《金色时光》《飞鱼秀》是2014年主要几部院线电影纪录片，但票房情况一如往年，比较低迷。被喻为中国第一部揭秘选秀内幕的纪录电影《我就是我》最终获得670万元的票房，未达预期。《爸爸去哪儿》虽然被冠以“纪录电影”的标签，获得近7亿元高票房，但其是否可以确认为纪录片形态还有待进一步讨论。

### 3. 2014中国纪录片投资及收益概况

据估算，2012年中国纪录片投资超过13亿元，2013年中国纪录片生产总投入为15.5亿元，收入总量达22.78亿元。[①] 由于国家新闻出版广电总局纪录片新政的出台以及纪录片形态的拓展，2014年我国纪录片投资总额约为17.32亿元（投资主体包括中央电视台、省级卫视频道、省级纪录片专业频道、相关部委及社会制作）[②]。《舌尖2》是2014年纪录片广告市场最大赢家，据估算，其收益已超过3亿元。[③]

目前爱奇艺纪录片频道、搜狐视频、优酷纪录片频道等主要通过HULU模式进行运营，即购买正版高清影片版权并免费提供给用户观看，通过广告收入支撑网站运营。可见，广告是视频网站纪录片频道最主要的收入来源。与其他类型频道相比，视频网站纪录片频道广告市场规模偏小，依然普遍处于亏损运营状态，纪录片行业的良好发展势头并未给新媒体带来真金白银的明显利润增长。[④] 优酷、搜狐视频、爱奇艺纪录片频道都已开始尝试会员制和个人付费模式，但还处于尝试探索阶段并未成为主流。

商业定制也是一种赢利模式，很多视频网站已开始尝试。例如，2011年爱奇艺与荣威共同推出大型高端定制纪录片——《梦回滇缅》，与尊尼获加品

① 张同道：《2014中国纪录片发展研究报告》，社会科学文献出版社，2014，第158页。

② 中国纪录片研究中心发布的数据，2015年4月14日。

③ 卢扬：《“舌尖2”千万投资3亿收益　大量资本涌入纪录片市场》，《北京商报》2014年5月17日。

④ 张同道：《2013中国纪录片发展研究报告》，社会科学文献出版社，2013，第158页。

牌合作的《语路》微纪录片系列，凤凰视频的商业定制微纪录片等。2014 年优酷自制的纪录片《侣行》也有梅赛德斯—奔驰投放植入广告。

## 三 纪录片行业生态

纪录片政策环境：近年来，政策环境对于产业发展更加有利，带有明显的刺激市场、扶植产业主体的目的。2011 年中国（广州）国际纪录片节上，国家新闻出版广电总局首次拿出 500 万元奖励优秀纪录片；2014 年，奖金增加至 1000 万元。2014 年国家新闻出版广电总局要求 34 个上星综合卫视频道，各家每天在 6：00～24：00 期间至少播出 30 分钟的纪录片。

纪录片产业资源环境：纪录片资源的汇聚、交易主要依托发行机构和各种节展。纪录片日常发行机构主要有央视国际电视总公司以及大陆桥、良友文化、雷禾传媒、元纯传媒等民营公司。

各种纪录片节展各有侧重，其中影响力较大的中国（广州）国际纪录片节项目已被国务院列入“2013～2014 年度国家文化出口重点企业和重点项目目录”，2014 年中国（广州）国际纪录片节组委会收到来自全球 85 个国家和地区共计 3054 部作品参与评优、展播、预售等，刷新了亚洲纪录片节征片数量纪录。

目前，一些纪录片专业网站（如中国纪录片网）和上述节展已经成为包括征片评优、方案预售、市场交易、专业论坛、国际培训、颁奖典礼、公众展播等内容的重要产业运营平台。

# B.22
# 2014年中国动漫影视产业发展回顾

邓林　何佳洁*

**摘　要：** 本文在对2014年我国动漫游戏产业数据进行分析的基础上，对国产动漫产业发展的现状进行了分析。中国的动画企业需要随着环境的变化提升自身的竞争力，加强版权保护意识。

**关键词：** 中国动漫　游戏　版权

2014年，中国动漫游戏产业呈现出迅猛发展之势。动漫产业产值超过1000亿元大关，比2013年增长14.83%。视频网站的国产动漫与进口动漫的播放记录屡创新高。2014年动漫产业总产值仅占国内生产总值的0.24%，与日本动漫产业产值GDP占比相比较，我国的动漫产业存在巨大的发展空间（见图1）。

政府对动漫产业的发展继续予以扶持，文化部文化产业司2014年开展了“弘扬社会主义核心价值观动漫扶持计划”的工作，62个动漫项目收到政府资金扶持。国家新闻出版广电总局实施“原创力”中国原创动漫出版扶持计划，31个入选项目中有10个是多媒体动画类项目。

动漫企业在2014年继续成长，奥飞动漫、知音传媒、拓维信息、咏声文化等著名动漫企业在国内乃至世界的影响力也逐步提升。2014年，中国内地共有52家媒体公司（含香港地区共有67家）入选“世界媒体500强”，广东奥飞动漫文化股份有限公司位列第344位。①

---

* 邓林，博士，上海交通大学媒体与设计学院副教授，主要研究方向为文化产业管理与创新；何佳洁，上海交通大学文化产业管理方向硕士研究生。

① 《2014年世界媒体500强排行榜：中国内地有52家媒体公司入选》，http：//www. cssn. cn/xwcbx/xwcbx_ rdjj/201501/t20150106_ 1468666. shtml。

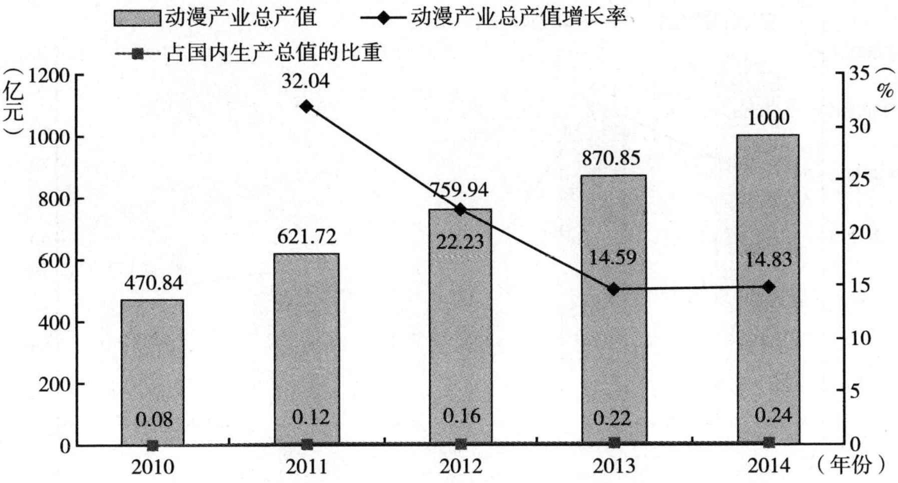


**图1　2010～2014 年我国动漫产业总产值**

数据来源：《中国动漫产业发展报告》（2014），社会科学文献出版社，2014；国家统计局网站。

## 一　电视动画片平稳发展

### 1. 电视动画片产量走低

2014 年全国国产电视动画片累计备案公示剧目数量达到 425 部 271133 分钟，对比 2013 年的 465 部 327955 分钟，总部数减少了 40 部、总时间减少了 17.32%，平均每月备案 35.42 部。

2014 年全国动画片创作生产数量排在前五位的省市分别是广东省、浙江省、北京市、福建省、江苏省（见图 2）。

按国产动画片生产数量，我国原创动画片制作生产十大机构如下：东莞水木动画衍生品发展有限公司（13716 分钟）、北京妙音动漫艺术设计有限公司（8352 分钟）、广东原创动力文化传播有限公司（7200 分钟）、蚌埠水木易卡通文化传播有限公司（7032 分钟）、福建神话时代数码动画有限公司（7014 分钟）、广州灵动创想文化科技有限公司（6500 分钟）、河南君兰影视动画有限公司（6000 分钟）、宁波卡酷动画制作有限公司（6000 分钟）、北京金鳞基

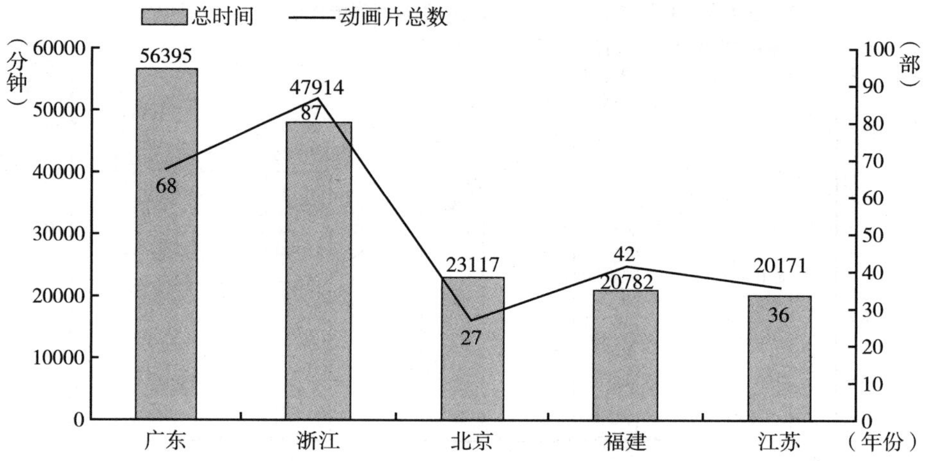


**图2　2014 年 5 省市动画片创作生产数量**

数据来源：国家新闻出版广电总局网站各月份全国国产电视动画片制作备案公示。

业文化发展有限公司（4212 分钟）、广州奥飞动漫文化传播有限公司（3858 分钟）①。

### 2. 国产电视动画片占播出主导

回顾近三年，国产动画电视片播出时间约占动画片播出总时长的 95%。2014 年，为了进一步扶持国产动漫电视产业的发展，国家新闻出版广电总局出台政策规定各大卫视每天播出国产动画片的时间不得少于 30 分钟。2011 ~ 2013 年国产动画播出小时数与进口动画播出小时数分别为：2011 年，国产 265433 小时，进口 14822 小时；2012 年，国产 292814 小时，进口 12063 小时；2013 年，国产 279125 小时，进口 14015 小时。②

### 3. 动画电视片进出口概况

数据显示，我国动画电视进口量和出口量都呈现出增长的趋势，2013 年我国进口动画电视 2879 小时（较 2012 年增长约 648%），出口 2507 小时（较 2012 年增长约 49%）。与此同时，动画电视片的进出口总额占全部电视节目的进出口总额的比重也在不断上升，2013 年动画电视进口总额为 4432.38 万元，

① 数据来源：国家广电总局网站各月份全国国产电视动画片制作备案公示。

② 数据来源：由国家统计局网站公布的年度数据整理而得。

较2012年增长约198%，2013年动画电视出口总额为4894.24万元，较2012年增长约58%。①

近三年，美国的动画电视片在我国依旧具有很大的市场，此外，我国从亚洲进口动画电视片的总额激增，其中，日本的动画电视片的进口总额增长明显，2012年为821.24万元，2013年达到1970.09万元。2013年我国从欧洲进口动画电视总额为419.61万元，从美洲进口动画电视总额为1159.18万元，从亚洲进口动画电视总额为2853.59万元，分别增长约277%、182%、195%。②

尽管我国近五年均没有从大洋洲和非洲进口动画电视片，但我国的动画电视片在五大洲均有市场。我国动画电视片对中国香港地区和韩国的出口总额有所减少，在美国的影响力没有明显的变化，但对日本的出口额却逐年增加。

## 二　动画电影票房激增

2014年全年上映53部动画电影，动画电影的票房总和为30.28亿元，占全年总票房的10.22%③。相比于2013年，动画电影票房飞跃式地增长了101.87%，其中，32部国产动画和2部中外合拍动画电影的票房达到了11.5亿元，占据全年动画电影总票房的36.49%，比2013年的5亿元票房增长了130%。19部进口动画电影票房为19.23亿元，占据全年动画电影总票房的63.51%，比2013年增长了91.72%。而进口动画电影占全年进口影片票房的14.26%（2014年进口影片票房收入为134.84亿元）；国产动画电影仅占国产电影总票房的7.12%（2014年国产影片票房收入为161.55亿元）。

截止到2014年12月31日，2014年动画电影票房过亿元并排名前五的分别是《驯龙高手2》《神偷奶爸2》《冰雪奇缘》《马达加斯加的企鹅》《熊出没之夺宝熊兵》。其中，除《熊出没之夺宝熊兵》外，其他4部均为好莱坞出品。

① 数据来源：由国家统计局网站公布的年度数据整理而得。

② 数据来源：由国家统计局年度数据整理而得。

③ 本报告中提及的动画电影为全动画电影，其国内票房数据来自国家新闻出版广电总局网站、《中国电影报》、艺恩咨询网等。

2014 年，我国上映的好莱坞动画电影在豆瓣网上得到的平均分为 7.57 分，其中，迪士尼的《冰雪奇缘》备受观众喜爱，得到了 8.3 分的最高分。这些美国动画电影的票房总和为 17.35 亿元，占进口动画电影票房的 90.22%，占动画电影票房总额的 57.30%，依然是我国动画电影市场的票房主力军。

在进口动画电影的票房持续上涨的同时，我国的国产动画电影也取得了一定的成绩。2014 年，国产动画电影《熊出没之夺宝熊兵》表现不凡，成为中国电影史上首部票房突破 2 亿元的国产动画电影。一些优秀的国产动画电影也登上了国际舞台，如 2014 年戛纳电影节上《龙骑侠 3D》崭露头角，国庆节档期上映的《魁拔Ⅲ：战神崛起》更是斩获了第 10 届中国国际动漫金猴奖最具潜力动画电影奖项。国产动画电影《秦时明月之龙腾万里 3D》大胆尝试新互动技术——实时弹幕吐槽技术，以外界互动来为自身电影加分，以此获得了较好的票房，这是国产动画电影营销的一大创新。

六一档和暑期档是我国国产动画电影的关键发力时期。2014 年这两个档期上映的动画片票房总和分别为 1.45 亿元和 3.77 亿元。8 部国产动画电影齐聚 2014 年暑期档，其中 5 部票房超过了 5000 万元，这说明观众对暑期档国产动画电影具有一定的期待并开始认可。

## 三　手机与网络新媒体助力动漫产业

手机动漫市场发展迅速，据不完全统计，中国移动动漫基地 2014 年付费用户超过 9000 万人，收入突破 20 亿元，签约近 1000 家合作伙伴。① 2014 年，中国移动“和动漫”借 4G 移动互联网发展之势加快与动漫企业的合作步伐，加大引入国外优秀动画片的力度，如《妖精的尾巴》《玄皓战记》《凤囚凰》《宇宙旗袍》等。② 视频网站也在向移动端靠拢，爱奇艺创新地推出了新的移动应用——动画屋，月活跃用户已达数百万人次，并且日均播放次数超 1000 万人次，

① 《移动手机动漫基地助力中华文化基因传承》，http：//www.cccnews.com.cn/2014/1029/58653.shtml。

② 《中国动漫产业网中国移动手机动漫基地召开 2014 年合作伙伴年会》，http：//www.cccnews.com.cn/2014/0120/44242.shtml。

每天人均播放时长超过80分钟，其中0~6岁的儿童及家长贡献了超过88%的播放时长，动画屋精确地抓住了消费者。① 从爱奇艺动画屋移动应用的快速发展可以看出，我国移动动画视频市场具有很大的发展潜力和庞大的潜在消费人群。

土豆、优酷、爱奇艺、腾讯等网络新媒体在动画片引进和原创方面的发展势头依然强劲。土豆网在2014年实施了全新的动漫产业战略，投入了1亿元启动“土豆动漫创投计划”。爱奇艺的动漫频道自上线以来已经与国内十大动漫内容生产商建立了战略合作关系，目前，已拥有国内外动漫版权内容1000多部，动漫剧集近40000集，内容覆盖百度搜索风云榜TOP 200之内的95%。② 各大视频网站打破传统的营销框架，相继加入大数据分析的行列，在大数据分析的基础上有针对性地营销和推广动漫产品。它们充分发挥出互联网的长尾效应，深度挖掘动漫用户的行为数据，分析出用户的动漫消费习惯偏好，从而进行动漫产品的个性化定制服务，为用户提供最想看的动画产品。《十万个冷笑话》动画电影正是借助于视频网站对其漫画粉丝的数据分析，发现了其庞大消费群，从而将其漫画、动画视频制作成大电影，上映后取得了不错的票房成绩。③ 事实证明，分析粉丝数据，抓住其偏好，不失为国产动漫电影的一条发展路径。

## 四　动漫衍生品发展空间巨大

2014年，我国的动漫衍生品市场规模达到约316亿元。2012年和2013年市场规模分别为220亿元和264亿元。④ 虽然目前中国动漫衍生产品产值占比约30%，与动漫发达国家的70%~80%相比仍然有很大差距，但市场培育的空间巨大，目前每年以20%的速度增长。

2014年，在动漫衍生品方面，奥飞动漫和酷漫居依旧居于行业领先位置，

---

① 数据由爱奇艺网站公布。

② 《2014爱奇艺“金花瓣”原创动漫作品奖颁布》，http://news.xinhuanet.com/ent/2014-09/30/c_127056049.htm。

③ 《凤凰科技网爱奇艺Q3中国动漫指数：视频网站已成本土动漫孵化器》，http://tech.ifeng.com/a/20141002/40828618_0.shtml。

④ 《前瞻网中国动漫衍生品市场规模稳步增长发展前景广阔》，http://www.qianzhan.com/analyst/detail/220/140711-a4fa7803.html。

品牌动画电影“喜羊羊与灰太狼”系列的衍生品依旧具有较好的市场。由于2014年《熊出没之夺宝熊兵》大电影的票房取得佳绩，《熊出没之夺宝熊兵》的衍生品得到了消费者的青睐。而《十万个冷笑话》的衍生品，在电影上映前就开始了预售模式，且预售势头良好。

## 五　国际合作趋势加强

2014年，国际合作的趋势在我国动漫产业的发展过程中越来越明显。在动画电影合作方面，2014年中日、中美合拍了2部电影。11月，迪士尼与上海文化广播影视集团旗下的炫动卡通达成合作意向，将围绕中国最受欢迎的文化符号开发动画系列。广东奥飞动漫文化股份有限公司加快国际合作的步伐，成为纽约451媒体集团的股东之一，并享有其相关影片在大中华区的发行权以及IP（形象版权）的商品化权益。同时，中国少年儿童新闻出版总社与法国著名动漫公司达高集团就“小猪波波飞”系列进行全方位合作，计划投资拍摄“小猪波波飞”的动画片并开发其衍生品。

## 六　移动游戏助力动漫产业

据统计，2014年手机动漫游戏的市场规模将达到230亿元，较2013年增长约1倍。游戏业与动漫融合的速度加快，在动画的制作过程中，游戏能提供一定的视觉效果技术支持。《大吉成长记》在国产动画创作史上开了先河，大胆尝试用游戏的思维做动画。这部3D动画巧妙地结合了游戏的情景技术和动画的故事情节。[①] 虽然这些年动画电影票房有所提高，但国产动画电影的内容原创力已处在瓶颈期这一事实却不容否认，长期同质性的内容会造成观众的审美疲劳，因此，在动画表现的技术上下功夫不失为一条正途。

① 《〈大吉成长记〉成功上线游戏与动画殊途同归》，中国动漫产业网，http：//www.cccnews.com.cn/2014/1230/61592.shtml。

# 中国 PC 互联网及移动互联网发展报告

China's PC Internet & Mobile Internet Development Report

## B.23

## 2014年中国 PC 互联网与移动互联网发展概要

蓝皮书课题组

2014 年是中国全功能接入国际互联网 20 周年。经过 20 年的发展，如今的中国成为拥有 6.49 亿网民、5.88 亿即时通信网民用户、4.33 亿网络视频用户、3.61 亿网络购物用户的互联网超级大市场。全球十大互联网公司，中国占据 4 席（阿里巴巴、腾讯、百度、京东）。互联网颠覆了传统的信息传播渠道与方式，重塑了信息内容框架，改变了传媒产业规模与结构，以及诸多关联产业的生存逻辑和运行规律。中国政府将“互联网 +”行动纳入国家经济的顶层设计，标志着互联网国家战略地位的确立，互联网发展进入新的历史阶段。

伴随着智能机的普及与 4G 网络的正式商用，移动互联网在用户数量与使用频次上全面赶超传统互联网，移动互联网带来的技术变革和商业模式变革，带动了整个行业的创新发展。虚拟运营商的进入，将给中国的移动商务应用、金融支付、终端渠道、通信行业、互动娱乐等领域带来多重形式的冲击。“大数据”成为互联网公司的核心及追求所在。云计算技术已应运而生，云产业则是必然趋势且已初露端倪。物联网、可穿戴智能设备的发展将推动信息、人、物的连接，虚拟现实和增强现实技术将对传媒产业产生颠覆性的影响。

2014 年，阿里巴巴、新浪等互联网企业赴美上市，这对中国互联网行业、创业市场、投资领域、证券市场等方面都带来巨大的影响，同时，强大的社会报道使互联网应用得以更广泛的宣传。2014 年中国网络广告市场规模达到 1540 亿元。百度与淘宝广告营收占整体网络广告市场营收比重的一半以上，是中国网络广告市场的中坚力量。在企业营收增速方面，爱奇艺 PPS、奇虎 360 与腾讯表现突出。出于抢占新型产业制高点和优化产业链布局的考虑，BAT 在传媒行业积极开展投资、并购活动，这无疑将提升市场集中度从而深刻影响市场的竞争格局，同时也刺激和驱动产业的结构调整和升级。在资本的强势介入下，视频网站成为视频全产业链的重要组成部分与流量入口。从未来发展趋势来看，领军企业跑马圈地，马太效应将进一步增强。移动营销快速崛起，围绕“大数据”及“程序化购买”（Programmatic）所产生的网络广告技术革新，对于整个网络营销产业链的发展起到了深刻的推动作用。

手机作为第一大上网终端的地位更加巩固，个人互联网应用发展呈上升态势。即时通信、工具类应用继续领跑，新闻资讯类应用稳中有升，移动商务类应用多点爆发。微信在即时通信及移动社交领域成就霸主地位，其他社交应用通过重新定位、创新服务、调整产品体验，以求在移动社交细分领域突围、多元盈利。在微信公众号的推动下，移动自媒体实践也在深化。

移动互联网时代在中国已经全面到来。对于媒体来说，这也意味着基于移动平台的全面转型时代的到来。未来的移动媒体将向内容媒体、关系媒体与服务媒体三个方向发展，这三者彼此交叉、相互支持。于传统媒体而言，主动吸纳运用互联网思维、整合体系内外资源、推进媒体融合是为新时期生存与发展的必要途径。

B.24

# 2014年中国互联网传媒产业发展综述

吕宇翔　苏 亚　王嘉旖*

摘　要：2014年是中国全功能接入国际互联网20周年，也是中国互联网治理与互联网传媒产业发展的关键一年。一年中，国家建立了全新的互联网传媒治理体系，采取了多项措施推动这一领域的健康发展；资本与要素市场的结合给产业带来了巨大的生机；伴随着4G网络的正式商用，移动互联网在用户数量与使用频次上全面赶超传统互联网；以新闻客户端和社会化媒体为主的互联网传媒应用不断创新，逐步形成了新的产业格局。

关键词：互联网　移动互联网　传媒产业　发展分析

## 一　2014年互联网传媒产业发展

### 1. 信息获取类

2014年，新闻门户网站的使用率仍然呈现下降趋势，而新闻客户端、社交网站、微信新闻公共账号的使用量则大幅增加。数据显示，2014年12月，新闻门户网站日均覆盖人数达4645.8万人，有效浏览时间达8852.7万小时，日均覆盖人数和网民到达率排在前三位的分别是人民网、中青网和光明网。①

---

* 吕宇翔，博士，清华大学新闻与传播学院新媒体传播研究中心主任助理，讲师，主要研究方向为新媒体传播、文化产业；苏亚、王嘉旖，清华大学新闻与传播学院硕士研究生。

① 艾瑞咨询：《2014年12月新闻门户网站行业数据》，http：//www.iresearch.com.cn/data/246095.html，2015年2月15日。

而新闻客户端方面，北大媒介与市场调研中心发布的报告显示，门户类新闻客户端的知晓率远高于聚合类新闻客户端，传统媒体旗下新闻客户端的知晓率则更低。如网易、腾讯、搜狐知晓率均高于65%，而聚合类新闻客户端的代表“今日头条”知晓率则为48.1%。客户端用户使用时长上排名前四位的分别为网易、腾讯、新浪和凤凰。

### 2. 交流沟通类

2014 年社交网站的整体用户覆盖率为61.7%，与2013 年基本持平。[①] 即时通信在网民中的使用率仍然位居第一。截至2014 年12 月，我国即时通信网民规模已达5.88 亿户，占网民总数的90.6%。即时通信已由单一通信应用演变成为移动支付、O2O 等高附加值业务的入口，商业价值被不断开发。腾讯公开的财报显示，2014 年底，微信月活跃用户数已达5 亿户，并开始试水商业化道路。

微博用户则呈下降趋势。截至2014 年12 月，我国微博用户规模为2.49 亿户，较2013 年底减少3194 万户，使用率为38.4%，与2013 年底相比下降了7.1%。其中，手机微博用户为1.71 亿户，相比2013 年底下降了2562 万户，使用率为30.7%。[②] 2014 年，微博的市场集中化趋势更加明显。新浪微博遥遥领先，而居于其后的腾讯、网易则已开始考虑放弃这一领域。2014 年7 月，腾讯撤销了微博事业部，原腾讯微博将只维持基本的运营；11 月，网易微博正式关闭，将原用户内容全部迁移到轻博客平台LOFTER。

### 3. 网络视频类

CNNIC 的数据显示，截至2014 年12 月，中国网络视频用户规模达到4.33 亿户，网络视频用户使用率为66.7%。2014 年中国在线视频行业市场规模则达到239.7 亿元，同比增长76.4%。在线视频移动端用户规模持续保持快速增长态势，2014 年11 月，其规模达3.1 亿人，较2013 年11 月同比增长高达83.4%。在线视频PC 端的用户数是移动端的1.6 倍，达5.01 亿户，但其增长

---

① 中国互联网信息中心：《2014 年中国社交类应用用户行为研究报告》，http://www.cnnic.net.cn/hlwfzyj/hlwxzbg/201408/P020140822379356612744.pdf，2015 年2 月15 日。

② 中国互联网信息中心：《第35 次中国互联网络发展状况统计报告》，http://www.cnnic.net.cn/hlwfzyj/hlwxzbg/201502/P020150203551802054676.pdf，2015 年2 月15 日。

速度则明显放缓。①

短视频逐渐成为2014年社交媒体的新特点，从美拍视频在朋友圈的传播，到微信于2014年9月推出短视频功能，短视频借助“社交”迎来爆发式发展。此外，延续2013年视频领域的并购与合作动向，行业整合已初见成果。国家对互联网电视的管控则使在线视频企业纷纷寻找新的增长途径，大力开发自制内容。

### 4. 网络游戏

截至2014年12月，中国网络游戏用户规模达到3.66亿户，网民使用率为56.4%。其中手机游戏已经逐渐成为游戏产业增长的核心动力，原本的端游用户向手游用户进一步转化，手游用户规模已达2.48亿户。2014年中国网络游戏市场规模首次突破千亿元大关，达1108.1亿元，同比增长24.3%，其中移动游戏占比24.9%，首次超过页游。②

从市场趋势来看，2014年中国网络游戏产业主要有三个特点：其一，受益于4G网络等硬件条件的进一步发展，移动游戏迎来了发展的红利时期；其二，游戏政策的进一步松绑使得部分游戏机型如PS4在国内发售，从而扩大了游戏用户对使用平台的选择；其三，游戏产业作为文化产业的一部分，与其他产业的结合愈发紧密，逐渐形成了完整的产业链。

### 5. 其他

截至2014年底，我国搜索引擎用户规模达5.22亿户，较2013年底增长了3257万户，年增长率为6.7%，搜索引擎的使用率为80.5%。其中手机搜索增长速度显著，用户数达4.29亿户，较2013年增长了17.6%。

我国网络购物用户规模达到3.61亿户，网络购物使用率提升至55.7%。2014年5月22日，京东在纳斯达克挂牌上市。9月19日，阿里巴巴集团在纽约证券交易所挂牌上市，成为全球第二大互联网公司。

我国网上支付的用户规模达到3.04亿户，与2013年12月底相比，我国网民使用网上支付的比例从42.1%提升至46.9%。手机支付用户规模达到

① 艾瑞咨询：《2014年中国在线视频市场营收规模增长强劲》，http://www.iresearch.com.cn/view/245907.html，2015年3月16日。

② 艾瑞咨询：《2014年中国网络游戏市场规模1108.1亿》，http://www.iresearch.com.cn/view/246130.html，2015年3月16日。

2.17 亿户，增长率为 73.2%，网民手机支付的使用比例由 25.1% 提升至 39.0%。支付市场中，支付宝以 88.2% 的渗透率位居第一，银联支付以 41.9% 的渗透率位居第二位。

我国博客用户规模为 1.09 亿户，使用率为 16.8%，较 2013 年底增长了 2.6%。我国网络文学用户数为 2.94 亿户，使用率为 45.3%，较 2013 年底增长了 0.9%。①

## 二　2014 年互联网传媒产业分析

### 1. 资本要素加强产业整体布局

伴随着产业的快速发展，越来越多的资本嗅到了互联网传媒领域的商机，开始寻找机会加入战团，国有媒体也纷纷发力抢夺新兴市场，2014 年的中国互联网传媒产业格局不断被改变，产业集中度进一步加强，资本话语权愈发明显。这方面的博弈首先在网络视听领域得以显现。

2014 年 4 月 18 日，新浪微博登录纳斯达克；4 月 28 日，阿里巴巴和云锋基金以 12.2 亿美元收购优酷土豆 7.21 亿 A 类普通股（阿里巴巴持股比例为 16.5%，云锋为 2%）；6 月 24 日，迅雷赴美上市，开盘价为 14.21 美元，市值约为 9.86 亿美元；7 月 29 日，优酷土豆投资中国国际广播电台新媒体服务运营商国广东方，持后者 16.67% 股权；10 月 29 日，搜狐收购人人旗下视频网站 56 网；11 月 12 日，小米以千万美元投资优酷土豆；11 月 19 日，小米和顺为资本战略入股爱奇艺，同时，百度追加对爱奇艺的投资；12 月 12 日，陌陌科技在美挂牌……

“国家队”方面，2014 年 5 月 28 日，中国广播电视网络有限公司以 45 亿元注册资金挂牌，标志着传统广电网络开始直面市场竞争；11 月 21 日，上海文广旗下百视通和东方明珠宣布合并，成为国内 A 股首家千亿元级新型互联网媒体集团，合并后的公司将重组文广集团相关资产，打造全新的互联网媒体生态系统，以推进传统媒体与新兴媒体的融合。

① 中国互联网信息中心：《第 35 次中国互联网络发展状况统计报告》，http：//www. cnnic. net. cn/hlwfzyj/hlwxzbg/201502/P020150203551802054676. pdf，2015 年 2 月 15 日。

数字音乐领域，2014 年 4 月，酷狗、酷我完成合并，并与海洋音乐共同组成新的在线音乐集团（海洋音乐集团）；而阿里巴巴集团则在 7 月即完成了对虾米网和天天动听的战略收购；11 月，腾讯 QQ 音乐与华纳音乐达成独家版权战略合作，12 月，又相继与韩国 YG 娱乐以及索尼音乐签订战略合作协议。至此，在线音乐已在资本的推动下形成海洋、腾讯、阿里巴巴三足鼎立之势。

传统电视内容的网播格局也出现了一些变化。2014 年 5 月 9 日，湖南卫视宣布，其所拥有完整知识产权的自制节目，互联网播出权将一律由“芒果 TV”平台使用而概无分销，以此构建自有的互联网视频平台；其后，安徽卫视《我为歌狂 2》的版权转让也宣布终止；中央电视台也停止分销世界杯的新媒体版权，仅限于 CNTV 使用。这一系列动作引发了主流视频网站的自制节目热潮。另一个电视节目互联网版权之争的典型案例则围绕《爸爸去哪儿 2》在爱奇艺与芒果 TV、360 影视间展开。

此外，互联网公司在传统影视媒体中的资本投入则更为活跃。2014 年 3 月，阿里巴巴集团收购文化中国 60% 股权，将其更名为阿里影业；6 月，腾讯宣布多部电影拍摄计划；7 月，爱奇艺成立影业公司正式进军电影业；8 月，优酷土豆成立“合一影业”，这些都将对传统影视产业格局产生深刻影响。

### 2. 技术进步带动行业长足发展

延续了前一年移动互联网的高速发展，伴随着 4G 网络的正式商用，2014 年中国手机网民的数量已远远超过使用电脑上网的网民数量。[①] 同时，国家“宽带中国”战略的全面推进，使得网络速度进一步升级。这些技术的变化全面推动了移动应用、智能终端、操作系统和芯片产业整个产业链的快速发展。

据统计，2014 年中国移动电话普及率达 94.5 部/百人，总数达 12.86 亿户，其中 2G 电话用户比例由上年的 67.3% 下降至 54.7%。新增的 4G 和 3G 用户分别为 9728.4 万户（2014 年开始商用，因此这个数字也是目前中国 4G

---

① 据互联网信息中心（CNNIC）数据，截至 2014 年 12 月，中国网民规模已经达到 6.49 亿户，互联网普及率达到了 47.9%。其中，中国手机网民规模达到了 5.57 亿户，占整体网民规模的 85.8%，已经远远超过了使用台式电脑（70.8%）和使用笔记本电脑（43.2%）接入互联网的比例（中国互联网信息中心：《第 35 次中国互联网络发展状况统计报告》，http://www.cnnic.cn/hlwfzyj/hlwxzbg/201502/P020150203551802054676.pdf，2015 年 2 月 15 日）。

用户总量）和8364.4万户，4G和3G用户在移动电话中的渗透率达到7.6%和37.3%。①

手机网民在技术的推动下越来越活跃，2014年12月，我国手机网民规模达5.57亿户，较2013年增加5672万户，手机网民规模进入了稳定增长时代。②

2014年4月30日，工业和信息化部、国家发改委等14部门提出《关于实施“宽带中国”2014专项行动的意见》，截至10月9日，已有39个城市（城市群）被列为2014年度“宽带中国”示范城市（城市群）。“宽带中国”战略的全面落地意味着我国宽带网络能力的持续增强和宽带接入水平的稳步提升。

而作为接入移动互联网的重要底层入口之一，用户对Wi-Fi的依赖程度越来越高，更多企业开始挖掘Wi-Fi的商业价值。家庭Wi-Fi路由器逐步向智能化转型；商业Wi-Fi以免费Wi-Fi结合“广告媒体运营”模式进行布局；公共Wi-Fi围绕智慧城市发展。③

此外，工信部于2013年12月26日发放首批11家虚拟运营商牌照，截至2014年12月，共有42家企业获得虚拟运营商牌照。随着这些虚拟运营商的进入，将给中国的移动商务应用、金融支付、终端渠道、通信行业、互动娱乐和云计算等领域带来多重形式的冲击。

如2014年已试运行的虚拟运营商中，“京东通信”即以“无套餐、无合约、无最低消费、用户只有使用、用多少花多少”作为其主打；而“阿里通信”则采用简单的“懒人计费”模式；苏宁云商推出了与旗下PPTV绑定的免费流量，以及使用苏宁云商手机免流量的特色服务；而蜗牛游戏则是将自身的主营业务游戏与虚拟运营商卡绑定，获得了不少年轻用户的认可。可以看到，2015年将是虚拟运营商快速发展与充满变革的一年。

### 3. 创新驱动助力媒体应用升级

2014年被认为是“媒体融合元年”，在国家全面鼓励传统媒体与新兴媒体

① 付亮：《中国三大电信运营商2014年3G、4G用户发展情况汇总》，华强北指数网站，http://www.hcsindex.org/news/view_225359.html，2015年3月16日。

② 中国互联网信息中心：《第35次报告中国互联网络发展状况统计报告》，http://www.cnnic.cn/hlwfzyj/hlwxzbg/201502/P020150203551802054676.pdf，2015年2月15日。

③ 中国互联网协会：《2014中国互联网产业发展综述报告》，新华网，http://news.xinhuanet.com/zgjx/2015-01/08/c_133904725.htm，2015年1月8日。

融合发展的背景下，不同类型的媒体纷纷调整战略，走向融合发展的道路。虽然之前各类媒体伴随潮流变化大多建立了自身的官方微博或微信公众号，但2014年传媒领域的创新则体现得更为直接。

2014年1月，新华社总编室融合发展中心试运行，旨在以新闻信息集成服务推动传统报道和新兴媒体报道在内容、渠道、平台、管理等方面深度融合；6月11日，“新华社发布”总客户端正式上线，标志着新华社集全社之力打造的全国最大的“党政客户端”集群首次集体亮相；6月12日，《人民日报》移动客户端上线。

中央电视台“央视新闻”自2012年11月以微博形式开启新媒体报道以来，2013年4月开通微信公众号，2013年12月，央视新闻中心和央视网共同组建网络新闻部，2014年5月1日借搜狐订阅平台上推出了“央视新闻”客户端，7月23日又推出基于自有平台的独立客户端。到2014年12月，“央视新闻”新媒体总用户数已突破1亿户，其中客户端订户数5215万户，新浪微博粉丝4655万户，微信订户234万。[①]“央视新闻”新媒体迅速发展成为主流媒体与互联网用户融合互动的重要平台。

相对而言，2014年7月22日正式上线的“澎湃新闻”则以网页、Wap、APP客户端、微信公众号等形式打出一套组合拳，并以严肃的时政新闻内容和独有的语言风格迅速为受众所接受。同为上海报业旗下的另一新媒体品牌“界面”则联手小米科技、奇虎360、海通证券、国泰君安、联想弘毅、卓尔传媒等众多机构，于2014年9月22日开始公测，致力于以“全民参与”为新机制与新模式，打造新一代政经新闻媒体。

期刊方面，2014年4月，《大众软件》在“中国梦网”以众筹方式募集100万元资金，用于向移动端转型。该项目于6月21日结束，共获得5120位用户总额2031367.01元的支持，完成度超过200%。2014年8月，时尚集团与天猫达成战略合作；10月，《瑞丽服饰美容》通过与国内外美容品牌、艺术界的跨界合作，推出美容业全媒体营销平台。

2014年中国的自媒体也取得了长足的发展，成为独立于报刊、广播、电

---

① 《“央视新闻”新媒体总用户数突破1亿》，推酷网，http://www.tuicool.com/articles/yMRZzu，2014年12月23日。

视、网络之外的新兴媒体力量。2013 年底首份《自媒体联盟自律公约》发布；2014 年 11 月，微信公众号数量已超过 800 万户，并以每天 1.5 万户的规模增长，成为自媒体领域增长最快的平台。据统计，微信有 4.68 亿月活跃用户，平均每人每天阅读 5.86 篇文章，有大约一半的微信用户每天阅读文章超过 3 篇。

# B.25

# 中国移动媒体的扩张与升级*

彭　兰**

摘　要：2014 年，中国全面进入移动互联网时代，移动媒体的实践也不断深化。从 2014 年的实践来看，移动媒体用户的新闻资讯需求非常突出，视频应用也是用户的重度需求。移动社交媒体虽然主要是微博、微信的两分天下，但对手段加以限制，专注于听觉社交或视觉社交，也能形成自己的市场。在微信公众号的推动下，移动自媒体实践也在深化，今天的移动服务应用与媒体连通、融合方面都有较大的空间。

关键词：移动媒体　新闻客户端　移动垂直媒体　视频客户端　自媒体

根据中国互联网信息中心（CNNIC）发布的《第 35 次中国互联网络发展状况报告》，2014 年 6 月，中国手机上网比例首次超过传统 PC 机上网比例，手机网民规模超八成。① 移动互联网时代在中国已经全面到来。对于媒体来说，这也意味着基于移动平台的全面转型时代的到来。

---

* 本文为笔者与腾讯企鹅智酷合作项目“中国网络媒体的未来(2014)”的部分研究成果。

** 彭兰，中国人民大学新闻学院教授、博导，中国人民大学新闻与社会发展研究中心研究员，中国人民大学新闻学院新媒体研究所所长。

① 参见 http：//www. cnnic. net. cn/hlwfzyj/hlwxzbg/。

## 一　内容媒体、关系媒体、服务媒体：移动媒体的三个走向

移动媒体并不等于把传统媒体的新闻平移到移动终端，也不只是意味着每个媒体做一个新闻客户端；移动时代不仅带来了传统媒体的又一次扩张，也带来了一种新的媒体生态。这种新生态可以孕育出比传统媒体时代丰富得多的产品，当然，能否利用好新生态，取决于我们对新生态的认识和建立在这一认识上的新的产品架构。

移动互联网包含内容、社交、服务等三大领域，而未来的移动媒体也可以分为内容媒体、关系媒体与服务媒体，这三者也并不是孤立的，而是彼此交叉、相互支持。

传统媒体一直以内容为立足点，但在今天，维系着用户关系的社交平台，对于内容的生产与传播产生了越来越深刻的影响，在某种意义上，它们可以称为关系媒体。在新媒体时代，关系媒体甚至可以带来更高程度的用户黏性，在关系媒体基础上发展内容媒体，多数时候会比在内容媒体基础上发展社交平台更为顺畅。

此外，移动媒体的服务功能，也是今天用户的核心需求，通过服务产品汇聚与“黏住”用户，形成平台，再向内容产品方向延伸的做法，也变得日益可行。

浙江日报集团便在近年提出了“新闻 + 服务”的思路，指出要重新定义媒体，就要用服务集聚用户，并通过新闻免费、服务收费来解决媒体商业模式的问题。浙江日报集团也正在实践这样一个思路，通过对其收购的游戏平台“边锋”的媒体化改造，即在用户退出游戏时用弹窗推送重要新闻，大大地提高了新闻的到达率，其弹窗新闻的日均 PV 量超过 500 万次，日均 UV 量稳定在 50 万人次。①

苏州广播电视总台推出的“无线苏州”客户端，也超越了新闻客户端的功能，而是集成了新闻资讯，社交娱乐（如微博圈、游戏），服务（天气、路

① 《浙报传媒董事长高海浩：媒体融合核心是人的融合》，http：//gb. cri. cn/42071/2014/10/31/5187s4748840. htm。

况、公交、地铁、违章查询、公共自行车、打车等）等功能，在本地化移动入口竞争中，拥有了自己的一席之地。

尽管有不少传统媒体已经意识到向服务领域的延伸是自己转型的一个突破口，并努力进行了一些探索，但总体来看，目前移动媒体的服务功能还偏弱。

移动化服务媒体的另一个来源，是移动平台上的服务类应用的媒体化，尽管目前相关案例还较少，但是对于那些可以汇聚足够多的用户资源的服务平台来说，一切都有可能。

移动时代的媒体格局是内容媒体、关系媒体、服务媒体的三分天下，未来的媒体是内容—关系—服务之间的相互连通、关联，媒体的生态也建立在这三个领域的融通与互动基础之上。而对于一个具体的媒体而言，如果只有内容产品，而缺乏关系产品、服务产品的支持，内容产品的传播会受到很大的限制。

## 二　新闻客户端：内容媒体的“首选”

尽管移动媒体不等于新闻客户端，但是，对于用户来说，目前综合性的新闻客户端在他们的新闻信息消费中扮演的角色仍是举足轻重的。新闻客户端的竞争，也成为内容入口竞争的焦点。

### （一）移动媒体用户对新闻客户端的重度需求

2014 年 10 月，中国人民大学新闻学院新媒体研究所联合腾讯“企鹅智酷”对移动媒体用户进行了两轮调查，[①] 调查问卷通过腾讯新闻客户端、腾讯网首页、QQ 新闻弹窗（迷你腾讯网）、腾讯网科技频道、腾讯科技微信公众号等多个渠道发布。调查没有覆盖移动用户整体，而是将新闻资讯的主要消费者作为调查对象，这一人群也是移动媒体的主要使用群体。调查的目标是为了解移动媒体用户的新闻资讯消费习惯及新闻消费与社交活动的关联，以及他们在娱乐和其他服务方面的使用偏好。

① 作者为此次调查问卷的主要设计者之一。调查分两轮进行，第一轮侧重研究移动媒体用户的新闻消费行为及其与社交的关系，第二轮侧重研究移动媒体用户的娱乐和其他服务的使用情况。第一轮参与调查的用户为 109783 人，第二轮为 107576 人。本文中只引用了其中部分调查结果。

第一轮有109783人参与的调查中，“哪些类APP使用较多（可多选）”的调查结果如图1所示，从中可以看出，新闻资讯类的APP名列第一，新闻消费的需求仍然是十分活跃的。

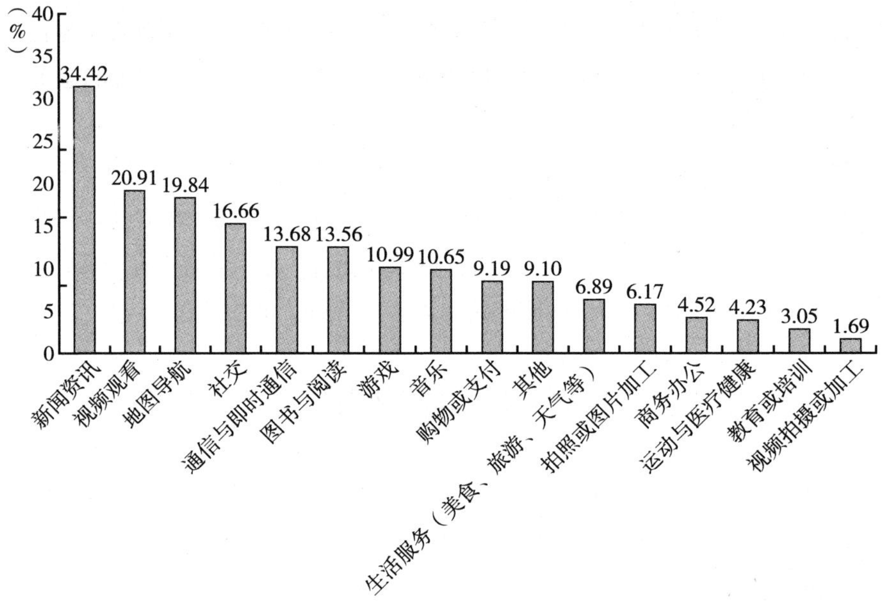


**图1　移动媒体用户使用的APP类型**

关于“在移动端获取新闻的主要渠道”的调查结果如图2所示，说明新闻客户端成为移动媒体获得新闻的主要渠道。更重要的是，用户使用客户端的频率很高，调查显示，用户每天多次打开客户端的比例占76.19%，每天打开一两次的比例为15.49%。这个调查结果中，“没有安装新闻客户端”的比例仅为1.75%，这也从另一个角度说明了用户整体对于新闻客户端的重度依赖。

## （二）新闻客户端：不应止步于门户网站的升级

新闻客户端对于今天的移动媒体用户如此重要，因此，新闻客户端的开发者需要更好地理解移动用户对新闻资讯的需求，来进行产品的设计。在相当程度上，新闻客户端是对门户网站的继承，它也试图在某些方面完成思维与业务模式的升级，当然，过多受到门户思维的影响，也正是限制它们发展的障碍。

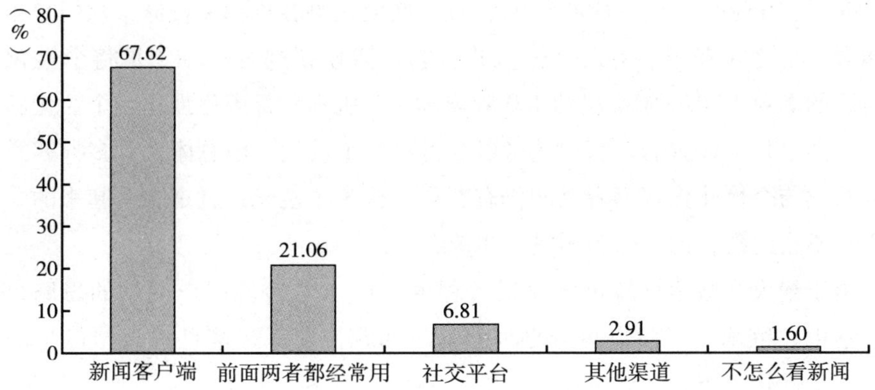


**图2　移动媒体用户在移动端获得新闻的主要渠道**

目前新闻客户端发展的特点主要有如下几方面。

### 1. 对“新闻”品质的更高追求

从各新闻客户端的宣传语中我们可以看到，今天的新闻客户端正在促成一次大的专业性跨越，那就是从追求“速度”到寻求“态度”、从提供“信息”到挖掘“事实”、从传递“声音”到传达“思想”的跨越，移动媒体的专业主义目标在不断提升。尽管内容生产并不是移动媒体唯一的目标，但对更高质量的内容的追求却是永恒的。移动媒体发展需要在关系产品和服务方面作出拓展，但这并不意味着以牺牲内容或者放弃内容的品质为代价。

但值得注意的是，尽管专业主义的某些标准是永恒的，但也有些质量标准在发生变化。今天的新媒体需要认识到环境与用户需求的变化，在此基础上对质量的标准重新予以定义，今天的用户也许不再看重技术性的差错，但他们对于媒体反映现实、干预现实的能力有了更高的要求。对高质量的内容的追求，并不意味着排斥关系平台与服务平台的建设。关系平台可以带来公民新闻的资源，而公民新闻与专业主义并非对立，专业主义的实现需要更多借助公民新闻的力量。服务平台则可以积累更多的用户数据，这些数据也应该成为内容生产的依据。

### 2. 大众门户与个人门户的混搭

综合性新闻客户端与此前的门户网站一样，仍是以“大众门户”属性为主，也就是以统一的界面向大众提供公共性的信息，但是在很多客户端，也有

“自定义”“订阅”“个人中心”等设置，这使一些客户端在扮演大众门户角色的同时，也开始有了“个人门户”的色彩。搜狐新闻客户端更是将个性化作为自己的卖点。2014 年推出的4.0 版本和5.0 版本，都声称强化了个性化新闻阅读。经过相关设置后，客户端可以变得更为个性化，但总体来看多数客户端在大众化与个性化设置两者之间仍有断裂，很多个性化设置是隐藏起来的，一般用户不会注意，用户体验需进一步改善。

由于绝大多数客户端仍然在很大程度上继承着传统门户网站的思路，因此，它也“继承”了门户网站的两个基本问题，那就是信息过载与信息的同质化。个性化思路是应对上述问题的一种可能方案，但仅仅混搭上“个性化”设置功能，未必能真正解决问题。

### 3. 社交成为客户端基本元素之一

尽管“无社交不新闻”成为今天的一个共识，社交元素也成为客户端的标配，但是客户端对社交元素的运用并没有突破门户网站的局限，除了评论、分享外，用户参与内容生产的可能性还是有限的，社交元素更多是在内容生产完成后促进其扩散的一种附加手段，而不是在内容生产环节的一个核心手段。

未来的新闻客户端，需要在不断提高媒体的专业生产水平的同时，继续刺激 UGC（用户生产内容）的生产，更重要的是促进 UGC 向 PGC（专业生产内容）的转化。也就是说，需要将 UGC 内容放到更专业化的框架下，或者通过某些方式促进“专业”用户的参与。这需要在客户端的内容生产的流程与社交元素应用的机制上做出更多设计，需要对新闻客户端进行更深层的社交化改造。后文提到的科技类移动媒体在这方面的经验可以为综合性新闻客户端所借鉴。

### 4. 部分客户端探索“店中店”模式

所谓“店中店”模式指的是，各媒体提供的内容既可以被拆分到客户端的各个频道，也可以以独立的品牌形象出现，由用户独立订阅，在与有些客户端的合作中，它们也可以独立地开展广告业务。搜狐新闻客户端是较早尝试“店中店”模式的客户端之一。今天在凤凰新闻等客户端，也可以将一些媒体或自媒体的内容作为独立的频道订阅。

在新闻客户端的竞争中，目前占据核心位置的仍然是几家大的门户网站的客户端，传统媒体的客户端相对弱势。“店中店”模式为传统媒体和自媒体的移动化产品提供了搭便车的机会和规模化优势，但如何在众多“店中店”中脱颖而出，仍是一个挑战。

5. 时政硬新闻寻求“再着陆”

在新闻客户端里，也出现了像“澎湃新闻”这样的新探索。“澎湃新闻”专注于严肃新闻领域，重新定义了时政新闻。当“澎湃新闻”刚刚亮出时政新闻这块招牌时，很多人会担心像时政这样的硬新闻是否会有市场，事实证明，今天的用户并非不需要时政新闻，相反，时政领域的动向关系着人们的生存环境，人们对时政新闻的关注仍然十分强烈，但今天人们需要更深入地了解各种时政活动背后的故事，需要各种时政现象、话题背后的解读，也希望媒体用更为个性化、人性化的方式来重构硬话题。对这些需求的满足，蕴含着巨大的媒体空间。“澎湃新闻”只是一个开始。

6. 空间或场景要素发掘尚不充分

与 PC 时代的互联网传播相比，移动时代空间或场景的意义大大强化，移动传播的本质是基于空间或场景的服务，即对空间位置、场景及情境的感知及信息适配。但是，在今天的综合新闻客户端中，基于位置或场景的信息服务思路还不明晰。尽管很多客户端都声称可以提供基于位置的信息推送，但相对而言，针对精确的地理位置进行的新闻推送仍不多见。

新华社推出的“我在现场”新闻客户端里出现了较为明确的 LBS 思维，即通过一个具体的地理位置来聚合相关新闻，同时以此吸引用户的注意。尽管它已经设定了一个有价值的探索方向，但相对而言，思路还比较粗糙。

总体来看，今天的新闻客户端基本上来源于门户网站，也在沿用门户网站的思路，尽管有一定的升级，但未来的新闻客户端要在更大程度上摆脱门户网站模式的约束，创造出更适合移动时代的新模式。

## 三　移动垂直媒体：可以深耕的实验田

垂直媒体的“垂直”可以从两个方向定义：一是内容上的垂直，这个方向下的垂直媒体相当于专业性媒体；二是地域上的垂直，这个方向下的垂直媒体相当于地方性媒体。垂直网站也正在向移动平台转型，财经类和科技类媒体在客户端开发方面更是踊跃。它们在某些方面也具有实验田的性质，在这些领域的深耕可以为移动时代的媒体转型摸索出更多的可能方向。

1. 移动财经媒体：内容媒体向服务媒体的转型

对于财经类垂直媒体而言，移动终端的特性为财经资讯服务质量的提高带来了更多可能。而财经类媒体的特性，也使得它们比综合性新闻客户端具有更大的从内容媒体向服务媒体转型的可行性。目前财经类移动媒体的服务思路主要体现在以下几方面。

进一步强调实时服务：对于财经资讯的用户来说，信息传递的实时度和准确度直接影响着用户的金钱收益，而移动终端进一步提高了信息传递的时效性。因此，速度成为服务竞争的一个关键；强化个性化服务：财经新闻客户端的用户更需要快速定位到自己感兴趣的个性化内容，“自选股”等成为必需的配置；通过专家提供深度服务：财经媒体更需要向用户提供信息的解读与投资方向的引导。因此，靠谱的专家是这类媒体需要重点经营的资源，这是财经新闻客户端“不可替代性”的来源。但这些服务，仍然是以信息为基本手段，而未来财经媒体也许将更多地向工具性服务发展，特别是提供直接交易方面，但目前多数移动财经媒体还缺少有竞争力的交易工具，也缺少与相应工具的连接。

2. 移动科技媒体：UGC 向 PGC 的拓展

科技类新媒体是充满活力的垂直移动媒体，它们多数起源于网站，但今天也都开发了自己的客户端。新兴的科技类垂直媒体常常追求自己的“调性”，如小清新或理工范，在“调性”这个文艺的词的背后是各媒体对自己定位的认识。科技类新媒体大多找到了自己的特定定位，彼此间的区隔也较为明确，每一个媒体都形成了自己的核心用户群。

但科技类新媒体更重要的贡献是它们的内容生产模式。新兴的科技媒体的内容生产多是采用介于 UGC 和 PGC 之间的生产模式。这主要体现为以下几个方面。

作者群体的“专业化”：尽管很多作者不是全职的“职业”作者，但他们是具有某些领域的专业知识和专业水准的“专业”作者，他们逐渐成为科技类新媒体的主要原创力量。信息流的“公共化”：与微博上只有个人化的信息流、人人各自为政不同的是，这些科技类新媒体更注重将分散的个人创作汇集成公共信息流，整合成一个公共门户，读者的注意力可以更多集中在公共信息流上。因此，这些垂直媒体的内容生产机制接近 UGC，但内容整合机制又借鉴了门户网站的模式。社群关系的“众包化”：这些科技新媒体的作者理论上是多来源的，但他们无形中形成了一个“众包”的社群，他们之间的关系不是简单的关注与被关注，更多的是分工与协作。在某种意义上，这些作者也构成了一个“专业共同体”。

尽管这些科技垂直媒体的客户端相对其网站有些缩水，但移动化的浪潮下，未来的科技媒体客户端应当会把其网站的特质发扬光大。在 UGC 生产模式的深化与转化方面，垂直媒体有更多的探索空间，科技类垂直媒体的思路，可以为其他的垂直媒体以及综合媒体提供参照。

## 四　视频客户端：既是工具，也是媒体

视频应用对今天移动媒体的用户来说，具有格外的分量。视频客户端具有双重的角色：既是播放工具，也是综合媒体。在未来，版权内容、自制内容将成为视频媒体的竞争焦点。而值得注意的是，传统的电视媒体在视频客户端的竞争中并不处于有利位置，市场上主流的视频客户端几乎都是由商业视频网站开发的。

当然，视频客户端首先是工具。视频客户端之间的竞争首要的是它们作为工具的功能与用户体验的竞争。在这方面，如何协调广告与用户体验的平衡是一个核心问题。虽然新媒体平台上用户对广告十分排斥，但广告仍然是视频客户端的“必杀技”，与其他新媒体平台可屏蔽的广告不同，视频前强制性插播的广告是用户很难屏蔽的。这也使得广告成为视频客户端营利的主要方式。但即便如此，广告的泛滥仍然可能导致用户的逃离。

从播放内容来看，娱乐性消费垄断了移动视频客户端，也许这意味着独立的主打新闻的视频客户端存在一定机会。当然，这并不等于将电视台的新闻内容平移过来，它还是需要新的内容生产思维与机制的支持。

视频客户端的在线视频直播已经广泛普及，这也使得更多观众离开了电视屏幕。值得注意的另一个动向是，一些视频客户端已经开始向服务领域拓展，将网上商城和各种在线服务整合进来。这也说明一个好的内容媒体是具有向服务领域延展的可能的。

## 五　“听觉”社交与“视觉”社交：移动社交的“限制性”发展

从近两年的情况来看，移动社交也存在细分可能。除了对人群进行细分外，通过对手段进行“限制”或者说“窄化”也是一条突围路径。在国外，将社交手段限制为图片，产生了 Instagram 等新平台。在中国，单纯基于“音频”或“视频”的社交平台成为近几年社交媒体的新亮点。

专注于音频的社交媒体的代表是“荔枝 FM”“喜马拉雅”等。从它们的兴起我们可以看到“听觉”用户仍然广泛存在。尽管今天是一个多媒体、融媒体的时代，但多媒体并不一定适用于任何人、任何时候。仍然有一部分用户偏爱耳朵的享受，某些题材，如音乐、语言教学、评书等，仍然有赖于音频媒体。多媒体时代如何进行单媒体的市场细分是一个需要不断探索的问题。当然，这并非等于维持传统媒体的做法。

这些社交应用对于传统广播的转型也具有启发意义。尽管广播天生就是移动媒体，它们在今天受到新媒体的冲击似乎不像纸质媒体那样明显，但是传统思维下的广播也仍然面临着挑战。今天及未来的广播不仅是用来给用户听的，也是用来给用户“做”的，广播也需要用社交媒体思维进行深度改造。让社交来推动音频的生产，让关系渠道来推动音频信息的流动，这也是广播转型的必然方向。

## 六　移动时代的自媒体：两个方向的转折

“自媒体”一词在 2014 年持续火热。尽管在今日中国自媒体一词有三种不同指向，即指向公民新闻的自媒体、指向政府机构或企业的自媒体、指向体制外独立媒体的自媒体，但在 2014 年，人们关注最多的是第三种自媒体。

“自媒体”特区成为 2014 年新浪微博发展的一个重点，它为“自媒体”的经营者进一步疏通了以原创内容获得收益的渠道，包括根据阅读量进行的内容付费和广告分成，以及粉丝的打赏等。

一些自媒体也有自己的客户端，但是在整个客户端的竞争中，自媒体并无优势。多数新闻客户端，也为自媒体搭建了平台，但是在这样的平台上，自媒体内容要吸引用户注意力、形成持续影响力并不容易。腾讯网的“大家”、百度的“百家”等，仍然在以较为传统的专栏的方式为一批自媒体提供服务。

2014年，中国自媒体最大的推动力量来自微信公众号。中国电子商务研究中心监测数据显示，截至2014年7月底，微信公众账号总数为580万个，且每日新增1.5万个①。腾讯微信公众平台运营部门提供的相关数据表明，平均每天每个用户阅读公众号文章的数量是5.86篇，日均阅读文章数超过3篇的用户占比为51%。② 与其他平台相比，微信公众平台进入门槛更低，成本也更低，而用户的需求旺盛，它为自媒体的生长提供了很大的空间。

在各种力量的推动下，自媒体探索者也在经历着重要的转折，这主要体现在如下两方面：从理想主义到现实主义的转折。很多自媒体的运营者是抱着表达理想与情怀的愿望进入这一领域，但是，理想与情怀可以作为形成品牌的基础，却不能保证生存。今天的自媒体必须进入商业模式的探索阶段。广告、稿费、订阅、打赏、众筹、电商等各种盈利模式，今天的自媒体都已经涉足；从个人主义到集体主义的转折。初期的自媒体，往往是靠展示一两个个体的人格魅力赢得粉丝、形成影响力，但依靠个人魅力很容易走到枯竭的边缘，因此，“罗辑思维”等开始走谋求社群协力的道路，粉丝变成了参与者、合作伙伴。尽管还不能马上断言这样的实践一定会成功，但是这个方向是值得关注的。

即使在奋力探索，但自媒体的可持续化发展仍然会受到各个方面的挑战。从生存环境来看，自媒体是一个风险活儿。由于受政策、平台因素影响大，因此许多自媒体都处于战战兢兢走钢丝的境地。2014年一批公众号被关闭，昭示着即使在微信这样相对私密的空间里，这种风险也依然很大。从运营规范来看，运营自媒体是一个良心活儿，需要高度的自我规范与自我约束。失范的行为很容易带来品牌与口碑的瞬间瓦解。从生存根基来看，自媒体是一个技术活儿。最终决定生存的还是专业能力。合理的定位、高水准的内容和高明的传播技巧是自媒体的立身之本。

① 《截至2014年7月底微信公众账号总数580万个》，http：//news. dahe. cn/2014/08 - 15/103347498. html。

② 数据由腾讯相关部门直接向笔者提供，数据的时间是2014年9月。

## 七　移动服务类应用：媒体化的可能

尽管中国的移动媒体主要还集中于内容媒体与关系媒体领域，但是服务类应用显现出媒体化的可能。服务类应用的“媒体化”，既可以指它们衍生出媒体的属性，也可以指它们与内容媒体融合，成为内容媒体的基础支持，后者或许会是更为可行的模式。前文提到浙江日报集团将游戏平台媒体化，即是思路之一。

从近两年的发展来看，一些服务类客户端，因为社交元素的使用，公共化信息越来越丰富，显现出越来越浓的“媒体”的痕迹。在现有服务模式基础上的“媒体化”，是服务类客户端的可能方向之一。

未来几年内，在线服务的两大重点方向是在线教育与在线医疗。美国互联网分析师玛丽·米克尔（Mary Meeker）及其所在的研究机构 KPCB 发布的《2014 互联网趋势》报告指出，教育行业和医疗健康业或面临拐点。[①] 这个拐点指的就是从线下向线上的转移，而无疑线上的服务都是基于移动终端的。

在线教育不仅仅是教育资源的再开发与再配置，更是教育模式的变革。移动教育应用可以使碎片时间更多转化为学习时间。中国移动媒体用户对教育类应用的需求十分广泛，移动教育客户端不仅仅是新型课堂，也可以成为新型媒体。从内容媒体方面看，最有可能与服务平台全面打通的，是垂直媒体，这也将是它们未来的深化方向。此外，未来可穿戴设备及物联网技术的发展，也会为移动服务媒体带来质的飞跃，它们带来的服务理念与服务手段或许会超乎想象。

① Mary Meeker：《2014 互联网趋势》，http：//www. 36kr. com/p/212449. html。

B.26

# 2014年中国网络广告发展新趋势

曹军波*

摘　要：本文对2014年中国网络广告市场的发展情况及新趋势进行了全面的回顾与展望。2014年中国网络广告市场规模达到1540亿元，整体结构趋于稳定。搜索关键字广告以及电商广告成为市场发展最重要的支柱。网络广告技术成为2014年网络广告市场关注的焦点，大数据与程序化购买将持续成为市场发展的重要方向。

关键词：网络广告　大数据　程序化购买

## 一　市场规模发展趋势

2014年中国网络广告市场规模达到1540亿元，较上年增长了440亿元，同比增长达到40.0%，增速较上年的42.3%有小幅下降。预计到2018年，中国网络广告市场规模将达到3930亿元或冲击4000亿元大关（见图1）。

网络广告市场中各个网络媒体细分领域表现各异，一些传统领域在发展态势成熟下增速放缓，而一些领域在新的广告技术与广告形式共同驱动下，迸发出强劲的增长势头。与此同时，品牌广告主预算进一步向数字媒体倾斜，二者共同推动网络广告市场规模达到新高度。

短期来看，影响网络广告增长的推动力量包括以下几点：其一，搜索引擎广告保持稳定增长，移动搜索快速发展；其二，门户网站呈现差异化发展，重

* 曹军波，艾瑞咨询集团副总裁、研究院院长兼首席分析师。

点营销服务或产品推动广告营收增长；其三，体育赛事及热门综艺为视频网站带来广告营收增长动力。长期来看，中国网络广告市场已逐步进入成熟期。经过十余年发展，中国网络广告市场规模已较为庞大，未来较难再保持过去的快速增长之势。随着中国整体经济进入结构性改革阶段，“新常态”下经济增长速度预期将会放缓、趋稳，网络广告市场会对宏观经济状况有所折射。受这两方面因素影响，未来中国网络广告市场将以稳健但较为平缓的态势增长。网络广告未来仍将是最重要的营销渠道之一，尽管市场发展增速会有所放缓，但总体而言其发展仍将是较为稳健的。

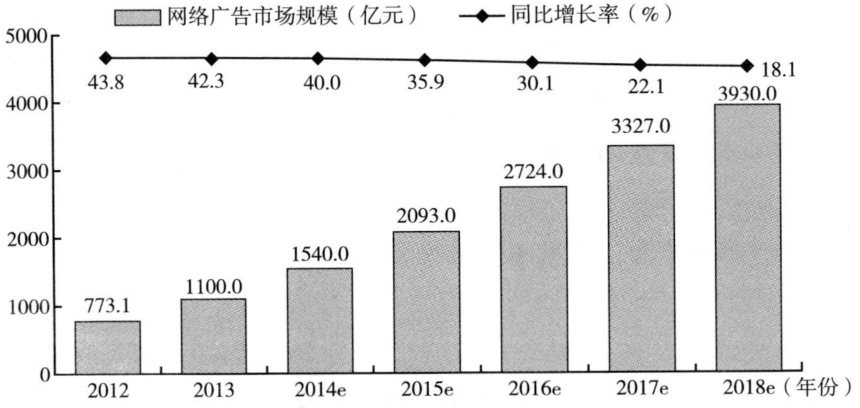


**图 1　2012～2018 年中国网络广告市场规模及预测**

说明：互联网广告市场规模按照媒体收入作为统计依据，不包括渠道代理商收入；此次统计数据包含搜索联盟的联盟广告收入，也包含搜索联盟向其他媒体网站的广告分成。

数据来源：根据企业公开财报、行业访谈及艾瑞统计预测模型估算。

## 二　细分结构发展趋势

2014 年，根据艾瑞咨询集团发布网络广告市场数据，在新的划分口径下，中国网络广告市场中占比最大的为搜索关键字广告（不含联盟），达到 28.5%。份额排名第二的广告形式为电商广告，占比为 26.0%。品牌图形广告份额位居第三，占比为 21.2%。

从增长速度来看，门户及社交媒体中的效果广告增长迅速，表现突出。腾讯广点通及新浪微博广告是其中最主要的增长力量。除此之外，视频贴片广告继续保持高速增长。

与2013年相比，中国网络广告细分结构中电商广告的占比出现小幅收缩，搜索引擎广告及品牌图形广告则均有所反弹。整体来看，2014年搜索引擎广告表现最为亮眼，同时随着网络购物和在线旅游市场的快速发展，电商类广告主对于网络营销的需求还将不断扩大，从而拉动电商广告收入的增长。

## 三　核心企业发展趋势

根据艾瑞咨询集团对企业广告营收最新预估数据，2014年，百度广告营收超过490.4亿元，同比增长为53.5%，位居第一。淘宝广告营收超过375.1亿元，位居第二（见图2）。百度与淘宝广告营收占整体网络广告市场营收比重达56.2%，是中国网络广告市场的中坚力量。在企业营收增速方面，爱奇艺PPS、奇虎360与腾讯表现突出。

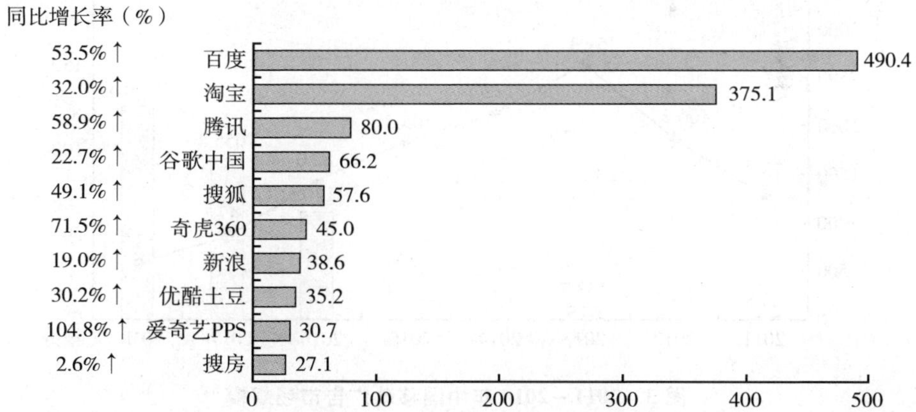


**图2　2014年中国网络广告市场媒体营收规模预估Top10**

说明：各上市企业广告营收统计标准以其财务报表中公布的广告营收数字为准，不考虑因税收和返点引起的统计口径差异；搜狐广告营收包括门户和搜狗的广告营收；搜房广告营收包括营销服务收入与分类信息服务收入；淘宝广告营收由财报及其他公开信息结合艾瑞咨询集团推算模型估算，淘宝广告营收为中国商业零售业务中的核心收入来源，其广告营收不包含佣金收入及其他店铺费用。

数据来源：根据企业公开财报、行业访谈、iAdTracker监测数据及艾瑞统计预测模型估算，仅供参考。

从未来发展趋势来看，领军企业跑马圈地，马太效应将进一步增强。BAT作为市场的领军者，为巩固自身优势，扩大领地范围，抢占新兴市场卡位，在2014年均进行了大量投资并购活动。据不完全统计，2014年百度投入约20亿~30亿美元，投资或收购了15家公司；阿里巴巴投入约60亿~70亿美元，投资或收购了360家公司；腾讯投入约70亿~80亿美元，投资或收购了44家公司。诚然，这些投资或收购活动的标的并非全与营销活动有关，其中不乏大量O2O、游戏乃至文娱类公司，但无疑均是BAT布局的重要环节，待未来更大的生态圈成熟之后，对于其网络营销的收入也将起到一定的推动作用。

## 四 移动营销发展趋势

2014年中国移动广告市场规模达到296.9亿元，增速为122.1%，远高于同期中国网络广告市场整体增速（见图3）。

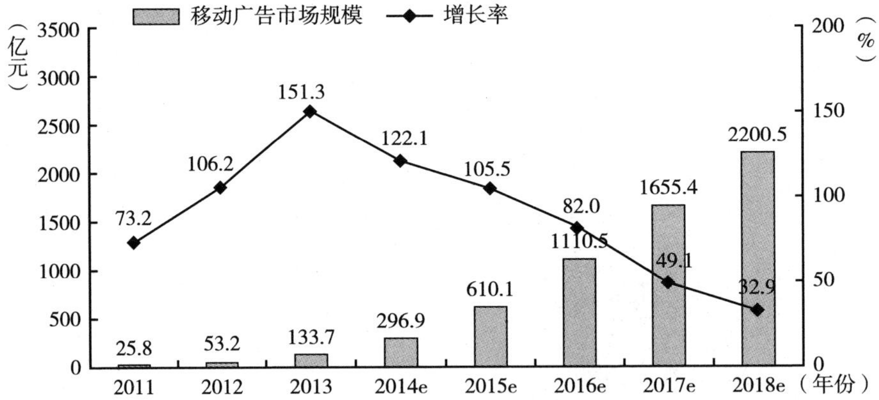


**图3 2011~2018年中国移动广告市场规模**

说明：从2014年Q4数据发布开始，不再统计移动营销的市场规模、移动广告的市场规模包括移动展示广告（含视频贴片广告，移动应用内广告等）、探索广告、社交信息流广告等移动广告形式，统计终端包括手机和平板电脑，短彩信、手机报等营销形式不包括在移动广告市场规模内。

数据来源：根据企业公开财报、行业访谈及艾瑞统计预测模型估算，仅供参考。

移动营销的快速崛起与移动互联网的高速发展、网民对移动设备依赖性的不断增强、APP数量的持续增长、移动广告平台的兴起、移动广告商业产品形态的不断进化、广告主对于移动营销价值认知加深等因素无不相关，且未来这些因素还将持续对移动营销市场的发展起到推动作用。尽管与中国网络广告市场整体的大盘相比，移动营销市场规模的绝对数值还相对较小，但其发展势头与发展潜力均不可小视，当下既已是网络营销的重要环节以及推动整体市场发展的重要因素，未来更无疑将使整个网络营销的生态产生深刻的改变，移动营销重要性未来还将进一步提升。

## 五　网络广告技术发展趋势

网络广告技术概念受追捧。2014年的中国网络营销市场中，“大数据”及“程序化购买”这两个概念无疑可以跻身业内提及率最高的术语前例。围绕这两个概念所产生网络广告投放技术革新，对于整个网络营销产业链的发展起到了深刻的推动作用。

近一两年以来，大数据的挖掘和利用正受到越来越多的重视，其中网络营销正是大数据应用的重点方向之一。当前在整个网络营销市场中，可利用的数据主要有三个方面的来源：第一方数据，即广告主内部数据以及通过在官网等网站布码获得的数据；第二方数据，即代理方或平台方通过广告投放获取的用户和投放数据；第三方数据，即第三方数据监测公司、媒体以及运营商等所提供的用户数据。通过对大数据的挖掘与分析，能够对网络广告的精准投放起到十分重要的指导作用，实现人群定向、地域定向、频次定向、时间定向、内容定向等定向方式，从而使广告投放过程中的受众定位精准程度得到极大提升。

当前部分广告主出于对商业数据的保护意识，对于第一方数据的开放采取较为保守的态度。但事实上开放使用第一方数据于提升受众定向，尤其是重定向的精准性有着非常重要的作用。对于广告主而言，谨慎地逐步提升第一方数据的开放性或是自建DMP，或是采用第三方DMP搭建专有DMP是未来提升广告投入回报率的较好解决方案。第二方数据主要是通过过往的广告投放获得的积累数据，是DSP运营商使用得较多的数据类型。媒体及交易平台拥有大量用户数据，但在当前的程序化购买环境中，媒体数据的开放程度相对有限。第三方数据提供方还包括广告监测公司、CRM公司、拥有运营商数据的公司等。来自第三方的数据能够对广告投放的效果起到一定的补充作用。

程序化购买的发展与大数据的发展相辅相成。由于程序化购买的兴起，中国网络营销产业链上的角色分布得到了极大的丰富。在广告主、4A 广告公司、代理商、广告网络、广告联盟等传统角色之外，广告交易平台 AdExchange、需求方平台 DSP、供应方平台 SSP、数据管理平台 DMP、数据交易平台 DataExchange 等与程序化购买相关的角色不断涌现，使传统的网络广告产业链得到了扩展，并出现了新的局面。

程序化购买堪称 2014 年数字广告营销领域最为热门的概念，与之相关的企业受到资本的热烈追捧。同时，传统的代理公司以及尚未涉足程序化购买的网络媒体公司也纷纷通过投资、控股或收购程序化相关企业，涉足程序化购买产业链，快速完成在该领域的布局。2014 年与程序化购买相关的融资及并购类超过 10 起，证实该领域未来的发展潜力得到业界的普遍看好。

### 1. 程序化购买的多元发展

在早前，讲到程序化购买，就是通常讲的 RTB。但随着市场的不断发展，程序化购买开始有了更为丰富的内涵和外延。事实上，程序化购买是一种过程，而 RTB 是进行程序化购买的一种交易方式。除了 RTB 之外，一些 non－RTB 的方式也开始兴起，并逐渐成为重要的程序化购买方式。程序化购买的多元化发展已成为近期程序化购买市场中的重要趋势。

根据媒体资源库存的类型与购买资源采取的出价方式，可以将程序化购买划分为几种不同的类型。出价方式包括竞价与定价。所谓的 RTB 即实时竞价，定价的方式则是买房与卖方事先约定好一个固定的价格。库存的类型则包括预定库存与非预定库存。预定库存是指买方与卖方事先约定好某一特定广告位固定比率的曝光量，反之则是未预定库存。程序化预定与优先购买均是采用定价的方式进行出价，其区别在于通过固定价格购买的库存是否已事先预定。公开竞价与受邀竞价则均是通过竞价的方式对未预定的库存进行购买，其区别在于市场是否开放给所有的买方参与者。

不同的程序化购买方式能够覆盖广告主不同方面的需求，广告主可以根据自身的营销诉求来选择一种或几种合适的程序化购买方式，以从中获得最大的益处。基于竞价的程序化购买方式即 RTB 的方式更适用于效果广告主的需求，而基于定价的程序化购买方式则更适用于品牌广告主的需求。实时购买竞价即 RTB 的方式拥有快速、高效、灵活等特点，尤其是公开竞价的方式下，广告位的价格相对低廉，能够较好地满足效果广告主对于 ROI 的追求。受邀竞价的方式则能带来一些相对公开竞价更优质的媒体资源。基于定价的程序化购买方式广告位价格相对更高，但媒体资源的质量相对竞价方式购买的媒体资源更为优质，尤其是通过程序化预定购买的广告位，对于广告主而言在媒体端拥有与传统投放方式相同的优先级，不改变原有的广告投放链条，能够更好地满足品牌广告主的需求。

**2. 品牌广告主对于程序化购买的投入程度加深**

之所以发展出不同形式的程序化购买方式，一个重要的原因是为了获取品牌广告主的预算支持。在 RTB 的时代，效果类广告主是最为主流的客户。而品牌广告主则对程序化购买心存一些顾虑。这些顾虑包括：广告的位置和效果是否具有可监测性，广告价格和预算是否可控，是否能投放较为高端的媒体资源，品牌安全性能否得到保障等。从海外程序化购买市场的发展经验来看，随着品牌广告主对程序化购买认识程度的加深，其对程序化购买的需求也在不断提升。品牌广告主的需求反过来推动了程序化购买产业链上各方参与者寻求更好地为品牌广告主服务的方式，程序化直接购买、私有市场 PMP 等的兴起和发展成为重要的趋势。

**3. 移动程序化购买的重要性提升，跨屏程序化购买将成重要趋势**

整体而言，与 PC 端相比，移动端程序化购买起步较晚，当前发展程度相对还不成熟，但发展迅速，趁着移动互联网的发展浪潮，移动程序化购买在形式和技术上紧跟海外趋势，其重要性不断追赶 PC 端。此外，实现在不同设备上识别同一受众并进行跨屏投放，也是程序化购买的一个重要议题。现阶段实现这一目标主要依靠 UID，但未来在技术上还存在进一步发展的空间。

# B.27

# 中国移动媒体行业发展趋势报告

徐琦　赵子忠*

摘　要：本文从整体盘面、媒体融合、应用生态、移动广告、资本市场及信息安全六大维度入手，对其发展现状、背后动因进行分析及探究，同时解读2014年中国移动媒体发展关键趋势。

关键词：移动互联网　移动媒体　手机媒体

## 趋势1：移动互联，未来已来

在刚刚过去的2014年，中国网民使用手机上网比例首次超过了PC机，手机成为名副其实的上网第一终端。移动互联网从网络、终端到应用等各项发展指标都获得了结构性提升，体现出移动互联网时代已经进入寻常百姓家。

首先是更快更强的移动网络。从正式发放牌照至今，国内4G商用刚刚满一年，此间4G用户的增长速度已经超过了3G用户。中国2014年新增4G用户9730万户，4G用户渗透率达到7.6%。与此同时，基础电信企业加速移动网络建设，新增移动通信基站98.8万个，新增WLAN公共运营接入点30.9万个,① 移动网络服务质量和覆盖范围继续提升。其次是更加智能、丰富的移动终端。TalkingData报告显示，2014年我国智能终端用户规模已达10.6亿，较

* 徐琦，博士，中国传媒大学协同创新中心新媒体研究院硕导，阿里巴巴集团全球合作优秀学者，从事新媒体商业运营及政府规制研究；赵子忠，中国传媒大学协同创新中心新媒体研究院院长、教授、博导，从事新媒体产业研究。

① 《工业和信息化部发布2014年通信运营业统计公报》，http://www.miit.gov.cn/n11293472/n11293832/n11293907/n11368223/16415975.html，2015年1月21日。

去年同期增长约231.7%，增幅可观。在全球智能终端增速有所放缓的大背景下，中国市场的猛进尤为可观。

移动用户方面，截至2014年12月，我国手机网民规模已达5.57亿户，同期网民为6.49亿户。在所有上网方式中，手机上网位列第一，其比例为83.4%，而台式电脑和笔记本电脑上网网民比例分别为69.6%和43.7%，手机成为当之无愧的第一上网终端。① 移动流量方面，2014年移动互联网流量高速增长，手机上网贡献超过86.8%。我国移动互联网全年接入流量消费高达20.62亿G，同比增长62.9%。手机上网流量达到17.91亿G，同比增长95.1%。② 不仅如此，移动端成长不仅反映在流量方面，还反映在移动电商、移动游戏等货币化较早的细分领域中。综合来看，移动端的收入贡献有了显著提升，在部分领域甚至占据半壁江山。

## 趋势2：媒体融合，决胜移动

回顾2014年国内传媒生态的发展，“媒体融合”既是年度主题，又是未来潮流。2014年8月，国家审议通过了《关于推动传统媒体和新兴媒体融合发展的指导意见》。该意见出台之前，各类“媒体融合”虽已践行多年，但从未以国家战略高度示人。网络媒体攻城略地的态势已容不得半点忽视，传统媒体的自我转型和升级更是刻不容缓。而在传统媒体和新兴媒体深度融合的新阶段中，移动端正在成为各方角力的战略制高点。

以媒体属性最强的新闻领域为例。2014年，不同层面的媒体立足自身优势大力探索特色融合路径，诸多创新令人耳目一新。例如，2014年上线的“新华社发布”总客户端，上线仅半年时间，其下载量就已突破2000万人次，被誉为“当前传统主流媒体推进融合发展的‘现象级’标本”。再如《人民日报》，目前“人民日报”与“人民新闻”移动客户端用户规模合计已突破3000万户，微博粉丝超过2900万名，其官方微信长期高居新闻资讯类/时事

① 《第35次中国互联网络发展状况统计报告》，http：//cnnic.cn/hlwfzyj/hlwxzbg/201502/P020150203551802054676.pdf，2015年2月4日。

② 《工业和信息化部发布2014年通信运营业统计公报》，http：//www.miit.gov.cn/n11293472/n11293832/n11293907/n11368223/16415975.html，2015年1月21日。

类排行榜前列。不仅如此，海外版的“学习小组”和“侠客岛”、评论部的“人民日报评论”和总编室的“一撇一捺”等系列公众“小号”也非常出彩。移动端俨然成为《人民日报》新型传播格局的重要支撑。又如，《光明日报》在移动端陆续推出了手机光明网、《光明日报》手机报、《光明日报》手机新闻客户端、光明云媒、云端读报、Skype“时光谱”新闻服务等产品，并于2014年10月成立了“融媒体”中心。再如，上海报业集团年内推出的“上海观察”“澎湃新闻”和“界面”等资讯产品，都为探索传统媒体与新媒体融合的尝试。

传统媒体在移动创新领域打响的翻身仗，无疑是2014年移动媒体的精彩看点所在。其中，微博、微信等移动客户端正在成为决胜融合未来的关键所在。未来，不同层面的传统媒体将进一步主动吸纳运用互联网思维，整合体系内外资源，推进融合朝深水区行进：中央媒体充分运用新技术开发新产品、新应用，积极占领信息传播制高点，以新媒体业务激发传统主流媒体的创新力；而地方媒体集团则应充分运用互联网思维，整合内外部优势资源，开辟新品牌、新平台、新服务，在新媒体领域寻找新的增长点。

## 趋势3：应用生态，巨头谋局

如果将移动互联网的网络与终端等基础设施部分比作高速公路，那么各类应用则是高速路上行驶的车，也是用户对移动生态最直观的体验来源。纵观2014年国内移动应用市场，H5①发展虽然亮眼，但APP仍是主流业务形态。据TalkingData统计，2014年全国平均每部移动设备上安装了移动应用（APP）34款，每部设备上用户日均打开20款应用。移动互联网对用户的争夺，是一场存在于各类应用商店之中，发生于数以百万计开发者之间的残酷战争。

从应用类型来看，2014年即时通信、工具类应用继续领跑，新闻资讯类

① H5即HTML5，即万维网的核心语言、标准通用标记语言下的一个应用超文本标记语言（HTML）的第五次重大修改。2014年10月29日，万维网联盟宣布经过近8年的艰辛努力，该标准规范终于最终制定完成。

应用稳中有升，视频、游戏、音乐等娱乐类应用增幅显著，移动商务类应用多点爆发，无疑成为年内最大增长点。移动商务类成为年度最大赢家，团购、旅行预订、支付、购物、网银等手机应用增速显著，增幅分别达 226.4%、115.8%、159.2%、168.5%与 153.1%。而在所有应用中，只有手机社交网站（-31.6%）与手机微博（-17.9%）同比衰减。

从生态格局来看，目前 BAT（百度、阿里巴巴、腾讯）巨头所积累的入口优势愈发显著，移动应用生态的话语权被他们牢牢把控。数据机构 Talking Data 调研显示，安卓平台（约占总体的 70%）移动应用用户覆盖率排行榜前 20 位中，BAT 系移动应用合计 16 款。其中，腾讯系布局最为广泛，横跨社交、视频、应用商店、浏览器、音乐等领域，上榜应用主要包括 QQ、微信、搜狗手机输入法、腾讯视频、应用宝、QQ 浏览器、腾讯手机管家、QQ 音乐等。尤其值得注意的是，经过 3 年多发展，拥有累计注册用户超 11.2 亿户、月活跃用户超 4.4 亿户、公众号超过 853 万户的微信客户端，正在成为“连接一切”的超级 APP，对下阶段的移动应用发展将产生极大影响。阿里巴巴系应用包括手机淘宝、支付宝钱包、微博、UC 浏览器、优酷等，在移动商务领域的地位非常稳固。而百度系仅有百度地图、手机百度上榜。

随着移动应用步入大局初定、局部多元创新的新阶段，2014 年移动健康管理、移动医疗、移动教育、移动金融等新兴领域都启动了破冰之旅，有望在 2015 年获得较大进展。值得注意的是，移动媒体应用化与移动应用媒体化两股潮流日渐融合也成为“新常态”：传统媒体借助互联网思维将媒体产品转化为应用而谋求逆袭。与此同时，越来越多的公共部门、企业、个人等非媒体机构的媒体属性与媒体资源愈发显现，推动了在融合语态与实践层面下，移动媒体内涵与外延的均衡拓展。

## 趋势4：移动广告，技术先行

作为移动媒体货币化的重要途径，国内移动广告在 2014 年间获得了高速发展。据 eMarketer 数据，2014 年中国移动广告收入较上年大幅增长，目前已经超过英国和日本，跃升为全球第二大移动广告市场。不仅如此，2014 年中国互联网公司移动广告收入在市场中的份额提升明显，总体约占世界网络广告市场1460亿美元总盘子中的11%。[①] 其中，阿里巴巴、百度的移动广告大幅上升至全球第三位、第四位，领先微软、雅虎、IAC和Twitter。与此同时，全球移动广告老大谷歌的市场份额有所下降，而Facebook则略升至18.4%。

聚焦国内，2014年间移动广告市场举措频发，无论是业务创新、资本运作还是行业监管等各层面都非常活跃。一方面，互联网巨头纷纷进入移动广告市场，为移动广告后续发展添了一把旺柴。5月，腾讯发布了腾讯移动广告联盟，标志着腾讯正式进军移动广告领域，并加大移动广告生态体系布局力度。不仅如此，2015年开年伊始，微信在数次“不会降低用户体验”的承诺后，终究还是将广告模式引入了朋友圈。9月，百度推出“直达号”，为传统服务行业向移动互联网转型提供解决方案。互联网巨头纷纷进军移动广告市场，微信等超级APP开始探索商业化路径，这些因素都将在近期极大改变国内移动广告的市场格局。

此外，移动广告平台在过去的一年间也历经多轮厮杀，平台竞争日益升级。年内，威朋（Vpon）宣布完成B轮千万美金融资，百视通宣布向艾德思奇（adSage）投资近1亿美元，北京久其软件股份有限公司以并购形式将旗下“点入平台”成功送上市，使其成为国内首家上市的移动广告平台。同时，点入、力美、多盟、有米等联合发布《绿色积分墙联盟公约》。移动广告公司希望以行业自律的方式来共同打造绿色生态系统，一定程度上形成了对政府监管的倒逼。

纵览全球移动广告发展态势，以计算广告价值为内核的技术创新是重要演进线索。2014年移动广告的新突破围绕这一主题展开，而中长期发展也将在这条主线上深入推进。首先是程序化购买的加速发展。2014年内，移动端DSP、SSP平台不断涌现，移动ADExchange逐步成熟，移动广告程序化购买的各个环节逐步完善，未来发展必将加速。其次是基于DMP的精准营销得以推进。广告主、应用开发者及广告平台等角色对移动广告效果的关注日益增强，DMP在产业链中地位将随之提升。再次是基于地理位置服务（LBS）的本地化营销模式，部分企业已经开始探索本地化营销与传统品牌广告主的结合。基于

---

① 在2014年规模达1460亿美元的全球数字广告市场上，以阿里巴巴和百度为代表的中国公司的市场份额将达到近11%（注：非指移动广告收入，原数据表述不严谨）。

此，移动端视频、原生广告、H5 营销等新形态不断涌现，对移动广告品牌与效果的评价监测体系不断完善，未来移动广告的全面创新也将长期延续。

## 趋势5：移动创投，资本青睐

2014 年，资本市场对移动互联网领域的创投依然活跃。由于移动互联网本身所涉及的领域非常广泛，智能硬件、O2O、移动医疗、健康管理等细分领域更是年内创投的热点。

从总体态势看，截至 2014 年末，国内互联网领域共发生融资 1878 笔，融资总金额超过 1000 亿元人民币。从投资数量上看，年内移动互联网领域投资数量达 232 笔。从投资类型来看，电子商务、移动互联网、金融服务位列前三。从融资结构来看，移动互联网项目融资多集中在种子天使（42%）与 A 轮（38%）等早期孵化阶段，其他阶段的投资比例相对较低，B 轮（15%）、C 轮（2%）、D 轮（1%），IPO 上市及以后仅占 2%①。

2014 年度最为活跃的五大投资机构为：IDG 资本、红杉资本中国、经纬中国、真格基金与创新工场。另外，阿里资本、腾讯产业共赢基金、深圳市创新投资集团（深创投）等机构也高度关注移动领域发展。单从移动互联网领域项目占总体的比例来看，创新工场所投项目中移动互联网项目占比最高，约达 19%，其中投资金额最大的是针对豌豆荚的 1.2 亿美元投资。其次是红杉资本中国（12%）、经纬中国（10%）、真格基金（10%）与 IDG 资本（9%）。从投资事件来看，新浪微博 4 月登陆纳斯达克、陌陌 IPO 募资 3 亿美金、小米年末融资 11 亿美金等年内热点事件，都极大吸引了全球投资者的关注。

综上，2014 年互联网重量级投资集中于电子商务、金融服务、移动互联网、文化娱乐等与产业变革升级、消费趋势转向等密切相关的领域；同时，互联网巨头出于战略布局考虑参与到数字娱乐、医疗健康、消费生活领域的项目。整体而言，对移动互联网的投资，基本以天使及 A 轮等早期阶段为主，整体移动市场依然面临很多变数，距离成熟还有长路要走。

---

① 参见 http：//www. tmtpost. com/183998. html。

## 趋势6：信息安全，提速发展

在移动媒体壮大发展的同时，信息安全问题更面临着前所未有的挑战。近年来，手机隐私信息被窃取、用户信息泄露、病毒软件传播、信息内容篡改等恶性事件反复上演。据有关机构统计，2014 年内，新增手机病毒数量上涨 128.75%，[①] 路由器安全、NFC 支付安全、智能可穿戴设备、大数据、物联网、虚拟化及云计算成为当前信息安全最为薄弱的环节。网络安全事件逐步从电脑转向了手机，信息内容泄露更加隐蔽和容易，移动互联网的信息安全成为最亟须解决的现实课题。

诸多挑战之下，2014 年同样也是信息安全提速发展的一年。2 月，中央网络安全和信息化领导小组成立，并在北京召开了第一次会议。习近平总书记在讲话中指出，没有网络安全就没有国家安全。10 月，党的十八届四中全会做出战略部署，全面推进网络空间法治化建设。11 月，首届世界互联网大会明确提出，要进一步促进网络安全领域国际合作。到 2014 年末，"首届国家网络安全宣传周"启动，旨在帮助人们掌握维护网络安全的技能和方法，增强全民网络安全意识，提升公众抵御和防范网上有害信息的能力。与此同时，政府、企业联手合作，积极推进网络空间诚信建设，大力推动社会信用体系的逐步建立，也成为年内信息安全领域的重要议题。

可以预见的是，信息安全挑战将长期伴生于移动互联的演进过程。只有国家行政机关、企业运营商、网络安全厂商、互联网内容及服务商等产业链各方都高度重视并切实加强合作，方能为移动互联世界的长久繁荣保驾护航。

---

① 《瑞星 2014 年中国信息安全报告》，http://news.zol.com.cn/501/5010267.html，2015 年 1 月 7 日。

# B.28

# 移动社交媒体的突围与发展

胡泳　李娜*

摘　要：随着智能机的普及和4G时代的到来，移动互联网进一步促进社会化分享，移动社交成为社交领域的新热点。本文通过回顾2014年中国移动社交现状，综合把握社交媒体多元化的现状，重点关注行业主流化的趋势。

关键词：移动社交　垂直社交　场景化

移动社交指用户以手机等移动终端为载体，以在线识别用户及交换信息技术为基础，按照流量计费，通过移动互联网来实现的社交应用功能，打电话、发短信等通信业务不包括其中。①

随着智能手机的普及和4G时代的到来，移动流量快速上升，互联网用户向移动端迁徙已成定局。据Talking Data《2014移动互联网数据报告》，2014年我国移动智能终端用户规模达到10.6亿户，较2013年增长231.7%，2012年该项数据仅为0.7亿户。社交网络的移动化为大势所趋，移动社交行业的覆盖人数和用户使用社交网络的时间不断上升。②

移动网络不仅是网络服务的升级，更是信息传递方式的改变。信息的传递不再是“管道”或者“高速公路”，而是一个个触点。每个人都可以成为一个消息源，将信息快速地传递给其各自的关系网，而关系网中的其他节点亦可以

---

* 胡泳，北京大学新闻与传播学院教授，博士，中国传播学会常务理事，中国网络传播学会常务理事；李娜，北京大学历史学系本科生。

① 艾瑞咨询：《2014年中国移动社交应用市场研究报告》，2014年3月。

② 艾瑞咨询：《2014年中国移动社交应用市场研究报告》，2014年3月。

将信息继续传递下去。用户作为信息的生产者和传递者，创造个性化的信息，驱动更多用户参与传递。这种信息传递机制进一步促进了社会化分享。

## 现状：微信发展和陌陌突围

2011～2013 年，中国的移动社交平台经历了多次兼并和混战。2014 年这场混战终于走向了大一统，微信最终在即时通信领域成就霸主地位。2014 年，微信在奠定自己在 IM 霸主地位的基础之上，将触角延伸至各行各业，从打车到游戏，从抢红包到建微店，从智能硬件到线下支付，微信的体量和野心越来越大，超越了单纯的社交平台功能。2015 年年初，微信更进一步在朋友圈尝试广告发布。

微信能在移动社交领域取得霸主地位，是因为其致力于优化私人朋友圈的社交维护。用户之间彼此连接，也互相绑定，微信承载了用户的大部分社交关系。如果用户要离开微信，首先其社会关系也得使用其他工具，而且这些工具还必须有更好的用户体验。因此，只要用熟人社交关系不更换社交工具，用户自身无法主动更换，这进一步奠定了这一时期内微信的霸主地位。

但在移动社交领域仍有一款产品突围成功，那就是陌陌。陌陌脱颖而出归功于它没有在熟人社交与微信作过多纠缠，而是开拓了陌生人社交的新领域。陌陌一开始就定位陌生人社交：不需要验证就可以向对方打招呼，优先推荐来自微博、人人等弱社交关系的朋友。实质上，熟人社交存在着难以完全表达自己的观点和情感的弱点，当上司、父母、亲戚纷纷入驻朋友圈之后，朋友圈的社交功能就在一定程度上有所降低。腾讯的一份调查报告显示（如图 1），近 60% 的年轻人在社交网络上屏蔽了父母，① 这说明，微信这样的熟人社交已经无法为年轻人提供新鲜感，甚至会有“麻烦”“无法真实表达自己”的感觉，从而导致微信朋友圈用户体验的削弱。年轻人的社交需求仍然是“刚需”，专注于陌生人社交的陌陌，与微信形成了互补。

《2014 年中国移动社交用户需求与行为调研报告》显示（见图 2），陌陌

① 腾讯企鹅智酷：《移动时代创业黄金法则 2014 移动互联网年度报告 &2015 移动互联网创业指数预测》，2014 年 12 月 23 日。

用户对 O2O 兴趣活动的参与率超过50%，远高于其他社交 App。① 兴趣社群的探索无疑是一个重要转折点，这也是未来移动社交发展的重要方向。

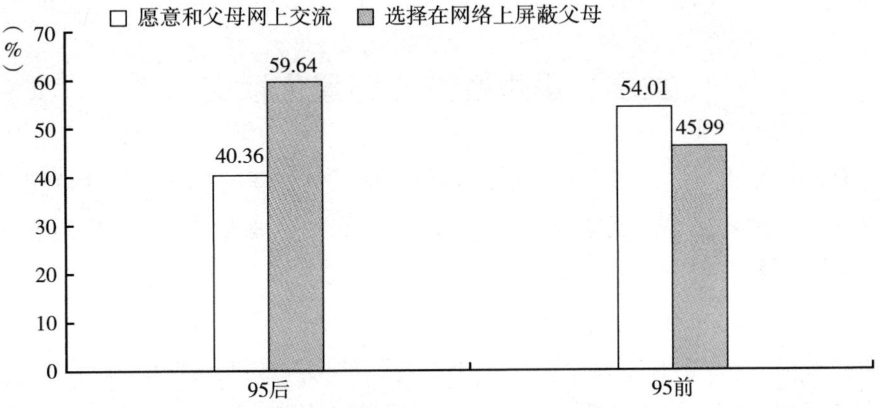


**图 1　95 后在社交网络中对家长存在的接受度（调查样本：16213 人）**

资料来源：腾讯企鹅智酷。

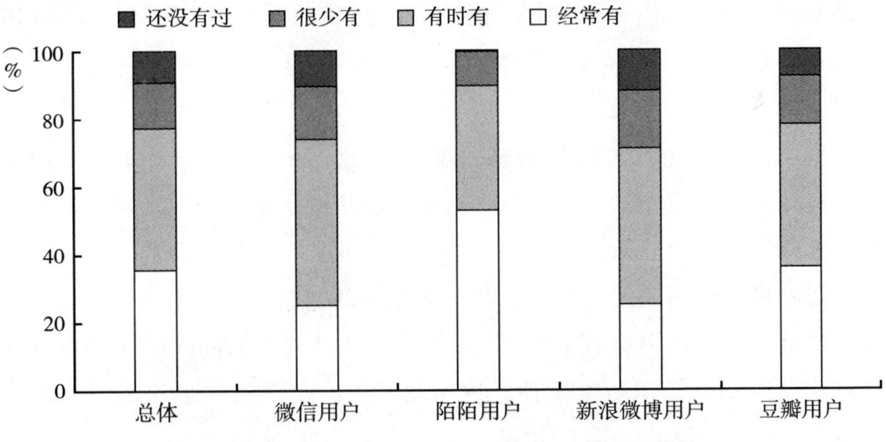


**图 2　不同 APP 用户对 O2O 兴趣活动的参与情况**

资料来源：尼尔森网联《2014 年中国移动社交用户需求与行为调研报告》。

反观人人网，当新的移动社交工具分流了人人网的用户和使用时间，有价值和有效的内容越来越少时，人人网在移动社交领域并没有制定快速、有效的

① 尼尔森网联媒介调查数据：《2014 年中国移动社交用户需求与行为调研报告》，2014 年 7 月。

发展战略，仅仅是从 Web 端平移到了移动端。以此给我们的启迪是，移动社交平台应根据移动端特点对产品体验进行调整，否则容易在竞争中丧失市场先机。

## 发展：垂直社交与场景化社交

移动社交市场的细分领域还有广阔的天地，例如职场社交、同性社交、匿名社交、图片社交等。近年来，一大批垂直社交产品涌现出来，大量的垂直社交产品到达百万用户量级，甚至是千万用户量级。截至 2014 年 7 月，中国同志社交平台 Zank 的总用户数达到 500 万户，日活跃用户 100 万户，月活跃用户 300 万户。[①] 情侣私密社交产品“小恩爱”的用户数则达到 1500 万。[②] 垂直社交产品的大批出现和成功说明，人们更愿意用垂直社交产品解决垂直社交需求，而不是功能臃肿、关系庞杂的大社交平台。移动互联时代的去中心化和去边际化意味着垂直社交还将迎来更大的发展。[③]

职场社交的代表应用有脉脉、会会等。脉脉以“生活用微信，工作用脉脉”定位自己。截至 2014 年 11 月，用户已达 150 万户。[④] 通过脉脉，用户可以在“工作圈”里看到实名动态和匿名八卦，在“消息”中进行与联系人的聊天和群聊；并通过“人脉”管理一度、二度人脉，并且查看来自人脉的职位和脉脉用户匿名发布的求职信息，这三个板块分别承担了消费社交内容、实时社交和招聘，以及找人、找工作、对接关系的三个功能。会会应用尚在创业初期，正在做的尝试是促成线上到线下的职场及创业语境下的邀约分享闭环。

同性社交代表应用有 Blued、Zank 等。同性社交产品的同质化严重，基础功能均为通过 LBS 结识陌生同性，发布动态、展开聊天和组织线下群组，类

---

① 《Zank 发布同志消费报告》，网易科技，http：//tech. 163. com/14/0717/17/A1CEIMSA000915BF. html，2014 年 7 月 17 日。

② 虎嗅网：《那些正在牛逼路上的深圳创业公司》，http：//www. huxiu. com/article/40140/1. html？ odby = toauthor，2014 年 8 月 14 日。

③ 叶绍琛：《我所看到的下一代社交网络》，速途网，http：//www. sootoo. com/content/509224. shtml，2014 年 8 月 20 日。

④ 《垂直移动社交创业报告：职场社交》，网易科技，http：//tech. 163. com/14/1217/08/ADLG4I1R000915BF. html，2014 年 12 月 17 日。

似陌陌的“同志”版，这些平台的核心卖点就在于针对LGBT这一群体。2014年9月Blued注册用户1500万户，其中有1200万国内用户，300万海外用户。①

匿名社交产品可以分为熟人匿名社交和陌生人匿名社交两类。熟人社交代表产品有友秘、Secret中文版等。以友秘为例：通讯录中的熟人在软件中发表匿名秘密，和“附近的人”“热门”一起构成社交内容，匿名用户还可以进行聊天和匿名群聊。陌生人匿名社交代表产品有秘密（源自糗事百科团队）、Whisper、叽喳等，主要基于陌生人社会网络和地理位置。秘密是其中比较有创新的一款产品，它最大不同就是UGC的长度。一般来说，移动端的内容都不会特别长——这是时间碎片化的结果。但是，由于秘密源自Web端的“树洞”，并且坚持不加入图片，在移动端也逐渐形成了长篇倾诉的社区调性（市场印象）。用秘密CEO张昊的话说：“大多数社交产品打的都是碎片时间，我们打的是被窝里的时间。”② 这种方式保持了社区的严肃性，形成了一个具有吸引力的切入口。

垂直网站的优势在于服务于特定的社交需求，将用户从微信这种社会关系庞杂的大平台中解放出来，更简单、快速地完成特定社交目的，这是新型移动社交要有别于微信的重要策略。

移动社交的另一大出路是场景化社交。尼尔·波兹曼在《娱乐至死》一书中曾说：“语境遭到了彻底摧毁，首先是因为插图和照片的大量侵入，后来是因为无主题语言的使用。”③ 波兹曼在这里叙说的是19世纪90年代开始的趋势，但这句话今天更适用于以图片、视频为信息载体的“场景化社交”。

在智能手机或者平板上玩游戏或者看视频，可以让用户更加深入到内容中。因为移动社交通过图片、视频传递的信息要比文字和语音多得多，由此可以产生一种“沉浸式体验”。目前主打图片和视频社交的应用有很多，美拍、Instagram等都很成功。值得一提的是最近上线的Blink（快看），这是一款瞬

---

① 《中国同性恋社交应用blued用户数量达1500万》，新浪科技，http：//tech.sina.com.cn/i/2014-12-01/23499842210.shtml，2014年12月1日。

② 《垂直移动社交创业报告：匿名社交》，网易科技，http：//tech.163.com/14/1219/07/ADQHH72U000915BF.html，2014年12月19日。

③ 〔美〕尼尔·波兹曼：《娱乐至死》，章艳译，广西师范大学出版社，2004，第55页。

时场景化社交应用。打开 Blink 之后直接就是一个拍摄界面，点击联系人即可给对方发送图片或者 15 秒短视频，还可以附上语音、文字和涂鸦以增加趣味性。Blink 的聊天记录只会出现在最后到达那一方的手机屏幕上，而如果对方超过 24 小时没有回复，信息即被自动删除。

人们在社交网络上发照片都会进行深思熟虑和挑选，但是 Blink 的即时性和“阅后即焚”可以让“用户肆无忌惮地创造垃圾信息”。创始人施凯文称，此款产品的目的就是“在微信承载了越来越多工作内容的情况下，消化用户生活中随时可能发生的无用对话，把生活的碎片化打造到极致”。[①] 这种“场景化表达”与移动互联网的特点充分结合在一起，传递更加真实丰富的信息，激发人们的社交本能，必将是移动社交下一步发展的又一重要方向。

纵观 2014 年，在新科技和大数据飞速发展的当下，移动社交媒体必须实现个体性和公共性的均衡发展，必须兼顾社会责任和商业盈利的有效关系。在社交媒体对生活的影响方面，68% 的用户都认为社交媒体能让生活更好。而这个数字相比 2013 下降超过了 5 个百分点。[②] 在移动互联时代，人们对处理虚拟社交与现实社交的关系更趋于理性。如果说 2014 年社交应用的潜力正逐渐显现，那么 2015 年移动社交媒体将拥有更为成熟的商业模式。

① 郭文俊：《Blink：轻量级的熟人 IM 只为年轻而生》，《创业邦》2014 年第 9 期。

② 艾瑞咨询：《2014 年中国移动社交应用市场研究报告》，2014 年 3 月。

# B.29

# 网络广告的去广告化：高转化率的创新路径

赵曙光*

摘 要：网络广告的发展不仅仅意味着市场份额的提升，更重要的是形成了与传统广告迥异的核心价值。建立了精准广告的管理体系，通过原生广告打破了移动广告的屏幕空间限制，拓展了网络广告资源，形成了基于强关系和弱关系的社交广告营销平台，动态匹配用户的情景化需求，显著提升了网络广告的转化率。网络广告与传统广告的内涵价值渐行渐远，虽然均称为广告，但是网络广告却以去广告化的方式创新发展。

关键词：网络广告 去广告化 转化率

艾瑞咨询发布的监测数据显示，2013 年中国网络市场规模达到 1100 亿元，同比增长 46.1%。同期，全国广播电视广告收入约为 1302 亿元，增幅仅为 2.52%，较 2012 年 13% 的增幅降低了近 11%，报业广告投放额则下降了 8.0%。从市场规模来看，网格媒体将分享广告市场最大的份额，更为重要的是，网络广告逐步改变了传统广告模糊投放、打扰性强、难以影响态度、直接促进购买效果较差的缺点，通过精准广告、原生广告、社交广告和情景广告的方式提高从用户注意到触发购买行为的转化率，形成了去广告化的高转化率创新路径，建立了与传统广告内涵迥异的核心价值（见图 1）。

---

* 赵曙光，清华大学新闻与传播学院副教授，首都网络文明研究基地主任。

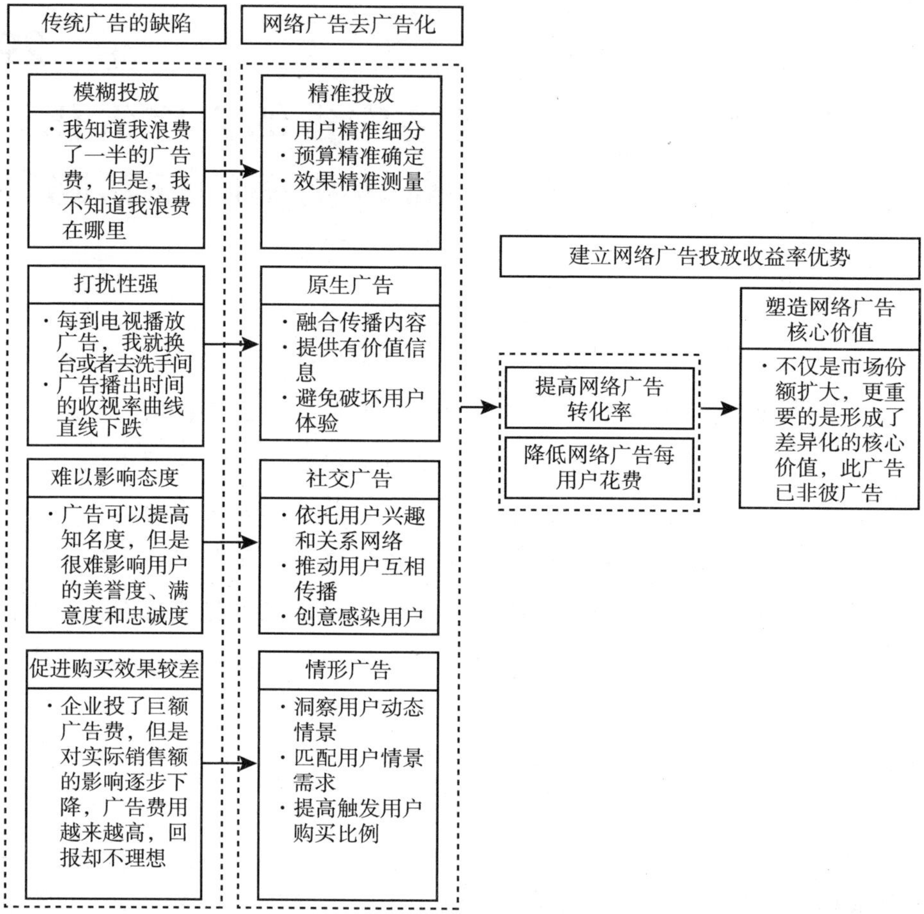


**图1　网络广告的去广告化路径**

## 一　精准广告锁定目标用户

传统广告产业链的各方孜孜不倦地探索如何将广告信息准确传达到目标用户，避免无效广告浪费企业预算，但是没有取得实质性的突破，发行量作弊、收视率污染等成为业界长期质疑广告效果的问题。早期的门户网站广告经营基本上沿用了传统广告的模式，将点击量、用户量等用户注意力数据销售给客户，所推出的横幅广告、旗帜广告、文字链广告等产品与传统广告并无实质的区别，往往是按时长收费和按展示量收费——比如，首页首屏横幅广告一个小时收费多少，也出现了流量欺诈、第三方数据争议等类似的问题。

不过，随着社会化媒体、移动互联网发展，信息传播自发性和个体化的特征更加明显，每一个用户都同时承担着信息发布者、信息传递者和信息接收者等多重角色。通过数据挖掘技术分析海量用户信息，为清晰判断每个用户的个人信息和需求情况提供了可行性，网络广告投放的精准化程度不断提升。通过对网络用户上网行为的追踪、分析和计算，企业可以将广告信息按照每个用户的特征进行精准推送。

国内很多互联网公司借助 cookies 做标签来追踪用户的行为，通过海量的运算和存储，获得每一个 cookies 的综合数据，每一个 cookies 可能都被贴上了成百上千个标签，而广告客户可以根据这些标签找到自己想要的目标消费者。[①] 2014 年，百度首次向客户推出地市级精准营销功能，区域定向能力从 34 个省区市，扩展到 375 个地级市，中小企业可以根据自己的所在地域更加灵活的来定制搜索推广解决方案。[②]

网络广告不仅在计划和投放阶段不断提高精准化的程度，在花费和效果评估阶段也不断地改进，形成闭环的精准广告投放管理体系。传统广告往往投放周期较长，通常在投放周期结束以后才能够获得效果评估报告，企业在支付了费用之后很难根据投放效果及时地进行调整。Facebook、Google、百度等纷纷建立起了自助型的投放管理平台，照顾了中小企业缺乏广告代理的情况，让他们有机会自己制定广告预算和受众群体。如 Facebook 的广告投放没有最低额度限制，全自助的系统让广告主可以按天设立广告投放预算，允许广告主随时暂停或取消已经设定的活动以及随时更改每天的广告预算。每一个广告活动可以设定多个受众群以达到最佳的广告效果，还可以通过设立不同版本的广告创意测试哪个广告的创意比较受欢迎、点击率比较高，随时调整广告内容和投放预算额度。广告主可以通过 Facebook 的广告管理后台了解到每天新增/减少的粉丝数目、新增的粉丝从哪里来、粉丝的基本人口统计指标（年龄/性别/国家等），还可以看到每个广告活动所能到达到的用户群、点击率和转化率，以

① 赵正：《精准营销：从互联网到移动互联网》，《中国经营报》2012 年 3 月 31 日。

② 且菲：《百度首推地市级精准营销搜索营销将更省钱》，《华西都市报》2014 年 4 月 30 日。

便随时评估广告效果是否达到了预期。①

从用户细分、投放执行、预算管理和效果评估，网络广告形成了精准化的管理体系，有效避免了广告浪费，不仅对传统广告投放产生了显著影响，也冲击了精准化程度较低的门户网站广告运营（见图2）。门户网站的品牌图形广告份额逐步缩小，2008 年尚有近五成的市场份额，2011 年则下降到 36%，② 2013 年只有 11.8%。

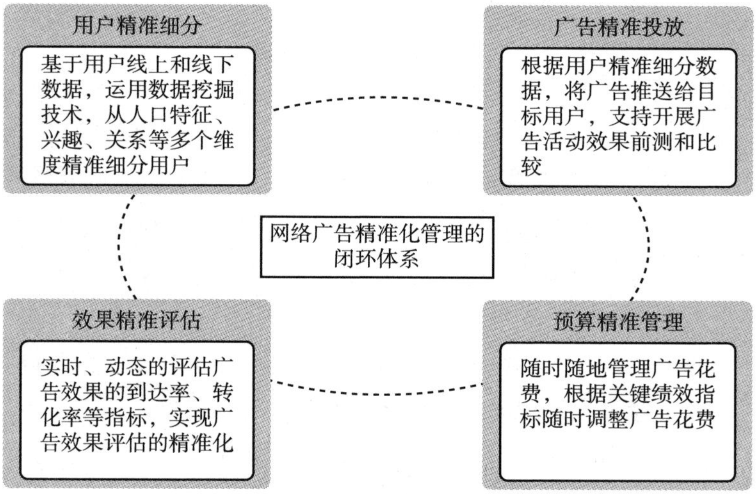


**图 2　网络广告的精准化管理体系**

## 二　原生广告优化用户体验

普华永道的研究显示，69% 的用户并不排斥手机广告，它不会给人强烈的打扰感，因此，融入信息流中的原生广告成为发展趋势。Econsultancy 和 Adobe 发布的《季度报告：2013 年数字媒体趋势》显示，广告客户将内容营

① 《解读 Facebook 的“PUSH 式”广告商业模式》，中国广告网，http://www.cnad.com/html/Article/2012/0523/20120523165919380.shtml。

② 魏武挥：《新浪门户衰退：倒逼微博商业化谁能挽救新浪?》，《21 世纪商业评论》2013 年 1 月 7 日。

销放在了最重要的位置：55%的营销人员和58%的广告代理商计划制定内容营销战略；93%的B2B营销人员使用内容营销，平均预算达到了30%。美国互动广告署预测，2017年美国社交媒体广告市场规模将达到100亿美元，其中原生广告将占据40%的份额。

对于原生广告的内涵和外延边界，尚未形成统一的认知。但是，“一个优秀的原生广告应该具备三大特点：首先，跟产品和内容高度相关和融合（位置原生）；其次，符合用户的使用期望，进入用户的使用流程（形式原生）；最后，带给用户符合逻辑的价值（内容原生）”①。视频广告公司Sharethrough和市场研究机构IPG合作发布的一份研究报告指出，消费者观看原生广告的频率要比展示广告高出53%，而32%的被调查者表示，他们愿意和家人分享原生广告。②

在美国，Twitter最早开展了原生广告经营，2010年推出了Promoted Tweets并将其作为盈利核心业务。Facebook的原生广告产品Newsfeed支持在用户的信息流中直接插入推广信息，并观察用户的反应，随时调整信息，令用户容易接受。原生广告的发展吸引了很多互联网公司跟进，甚至连《华盛顿邮报》、《纽约时报》等传统媒体的网站也开始提供原生广告的服务。

国内的新浪微博和腾讯微博推出了与Twitter类似的原生广告产品，新浪网和凤凰网等门户网站的“原生信息流广告”已经上线，百度、网易有道等搜索引擎也推出了原生广告服务。2014年初，网易有道词典在户端首页的“每日英语”推出英语题目“近日推出新款跑车的宝马公司总部位于……”等系列英语词汇学习问答，借助有道词典的划词、取词功能，推广宝马I系汽车。投放期间，每天对宝马进行宣传的有效答题人数超过10万人，新增有效查询BWM的次数约为5000人次。③ 凤凰网在与西门子的广告合作中，为西门子设计了一个“寻找工业之魂”的原生广告方案，将当代中国工业发展历程等编写出来，带领消费者一同寻找“工业记忆”，在纪录片中揉入西门子的发展历程，通过展示西门子对中国的工业发展的贡献和作用，让消费者与西门子

① 赵正：《原生广告：大咖进场》，《中国经营报》2014年3月8日。

② 纳言：《原生广告催生的在线广告革命：向传统广告靠拢》，搜狐IT，http://it.sohu.com/20130606/n378153104.shtml。

③ 赵正：《原生广告：大咖进场》，《中国经营报》2014年3月8日。

产生情感上的共鸣、价值观上的认同。①

原生广告通过融入受众所在媒体环境和内容上下文环境，提供对用户有价值的信息，避免破坏用户体验，改变了传统广告打扰性强的弱点，模糊了内容与广告的边界，用户更乐于阅读，乐于分享，乐于参与，也更容易信任广告信息。理论上，使得网络广告的资源和容量变得无限大，对于移动终端的网络广告发展具有尤为重要的意义（见图3）。

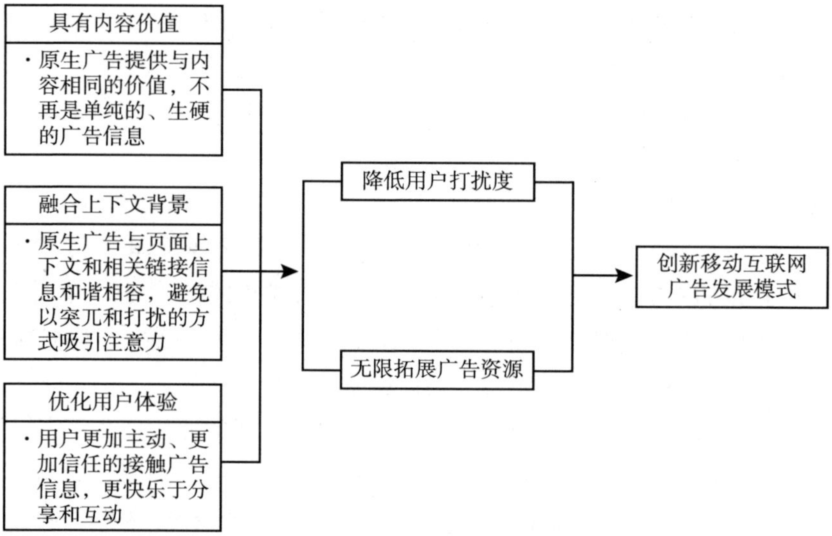


**图3　融合内容的原生广告发展模式**

## 三　社交广告塑造用户态度

传统广告的价值主要在于提高品牌曝光率，扩大市场知名度，而在态度改变方面的效果并不明显，因此形成了以到达率和有效频次为核心的媒介购买价格体系。而社交广告借助兴趣型和关系型网络的信任优势，能够有效影响和引导用户态度，诱发消费动机，成为促进用户购买行为的重要动力。中国互联网

① 李东：《广告主认可原生广告凤凰网加速营销创新》，《广告大观》2013年9月。

络信息中心发布的《2013年中国网络购物市场研究报告》显示，2013年人均半年度社会化网购花费为1364元，占半年度人均网购总花费的42.1%。在购买不熟悉的产品时，用户评价在现阶段的网络购物决策中占据主导地位，37.5%的网络用户在决策时主要考虑因素为用户评价，其次是网站知名度和口碑。在购买熟悉的商品时，用户评价、网络知名度和口碑仍占据重要地位，重视这两个因素的人群所占比例分别为25.0%和22.2%。特别是随着移动互联网的普及，使用移动应用的用户更加热衷于社交分享。2013年12月，移动互联网用户平均每个用户每日通过社交平台进行分享的次数，是2013年7月的3倍。目前，中国市场上TOP 1000的移动应用程序（APP），已有46%具备社交元素（包括社会化媒体账号登录和向社交平台分享），在TOP 100中，这个比例上升至55%，社会化分享逐渐成为APP开发的“标准配置”。①

从社交媒体到电子商务网站的转化率来看，尽管社交媒体为电子商务网站贡献的流量比例不高，但是转化效果却较为突出。品牌借助社交媒体更容易与用户达成深度沟通，通过具有创意的内容和互动质量，最终形成长期的“粉丝”级用户群，提高企业品牌忠诚度和美誉度。② 随着社交媒体的发展和深度应用，基于用户参与、用户互动、用户分享和用户口碑的社交广告在塑造用户态度方面的作用将引起更多的关注，企业将进一步加大社交广告投放力度。

根据强关系和弱关系的区别，社交广告的发展模式也存在显著的差异。强关系的社交广告平台如微信、人人网等因为用户之间的社会网络同质性较强，更适合医疗健康、家居装修等需要高信任度的产业。而弱关系的社交广告平台如新浪微博、腾讯微博等用户之间的社会网络异质性较强，③ 更适合户外运动、旅游、汽车、IT等兴趣爱好型产业。弱关系最有可能向好友提供一些他们原本难以获取的广告信息，促进不同群体之间的信息流动。用户除与一个由强关系构成的群体保持联系、沟通交流外，往往还保持了很多联系不太频繁的弱关系。在社会化媒体上，有着同相似特点的用户具有相互联系的倾向，用户可以通过各种兴趣爱好等因素产生联系。尽管用户更有可能分享来自密友的单

---

① 友盟：《2013～2014年移动大势》，http：//www.umeng.com。

② 传驰网络编译：《社交媒体营销对企业品牌的作用》，中文互联网数据咨询中心，http：//www.199it.com/archives/212296.html。

③ 宗宁：《SNS中的强关系与弱关系》，《BOSS臻品》2012年第11期。

条信息，但弱关系的集合却肩负了多数广告信息的传播职责。[1] 从广告的角度来看，弱关系在社交广告信息传播中扮演着重要的角色，关系强弱并不与广告效果好坏显著相关，而是与产品是否合适相关。

## 四　情景广告动态匹配用户需求

从消费者行为进行分析，很多需求都是与具体的情景需求密切相关的，对一些产品和服务的需求往往与特定的时间、地点、情景和功能相关。传统广告与用户需求的匹配多数情况下是静态的、一般化的，难以做到动态的、情景化的。比如，当用户看到餐饮企业投放的传统电视广告时，很可能当时并没有餐饮需求，等到有餐饮需求时，并没有广告信息投送。手机、平板电脑、可穿戴设备等移动终端作为用户随身携带的产品，第一次为企业投放情景化的动态广告投放提供了可能。广告主可以结合用户特定的时间、地点、情景所需要的产品和功能有针对性的投放广告信息，更好地满足用户需求，提高网络广告的转化率。移动互联网广告与用户需求随时随地的动态匹配推动了广告投放的增长。

利用地理位置信息，将促销团购信息和地图产品结合，将线下实体店配送和从线上到线下的O2O类移动应用程序结合，将网络广告信息与用户在各个动态地理位置的需求相匹配，成为移动互联网广告发展的重要趋势。[2]

阿里巴巴收购高德地图后，宣称所有线下有10亿元以上销售额、100家以上门店的公司，都在考虑是否可以整合到高德地图，将动态情景下的用户购物需求与线下实体店的建设更好地结合起来。很多企业正在将地图和导航的室外地理位置服务与室内位置导航结合起来，不仅可以具体到某个街道某个门票，也可以精确定位到在哪个货架、哪个产品面前。Aisle411公司专门帮助实体商店将库存进行数字化处理，并在地图上标出来，再使用蓝牙发射器，检测

---

① Bakshy, E., 2012, *Rethinking Information Diversity in Networks*, http://www.facebook.com/notes/facebook - data - science/rethinking - information - diversity - in - networks/10150503499618859.

② 刘彦青：《去年Q4移动购物增长46%占网络零售16.6%》，赛迪网，http://news.ccidnet.com/art/1032/20140105/5314373_1.html。

顾客何时通过店面的哪些地方，在后端为零售商提供更多的顾客信息，便于商店更有效地管理产品线、产品库存和产品布局，同时通过地图、优惠券和签到积分管理，在前端为顾客提供更多的信息，使顾客更容易找到商品。① 随着智能终端的进一步普及，特别是移动支付、二维码等移动应用的加速推广，移动互联网的生态体系将逐步完善。移动互联网广告将与移动电商、移动支付、移动搜索、移动社交等紧密的结合起来，随时随地实现所需产品即刻所见广告、所见广告即刻所见口碑、所见口碑即刻所见电商及所见电商即刻所见支付，使一定互联网广告更好的匹配用户动态化的情景需求，促进网络广告信息的实际转化率（见图6）。

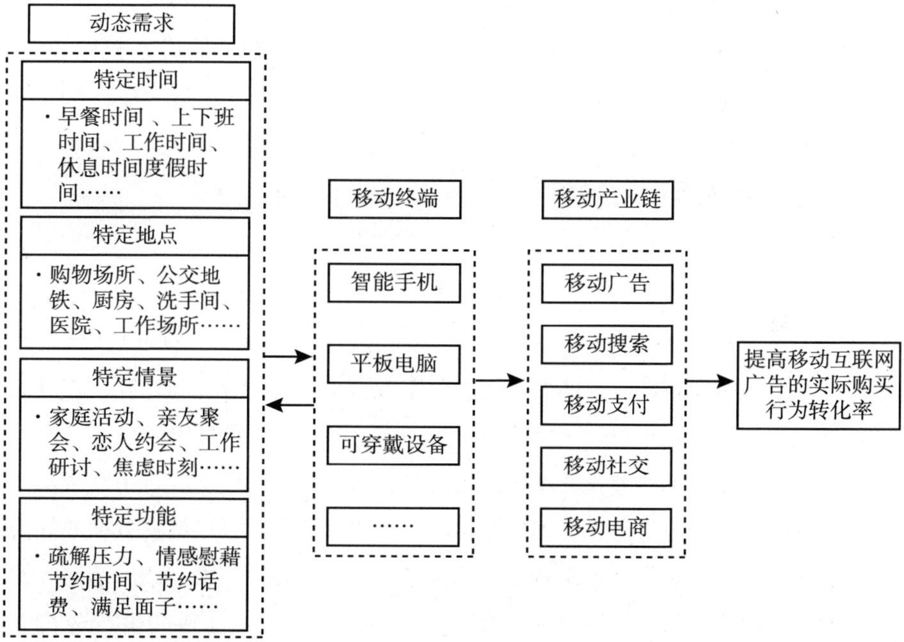


**图6　移动互联网广告与动态情景化需求匹配**

① 扎克·迈纳斯：《“位置跟踪”改变购物》，沈建苗译，《IT经理世界》2013年12月第377期。

# B.30
# 正在形成的中国云产业

徐 佳*

摘 要: 具有"U"特性的云是人类信息传播发展至今的自然选择且将成为一切信息传播活动的基础。云计算技术已应运而生，云产业则是必然趋势且已初露端倪。本文提出一个中国云产业的格局，它应主要包括云技术集群、云产业集群与云政策体系三个大环节。本文认为发展云产业的意义既是国家性的也是全球性的，且与云产业相应，对云的研究也应走向"U"化。

关键词: 云的"U"特性 云产业格局 云产业集群

在近年来全球及中国信息传播业的发展中，云计算技术的发展以及云的产业化趋势构成一项重要特征。云的核心概念是实现海量信息的存储与计算，它是人类信息传播发展至今的自然选择和必然趋势——自进入互联网时代以来，世界范围内各种信息数据呈几何式增长并朝极多向流动，这在很大程度上促进了社会与个人的发展，同时也对个人、组织、国家乃至全球存储、处理并利用信息数据的能力及效果构成了挑战；云正是在这个背景下，为解决这一日益严重的问题应运而生的。

所谓云产业，是以云中存储的大量信息数据为直接或间接的生产资料，并以云特有的计算方式优化配置这些信息资源、按需生产并提供信息产品与服务的产业。真正意义上的云产业目前在我国及全球均尚未形成，但市场的巨大需求是其动因，云存储与计算技术则是成因，两者兼具，云产业呼之欲出。①

* 徐佳，复旦大学新闻学院。

① 徐佳:《云经济：信息经济的新形态》，崔保国主编《中国传媒产业蓝皮书》(2012)，社会科学文献出版社，2012。

## 一　云将成为一切信息传播活动的基础设施

研究云趋势、发展云产业，必须首先认知云与其他信息传播活动的关系。

1. 云与大数据

区别于过去通常讲的样本式的数据及抽样分析的方法，大数据“摒弃随机性和选择性”——理论上，它采用所有的数据、而不是有选择性地或随机地采用部分数据，哪怕这个部分已经达到了“海量”（但仍有一定限量）的标准。真正意义上的大数据将是极致有效的——除泛量性之外，大多数数据应是非结构性的、非特意生成的自然数据；运用与之相应的方法进行处理、分析与呈现，大数据对全球各范围、各领域、各层面存在和发生的事物将具有前所未有的描述力和解释力。

这样一来，大数据最重要的应用价值在于对未来趋势的预测，人们可以依据这些预测来做出选择或形成解决方案。换言之，大数据说明了问题，全球社会、国家、组织、个人等可据此解决问题。①

据此，在笔者看来，我们尚未迎来真正的大数据时代，甚至考虑到世界本身的浩瀚无穷以及数据生成数据的无尽循环，大数据将可能永远是一个我们追求的目标而非既成的现实。今天冠之以名的仅仅是“较大的数据”、“海量的数据库”、某一“行业大数据”等，尽管它的确在量与质上超越了之前作为研究素材与生产资料的样本式数据因而可能对研究与生产生活起到更有效的作用，但是它远非真正意义上的大数据。

尽管如此，大数据的愿景以及业已形成并正在迅猛发展的数据行业的确蕴含着一个最基本的前提：超大量数据的存储与分析。个人电脑和普通（哪怕是大型）的服务器已经无法满足这些要求，只有运用云计算技术的云数据中心才可能实现超大量数据的存储以及大规模的运算（分析），而单机将仅作为按需向云租用相关数据、购买使用相关产品与服务的平台存在。

---

① 此外有学者提出，大数据将可能革命性地改变人类的思维方式——人们将从关注事物之间的因果关系（为什么）转向关注其相关关系（是什么），而这将“开启重大的时代转型”（〔英〕维克托·迈尔－舍恩伯格、肯尼思·库克耶：《大数据时代》，盛杨燕、周涛译，浙江人民出版社，2013）。

简单地说，云构成了大数据的基础。

2. 云与物联网

将由节点连接而成的互联网延伸到万物，将传播行为从人与人之间延伸到物品与物品之间，便形成了物联网。

如果说大数据尚是一个愿景，那么物联网从20世纪90年代末发展至今业已成为了事实。在“局域”和“广域”两种物联网中，由数量既定的设备设施（物品）连接起来的“局域的”物联网已经在全球实现了较好的应用，其中，以实现家庭信息化管理为目的的智能家居是一个典型的例子。局域网固然有其价值，但由于它未能充分发挥传感器等物联网核心技术，尤其是无线射频识别技术（RFID）相对于以往建立在机械或光学基础之上的通信技术的跨空间优越性，其价值也是有范围局限的。

物联网的更大意义在于连接所有相关的，以至于所有的物品；其目的是形成一个泛在的物理系统，实现其间信息的传播与交换，从而实现人对物品更好的识别、定位、监控、管理和利用，以使得物品在最大程度、以最高的效率和最低的成本服务于人。将这种物理系统与人类社会相整合，便驱动了全球科技界、政府与跨国公司近年来探索的智慧交通、智慧医疗、智慧物流、智慧城市等无穷应用，其终极理念是形成一个智慧地球。

可见，即便没有大数据在定义上的严苛性，但真正意义上的物联网在很大程度上也是摒弃随机性和选择性的。那么，与大数据一样，物联网的基础也正是云所提供的超大量数据的存储与大规模的运算。

中国将发展物联网提升到了战略的高度：自2009年起物联网产业被列为“国家五大战略性新兴产业”之一，要求其成为“推动产业升级、迈向信息社会的‘发动机’”。这种不同于其他任何国家的重视程度，是由于物联网可能为中国工业化和信息化两化融合发展提供解决方案。在这一背景下，作为物联网业的基础，云计算及云产业更应被赋予基础性的发展地位。

3. 云与信息传播

不仅仅是大数据、物联网等新兴事物，整个信息传播业也将日益以云为基础实现发展。按照处理信息主体的变迁来看，人类信息传播发展至今大致经历了以下三步走的过程（诚然，这一划分仅仅是粗略的且非绝对的，比如在大部分情况下存在两种以上处理主体的现象）。

第一阶段以个人处理信息为特征，即：获取、分析并运用信息的主体是个人。在信息来源较少、信息量不大的时代，个人完全有能力对接其生产生活所需的大部分乃至全部信息。

在第二阶段，处理信息的主体是“个人+组织”。此时，随着社会的专业化发展，并随着信息源、信息量以及传播渠道的增长，个人无法完全胜任选择、获取、分析并运用最有效信息，需要借助其他专业人士或组织（但不是专门机构或专门行业）的外部帮助。这些人或组织包括律师或法律事务所、会计或财务公司、教师或学校等，凭借其专业知识，他们能比普通人更全面更准确地获取、选择、分析并运用相关信息。

我们业已进入信息传播的第三个时代，互联网的深度发展造成了信息的爆炸式成长并以海量数据的形式呈现。笔者将当前这个时代称为“信息传播的U化时代”，即信息数据变得越来越泛在（ubiquitous）、无疆界（universal）、非结构化（unstructured）的时代。在U时代信息数据的选择、存储和运用凸显成为一个前所未有的问题。一方面，个人需要不断学习、不断提高自身的“信息素养”以在日益走深的信息化环境中生存并实现发展，另一方面，信息数据的非逻辑性增长已经远远超越了个人能力增长的速度与可能性，个体（包括个人、企业及其他组织、国家社会、跨国机构等）急需寻助专门的信息数据服务机构来实现信息运用的效率。甚至，由于信息的规模实在太大，需要形成一个专门的行业（包括技术、产业与配套制度）来应对发展，以“U”为特征的云正是这样一个基础性的行业。

综上所述，大数据是“海量信息数据的存储、挖掘与分析”，物联网则是“所有物品之间的信息传播”，当我们高度关注并发展大数据、物联网等信息传播的新事物之时，不应将云简单视作另一个事物或者另一个产业，事实上云为它们提供生成与发展的基础。同时，广义的信息传播也正在走向“大”发展、走向“U化”，具有“U”特性的云存储与云计算将成为一切信息传播活动的基础设施。

## 二　云产业格局设想

中国对云的关注和讨论已经持续了多年，尤其是技术的研发与技术层面的讨论一直如火如荼。中国云计算大会从2009年至今已经举办到第六届，其议程主题也从云技术展望发展到云的基础架构的搭建，再到各大信息企业在云业务实践中的技术改进探索。

在技术已先行的基础之上，下一步应引导形成一个格局完整、结构科学、机制健康的中国云产业。2015 年 1 月 30 日，国务院发布了《关于促进云计算创新发展培育信息产业新业态的意见》，提出“到 2017 年，云计算在重点领域的应用得到深化，产业链条基本健全，初步形成安全保障有力、服务创新、技术创新和管理创新协同推进的云计算发展格局，带动相关产业快速发展”。①

展望中国云产业的格局，其应主要包括技术集群、产业集群与政策体系三个大环节。集群的概念在互联网时代开启以来业已被认知，云本身的“U”特性决定了云产业更是一个集群式的产业（见表 1）。

**表 1　中国云产业格局设想**

| 环节 | 主要内容 | 关键点 | 主体 |
| --- | --- | --- | --- |
| 云技术集群 | · 基础技术（存储、计算）<br>· 应用技术（解决方案） | · 云计算平台软件<br>· 艾字节级云存储系统<br>· 大规模数据挖掘与整理技术<br>· …… | · 研产学用合作<br>· 国家间、国际间合作 |
| 云产业集群 | · 基础设施产业 | · 宽带网络基础设施<br>· 大型云计算数据与技术中心<br>· 中小型云计算数据与技术中心 | · 四大网络运营商<br>· 政府、大型国有企业<br>· 地方政府、企业 |
| | · 软硬件产品与服务 | · 政府业务外包<br>· 企业经营管理、产品研发设计等应用<br>· 个人信息存储、在线工具、学习娱乐等应用 | · 云企业 |
| | · 安全防护产业 | · 平台安全解决方案<br>· 专有云解决方案 | · 云企业 |
| 云政策体系 | · 指导性意见、扶植性政策出台与执行<br>· 云技术、云产业与云安全标准体系建构 | | · 政府部门 |

## 1. 云技术集群

依据国内外技术专家的已有探索，可将云技术定义为：存储与计算等基础

① 《国务院关于促进云计算创新发展培育信息产业新业态的意见》，http：//www. gov. cn/zhengce/content/2015 -01/30/content_ 9440. htm，2015 年 1 月 30 日。

技术以及作为解决方案的应用技术二者所构成的技术集群。

在基础技术领域，目前急需攻克的关键主要是EB（约$2^{60}$字节）级云存储系统和云计算平台软件。① 在应用技术领域，为云产业的一切应用提供基础的大规模数据挖掘与整理技术则是关键性难题。

与所有的技术难题解决方式相似，研（实验室技术研发）、产（规模性生产）、学（学理的批判与修正）、用（投入应用）四方面的互动与合作是最根本的途径。与此同时，鉴于真正意义上的云本身具有不可比拟的规模性和范围性特征（最大的云旨在存储并极优化配置全球的信息资源），国家之间、国际间的技术攻坚合作则尤为必要，这有助于从一开始即规避在将来技术标准设置、产业发展等过程中可能产生的矛盾。②

### 2. 云产业集群

云产业是一个真正意义上的产业集群，在大类上就至少包括基础设施产业、软硬件产品与服务以及安全防护产业三个类别。

（1）有两种意义上的云基础设施。

宽带网络基础设施是"基础的基础"③。2013年国务院发布"宽带中国"战略并连年采取"宽带中国"专项行动，至2015年工信部提出："中国已经全面进入信息化社会，作为最重要的信息基础设施，宽带支撑着物联网、云计算等高新技术产业的发展，越来越扮演着'基础设施'的角色"④。在国际上，美国自2005年前后开始提出"网络中立"的概念，认为宽带网络应像水、电一样属于公共设施，因此运营商不得收费提速，这一提案几经反复于2015年02月26日被美国联邦通信委员会（FCC）历史性地表决批准。⑤ 可见，宽带网络作为基础的基础是国内外共同的认知。

---

① 《国务院关于促进云计算创新发展培育信息产业新业态的意见》，http：//www. gov. cn/zhengce/content/2015－01/30/content_ 9440. htm，2015年01月30日。

② 缺乏国际合作导致的重重后果也是第一代互联网留给世界的经验教训。

③ 中国宽带网络基础设施正面临升级改造、优化网间架构、缩小城乡覆盖差异、降低使用成本等任务问题，本文不详细叙述。

④ 张辛欣、沈洋：《中国大力提升宽带网络能力助推经济战略性调整》，新华网，2015年2月26日，http：//news. xinhuanet. com/fortune/2015－02/26/c_ 1114447623. htm。

⑤ J. Pagliery, *FCC Adopts Historic Internet Rules*, http：//money. cnn. com/2015/02/26/technology/fcc－rules－net－neutrality/index. html，2015－2－26.

云产业本身的基础设施由云数据中心和云技术中心构成。内容数据与技术工具数据的存储平台从单机发展到可供租赁的服务器、再到云数据与技术中心，其规划与建设的需求也从无到有、要求从有到高。国家级、大型云数据中心的规划应由政府统筹开展并由代表政府的大型国有企业承担建设与运营工作。此时，中国社会主义制度的优越性，尤其是在统筹规划资源、集中力量办大事方面的优势将成为建设大型云数据中心的先决保障。中小型数据中心则可按地区、按行业、按需求由地方政府与企业合作部署建设；事实上，目前中国已建成了为数众多的中小型数据中心，急需引入相应的评估系统。

（2）软硬件产品与服务业是整个云产业集群的核心，云的几乎全部价值即体现在其中。针对服务的对象不同，可大致将其归纳为三个类别。

政府类：主要指政府和公共业务的云外包。相关的云产品与服务可在改造现有电子政务的基础之上进一步提高政府工作的信息化水平、降低政府机构运转及办事成本、优化资源配置效率并提升政府工作效率。当然，前提是信息不涉密、信息安全得到牢固的保护。

企业类：主要指服务于企业经营管理、产品研发设计等活动的云应用，尤其是解决一般性、基础性企业活动的应用，如财务管理、人力资源管理、普遍市场的分析等。与政府业务的云外包类似，服务于企业的云产品也是通过大幅度提升企业运用信息的能力、同时大幅度降低企业存储并使用相关信息的成本，来将人力、资金等资源投入到发展其核心业务当中去，从而提升企业的决策能力、生产效率和竞争优势。

个人类：主要指的是提供个人信息存储、在线工具、学习娱乐等的云产品和云服务。个体之间既存在共性又具有无穷的个性，全球个人用户的范围之广决定了为其提供服务的云产业的发展空间之大，而以尽可能低廉的成本为最广大人群提供信息传播服务，从而在最大程度上消弭国内及全球长期存在的信息（数字）鸿沟正是发展云产业最根本的社会意义。

软硬件产品与服务业这一核心领域是整个云产业格局中创新机会最多、发展空间最大的领域。制度经济学从交易成本这一视角佐证了这一点：当云所提供的产品和服务的成本远远小于政府、企业或个人内部生产的成本时，云外包将成为必然的选择。[①] 资源基础理论则从另一个视角提供了佐证：企业（这里可延伸到各种组织与个人）的竞争优势来自其特殊的、异质的、不可模仿的、持续性的资源，这种资源来源于既有知识的组织与管理、新知识的学习、与外部形成知识联盟等渠道，云产品与服务则能为个人、组织与国家提供这三种主要的渠道。

在软硬件产品与服务业，应由云企业（云计算产品和服务提供商）充当发展与创新的主体，主要担负产品与服务模式创新、商业模式创新、产业机制创新等任务。然而，尤其是在云产业起步的阶段，政府的作用不可小觑。政府至少应扮演两种角色：监管的角色（见后述）和基础用户的角色。应由政府和大型国有企业在公共安全、交通物流、教育科研、疾病防治、灾害预防、社会保障等领域率先规模性地向云企业采购产品与服务，营造初始市场，使得相关企业在服务市场的过程中快速增强创新能力、提升服务能力并降低运营成本，从而为下一步开发市场潜力，尤其是服务中小企业和个人消费者打下基础。简单地说，应通过政府购买来消化初始市场的各种高成本。

正是云本身的“U”特性决定了云产业必然采取这样一个自上而下、从宏观到微观的发展路径，我国制度的优越性则能从根本上为这一发展路径提供保障。在《关于促进云计算创新发展培育信息产业新业态的意见》中，体现出中国官方业已形成这种认知并已开始部署相应计划。

（3）安全防护产业主要包括提供云平台安全解决方案的产业和提供专有云解决方案的产业，是云产业集群中的支持性产业。

在互联网时代，尤其是斯诺登事件爆发以来，网络安全与信息安全的议题成为一个重要的、全球性的议题。到了云时代，信息社会进一步走向纵深，国家与全球社会也逐渐呈现出“U”特性。在这样的背景下，信息的生成、收集、存储、删除、流动、使用、再生成等每一个环节均需得到安全保障，然而目前也都存在不同程度的安全隐患。

因此，在为云安全建章立制的同时，通过产业的力量，由相关云企业在市场上、在业务过程中不断感知既有的安全风险、预测潜在的安全需求，研发并提供安全评估、日常防范、应急处理、预警预防等相关产品，可能是一个更为

---

① 罗纳德·科斯：《企业、市场与法律》，盛洪、陈郁译，格致出版社，2014。

日常的云安全保障方式。

3. 云政策体系

在中国互联网业20年的发展历程中，政府的驱动作用是显著的。尤其是近年来发展物联网和下一代互联网，中国官方的重视程度和推动力度远远超越了任何一个国家。就云产业而言，其特殊优势则在于，云存储与云计算的产品和服务能直接为政务与公共事务提供服务，因此政府可通过规模性购买来扮演市场驱动者的角色（如前述）。与此同时，官方仍有另外两条途径来推动产业发展。

其一，出台并执行指导性意见、扶植性政策。中国官方已展示出发展云事业的决心，政策应担负起科学规划的责任。云产业所具有的显著的规模经济和范围经济特征决定了其初始成本非常巨大，同时云既是一切信息传播活动的基础设施，这也决定了其建设所需的投资是巨大的。此时应更加充分地发挥政策的统筹作用、从全国的层面考量并向周边地区和全球延伸，就大型、中小型数据中心与技术中心、云产业园区等谨慎地做出整体规划、进行科学建设，最大限度地避免盲目投资、重复建设、无效建设等行为。

其二，建构中国自主的、与国际接轨的云技术、云产业及云安全标准体系。这一体系应首先是兼容的，应统筹考虑到中国云产业内部各环节的链接以及技术与产业中各方之间的竞争与合作，① 打破已初露端倪的种种壁垒，提高信息资源的开放程度，使得中国云产业能在一个相对包容的环境中生成并发展。同时，还应尽早研究以建章立制乃至立法的方式在事先、事中及事后全过程中保障云安全。此外，这一中国自主的标准体系还应有能力参与甚至引领国际标准的竞争，这不仅有利于我国云产业自身的发展，也有利于以云为基础设施的我国信息传播业的整体发展以及我国在世界信息传播格局中地位的建固。

## 三 结语

云产业的发展将超越信息经济的传统竞争领域并构成其增量和新的发展阶段，甚至可以说云产业是对信息经济的一次革新。中国发展云产业的意义既是

① 例如，我国业已出现了行业信息化系统 = 信息孤岛的现象。

国家性的，也是全球性的。由于云在很大程度上改变了信息资源的分配方式，加之在云产业中必然形成一种全新的生产力和一组全新的生产关系，因此一方面它可能促进我国经济结构乃至社会结构的转型，另一方面它可能改变全球信息传播格局中长期以来的权力关系，至于是“改变”还是“改善”则取决于国家之间的共识程度与竞争合作方式。

同时，我们还必须认识到云及云产业的局限性，云无法解决所有问题。例如，云作为一种基础设施、其角色主要是产品与服务的提供者，用户对其的反馈是非直接、非日常的；云所不具有的（强）互动性应交由信息传播的其他环节与领域来完成。

关于云，仍有诸多重要的话题有待探讨。例如，云时代的传媒转型、云时代的国家治理、云时代的社会文化变迁及个人身份建构等。与云产业相应，对云的研究也是跨学科、跨领域、跨国界的，换言之，云研究也应走向“U”化。

B.31

# 移动互联时代传媒产业的五项重构

张　锐*

摘　要：本文在移动互联网的背景上，分析了影响传媒产业的几项关键移动互联网技术，包括跨屏、大数据、云计算、物联网等；归纳了基于移动互联网的传媒产业五项重构。

关键词：移动互联网　云计算　产业重构

## 一　移动互联网的赋能技术

随着移动互联网的快速发展，传媒所依赖的技术环境出现了巨大的变革，从云、管、端的角度来看，即内容生产和存储的云化、传输渠道的互联网化、终端的智能化和多屏化。加拿大的罗伯特·洛根在《理解新媒介——延伸麦克卢汉》中，提出了赋能技术（Tnabling Technologies），赋能技术使得新媒介成为可能。① 影响新媒介的技术包括互联网和下一代互联网、移动互联网、下一代广播网、云计算和云媒体、大数据等。

### 1. 跨屏（Multi-screen）

“跨屏”，也就是“多屏”（Multi-screen），始于与视频网站的“网台互动”。目前主要的屏幕是电视屏、PC 屏、手机屏、平板屏和电影屏，未来还要加上可穿戴的屏。移动终端智能化以及 4G 网络的发展为下一阶段移动应用的爆发奠定了基础。未来应用都将走入多终端跨屏时代，一款应用同步发行在多个终端平台，并且数据互通，会使得用户的体验更加流畅。“跨屏联动”已经

---

* 张锐，北京电影学院中国电影产业研究院副教授、高级工程师，大数据研究所所长。

① 罗伯特·洛根：《理解新媒介——延伸麦克卢汉》，复旦大学出版社，2012。

成为“三网融合”和“媒介融合”的重要切入点。

2. 大数据

从2013年开始，大数据（Big Data）成为热词，并应用到各个行业。大数据是继云计算、物联网之后IT产业又一次颠覆性的技术变革，被亚马逊前任首席科学家Andreas Weigend称作是“新的石油”。大数据将整个社会带来深刻的变革，包括行业生态、内容生产方式、内容的价值评判标准和商业模式等。

2014年全球的网络数据已经达到30艾字节（Exabytes，即300亿GB）。未来5年，由于智能手机、平板电脑、可穿戴设备、视频以及物联网的大爆发，网络数据可能达到300艾字节（3000亿GB）。以视频为例，2014年用户每月平均看3小时视频，而到2019年可达到36小时。到2019年，视频将占移动网络流量的72%，而2014年这一比例仅为55%。[①]

3. 云计算

第二次工业革命本质上是电带来的工业革命。100年前最重要变化，是电变成一个通用的公共事业，从而带动整个社会生产力的向前发展。云计算，就是在任何时候、任何地点，只要接上互联网，就有计算能力的提供。云计算开始像电和石油一样，成为这个社会的基础服务资源。用于在云端储存数据的应用将占据大多数应用流量。2014年，云端服务占移动数据流量的81%。而到2019年，这一比例将提高至90%。

在传媒领域，云计算的重要应用领域之一就是电影后期和动漫制作。2015年春节期间的3D动画大片《熊出没之雪岭雄风》出自深圳华强集团，这家公司的核心竞争力是什么？无外乎大量的动画制作人员和重装备投入。动画靠的是创意，但更依赖设备的投入和资本投入。以渲染为例，在整个动漫变成电影过程中，最大的一个投入叫渲染，就是把原始的画，变成3D的影像。一个像样的动漫公司，至少需要1000台以上的服务器，才能勉强做渲染工作。未来，以云计算等技术为先导，践行“文化+科技”的理念，有望成为动漫影视行业“走出去”的重要路径。

4. 物联网和可穿戴设备

移动互联网实现了人与信息的无缝连接，而物联网的发展将推动信息、

① 思科公司：《2014～2019年全球移动互联网发展趋势报告》。

人，物的连接，特别是车载智能平台，智能电视，智能家居，乃至 Google Glass 这样的可穿戴式智能设备，都有可能成为物联网的一部分。2015 年，不仅将有 75% 的世界人口可以接触到互联网，同时还有 60 亿台设备可以接入互联网。

物联网使得真实世界与虚拟世界相融合，所有物品都变得智能。腾讯公司马化腾认为，电子设备成为器官的延伸已经越来越明显。人和设备、设备和设备、人和服务之间都再建立连接。微信公众号就是人跟服务建立连接的尝试。

### 5. 虚拟现实和增强现实

虚拟现实（Virtual Reality，VR）和增强现实技术（Augmented Reality Technique，AR）技术将是对传媒产业产生颠覆性影响的技术。

与之相关的增强现实电视（Augmented TV）已经开始出现，通过类似机顶盒的设备和可穿戴设备实现节目信息的多层立体呈现。未来的电视将可能把观看者投射到一个环境中，从而使观看者置身和沉浸在节目内容之中；另外一个应用领域是电影，通过 Ocuplus 全景眼镜等可穿戴设备进行电影观看的研究正在进行，这对未来电影的影响也将是颠覆性的。

## 二　传媒的产业重构

### 1. 传媒机构的“脱媒化”

传媒是典型的双边市场结构。传媒是中介和平台，一边是受众，一边是广告主，通过广告进行盈利。这种双边模式结构，使传媒的角色成为一个信息中介，所有的信息汇集到传媒这个中心点和平台上，对信息经过筛选后，再通过渠道分发到受众。

移动互联网对传统行业最大的改变就是“脱媒化”。脱媒（disintermediation）一词，最早出现于金融领域，指金融非中介化，即在进行交易时，跳过所有中间人而直接在供需双方间进行。①

对于传媒来说，这种“脱媒化”带来的最大的改变就是“信息中介”角色的弱化。当所有受众的信息都通过移动互联网终端随时随地获取时，传统媒

① 《王云辉：“脱媒时代”的媒体未来》，凤凰网。

体的中介价值迅速贬值，中心地位开始边缘化，报纸和电视等延迟性的信息发布开始不受人欢迎。

移动互联网所带来的技术变革和商业模式变革，使得整个传媒产业面临巨大的重构，促使一个全新的媒体形态形成。有一种可能，就是任何一个信息传播者，都有可能跳过所有中间环节，直接向海量信息接受者传播信息。

2015 年“两会”前夕，前电视人柴静通过互联网推出的纪录片《穹顶之下》，开创了自媒体视频传播的记录。截至 3 月 1 日傍晚 18 点，在不到 30 小时的时间内，全网播放量已经超过 1.5 亿次，伴随视频热播还有各类分析文章与网友评论，微博阅读量接近 2 亿次。这种自媒体视频的迅速传播就是电视台的“脱媒化”。

以广播媒体的“脱媒化”为例，广播作为音频媒体的主流媒体，正面临大变革。2014 年，车联网技术开始逐步成熟，特斯拉等电动汽车开始走进我们的生活。宝马等国外大汽车厂商都已经成立未来实验室，研究车载媒体和车联网技术；在深圳，车联网相关产业正在崛起，通过手机 APP 控制汽车和媒体的技术已经成熟。这些都预示着车载音频媒体将面临“脱媒化”。如果车联网普及，FM 广播将丧失大部分车载媒体市场。尤其对地方广电来说，地面广播是主要的收入支柱，这将是继地面电视广告下滑后的又一大冲击。

### 2. 传媒内容的“产品化”

2014 年，在传媒的内容领域，以影视为龙头的视听内容爆发式增长，随着知识产权的价值凸显，推动了以 IP 为核心的商业模式逐步形成。2014 年湖南芒果 TV 推行内容独播战略，开启了传统电视商业模式升级。电视台的版权部门重要性日益增加，一些电视台开始尝试成立独立的版权部门。我们同时看到，商业视频网站自制节目增多，BAT 纷纷成立自己的影业公司。

传统媒体是广告和内容二元市场的行业模式，因此更加强调“内容为王”；移动互联网是软件产品起家，更加强调“产品为王”；通信运营商则是提供管道服务，强调“服务为王”。对于移动互联时代的传媒来说，到底应该什么为王，完成哪些转变呢?

首先是从“内容为王”到“产品为王”的理念转变：应强化产品研发和产品经理的概念，以新产品为中心而不是以技术维护为中心。以广电系新媒体公司的人员结构为例，主要分为几部分：行政管理和综合部门人员、内容生产人员、技术运维人员、广告营销人员。同移动互联网公司相比，人员结构中最缺乏的就是产品研发和产品经理两种人员。

第二就是从制片人到产品经理的组织转变：制片人制和产品经理制有着本质的区别。制片人制是面向播出节目的内容生产机制，而产品经理制是互联网时代，面向用户提供产品和服务的架构。微信之父张小龙就是产品经理出身。传统媒体急需引入互联网的产品经理这一角色，重新构建产品研发与创新体系、用户运营与营销体系，彻底实现“以用户体验为导向”的转型。

我们以《爸爸去哪儿》为例，畅想一下这样的产品经理是个什么状态。这位产品经理，具备电视和互联网的从业经验。他领导的这个团队，将面向所有的用户，包括网民和观众，提供以“爸爸去哪儿”为主题产品和服务。团队将开发基于音频、电视、电影、手游及其他衍生产品等不同形态和渠道的产品与服务。

第三就是在产品为王基础之上，实现服务为王：从“内容为王”到“产品为王”，最终走向“服务为王”，这是最有颠覆性的转变。通过上述转变，完成从内容到产品，从产品向服务的模式转型。未来的传媒内容产品，将是基于移动互联网的“信息 + 体验 + 场景”模式。正如 2015 年春节的网络红包，移动互联网创造体验场景，并在一定的场景下为终端用户提供有价值的信息与体验。

### 3. 传播渠道的“泛在化”和“管道化”

“泛在”（Ubiquitous）原是拉丁语，即“神无处不在”。1991 年，美国马克·威瑟（Mark Weiser）在其论文《21 世纪的计算》首次提出“泛在计算”（Ubiquitous Computing）的概念，用于指传播的无所不在。2009 年，国际电信联盟（ITU）发布的“Y. 2002 标准提案”，界定了泛在网的特征“5C”和“5Any”。

从 1991 年“泛在性”提出后的 20 多年来，“泛在化社会”（Ubiquitous Society）成为一种必然趋势，这要求在用户的不同情境条件下都能够提供多样化信息服务，而非单一信息服务。随着互联网技术的发展、产业的融合以及政府规制的放松，使得传媒的泛在逐步成为可能。

丹麦的克劳斯·布鲁恩·延森在《媒介融合：网络传播、大众传播和人际传播的三重维度》一书中提出，普适计算融合了多种媒介界面，实现了“世界作为一种媒介”①；而近几年物联网技术的迅速发展，更体现了这种趋势。人机界面从PC计算机时代的“图形界面”，到“有机用户界面（organic user interface）”，再到未来的“生物膜界面（Membranes）”。普适计算使得未来的媒介是移动化、普适化以及无处不在。

移动互联网对传统媒体分发渠道带来的最大冲击就是管道化，即OTT。什么是OTT？OTT（Over-The-Top）一词来源于篮球运动的“过顶传球”，强调服务与物理网络的无关性。OTT TV是指基于开放互联网并覆盖各种终端的视频服务，即通过公共互联网面向电视等多终端传输的IP视频和互联网应用融合的服务。OTT TV初期的终端主要是PC，面向PC用户的视频网站应该算是早期的OTT TV形态；随着多屏技术的发展，OTT终端已经扩展到电视机（包括互联网电视一体机或机顶盒+电视机）、电脑、PAD、智能手机等。OTT TV的出现，彻底打破了电视传输渠道的垄断性，使得电视行业开始从封闭的花园走向互联网的蓝海，客厅革命真正到来。

2014年，在传媒的渠道领域，兼顾开放和安全的渠道新模式正在形成。乐视和快播事件成为新闻焦点。随着OTT TV监管政策的进一步落实和加强，国有OTT TV牌照商和内容商利好，芒果TV等牌照商迅速发展。但我们应该看到，监管带来的利好是暂时的，只是缓冲了市场的竞争。未来在渠道领域，更接近欧洲模式的“IPTV+OTT”“DVB+OTT”模式将逐步形成。这种兼顾开放和安全的渠道新模式，将带来有线运营商和视频网站的共赢。

#### 4. 传媒受众的“粉丝化”和“社群化”

移动互联网时代，传播者与接受者的地位得到彻底的改变，人人都成了信息的发布者、同时又在不断接收别的信息。如UGC模式中用户将自己原创的内容通过互联网平台进行分享，成为内容的生产者。社交媒体YouTube、广电和视频网站的拍客、视频分享网站土豆、博客、微博和微信都是UGC的成功

---

① 〔丹麦〕克劳斯·布鲁恩·延森：《媒介融合：网络传播、大众传播和人际传播的三重维度》，复旦大学出版社，2012。

应用。

社群是指有稳定的群体结构和较一致的群体意识，成员有一致的行为规范、持续的互动关系，成员间分工协作，具有一致行动的能力。当粉丝们形成相当的忠诚度，并经常互动和分工协作时，就形成了一定的社群。

移动互联网的标杆公司小米，是成功把用户转换为粉丝的公司。这些小米粉丝形成了较高的产品忠诚度，并深度参与小米手机的产品迭代。《逻辑思维》创始人，著名的自媒体人罗振宇，他的商业模式就是利用粉丝和社群的力量，进行内容产品的生产、传播、互动和商业盈利。

5. 价值系统的“网络化”

价值网是由 Mercer 顾问公司的 Adrian Slywotzky 在其《利润区》（Profit Zone）一书中首次提出的。价值网以用户和受众为中心进行价值创造，围绕用户价值重构传统媒体原有的价值链，使价值链的各个环节、不同的主体按照整体价值最优的原则融合，从而将传统的链型管理转化为网络状管理。

传统媒体价值链的参与者包括内容提供商、内容集成商、服务提供商、运营商、用户等环节。传统价值链存在如下特点：一是难以满足用户需求，二是长期对抗和顺序形式，三是刚性和不可改变。

移动互联背景下，由于跨界参与者数量不断增加，使得价值链的结构也日趋复杂化，不再保持一种相对封闭和长期稳定的关系，从简单的单向价值链结构向复杂的网络融合下的价值网演进。

以视频媒体为例，互联网对传统电视生态的颠覆，主要特征就是“跨界融合”。传统电视的生态链是由内容生产商、播出机构电视台、传输渠道有线网络和广告公司构成的封闭产业链，而互联网的发展颠覆了这个生态链，主要表现在重构了产业链，新的参与者如通信、电视机制造，终端生产商、视频网站的进入，以及延伸出新的商业模式。

基于移动互联的传媒产业价值网，将以用户为中心，从内到外，依次包括电信和广电运营商、内容提供商、内容集成商、芯片提供商、软件提供商、基础设施提供商、终端制造商、行业标准制定者、广告商、政府监管部门、第三方支付机构等参与者。模型中箭头的指向表示价值创造和传递的方向，各参与者由外向内，逐层靠近用户，最终将各种服务内容传递到用户的手中，实现其价值（见图 1）。

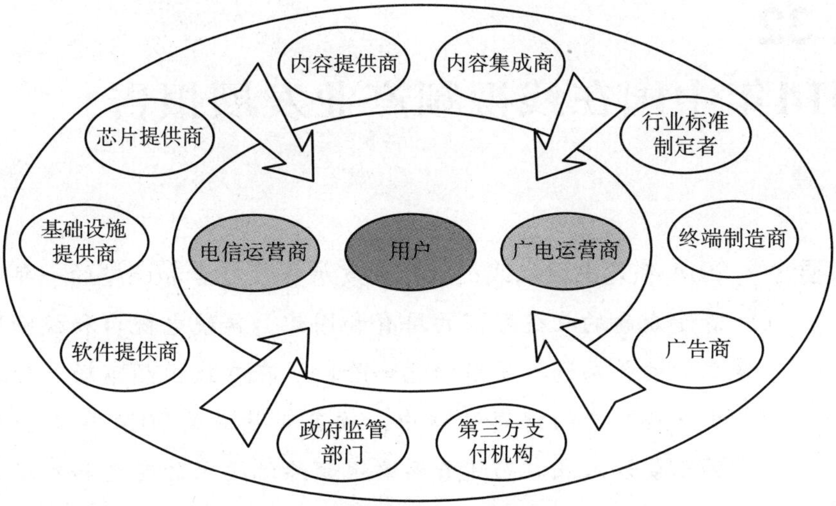


**图 1　传媒产业价值网模型**

# B.32
# 2014年中国在线视频产业发展报告

周 逵*

摘 要： 2014 年是中国在线视频产业发展深度整合和调整的一年。随着受众新的收视习惯的培育和固化，传统电视台和视频网站之间的关系进入了新的竞合阶段。在在线视频市场和传统电视产业二者的博弈过程中，政策变量成为 2014 年产业观察的重要切入点。而随着网络视频终端技术的变迁和市场环境的演进，新兴的业态与传统的规制手段之间的不适应性不断凸显。本文在对在线视频产业政策、数据等进行分析的基础上，对产业发展进行解读。

关键词： 在线视频 数据解读 产业发展

## 一 产业政策解析

从传播渠道方面，不少视频网站长期以来寄希望于通过机顶盒或互联网电视等终端设备最终进军客厅，成为第一屏的内容提供者。但随着互联网机顶盒政策收紧，各大视频网站纷纷下架自身的 TV 版 APP 应用，让视频网站的客厅战略和盒子的未来发展面临变数。① 根据国家新闻出版广电总局的要求，互联网盒子上播出的内容必须由内容服务牌照拥有方提供，同时要经过央视国际、

* 周逵，任教于中国传媒大学新闻传播学部电视学院，博士。

① 腾讯在 2014 年 8 月 22 日就向多家第三方应用商店发出了官方通知，紧急叫停了正在相关网站播放的腾讯视频 TV 版。8 月 29 日，PPTV 聚力、优酷土豆也发布相关通知；9 月 1 日，爱奇艺、暴风影音、搜狐视频、乐视网也表态要下架；9 月 2 日，凤凰视频宣布下架。

百视通、杭州华数、南方传媒、湖南电视台、中国国际广播电台、中央人民广播电台七家集成业务牌照拥有方审核和管理后才能播出。与此同时，互联网电视内容集成播控牌照商也在按照政策要求清理不合规的 APP。

在内容监管方面，2014 年 4 月，搜狐、优酷、腾讯等视频网站接总局通知，下架 4 部热播美剧，引发了较大的社会舆论影响。年末，新闻出版广电总局出台《关于开展网上境外影视剧相关信息申报登记工作的通知》，要求各网站 2015 年新引进的境外剧，必须到“网上境外影视剧引进信息统一登记平台”登记引进计划、内容信息等。2015 年新上线的境外影视剧必须拿到一季的全片并配好字幕交审，审核通过后，取得引进许可证号方可上线播出。此举意味着同步看美剧的日子将一去不复返。年末，著名的美剧字幕组人人影视和射手网同时宣布关闭。早先，人人影视曾在微博中声称，由于受到版权方压力，人人影视网站将在 11 月底彻底清除所有无版权资源的下载链接。

## 二　产业数据解读

2015 年 2 月 3 日，中国互联网络信息中心（CNNIC）在京发布《第 35 次中国互联网络发展状况统计报告》（以下简称《报告》）。《报告》显示，截至 2014 年 12 月，中国网络视频用户规模达 4.33 亿户，较上年年底增加 478 万户，网络视频用户使用率为 66.7%（见图 1）。在网络使用率方面，网络视频位于即时通信、搜索引擎、网络新闻、网络音乐之后，排名第五，全年增长率有所放缓。

移动视频应用则成为视频业务在 2014 年的亮点。根据 CNNIC 的统计，2014 年，中国大陆的手机视频用户规模为 3.13 亿户，与 2013 年底相比增长了 6611 万户，增长率为 26.8%。手机网民使用率为 56.2%，相比 2013 年底增长 6.9%（见图 1）。近两年用户在 PC 端收看视频节目的比例在持续下降，而移动端的用户比例则在持续上升。截至 2014 年 12 月，71.9% 的视频用户选择用手机收看视频，其次是台式电脑/笔记本电脑，使用率为 71.2%，手机成为收看网络视频节目的第一终端。平板电脑、电视的使用率都在 23% 左右，是网络视频节目的重要收看设备。而截至 2014 年 12 月，网络电视使用率已达 15.6%。①

① 《第 35 次中国互联网络发展状况统计报告》，中国互联网络信息中心，2015 年 1 月。

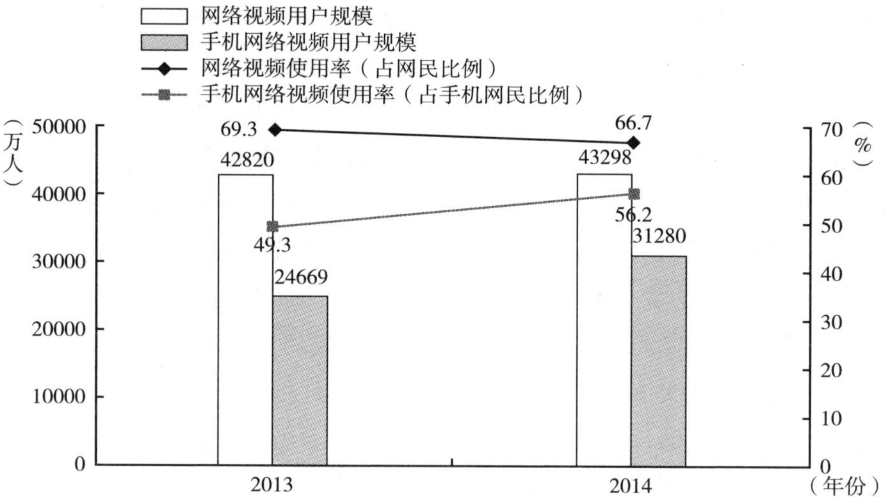


**图1　2013～2014年网络视频/手机网络视频用户规模及使用率**

数据来源：CNNIC。

从视频收视空间场景来看，CNNIC的报告显示，“家里”是收看网络视频节目的最主要场所，台式电脑/笔记本电脑、平板电脑的收看比例都在87%以上，手机的使用率也接近80%。这说明目前视频收视还是主要依靠家庭Wi-Fi网络。随着4G的进一步普及和网络资费的进一步下降，在公共场所的短视频收视会有较大的发展前景。同时，家庭空间中的新收视习惯也进一步蚕食传统客厅电视作为第一屏的统治地位。

从网络视频用户的收看路径来看，在PC端，通过视频客户端收看和直接访问视频网站收看的比例都在35%左右，使用搜索引擎导流收看的比例为27.5%，这表明，在网络视频版权独播化的环境下，视频网站品牌往往和受众对于特点栏目的使用黏性高度相关。网络视频用户已经熟知各视频网站的排他性内容特征，视频网站的品牌效应逐渐显现；在移动端，通过视频客户端查找和收看的用户比例在60%以上，通过搜索引擎导流带来的用户比例在20%以下。①

① 《第35次中国互联网络发展状况统计报告》，中国互联网络信息中心，2015年1月。

## 三　在线视频产业发展综述

### 1. 强势资本继续介入产业生态整合

2014年，中国在线视频产业生态继续通过收购或并购的方式进行整合。在BAT（百度、阿里巴巴、腾讯）资本的强势介入下，视频网站往往成为视频全产业链的重要组成部分与流量入口。4月28日，阿里巴巴宣布联合云峰基金，以12.2亿美元收购优酷土豆A类普通股7.21亿股，其中阿里巴巴持股比例为16.5%，云锋基金持股比例为2%。早前，阿里巴巴以62.44亿港币认购文化中国，以及同时战略投资华数。入股优酷土豆或是阿里巴巴打通视频产业链最后也是最重要的一环。而年末，小米和顺为资本联合宣布，双方以18亿元人民币（3亿美元）入股爱奇艺，百度也同时追加对爱奇艺的投资。本次投资也是小米自创办以来对外的最大一笔投资，目的在于完善自身的产品线，抢占流量入口优势和提升自身内容资源战略优势。至此，BAT三家公司均拥有或加码网络视频领域的战略布局。

与此同时，搜狐宣布将原本人人旗下的56网将并入搜狐视频部门。2011年10月，人人公司以8000万美元全资收购56网。而此次搜狐收购的价格仅为2500万美元。收购后，搜狐视频与56网将继续保持双品牌运作的方式，搜狐主要寄希望于56网的UGC（用户生产内容）部分作为导流渠道。

### 2. 政策资金门槛倒逼出视频网站自制元年

由于境外视频内容的审控加紧以及引进成本增加，自制剧、自制栏目纷纷成为各家视频网站内容来源的现实路径。2014年国内网络自制剧迎来了井喷之年，行业正在迎接着巨大转折。从自制剧的类型来看，视频网站涉足的内容从单一的迷你剧、清新剧向剧情剧、类型剧转变；制作成本大幅提高，甚至高于传统制作的电视剧。从自制栏目看，视频网站的自制能力大幅提高，从单纯的娱乐脱口秀节目逐渐发展到细分的专业财经、历史脱口秀等节目，并瞄准精准的分众市场。部分视频网站开始尝试引进国外真人秀节目版权，自主进行本土化的研发和生产。

如搜狐视频投资拍摄的网络自制剧《匆匆那年》，成为第一部单集投入超过一百万元的网络自制剧，用高成本制作刷新了业界对网剧粗制滥造、成本低廉的认识，其制作水准已经接近甚至达到了院线电影的同级水平，营销推广也达到了电影量级，并且获得不错的市场反响，迅速收回了投入成本。爱奇艺2014年重点打造的大型脱口秀节目《奇葩说》成为年度自制栏目的热点，无论是广告赞助、点播量，还是社交媒体讨论热度都大获成功。在网络视频内容越来越精分和垂直的环境下，爱奇艺还打造了一批专业类脱口秀节目，如《晓松奇谈》《吴晓波频道》《超级脱口》等。一些新兴的新媒体视频内容制作公司也获得热捧，如成立于2012年的万合天宜。得益于其独特的网络亚文化和草根话语形态的影像表达能力，万天合宜制作的网络迷你喜剧《万万没想到》和《报告老板》获得市场热捧，甚至成为新的网络文化原生地，此外万合天宜的成功也得益于优酷新的用户分成商业模式。

### 3. 涉足产业上游、投资大电影

2014年，互联网对包括电影制作在内的上游制作的渗透越来越深。随着网络视频产业对于原创自制内容生产的投入增加，越来越多的视频网站开始积极通过投资或参与制作的方式，参与大荧幕的内容制作。

最早涉足这一领域的视频网站为乐视影业。2014年，乐视影业共出品、发行了15部影片，其中包含中国首部4K/IMAX文艺片《归来》等重量级优秀影片。2014年第三季度，乐视影业以25.8%的市场份额排名民营电影公司第一。除去《小时代3》《老男孩》等国产影片收获颇丰外，其参与出品的《敢死队3》也取得了4.51亿元的票房成绩。①

2014年7月17日，爱奇艺宣布成立影业公司，正式进军电影行业。这是继乐视之后第二家涉足电影市场的视频网站。按照计划，爱奇艺将在未来一年内与国内外电影公司联手，推出8部电影，其中一部为好莱坞电影。

2014年8月，优酷土豆集团在北京举行发布会，正式宣布成立电影公司，定名为“合一影业”。优酷土豆集团董事长古永锵兼任合一影业董事长，合一影业计划每年投资不少于8部电影，并且在2014年末前率先上映了《黄金时代》《拆婚联盟》《智取威虎山》三部由合一影业联合投资的电影。

视频网站涉足大电影的动机一方面来源于自身对于现有主要依靠广告售卖

---

① 《乐视影业第三季度票房夺冠2014年四大公司谁执牛耳》，艺恩网，http：//www.entgroup.cn/MarketingNews/1322172.shtml。

商业模式的不满足，另一方面来自于自身或投资者打造线上、线下全产业链内容生产与传播的战略布局。对视频网站来说，优质内容的生产能力才是最大的竞争优势。通过向影视产业链上游布局，才可能在内容生产链条上获得控制权。

4. 独播版权与平台之争

传统电视台在新媒体转型过程中一直纠结的问题在于“自建平台”还是“借船出海”。一方面，市场上对于优质节目版权购买的价格日渐水涨船高，另一方面，新媒体平台和渠道一直以来都是传统电视媒体转型的技术鸿沟。不少电视台已经开始曲线布局新媒体，通过独播策略扶持自有平台。而2014年，湖南卫视回收版权、扶持自身新媒体平台的做法更是引发了关于独播版权与平台之争的讨论。

湖南卫视在2014年5月宣布，从2015年开始采取版权独播不分销策略，扶持旗下互联网视频平台“芒果TV”，以此打造自己的互联网视频平台。此前，湖南卫视将金鹰网及芒果TV两大平台改版整合，推出全新“芒果TV”网络视频平台。而此之前，湖南卫视所有播出的电视剧及自制节目，除分销给视频网站，也均在芒果TV播出，但由于此前视频观看体验不尽如人意，芒果TV一直扮演着官方视频网站落地角色，并未引起太大关注。版权分销实际上给湖南卫视带来了丰厚的收入：2013年，爱奇艺以2亿元的价格独家获得《爸爸去哪儿》第二季、《快乐大本营》《天天向上》《百变大咖秀》《我们约会吧》等5档综艺节目2014年版权。在这样的大背景下，湖南卫视依然决定从2015年开始，将湖南台所有栏目的版权收回，并仅在芒果TV平台进行独播。

传统电视台自建新平台的战略动机，一方面来自于对自身内容市场的号召力和不可取代性的自信，更重要的是看到了未来网络平台和渠道的重要性。但即使是如湖南卫视这样国内顶级的内容生产者，仅靠自身力量做新媒体平台也会遭遇内容瓶颈，其他电视台更没有能力进行新媒体的独立运营。此外，芒果TV虽在视频娱乐节目市场中拥有得天独厚的内容生产能力和资源优势，但从资本投入、技术能力和内容储备上来说与视频网站还有差距。在未来的中国网络视频市场是否会出现类似于“HULU网”这样由若干家传统内容生产商联合投资建设运营的新媒体平台，还有待观察。

5. 视频网站初涉热点事件直播

2014 年，多家视频网站涉足热点事件直播，并造成了较大的产业与社会舆论反响。2014 年 8 月 27 日，罗永浩通过微博约战王自如，在优酷进行了一场网络视频直播辩论，引来数百万网友围观。2014 年 8 月，汪峰鸟巢演唱会在网上售卖网络直播门票，由乐视音乐独家 4K 拍摄，30 元一张票，网友可通过网络视频收看演唱会直播，最终获得 200 多万元的网络门票收入。2014 年 8 月，著名博主郑褚约战五岳散人，挑战“盲品”阳澄湖大闸蟹，并在优酷进行视频直播。

从整体来看，优酷网视频直播“罗永浩论战王自如”，取得了预期的传播效果。优酷数据显示，8 月 28 日视频播放 333 万人次；截止 10 月 28 日，该视频共播放 787.5 万人次。视频直播期间，注册登录用户达 249 万户，同时在线最高峰值为 32.7 万人，其中 20 万人参与了评论。直播结束后，该视频依然保持了较长时间的活跃度，直到 10 月，每天还有 5000 次左右的播放量。

同时，“罗永浩论战王自如”也暴露出现有视频网站直播能力的严重缺陷。尽管早早做了预案和准备，但在实际的直播过程中，用户观看效果还是因为技术原因受到严重影响。而对比而言，视频巨头 Youtube 的直播频道 Youtube Live 已经汇聚了大量直播资源，并形成了相对成熟的直播模式和分类选择，在直播诸如 Google I/O 大会这样的重大热点事件时依然观影顺畅。汪峰演唱会网络售票的成功则对未来直播业务的商业前景给予了充足的想象空间。

6. 弹幕网站引领互动式观影

2014 年，弹幕这个起源于日本 niconico 网的视频互动评论式观影模式，成为在线视频产业新的潮流。目前，中国大陆最知名的弹幕式视频分享网站主要是 AcFun 弹幕视频网（简称 A 站）和哔哩哔哩网（bilibili，简称 B 站）。AcFun 和哔哩哔哩网中的主要视频以动漫为主，并因为聚集了大量 90 后、00 后受众而成为网络亚文化的原生地。而在“弹幕”的即时观影评论模式下，用户评论会与影片的时间轨同步，并在视频窗口中，像密集的子弹墙幕一样飞过画面。这样粗糙的结合却恰恰弥补了视频内容文本的开放性和互动性缺陷，也成为其他视频网站播放功能中的标准配置。

弹幕功能在 2014 年从小众“宅文化”视频网站扩展到主流视频网站，继而走进了线下大荧幕院线。光线出品的《秦时明月》、乐视的《小时代 3》乃至纪录片《飞鱼秀》都进行了这样的尝试，开设了弹幕专场功能。对这样的尝试，业界观点不一。一些人认为弹幕功能是对年轻亚文化的刻意迎合，会破坏大荧幕院线的观影质感和画面美学；另一些人则认为未来弹幕专场可能会在特定类型的电影收视中发挥互动和社交功能。[①]

① 《弹幕观影引业界热议有人赞同有人看衰》，新浪娱乐，http：//ent. sina. com. cn/m/c/w/2014 -08 -06/23244187557. shtml。

# B.33
# 中国网络游戏产业发展现状与趋势

陈信凌　黄盛泉　李艳艳*

**摘　要：** 2014年中国网络游戏产业收入突破千亿元。其中移动网络游戏首超网页游戏成为第二大细分市场；客户端网络游戏和网络页面游戏日趋手游化；网络游戏进入IP（知识产权）元年，IP红利日益凸显。预计未来网络游戏将迈入掌心时代，融合将成为关键词，精品化或成为产业主要市场增量，大数据将成产业催化剂。

**关键词：** 网络游戏　移动游戏　手机网络游戏　发展趋势

## 一　中国网络游戏产业发展综述

2014年中国游戏产业终于突破千亿元大关，迈入文化产业的"千亿方阵"。中国音数协游戏工委（GPC）发布的《2014年中国游戏产业报告》显示，2014年中国游戏市场实际销售收入达1144.8亿元，同比增长37.7%；同时，用户规模也突破5亿户大关，达5.17亿户，同比增长4.6%。

2014年中国网络游戏产业实际销售收入继续保持较快增长速度，网络游戏实际销售收入达1084.65亿元（见表1），同比增长43.99%，高于整个游戏市场的增长速度。

---

* 陈信凌，南昌大学新闻与传播学院院长、教授、博导，教育部新闻传播学类专业教学指导委员会委员；黄盛泉、李艳艳，南昌大学新闻与传播学院硕士研究生。

**表 1　2014 年中国网络游戏细分市场实际销售收入及市场占有率**

单位：亿元，%

| 项目 | 市场实际销售收入 | 市场占有率 |
|---|---|---|
| 客户端网络游戏 | 608.9 | 53.2 |
| 移动网络游戏 | 215.25 | 18.8 |
| 网页游戏 | 202.7 | 17.7 |
| 社交游戏 | 57.8 | 5.1 |
| 合　计 | 1084.65 | 94.7 |

数据来源：中国音数协游戏工委（GPC）、中新游戏研究中心（IDC）和国际数据公司（CNG），《2014 年中国游戏产业报告》。

在市场实际销售收入和市场占有率方面，移动网络游戏首超网页游戏（以下简称“页游”）成为第二大细分市场。客户端网络游戏（以下简称“端游”）市场占有率有所下降，市场实际销售收入增长缓慢，但仍是主力军。页游从第二位退居第三位，已渐呈式微之势，业界唱衰页游的声音此起彼伏。社交游戏虽在 2013 年较为火爆，但 2014 年仍停留在好友之间的排名和分享阶段，尚未深入挖掘社交关系链价值，市场实际销售收入增长缓慢，市场占有率有所下降，发展相对滞后。

在产品数量方面，各细分市场形成了“金字塔”竞争格局：端游处于塔尖，高投入、低产量，精品化生存；页游处于塔中，产品数量居中，正向精品化发展；而移动网络游戏处于塔基，低投入、高产量，正努力抢占空白市场。

在用户规模方面，移动网络游戏亦超越页游成为用户规模最大的细分市场，且增速业内领先；页游首次出现下降，同比下降 6.5%，但其市场实际销售收入并未下降，核心用户并未流失，用户规模日趋稳定，进入相对稳健的成熟期；端游增长缓慢（2011 年以来，其用户规模增速日趋缓慢，2014 年仅增长 3.9%），迈入成熟稳定的发展期。

## 二　中国网络游戏产业动态盘点

### 1. 移动网络游戏全面爆发

随着移动智能终端和移动互联网的发展，越来越多的网民通过移动终端接入网络游戏，带动其持续增长。2014年中国移动网络游戏在市场占有率和市场实际销售收入上成为第二大细分市场，在用户规模上成为第一大细分市场，是产业增长的最强动力。继2013年进入“爆发元年”以来，2014年移动网络游戏进入了全面爆发期。

2014年是手机网络游戏（以下简称“手游”）的爆发年，进入其发展的高速轨道。智能手机的普及与网络技术的发展等使手游成为移动网络游戏增长的强劲动力。截至2014年，中国手机网民数量首次超越PC用户。根据企鹅智酷发布的《2014年中国网民娱乐调查报告》显示，被调查者中的43%将移动终端作为自己的首选游戏平台，近37%的人每天玩移动网络游戏0.5～3小时。

2014年移动网络游戏发展的一个重要方向是社交化。艾媒咨询的调研显示，2014年上半年，29.7%的用户倾向于把游戏状态分享至朋友圈，24.4%的用户希望增加成绩排名，15.6%的用户希望实现与其他玩家即时交流，20%的用户则希望与其他玩家共同完成任务。①

### 2. 端游、页游日趋手游化

移动网络游戏迅速崛起，传统端游开始积极探索蓝海市场，寻求发展突破口。2014年许多端游公司纷纷向手游过渡。从完美世界的《魔力宝贝》开始，畅游、巨人和多益等端游公司均成功发行了MMORPG手游（Multiplayer Online Role-Playing Game），试图凭借自身雄厚的资本和独特的优势，改变手游市场的格局。

同时，传统页游亦向手游转型。2014年3月，被业界视为“页游之虎”的37游戏与魅族达成战略合作，开始进军手游市场。7月，37游戏又与岂凡网络进行合作，进一步布局手游市场。

鉴于端游和页游本身所具备的用户及资金优势，且面临转型需求，加之手游用户的多元化需求，端游和页游向手游化发展。2014年端游和页游的手游化转型，为端游和页游巨头找到了移动互联网时代的发展方向，使其迎来了发展的第二个春天。

总体而言，2014年端游和页游公司一方面巩固原有的PC市场，加大研发

① 《4G凸显游戏重度化趋势手游市场规模将超280亿》，艾媒网，http://www.iimedia.cn/37698.html，2014年9月17日。

投入，引入可穿戴设备和3D等新技术，走精品化、精细化道路；另一方面则积极向手游过渡，占领用户的碎片化时间，以期在移动网络时代分得一杯羹。

3. IP元年“泛娱乐”化

2014年被业界称为网络游戏的“IP元年”，IP红利成为网络游戏市场扩张的重要动力。年初，IP就被炒得异常火热，腾讯、畅游和完美等游戏巨头纷纷四处“搜刮”热门IP以便扩充其IP资源库。IP优势正发挥其重要价值：有IP游戏的下载转换率是没IP的2.4倍，有IP的整体收入是无IP收入的2倍。[①] 2014年，移动游戏榜单中近七成具有IP因素，《刀塔传奇》和《放开那三国》等手游的成功，均得益于IP的重要作用。

由于文学、影视、动漫和游戏等领域具有高度互通性，受众及用户重叠度较高，IP成为游戏公司以低成本获取用户的有效手段，同时，IP也是网络游戏差异化突围的关键。如今网络游戏产业正逐步摆脱以往盗版、抄袭和山寨等“野蛮生长”乱象，迎来尊重版权和重视IP的正版运营时代。2014年关于IP的各种论调蜂拥而至，业内甚至提出“得IP者得天下”，精品IP受到越来越多CP（Content Provider 内容提供商）的青睐。

值得一提的是，以IP为核心的“泛娱乐”成为网络游戏产业不可忽略的热词。“泛娱乐”主要是指基于互联网及移动互联网的多领域共生，打造明星IP的粉丝经济。《2014中国游戏产业报告》中，“泛娱乐”这个此前从未出现的新词被提5次，肯定了“泛娱乐”是当下及未来游戏和娱乐产业的新思维、新模式和新蓝海。[②]

4. 原创网络游戏成突出亮点

《2014年中国游戏产业报告》显示，中国自主研发网络游戏（以下简称“自研游戏”）市场销售收入达726.6亿元，占中国网络游戏市场实际销售收入的67%，同比增长52.5%。同时，自研游戏海外销售状况也取得较好的业绩，达30.76亿美元，同比增长69.01%（见图1）。

在各细分市场中，移动网络游戏无论是出口数量还是市场实际销售收入都

① 《2014年中国移动游戏市场收入274.9亿元》，07073产业频道，http：//chanye.07073.com/shuju/1011243.html，2014年12月25日。

② 《泛娱乐，2014不可忽略的互联网行业热词》，MSN中文网，http：//it.msn.com.cn/071463/998197369082b.shtml，2014年12月22日。

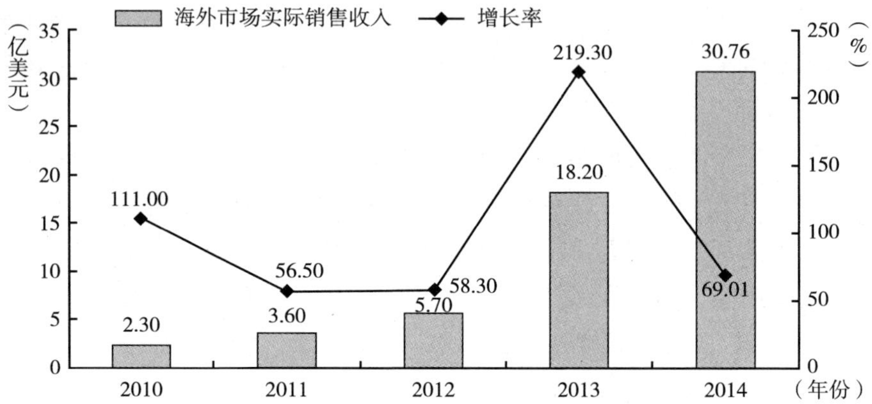


**图1　2010～2014 年中国自研游戏海外市场实际销售收入及增长率**

数据来源：GPC，IDC 和 CNG，《2014 年中国游戏产业报告》。

超过端游，市场实际销售收入达 12.73 亿美元，成为网络游戏出口“新主力军”。页游次之，达 9.5 亿美元；端游居于末位，仅 8.53 亿美元。

2014 年，地域扩大和收入来源多元化是中国自研游戏海外出口的主要特征。东南亚地区依旧是中国游戏公司进军海外市场“桥头堡”；东亚、美洲和欧洲地区作为重点出口区域，为中国游戏出口贡献了大量收入；俄罗斯、中东等市场进一步被打开，成为新增长点。① 同时，游戏公司参与海外运营数量增加，经营战略呈多样化特征，出口模式亦不断创新。

## 三　中国网络游戏产业问题分析

### 1. 竞争水平较低

随着网络游戏市场的迅速成长，网络游戏产业呈现“产品过剩又缺精品”的特征。移动网络游戏进入门槛和开发成本较低，产品大量涌现，年度研发产品接近万余款，但充斥着大量仿制品，具有典型的“羊群效应”特征，生命周期较短。大量低端游戏产品的存在，使其主要依靠产品数量抢占市场，网络游戏市场仍处于低水平竞争阶段。

① GPC、IDC 和 CNG《2014 年中国游戏产业报告》，2014。

此外，随着移动网络游戏的发展，越来越多中小公司涌入，导致网络游戏市场鱼龙混杂。产业内不规范发展现象和恶性竞争并存，制约了产业的可持续发展。

### 2. 自研 IP 不足

2014 年作为游戏 IP 元年，发展还处于起步期。各游戏公司主要依靠购买优质 IP 壮大市场规模，而自主研发的 IP 较少。随着 IP 抢购的白热化，IP 亦是水涨船高，反而束缚了 IP 红利。且较多游戏公司只是简单将原 IP 做成游戏，后续创新力度不足，未深入挖掘 IP 价值。此外，由于缺乏自研 IP，发展受制于上游 IP 供应商。拥有自研 IP 能力的网络游戏公司在市场竞争中具有优势，如腾讯公司的《天天飞车》和《天天酷跑》等天天系列的游戏，不仅位列游戏榜单前列，更由 IP 延伸出了“泛娱乐化”产业——《天天酷跑》将制作自主 IP 电影。①

### 3. 跨平台融合粗糙

随着移动网络游戏市场迅速崛起，许多传统端游和页游公司纷纷向移动化转型，但这种转型尚处于初级阶段，转型模式较为粗糙。一些端游和页游只是简单地“移植”到移动终端，采取“新瓶装旧酒”的模式，并未给用户带来良好的游戏体验，且各个平台仍是相互孤立，尚未真正融合。

## 四　中国网络游戏产业走向预测

### 1. 网游迈入掌心时代

当前，移动网络游戏正处于用户规模和收入规模快速成长期，短期内将继续维持高增长态势。增长主要来源于两个方面：一方面是现有移动网络游戏公司快速成长，生产出更多精品，培养用户的忠实度和付费意识；另一方面是端游和页游公司进军移动平台。

由于手游的人口红利和换机红利有所下降，2014 年“手游冬天论”曾一度出现。但随着手机硬件平台的升级，将会有越来越多的手机端游和手机页游

---

① 《2014 年十大移动游戏行业关键词》，http：//www. bloomgamer. com/article – 36051 – 1. html，2014 年 12 月 25 日。

出现。腾讯发布的《2014 中国互联网开放平台白皮书》显示，截至 2014 年 6 月，手游占据了 1/3 的移动应用市场，半年内增长了 10%。预计未来将有越来越多的传统端游和页游植入手机平台，促进移动网络游戏的快速发展。

### 2. 融合将成关键词

一是跨屏融合。未来几年网络游戏将不再局限于 PC、移动智能终端、主机或电视，而是突破平台和终端的区隔，融合在一起。这种融合不仅结合了不同平台的优势进行创新，还能够使得同款游戏能在不同平台间畅玩。云游戏将成为跨平台、跨终端融合的新型游戏形态。

二是跨界融合。未来几年网络游戏将更加注重与影视、动漫和文学等领域的融合，互相促进，合作共赢。经历了 2014 游戏 IP 元年的洗礼，网络游戏将更加注重深入挖掘、培育和拓展 IP 价值，提升游戏品质，获取 IP 红利，黄金 IP 依然是网络游戏制胜的重要筹码。

三是跨区域融合。随着全球化发展，越来越多的海外网络游戏被引入中国，同时更多的中国网络游戏将走向世界。全球各区域的网络游戏公司将发挥各自比较优势进行深入合作，中国网络游戏也将走全球化研发、发行和运营道路。

### 3. 精品化或成市场增量

2015 年，端游和页游均已进入成熟期，移动网络游戏也将进入洗牌期。随着市场格局的稳定及人口红利下降，精品游戏或成市场增量重要来源。首先将更加注重用户的极致体验，如应用 3D 和可穿戴设备等新技术；其次是玩法创新，如深入挖掘女性玩家和儿童玩家的游戏偏好、引入线下活动与社交元素；最后是平台创新，包括跨屏融合以及对游戏进行玩法创新。

### 4. 大数据将成产业催化剂

随着大数据技术的不断发展，未来会有更多的游戏公司利用大数据分析用户属性、游戏行为和游戏需求，为用户提供个性化产品。大数据技术将日益应用到产品研发、发行和运营中。

在大数据时代，传统“烧钱式”的游戏研发和运营模式将被摒弃，精准化将是大势所趋。在游戏开发前，游戏公司将利用大数据筛选游戏题材和黄金 IP；在游戏开发过程中，将更加注重利用大数据分析用户行为；在游戏发行过程中，将利用大数据分析用户习惯以便推广游戏产品；在游戏运营过程中，将利用大数据精准锁定核心用户群进行精准化运营。

B.34

# 中国媒体融合战略元年

## ——2014~2015年中国媒体融合盘点与展望

方兴东　李志敏　张　静*

摘　要：2014年是中国媒体融合战略元年。本文就2014年中国媒体融合事件进行盘点及评析，并对未来媒体发展进行展望。2015年依然是互联网引领媒体融合、引领全行业发展的一年。

关键词：媒体融合战略元年　新旧媒体　大事件

关于媒体融合的界定，可谓众说纷纭，与媒介融合、数字融合、技术融合、三网融合等纠缠一起。要深刻理解媒体融合，必须从众多技术层面、局部层面超越出来，站在整个时代变革的高度上进行理解。媒体融合的背景就是整个人类社会逐渐从现实空间主导的工业时代进入到虚拟空间主导的网络时代。媒体融合本质上是社会主流大众在媒体消费上，开始同时在现实空间和网络空间两个空间之间交替进行，无论是时间投入、注意力构建以及金钱消费，都形成两个空间之间的互补、竞争与替代，造成了整个社会媒体生态的变局。其发展趋势是，大众开始逐渐从原来现实空间主导的传统媒体时代，转移到网络空间超越现实空间，并且主导现实空间的新时代。现实空间和网络空间的各种媒体形态相互交织，相互竞争，也相互替代，形成了今天所谓的媒体融合的客观现实。

---

* 方兴东，浙江传媒学院互联网与社会研究中心主任，互联网实验室主任；李志敏，互联网实验室高级分析师；张静，互联网实验室副总裁。

媒体融合概念最早可以追溯到20世纪六七十年代，距今几乎已有半个世纪之久，但涉及社会传播范式整体变革的媒体融合，应该从互联网的崛起开始。2014年是中国接入国际互联网20周年，某种程度上说，这也是中国不断探索媒体融合之路的20年，无数体制内传统媒体的精英以及体制外互联网的创业者，都为媒体融合做出了各种努力和贡献。因此，将2014年称为媒体融合元年是不太恰当的，但是从媒体融合第一次全面提升到国家战略层面来讲，将2014年称为中国媒体融合战略元年更加恰当，而已经到来的2015年，媒体融合的火药味更加浓郁。

## 2014年盘点：中国媒体融合战略元年

2014年之所以成为中国媒体融合战略元年，主要源于中央发出的媒体融合强有力的号召与动员。2014年8月18日，中央全面深化改革领导小组第四次会议审议通过了《关于推动传统媒体和新兴媒体融合发展的指导意见》。与历次媒介融合的推动不同，它更具国家战略层面的理论高度，更具强大的创新动力。

2014年9月19日，阿里巴巴在美国纽约上市，上市当天市值超过2300亿美元。在中国出现市值达2300亿美元的互联网公司，对于全球互联网来说具有里程碑的意义。上市后，阿里巴巴在互联网公司里市值仅次于谷歌，高于Facebook、亚马逊、英特尔等这些曾经遥不可及的公司。2014年11月，首届乌镇世界互联网大会召开。本次会议背后的战略意义在于，通过大会，习近平主席提出的“建立多边、民主、透明的国际互联网治理体系，共同构建和平、安全、开放、合作的网络空间”的互联网治理观普通得到了认可和支持。

事实上，媒体融合战略即是在近年中国互联网飞速发展的大趋势之下推出的。在以网络空间为基础的新媒体的冲击之下，传统媒体的话语体系、议题设置引导力以及舆情管理能力等都遭受了极大的挑战。将互联网媒体纳入国家网络安全的建设体系中是必然之举，媒体融合战略的最终目标也是提升传统媒体和新媒体在网络空间的文化建设能力，使其具备与现实空间相应的领导力，进而促使整个中国媒体具备国际话语权的引导力，形成与美国可以竞争的强有力的实力。

媒体融合的内在逻辑是基于网络空间和现实空间之间的融合，现实驱动是舆论引导和意识形态面临的挑战。新媒体是基于网络空间的媒体。网络空间的形成是人和信息追求自由的双重内在推动力驱动的结果，是人类新文明的更高级阶段。在这个阶段，传统主流媒体丧失了网络空间的主导权，所以媒体融合需要网络空间的新思维。能否以网络空间全新视角看待新旧媒体区别，将直接影响媒介融合战略的前进方向。比如网络安全不是一个国家网络本身的安全，而是整个国家在网络空间的安全。真正的新媒体也不是技术、形式上简单的新的媒体，而是全新网络空间的媒体。

## 2015年展望：中国媒体融合攻坚之年

微信红包不是新鲜事，早在2014年的除夕即“惊艳”全国，2015年则是迎来了更大程度的爆发。一年前的除夕夜，参与微信红包活动的总人数达到482万人次，领取到的红包总计超过2000万个。而2015年除夕当天，微信红包收发总量几乎是2014年的200倍。红包大战是一种新生活方式的启蒙。对于媒体融合来说，微信红包大战最大的看点就是，即时媒体的全民动员能力和参与程度获得了前所未有的提升。即时媒体的潜在能量可能将远超越传统报纸和电视等媒体历史的威力。

2015年2月，“蓝黑白金裙子”事件，起源于Tumblr（美国知名社交网站）上一个名为Swiked的美国女孩上传了一张照片，争论迅速蔓延到了推特和脸书等其他社交网络，最终演变成了一场互联网大战，上百万的网友参与到讨论中来。在中国，通过微信朋友圈等社交媒体，裙子事件也迅速发酵，甚至迅速攀升至微博热搜榜第二名的位置。这次“裙色”事件，充分证明了互联网社交渠道传播快捷、过程中信息裂变增值并不断衍生变化的信息传播能力。网络空间时代，信息的传播和内容的衍生都将超乎想象。

2015年2月28日，自离职央视后沉寂许久的知名记者、主持人柴静近日携个人视频新作《穹顶之下》宣告归来，并在短时间内引起广泛关注。视频推出当天就在优酷获得600万人次播放量，24小时全网播放量近亿次。柴静的纪录片刷爆微信，也引爆了一些争论。

以上事件有着共同的特点：都不是传统主流媒体引爆，也不是传统主流媒体设置议程，完全是从社交媒体中的个人或者微信公号和朋友圈等个人媒体层面引发并且发酵。几乎席卷整个主流社会大众，其影响范围之广和程度之深远超传统媒体引发的社会影响，彻底改变了传统媒体单向度传播的特性。都是以手机终端为绝对主导的事件，也就是人们常说的“刷屏”事件，传统媒体和PC互联网成为真正的配角。

2015年1月27~29日三天时间，阿里巴巴和国家工商总局双方“交战”十余回合，上演一场民企与官方监督者的激烈舌战和媒体大战。这个事件昭示着新旧媒体融合的过程中，新旧规则更剧烈的冲突随时可能一触即发。此次事件真正拷问的其实是政府对于创业创新的态度以及公共管理的水平。淘宝假货问题与其说是企业单方面的问题，不如说是网络空间的公共管理问题。对于互联网平台存在的问题，政府部门首先应该具备建设性的态度。而在国家治理能力现代化的号召下，对于网络条件下的新型公共管理问题，更是需要在方式方法上与时俱进。阿里巴巴大战工商总局，是典型的互联网新生力量与传统政府部门的碰撞。

2015年是互联网发展关键的一年。2015年3月5日，国务院总理李克强在政府工作报告中提出，政府将制定“互联网+”行动。这是历年总理政府工作报告中的首次出现引领行业和社会的全新词汇。而且，“互联网+”第一次亮相就纳入国家经济的顶层设计，对于整个互联网行业，以及媒体融合的走向，乃至中国经济社会的创新发展意义重大。

美国经济学家斯蒂格利茨（Joseph Eugene Stiglitz）指出2015年是中国世纪元年。但是，真正对互联网历史刻骨铭心的人们，可能会关注一个更富有“情结”的事情：那就是2015年能否收复2000年互联网泡沫破灭后的失地？

2000年3月10日纳斯达克指数盘中创下5132.52点的最高点，此后将近15年高不可及。2000年3月9日，纳斯达克指数上涨3%，收盘后首次报收超过5000点，并于第二天小幅走高，创下5048.62点的收盘纪录，并于盘中创下5132.52点的峰值。当时该指数市盈率超过了120倍。但好景不长，第三天纳指突然暴跌近150点，从此开始漫长而惨痛的下跌之路。此后该指数收盘报收再也没有突破5000点。

2015年春节期间，纳斯达克收复失地的曙光已经在前：2月23日，纳斯达克指数收盘创下4960.97，再上涨10%就可以重返5000点。3月2日，纳斯达克综合指数大涨 0. 90%，报收 5008. 10 点。这是纳指时隔 15 年重新站到 5000 点大关上，也成为纳斯达克指数复兴过程中的一个里程碑事件。从此，互联网再也不需要为“炒作”“泡沫”“概念”等包袱所受累。纳斯达克时隔 15 年重回 2000 年最高峰时候的 5000 点，绝对是一个新的里程碑。对于媒体融合的承前启后，有着特别的意义。

媒体融合必然是以互联网为主导，创新是唯一的方向。5000 点是重回起点，也是一个全新的起点，为下一个 10 年的媒体融合开启了一个新的天地。

## 结　语

中国媒体融合的时代大背景和未来大趋势已经轮廓初现。对应于人类的网络时代，基本的传播范式是所有人对所有人大规模的即时传播，通过网络空间的全面形成。一个全新的社会形态已经逐步形成，而且正在真正到来。所以，站在这个新旧时代变革的中央，可以这样定义新媒体：一个亿万人同时在线的网络空间（Cyberspace），一个日益超越现实空间并且主导现实空间的网络世界，一个人让我们生活、工作、学习日渐成为主体性空间的新时代。

但这个新时代远未成形，更未成熟，也就注定了过去和现在的所谓新媒体都只是阶段性的产物，只是过渡性的应用，无论是邮件、搜索、门户、博客、微博还是微信都只是一个中间的过渡性应用，或者只是新媒体整体的冰山之一角。真正的新媒体还处出于快速演进、快速变革的状态之中。传统媒体在不断变旧，在不断边缘化。我们熟悉和已知的各种新媒体也在不断老去，甚至死去。我们还不知道最终的新媒体稳定的状态是什么样子，我们只知道我们就在不断接近的路上。

# B.35
# 2014年中国即时通信发展报告

刘晓燕*

摘　要：本文从中国即时通信发展、市场格局进行数据行分析，方便读者了解2014年即时通信发展特征，同时对未来趋势进行预测，为营销和广告投放提供了数据依据。

关键词：即时通信　发展　预测

## 一　2014年中国即时通信行业发展概况

截至2014年6月，中国网民规模达6.32亿人，较2013年底增加1442万人。互联网普及率为46.9%，较2013年底提升了1.1%。其中，手机网民规模5.27亿人，互联网普及率达到46.9%。网民上网设备中，手机使用率达83.4%，首次超越传统PC整体80.9%的使用率。①

### （一）行业整体发展情况

在中国网民各类网络应用及使用率统计中，排名前十位的应用分别是即时通信、搜索引擎、网络新闻、网络音乐、博客/个人空间、网络视频、网络游戏、网络购物、网上支付和网络文学。

2014年上半年各种网络应用逐渐深入网民的生活。即时通信作为网民的基础应用之一，稳居网民使用率第一位，并且用户规模和使用率稳步增长。

截至2014年6月，我国即时通信网民规模达5.64亿人，比2013年12月

* 刘晓燕，清华大学新闻与传播学院博士研究生。

① 中国互联网络信息中心（CNNIC）：《第34届中国互联网络发展状况统计报告》。

增长了3208万人，半年增长率为6.0%；即时通信使用率为89.3%，较2013年12月增长了3.1个百分点，使用率仍高居第一位（见表1）。

**表1　2012年12月至2014年6月中国网民各类网络应用规模及使用率**

单位：万人，%

| 项目 | 2014年6月 | | 2013年12月 | | 2013年6月 | | 2012年12月 | |
|---|---|---|---|---|---|---|---|---|
| | 用户规模 | 网民使用率 | 用户规模 | 网民使用率 | 用户规模 | 网民使用率 | 用户规模 | 网民使用率 |
| 即时通信 | 56423 | 89.3 | 53215 | 86.2 | 53215 | 86.2 | 46775 | 82.9 |
| 搜索引擎 | 50749 | 80.3 | 48966 | 79.3 | 48966 | 79.3 | 45110 | 80.0 |
| 网络新闻 | 50316 | 79.6 | 49132 | 79.6 | 49132 | 79.6 | 46092 | 78.0 |
| 网络音乐 | 48761 | 77.2 | 45312 | 73.4 | 45312 | 73.4 | 43586 | 77.3 |
| 博客/个人空间 | 44430 | 70.3 | 43658 | 70.7 | 43658 | 70.7 | 37299 | 66.1 |
| 网络视频 | 43877 | 69.4 | 42820 | 69.3 | 42820 | 69.3 | 37183 | 65.9 |
| 网络游戏 | 36811 | 58.2 | 33803 | 54.7 | 33803 | 54.7 | 33569 | 59.5 |
| 网络购物 | 33151 | 52.5 | 30189 | 48.9 | 30189 | 48.9 | 24202 | 42.9 |
| 网上支付 | 29227 | 46.2 | 26020 | 42.1 | 26020 | 42.1 | 22065 | 39.1 |
| 网络文学 | 28939 | 45.8 | 27441 | 44.4 | 27441 | 44.4 | 23344 | 41.4 |
| 微博 | 27535 | 43.6 | 28078 | 45.5 | 28078 | 45.5 | 30861 | 54.7 |
| 网上银行 | 27188 | 43.0 | 25006 | 40.5 | 25006 | 40.5 | 22148 | 39.3 |
| 电子邮件 | 26867 | 42.5 | 25921 | 42.0 | 25921 | 42.0 | 25080 | 44.5 |
| 社交网站 | 25722 | 40.7 | 27769 | 45.0 | 27769 | 45.0 | 27505 | 48.8 |
| 旅行预订 | 18960 | 30.3 | 18077 | 29.3 | 18077 | 29.3 | 11167 | 19.8 |
| 团购 | 14827 | 23.5 | 14067 | 22.8 | 14067 | 22.8 | 8327 | 14.8 |
| 论坛/BBS | 12407 | 19.6 | 12046 | 19.5 | 12046 | 19.5 | 14925 | 26.5 |
| 互联网理财 | 6368 | 10.1 | — | — | — | — | — | — |

数据来源：CNNIC（中国互联网络信息中心），第33、34届《中国互联网络发展状况统计报告》。

纵观中国即时通信2007～2014年间的发展，即时通信用户数从1.7亿人发展到5.6亿人的规模，用户数呈现逐年增长的趋势。截至2014年6月，中国网民规模达6.32亿人，而即时通信用户已有5.64亿人的规模，即时通信使用率达89.3%。在使用率方面，大致也呈现整体增长的趋势。

## （二）手机即时通信发展情况

### 1. 手机即时通信发展

手机即时通信用户数从2012年的3.5亿人增长到2014年的4.59亿人，手机网民即时通信使用率也从2012年的83.9%增长到2014年的87.1%。截至2014年6月，我国手机即时通信网民数为4.59亿人，较2013年底增长了2842万人，半年增长率达6.6%。手机即时通信使用率为87.1%，较2013年底提升了1个百分点（见图1）。

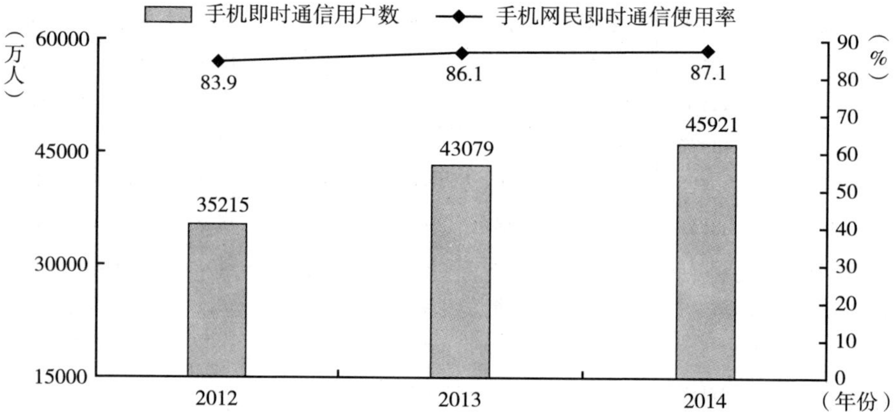


**图1　2012～2014年手机即时通信用户数及其使用率**

说明：图中横轴为年份，主要纵坐标轴为手机即时通信用户数，次要纵坐标轴为手机网民即时通信使用率。2014年的数据收集截至2014年6月。

数据来源：CNNIC（中国互联网络信息中心）：第33、34届《中国互联网络发展状况统计报告》。

### 2. 移动端应用排名居首

截至2014年12月，中国移动端APP排行榜前十位的应用分别是微信、QQ、百度、淘宝、QQ浏览器、搜狗手机输入法、360手机卫士、QQ音乐、QQ空间和百度地图。即时通信应用微信和QQ分别位列排行榜第一和第二。微信活跃用户达38317.41万人，QQ的活跃用户数达31669.62万人（见表2）。即时通信的活跃用户数远远高于其他移动端应用。

表2　中国移动端 APP Top10（2014 年 12 月）

单位：万人

| 排名 | APP 名称 | 分类 | 活跃用户数 |
|---|---|---|---|
| 1 | 微信 | 移动 IM | 38317.41 |
| 2 | QQ | 移动 IM | 31669.62 |
| 3 | 百度 | 移动搜索 | 13632.91 |
| 4 | 淘宝 | 移动购物 | 12348.69 |
| 5 | QQ 浏览器 | 浏览器 | 11333.64 |
| 6 | 搜狗手机输入法 | 手机输入法 | 10684.01 |
| 7 | 360 手机卫士 | 手机安全 | 9443.06 |
| 8 | QQ 音乐 | 移动音乐 | 9442.95 |
| 9 | QQ 空间 | SNS | 9060.81 |
| 10 | 百度地图 | 地图导航 | 8910.01 |

数据来源：易观智库，http：//enfodesk. com/。

## 二　2014年中国即时通信行业市场格局

### （一）PC 端市场发展稳定、机会较少

2014 年第三季度，排名前 10 位的 PC 端即时通信应用分别为 QQ、阿里旺旺、YY、飞信、Skype、腾讯通 RTX、网易 CC、新浪 UC、Google talk 和 9158。QQ 覆盖率高达 75. 59%，继续位居 PC 端即时通信第一。其次是阿里旺旺，覆盖率为 20. 07%，第三名为 YY，覆盖率是 5. 04%。其他即时通信产品覆盖率均低于 2%，市场份额十分微小（见图 2）。

PC 端移动即时通信市场发展稳定，市场份额继续被以 QQ 为主的巨头垄断和蚕食，其余产品发展空间很小。

### （二）手机端格局

2014 年第三季度统计数据显示，移动即时通信市场覆盖率排名前 10 位的分别是微信、QQ、陌陌、旺信、YY、QQ 轻聊版、chatON、易信和飞信。

微信的覆盖率为 80. 93%，位列第一；手机 QQ 的覆盖率为 78. 46%；陌陌

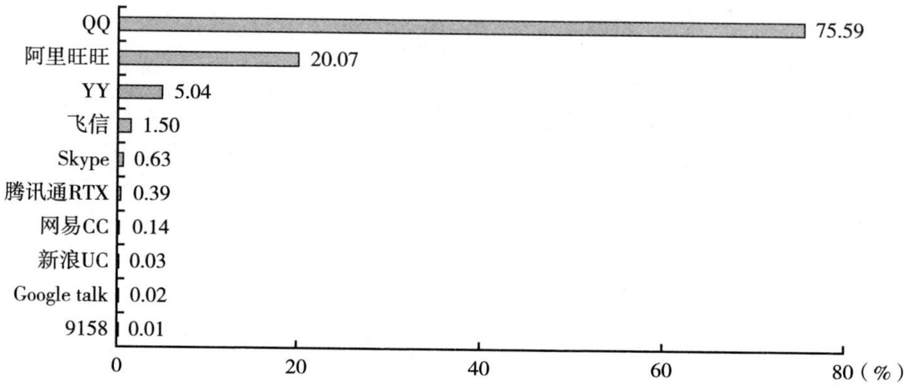


**图2　2014年第三季度PC端即时通信市场覆盖率**

数据来源：易观智库《中国IM市场发展研究专题报告2015》；易观智库中国数字消费用户雷达。

的覆盖率为13.49%；旺信覆盖率为4.27%；YY、QQ轻聊版、chatON的覆盖率均为2%左右；而2014年声势浩大的易信也仅占据市场2.02%的份额；移动公司推出的飞信已尽失先机，以1.76%的市场份额惨淡收场。值得关注的是，日本应用LINE是仅有的国外移动即时通信品牌，占据中国市场1.46%的份额。[①] MSN已彻底告别中国市场，社交巨头在中国的惨淡收场值得思考。

## 三　中国即时通信行业商业化进程

即时通信在经历了迅速发展的同时，盈利模式是各种即时通信应用共同关注的核心问题。在商业化进程中，各类即时通信应用也在不断尝试。

以微信为例，2014年春节的发红包、全民打车活动、京东进驻微信平台以及最近的微信朋友圈推出的广告变现，都是对商业化进程的新尝试。

在微信商业化道路上，京东进驻微信平台引人关注，这也是移动购物的大势所趋。2014年3月10日，京东、腾讯宣布战略合作，主要内容包括：腾讯入股京东15%股份；腾讯向京东提供微信和手机QQ的一级入口位置及其他主

① 易观智库：《中国IM市场发展研究专题报告2015》；易观智库中国数字消费用户雷达监测分析系统。

要平台的支持，助力京东在实物电商领域的发展；双方将在在线支付服务方面进行合作。2014 年 5 月 27 日，京东在微信平台的“购物”一级入口启动上线。2014 年 6 月 3 日，推出京东“10 亿红包全民抢”活动，全国有过亿用户参与抢京东微信红包活动。同时，京东微信购物首次加入京东 618 大促。2014 年 12 月 9 日，京东微信购物的服务号“京东 JD. COM”粉丝数增至 671 万人。[①] 用户对电商和社交平台品牌的信任，促使京东微信购物在用户数量、商家参与度、营销活动创新等方面都取得良好的成绩。

2015 年 1 月 21 日，微信团队官方第一次进行了朋友圈内的广告投放。据媒体报道，腾讯内部对该业务的年度收入评估达到 100 亿美元。微信迈出了朋友圈变现的一大步。

即时通信对商业化大力挖掘的同时，需要谨慎考虑对用户的影响，是否会造成一些用户的反感，进而导致用户数量流失、活跃度下降等问题。

## 四　即时通信未来趋势

### （一）满足用户个性化需求，寻求差异化发展

为了与腾讯推出的 QQ 和微信产品竞争，其他企业更加注重拓展即时通信产品的差异化和多元化发展，寻求生存和发展的空间。可以说，如何满足用户个性化需求，走差异化道路发展，是即时通信产品生存和发展之道。

移动即时通信市场竞争激烈。中国移动、中国联通、中国电信运营商均纷纷推出自己的移动社交即时通信产品；2014 年腾讯公司不断推出新的版本的手机 QQ 和微信，来维持用户黏性；与注重“强关系”的微信不同，陌陌抓住市场空隙，突出“陌生交友”特色，以陌陌为代表的“交友神器”，凭借其突出的位置精准度，独特的地理位置群组，附近活动等功能受到用户广泛欢迎，成为中国位置交友中首家用户规模过亿的产品；突出“兴趣交友”功能的“唱吧”类产品不断出新；旺信则主要特色是线上交易中买卖双方的交流工具；以微视为代表的视频交友，是以新的交流方式来吸引用户；阿里巴巴集团

① 易观智库：《2014 年微信购物发展白皮书》。

在2013年10推出“来往”产品后，实际效果并不理想，2014年12月，由“来往”团队打造的针对企业沟通的团队通信应用“钉钉”产品悄悄上线。

从目前情况来看，寻求差异化发展，找准定位，满足用户个性化需求，才能不断增加用户数量并加强用户黏性，在此基础上再进行商业模式探索。

## （二）平台化、入口作用提升

移动即时通信最初是建立在用户社交关系基础之上，之后增加了信息分享、游戏、支付和金融等各种增值服务，极大提升了用户黏性，并逐渐引导用户的消费行为和习惯。

移动即时通信从单一化服务产品向平台化模式发展的趋势日益明显。移动即时通信产品对“跨平台”和“跨行业”进行整合，打通了整个生态链，成为用户使用通信、社交、游戏、电影、餐饮、打车、彩票、购物、金融等服务的重要入口。

随着移动互联网的快速发展和智能手机的普及，移动端特有的新型社交应用层出不穷。即时通信呈现社交化和向移动终端集中的趋势。例如基于LBS技术的移动端应用、运用语音、视频等新交友形式，基于兴趣的即时通信应用等。产品日趋丰富，移动即时通信市场充满活力。通过各种形式的免费通信服务积累了大量用户。智能移动终端不仅改变了用户的通信沟通习惯，也改变着用户的消费习惯。庞大用户规模和强黏性的特点为移动即时通信向移动游戏、移动支付等衍生领域扩张奠定了基础。

与此同时，在移动即时通信积累的大量用户规模基础上，企业应注重对用户行为和消费习惯等数据深入挖掘，进行科学分析，更好地为用户提供更加个性化服务、满足用户需求，提高商业价值。

B.36

# 2014年社交媒体产业研究：变革与未来

苗伟山　章晓英*

摘　要：社交媒体已经成为媒体行业中发展最快的领域，文章首先通过梳理社会网络的发展史，认为移动化将是未来的趋势。接着，研究指出了在社交媒体经济发展、受众差异化和满意度偏低的吊诡中，专业化成为整个产业的提升之道。最后通过对社会现实、行业热点和学术研究的综合分析，研究认为跨媒体、跨行业和跨领域的融合性发展将是社交媒体打通社会、业界和学界的关键。

关键词：社交媒体　移动性　专业性　融合性

社交媒体已经发展成为全球媒体产业中最引人注目的领域，无论是其社会影响还是经济发展都成为媒体行业新的引擎和增长点。根据 Edison Research 和 Triton Digital 公司对于2014年社交媒体使用习惯的统计，Facebook 的普通用户每天登录5.6次，青少年更是高达8.2次；43%的 Twitter 用户每天都登录，超过80%的美国人通过各种媒体渠道在 Twitter 上的账号获取过信息。① 根据 eMarketer 的调查，美国的成年人每天至少花费1个小时用于浏览社交媒体上

* 苗伟山，清华大学新闻与传播学院博士研究生；章晓英，北京外国语大学国际新闻与传播学院执行院长、副教授。

① 参见 The social habit 2014，http://www.edisonresearch.com/download-social-habit-2014-102971045821021/。

的各种信息。[①] 在市场经济领域，从2011年开始全球社交媒体的广告收入也持续上升，近4年来平均年增幅高达32.34%。[②] 根据BI Intelligence的数据统计，2013年美国社交媒体的广告投入额为61亿美元，2014年有望超过85亿美元[③]，而BIA/Kelsey更是预测2019年美国社交媒体的原生广告支出将高达184亿美元[④]。

将目光转向中国，根据CNNIC发布的最新报道，截至2014年12月底，中国共计网民6.49亿户，微博客用户2.49亿户。中国社会媒体的用户在整体网民中占43.8%，使用者主要用社交媒体来获取新闻资讯、分享心情和获取实用信息。[⑤] 在尼尔森的调查中，微博以97%的覆盖率遥遥领先，SNS触达率是70%，位置信息服务（LBS）的只有10%，其中与朋友沟通、分享照片和视频等社会需求是用户最主要的出发点。[⑥]

随着移动终端的发展、媒体生态环境的动态化多态化等发展趋势，2014年全球社交媒体产业呈现出风起云涌的新变化：美国Sanpchat等社会网络兴起，中国微信迅猛发展，俄罗斯最大社交媒体VKontakte被收购，印度社交媒体向移动平台的转向等，都给整个产业带来新的冲击和变革。本文将基于历史、现状和未来的分析，从发展中寻找规律，在变革中探索社交媒体产业的未来之道。

## 一 社交媒体的发展史：移动化的未来

新媒体的概念是相对的、发展的和变化的，这同样适用于社交媒体。[⑦] 正

---

① 参见Top 10 Social Media Highlights of 2014，http：//heidicohen.com/social－media－highlights－2014/。

② 参见Social network advertising revenue from 2011 to 2014（in billion U.S. dollars），http：//www.statista.com/statistics/271406/advertising－revenue－of－social－networks－worldwide/。

③ 参见The social media advertising report：growth forecasts，market trends and the rise of mobile，http：//www.businessinsider.com/social－media－advertising－spending－growth－2014－9。

④ BIA/Kelsey：《2019年美国社交媒体原生广告支出将达到184亿美元》，http：//www.199it.com/archives/323856.html。

⑤ 《2015年中国社交媒体影响报告》，http：//chuansong.me/n/1127030。

⑥ 《中国社交媒体用户受访用户研究报告》，http：//report.iresearch.cn/UploadFiles/Files/635212630872343750.pdf。

⑦ 熊澄宇：《对新媒体未来的思考》，http：//www.scio.gov.cn/ztk/hlwxx/06/6/Document/1019762/1019762.htm。

如美国南卡大学魏然教授所呼吁的，新媒体需要具有历史感的研究①，因此也有研究将社交媒体的前身延伸到20世纪70年代，从更加宽广的历史视角上追溯Facebook等社交媒体的前世今生。②

根据Kaplan等人的梳理，社交媒体主要包括六大类，分别是协作项目、虚拟社会、虚拟游戏世界、博客、内容社区和社交网站③，其核心是人们用来创造、分享和传播意见、经验、感受、观点和信息的平台。以此为依据，本部分梳理社交媒体产业的发展成长史（见表1）。

**表1　社交媒体发展史**

| 年份 | 全球社交媒体大事记 | 中国社交媒体大事记 |
|---|---|---|
| 2003 | LinkedIn，Myspace成立 | 世纪佳缘网站成立 |
| 2004 | Facebook，Flickr成立 | 腾讯上市 |
| 2005 | YouTube成立 | 人人网，豆瓣网，QQ空间，土豆网 |
| 2006 | Twitter成立 | 百度空间上线 |
| 2007 | Tumblr成立 | MySpace进军中国 |
| 2008 | Groupon上线 | 开心网，珍爱网 |
| 2009 | Foursquare成立 | 新浪微博，白社会网 |
| 2010 | Google Buzz遇挫 | 优士，腾讯朋友上线 |
| 2011 | Google + 上线 | 微信上线，淘宝拆分为三家公司 |
| 2012 | Pinterest异军突起 | 优酷土豆合并 |
| 2013 | Snapchat | 余额宝上线 |
| 2014 | Facebook收购WhatsApp | 阿里巴巴赴美上市 |

随着技术的不断演进和发展，目前社交媒体呈现出越来越多的移动化发展趋势，手机终端的普及和推广，人们越来越依赖于集多种平台于一体的移动媒体终端——根据美国皮尤研究中心2014年的报告，2013年42%的用户使用两

① 魏然：《新媒体研究的困境与未来发展方向》，《传播与社会学刊》2015年第31期。

② 《纵览社交媒体40年发展史》，http：//www. ifanr. com/178134。

③ Kaplan，A. M.，M. Haelein，Users of the world，unite！The challenge and opportunity of social media，*Business Horizon*，2010，53（1），59－68.

个以上的社交网站，2014 年这一数据已经升上到 52% [①]——手机的随时拍照和摄像功能催生了 Snapchat 和 Instagram 这类图片快捷分享应用；手机的地理功能则引发了诸如 Foursquare 和 Tinder 这类基于地理信息的服务和交友软件。[②] 因为移动用户的迅猛增长，美国社交媒体的巨头 Facebook 开始大力发展移动端广告，目前移动端的广告收入增速已经远远超过了疲软的 PC 端。2014 年 Edison 和 Triton 的全美社交社交媒体使用习惯调查也证明了近些年发展较快的网站主要是视觉社交网站（Visual Social Network），特别是移动的视觉社交网站。[③]

在全球社交媒体移动化的趋势下，中国社交网络也同样呈现出这一特征。李娜和胡泳在梳理中国社交媒体的发展中就指出，向移动终端的迁移是中国社交网络的必然趋势。人人网在移动网络和即时通信工具方面的错失良机导致其败落就印证了这点。[④] 随着媒体终端的融合趋势，同时拥有笔记本、平板电脑和智能手机并综合使用这些终端的用户越来越多。[⑤] 移动终端的便携性和相互之间兼容性以及媒体内容形式的融合性，共同导致了社交媒体移动化的未来趋势。

## 二　社交媒体的现状与挑战：发展转型、用户差异化和满意度

正如哈佛大学教授 Gary King 等人比较中美社交媒体整体情况时指出的，中国的社交媒体则呈现出多元化和碎片化的特点，美国的社交媒体是由 Facebook、Twitter 等几家寡头所垄断。[⑥] 相关数据显示，Facebook 的年广告收

---

① 《2014 年美国社交网络报告：脸书独大》，http：//wengengmiao. baijia. baidu. com/article/42291。

② 参见 The history of social networking，http：//www. digitaltrends. com/features/the – history – of – social – networking/。

③ 参见 The social media habit 2014，http：//www. edisonresearch. com/download – social – habit – 2014 – 102971045821021/。

④ 李娜、胡泳：《社交媒体的中国道路：现状，特色与未来》，《新闻爱好者》2014 年第 12 期。

⑤ 李岚：《移动化，社交化：视听新媒体融合发展新态势》，《广告主》2013 年第 7 期。

⑥ Gary King，Jennifer Pan，Margaret E. Roberts，How Censorship in China Allows Government Criticism but Silences Collective Expression，American Political Science Review，vol. 107，no. 2，2013，pp. 326 – 343.

入常年占整个美国社交媒体整体广告收入的60%以上。[①] 根据美国皮尤研究中心的数据显示，从2014年在线用户使用社交媒体的百分比来看，Facebook仍然以71%远远超过了Twitter的23%、Instagram的26%、Pinterest的28%和LinkedIn的28%[②]。图1显示了社交媒体网站Facebook、LinkedIn和Twitter年广告收入在美国社交网站年广告收入的占比情况。

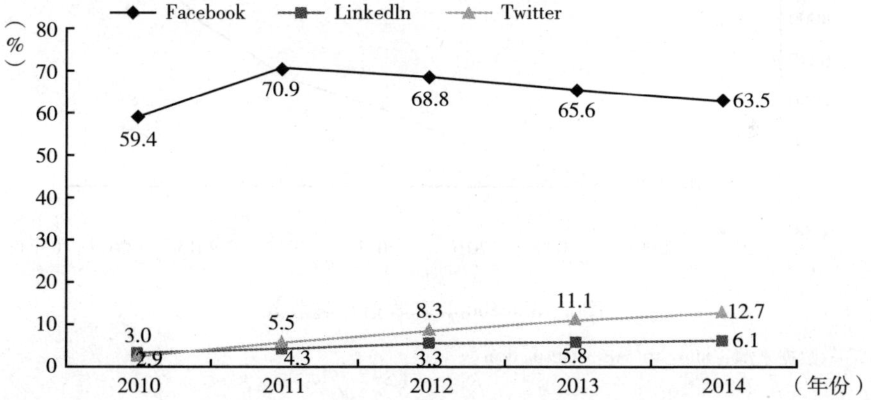


**图1　美国社交媒体年度广告收入中各公司占比**

数据来源：http：//www. statista. com。

本文主要选择了Facebook、Twitter、LinkedIn以及Instagram和Pinterest等知名公司作为考察对象，从收入变化、用户构成和满意度三个方面考察社交媒体产业的主要特征。

第一，总体收入，移动化转型。以美国社交媒体的巨头Facebook为例，其收入在2007~2010年间以188%的高速发展后逐渐放缓，近些年的收入增长维持在50%左右。不同于国内网站收入来源的多样性，Facebook的主要来源是广告，在2014年的收入中贡献了超过90%。[③] 最新的财务报表显示，2014

① Facebook's social network ad revenue as share of total social network ad revenues in the United States from 2010 to 2014，http：//www. statista. com/statistics/241805/market - share - of - facebooks - us - social - network - ad - revenue/.

② Social Media update 2014，http：//www. pewinternet. org/2015/01/09/social - media - update - 2014/.

③ 《最大社交网站的烦心事，不是收购带来的那点亏损》，http：//qdaily. com/display/articles/3177. html。

年第四季度移动端广告收入超过20亿美元，贡献总收入的69%，这也体现了传统社交媒体网站在移动终端时代的转型和尝试（见图2）。

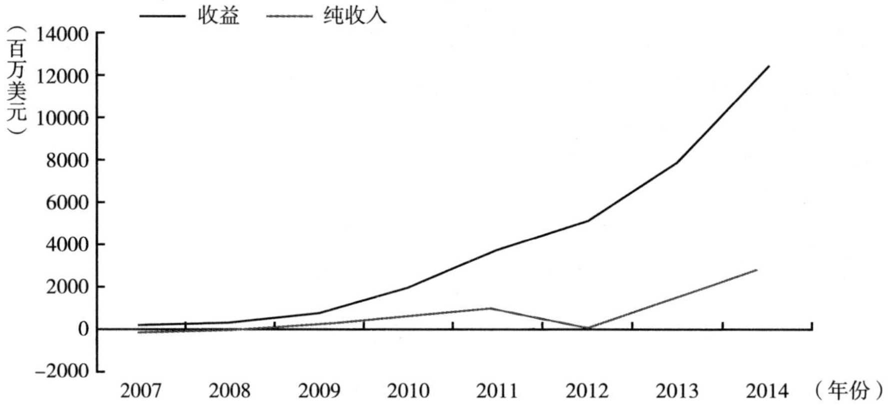


**图2　Facebook年收益和纯收入**

数据来源：http：//www. statista. com。

第二，用户结构，差异化趋势。用户是社交媒体发展的命脉，特别是青少年被认为是社交媒体的主力军。在美国皮尤研究中心2014年的调查数据中，我们可以看到各大社交网站因为运用内容和定位的不同，也呈现出差异化的用户结构。具体来说，与其他社交媒体不同，Pinterest中的女性用户占据了绝对优势。在用户的种族分布上，诸如Facebook和Twitter等常规社交媒体各种族在使用上基本持平，Instagram的使用中非洲裔和拉丁裔占主导优势，Pinterest中则以白人和拉丁裔为主，而在职业工作社交网站中白人和非洲裔用户较多。

在年龄分布上，Facebook的用户群已经呈现出“全民通吃”的结构，因为年纪偏大的用户比重越来越多的原因，近些年也出现了年轻人“逃离Facebook”的现象。[①] LinkdeIn的用户结构结构也较为均衡，这和它作为职业社交网站的性质有关。相比较而言，Twitter和Instagram的用户群显得更为年

① 《退出Facebook成当今法国年轻人“潮流趋势”》，http：//www. china. com. cn/international/txt/2013 - 06/09/content_ 29079080. htm；《新世纪年轻人：Facebook一点都不酷》，http：//www. ifanr. com/392013；《美国的年轻人都在逃离Facebook，那么中国的年轻人呢?》，http：//news. sina. com. cn/m/2014 - 12 - 22/103031312863. shtml。

轻。在教育背景和收入上，Facebook 均体现出多元化的特征，其用户覆盖了多样化人群。LinkedIn 的用户表现出高教育背景、高收入的双高特征。作为信息和图片分享社交媒体的 Twitter、Instagram 和 Pinterest 在各收入阶层中差别不大。

第三，满意指数，总体偏低，略有回升。如果说使用数量和频次仅仅代表客观行为，正如在收视率调查中增加美誉度等指标一样，在这里我们引入满意度来分析社交媒体在使用者心目中的主观印象。根据美国消费者满意度指数 2014 年的报道显示，尽管较之 2013 年社交媒体平均得分 68 分略有回升，2014 年其得分为 71 分，但消费者对于社交媒体的总体满意度位于所有被调查行业的倒数第四，同时也低于网络新闻、网站和搜索引擎等同类媒体。① 具体而言，在这次调查的社交媒体中，除了 Pinterest 的满意度高于社交媒体平均满意度外，其他三个都较低（Instagram 未被纳入本次调查）。具体来说，消费者最不满的地方是隐私问题和社交网站中的大量广告。

社交媒体这种满意度偏低的情况和网络缺少把关人，导致信息虽然丰富但是可信度较低有关。根据尼尔森 2013 年的一项在线调查，仅 37% 的受访者认为社交媒体的信息可靠，相比较有 58% 的人选择更加相信全国性报纸的信息。这样的情况同样发生在记者身上，根据 Vocus2014 年的调查，及时社交媒体促进了记者和受众的互动，90% 的记者更倾向于邮件而非社交媒体来沟通稿件内容②。

社交媒体的高速发展、受众迅速分化和满意度偏低的这种吊诡，将导致其自身未来朝着更加专业化的方向发展，这既包括媒体服务的聚焦和精细化，也包括媒体内容健康的轨道发展。

## 三　社交媒体的未来：实践、行业和学术的多重考量

社交媒体已经突破了传统媒体产业的界限，和市场、政府以及社会的各个

---

① ACSI E - Business Report 2014，http：//www. theacsi. org/news - and - resources/customer - satisfaction - reports/reports - 2014/acsi - e - business - report - 2014/acsi - e - business - report - 2014 - download.

② State of Media Report，http：//www. ccmc. org/node/16291.

方面紧密结合在一起。在新闻传播领域，51%的记者用社交媒体推广他们的报道，这其中87%使用Twitter，79%使用Facebook，49%的记者通过社交媒体和读者互动。[①] 不仅如此，社交媒体更是紧密的和市场营销结合在一起，根据2014年美国社交媒体市场发展报道，92%的受访者认为社交媒体对市场营销具有非常重大的作用[②]。本部分将从社会现实、行业热点和学术研究三个方面，综合考核社交媒体的发展前景和未来。

现实热点，社交沟通。首先以图片视频为中心的社交网络在2014年大获成功，Pinterest、Instagram、Slideshare、Tumblr等社交媒体发展势头正劲，以这种及时的视觉分享为主的让未来的传播更加碎片化和短暂性，例如Twitter Vine中每段视频最长6秒、Instagram上的视频为3～15秒，而以“阅后即焚”的Snapchat为代表的社交网站曾进一步证实了这种“短暂性社交网站”的盛行。第二，网络文件存储和分享的社交兴起，随着网络办公和信息化进一步发展，以Dropbox、google Drive、SoundCloud等基于网络文件云服务的新型文件社交网站兴起，以文件信息为内容的社交分享成为最新的潮流趋势。第三及时通信信息社交软件的复兴，WhatsApp和WeChat是2014年社交媒体绕不过去的关键词，Facebook斥资190亿美元收购及时通讯软件就充分体现了其在社交媒体领域的重要性，这类软件让用户通过Wi－Fi和移动互联网及时分享音视频，无须电信商的服务。

行业热点，经济效果。关于社交媒体在市场营销方面的核心话题，就是市场营销效果和影响。对于广告投放商而言，如何利用社交媒体进行市场推广和品牌营销成为最热门的话题。这也是社交媒体产业自身发展的不二法门。社交媒体中用户的消费行为有何特点和规律？选择什么类型和性质的社交媒体来达到目标客户？采取哪些社交策略、技术和战役来提升品牌价值？通过哪些手段来监控和评估社交媒体的传播效果？这些都是社交媒体、广告商和公司共同关注的焦点。[③]

---

① Vocus releases “ the State of the Media 2014 Report”, http: //www. cision. com/us/about/news/2014 – press – releases – 2/vocus – releases – the – state – of – the – media – 2014 – report/.

② 2014 Social Media Marketing Report, http: //www. toprankblog. com/2014/05/2014 – social – media – marketing – industry – report/.

③ Khang Hyoungkoo, Ki Eyun – Jung&Ye Lan, Social Media Research in Advertising, Communication, Marketing, and Public Relations, 1997 – 2010. Journalism & Mass Communication Quarterly, 2012, 89 (2), 279 – 298.

学术热点，跨学科融合。相关学者基于 SSCI 中被高引的关于社交媒体的文章，认为未来研究的重点集中在大数据、跨国联合、社会动员、盈利模式、舆论监控和认知行为等六个方面①。社交媒体为学术发展提供了前所未有的平台和工具，同时也带来了新的研究问题和挑战。香港城市大学朱建华教授指出，社会化媒体未来的研究更加呼唤计算科学和社会科学的合作②，这体现了“计算社会科学”的融合转向③。但是同时，从社会科学，特别是新闻传播领域的视角来看，以社交媒体为代表的新媒体研究还存在很多困境，正如美国南卡大学的魏然教授提出的，需要从系统性认知、历史性研究和宏观全面性研究三个方面突破。④

---

① 徐剑、商晓娟：《社交媒体国际学术研究综述——基于 SSCI 高被引论文的观察》，《上海交通大学学报》（哲学社会科学版）2015 年第 1 期。

② Charting the Landscape of Chinese Social Media：What We Know and What We Don't Know，http：//weblab. com. cityu. edu. hk/workshops/other_ talks/Zhu_ 2014_ ChartingChineseSocialMediaResearch. pdf.

③ Zhang Jian，Kong Lihua：Computational Social Science. Science，2010，V1（2）：89 –90.

④ 魏然：《新媒体研究的困境与未来发展方向》，《传播与社会学刊》2015 年第 31 期。

# B.37 2014年中国广告经营与传媒投资发展概要

蓝皮书课题组

受经济增速下滑影响，2014 年中国广告市场面临较大压力。前三季度中国广告市场与传统媒体广告花费的同比增速较 2013 年同期均有下滑。广告市场主体呈现出不同特征：广告主空前重视渠道，营销传播实用主义导向增强；媒体的分化加剧，媒介融合、营销价值提升成为调整重点；广告公司经营压力增大，数字化转型持续升温，消费者洞察受到重视。2015 年中国广告市场仍将面临较大的运营压力。然而随着国家经济结构转型，新兴产业崛起，传统产业谋求营销效率升级，广告市场仍存在广泛市场机遇。

与此同时，中国传媒资本市场在 2014 年得益于经济环境的进一步改善、密集有力的政策扶持以及投融资市场的整体带动作用，继续稳健成长，为传媒产业结构的调整和发展提供了有力的资本支持。虽然传媒娱乐指数和互联网指数在2014年的市场行情中均弱于沪深300指数，但随着国民经济在新常态的轨道中继续整固加强，我国传媒产业及传媒资本市场相关行业与公司仍将保持高速发展态势，行业层面深入的整合重组以及公司层面业绩与估值的回升将会是2015年传媒资本市场的主题。2014年我国传媒业市场并购数量和规模都取得了新突破。上市公司吸收合并的新方式开始出现；大量的文化产业投资基金成立；"上市公司 + PE"模式成为新主流。未来互联网巨头为了布局生态系统，将进一步收购传媒企业，而跨界并购的数量和规模都将随之提升。

基于产业发展方向的研究视角，非国有资金以及新媒体巨头的投入正在改变过去完全国有的中国传媒图景，一个混合的新图景正在形成。中央政府计划通过扩大向海外出口传媒产品与服务以传播中国文化价值。投资者也正在中国快速扩张的新媒体领域中寻找赢利机会，而在电影行业中，这些趋势尤其显著。中国正在快速成为技术与产业创新的温床，这预示着中国传媒投资的走向，而前景也取决于对创新的培育。随着整个传媒产业日益走向成熟，实现进一步的增长与发展取决于多样化、战略联盟、平台整合以及消费者的介入。

传媒市场的成长离不开健全的版权贸易机制和有效运作模式的有力支撑。版权贸易为产业的繁荣产生促进作用，丰富内容本体的多样性、带来良好经济效应的同时，繁荣了周边产业发展。中国传媒市场版权贸易发展活跃的地区为北京和上海。资本、技术、创作的频繁交流，促进版权贸易在这些城市形成了交流—应用—发展的良性循环。中国版权相关产业对经济贡献作用逐年提升加大，GDP占比平稳提升。相比之下，核心版权产业的行业增加值增长率略高于版权产业总板块。未来版权出口产业结构有待优化，电影、电视产品作为高利润、大影响力版权商品，应加大对优秀原创作品的研发及海外宣传。

# B.38
# 2014年中国广告市场发展报告

《现代广告》杂志社

摘　要：2014年，中国广告营业总额创新高，达5605.6亿元，较上年增长11.67%，增幅达两位数。从品类投放上看，食品、汽车、化妆品及卫生用品位居前3位。从媒体渠道上来看，电视、互联网表现抢眼。从地域分布来看，广告经营业务第一阵营仍然由北京、广东、上海、江苏、浙江组成。

关键词：广告营业额　广告投放　市场分析

## 一　2014年中国广告市场总体状况

2014年中国广告业营业额持续保持增长态势。国家工商行政管理总局公布的数据显示，2014年中国广告经营额达到5605.60亿元，再创新高，较上年增长11.67%，增幅达到两位数水平（见表1）。

**表1　2014年全国广告经营情况**

| 项目 | 2013年 | 2014年 | 增长率(%) |
| --- | --- | --- | --- |
| 经营单位(户) | 445365 | 543690 | 22.08 |
| 从业人员(人) | 2622053 | 2717939 | 3.66 |
| 营业额(亿元) | 5019.75 | 5605.60 | 11.67 |

在互联网的深刻影响下，2014年中国广告行业也随之进行模式创新、方法创新。广告主、广告公司都在尝试着与互联网的深度融合。从产品到营销的全面转型探索成为2014年广告行业发展核心主旋律。

综合对比2013年广告从业人员20.40%的增长以及2014年中国广告经营单位数量22.08%的增长可以发现，2014年3.66%的从业人员增长幅度不高，这明显地反映出广告行业结构调整的痕迹。众多从业人员在2014年中选择离开广告公司，转而进入品牌广告主、互联网公司，继续从事原有业务。创意等广告行业的本质元素并没有消失，而是突破了行业局限，向更为直接的产品领域和互动媒体端渗透。

2014年，广告经营涉及的四大业务部门费用如表2所示。与2013年相比，“代理”业务的份额减少了9.12%，而“发布”环节则增加了8.35%。之前依靠纯粹代理而生存的公司业务范围正在逐渐收窄，而具备复合业务能力的创意型公司的市场前景将受到青睐，究其根本，是因为这样的公司可以解决广告主多方面的诉求（见表2）。

**表2　2014年全国广告经营额分类占比**

| 业务类型 | 2014年销售额(亿元) | 2014年占比(%) | 2013年占比(%) |
|---|---|---|---|
| 设计 | 769.08 | 13.72 | 13.9 |
| 制作 | 743.09 | 13.26 | 12.3 |
| 代理 | 1231.99 | 21.98 | 31.1 |
| 发布 | 2861.44 | 51.05 | 42.7 |

虽然，互联网和移动网络的迅速发展深刻改变着传播环境和营销模式，但电视媒体在经营模式创新和产品内容创新上，让市场大吃一惊。2014年，与广播电台、报社、期刊社三大媒介的整体下滑（-5.91%、-0.60%、-6.41%）相反，电视媒体的创新最终收获了16.11%的增长，电视媒体销售额达到了1278.50亿元，仍然高于互联网的市场份额。

而来自网络媒体广告份额的高速增长也在逐渐逼近电视媒体。2014年中国网络广告经营额增长了51.7%，达到969.09亿元。按照这种发展态势，2015年网络媒体广告将有望超越电视，成为传播力最强的复合传播渠道。

2014年，中国广告行业经营单位、从业人员与广告经营额均有不同程度的增加。其中，经营单位增长22.08%，达到543690家；从业人员增长3.66%，达到2717939人，广告经营额增长11.67%，达到突破历史的5605.60亿元（见表1）。

但是，有一个现象十分显著。2014 年中，国有企业、集体企业、事业单位的经营单位与从业人员数量呈现下降趋势。与之相对应的是，2014 年的外商投资的广告企业从业人员数量增幅达到了惊人的 182.47%，达到了 94515 人。虽然，这一增长是建立在较低的基数之上的——2013 年这一数字仅为 33460 人，远远低于其他属性企业的总人数，但是考虑到在过去的一年中，众多外资广告公司纷纷通过收购或直接在华组建分公司的方式进入中国互动广告市场的事实，可以预见外资广告公司在一段时间内仍会存在大量的人员需求。

## 二　2014年中国广告细分市场状况

### （一）品类投放：食品类广告爆发，享受型消费渐成主流

2014 年广告投放品类第一位的为食品类广告，食品类广告投放额从上一年的 537.51 亿元增长到 766.48 亿元，增幅为 42.60%（见表 3）。随着经济发展和人民生活水平的提高，广告内容的主体逐渐由刚需型向消费型转移，由卖方市场逐渐向买方市场过渡。由此可以判断，为了改善生活质量而产生的消费型产品将广受青睐。

这一点从排在第八至十名的信息传播、软件及信息技术服务，金融保险，服装服饰及珠宝首饰三大类别的增长幅度也可以间接看出，物质刚需之外的消费型产品与服务类别将逐渐进入投放主流阵营，尤其是老年市场和儿童市场将在一个相当长的时间内保持旺盛增长态势，这一现象应该引起广告行业的重视。

**表 3　2014 年投放前十大广告行业**

单位：亿元，%

| 排序 | 类别 | 2013 年 | 2014 年 | 增长 |
|---|---|---|---|---|
| 1 | 食品 | 537.5149 | 766.4778 | 42.60 |
| 2 | 汽车 | 603.9584 | 637.8650 | 5.61 |
| 3 | 化妆品及卫生用品 | 594.7867 | 613.6786 | 3.18 |
| 4 | 房地产 | 586.3287 | 601.2514 | 2.54 |
| 5 | 药品 | 234.4690 | 267.8281 | 14.22 |
| 6 | 家用电器及电子产品 | 229.7280 | 246.8333 | 7.44 |

续表

| 排序 | 类别 | 2013 年 | 2014 年 | 增长 |
|---|---|---|---|---|
| 7 | 酒类 | 206.3545 | 211.1681 | 2.33 |
| 8 | 信息传播、软件及信息技术服务 | 174.8597 | 195.1819 | 11.62 |
| 9 | 金融保险 | 149.2608 | 169.1219 | 13.30 |
| 10 | 服装服饰及珠宝首饰 | 143.4716 | 162.5827 | 13.32 |

一个出现在细分类中的现象似乎也可以印证这一观点。数据显示，2014 年，教育类、收藏品类的广告投放有爆发式的增长。其中，教育类广告在电视台、广播电台、报纸的投放增长率分别是45.59%、112.32%、65.52%；收藏品类广告在报纸、期刊的增长率业分别达到了275.70%和42.35%。可见，在追求物质生活之后，更多消费者开始逐渐关注自身健康或精神层面的更高层次消费需求。

### （二）媒体渠道：转变经营拯救了电视媒体，互联网广告也不甘示弱

2014 年电视媒体在“四大传统媒体”中的表现最为优异。电视媒体不仅稳住了中老年受众，还赢取了一批年轻“用户”。依靠强势而优质的内容，电视媒体不仅收获了广告费，还从互联网媒体的口袋里掘取了数目可观的真金白银。

2014 年，全国经营广告业务的电视台数量增加了 30.53%，达到了 3121 家；营业人员达到了 58424 人，增长 17.78%；营业额增长了 16.11%，为 1278.50 亿元。这些数字表明，电视媒体在创新突破与互联网结合上找到了新的路径。除电视之外，广播电台、报社、期刊社的广告营业额都出现了下降（见表4）。

**表4　2014 年媒体广告基本情况**

| 项目 | 经营单位（户） | | | 从业人员（人） | | | 广告经营额（万元） | | |
|---|---|---|---|---|---|---|---|---|---|
| | 2013 年 | 2014 年 | 比较（%） | 2013 年 | 2014 年 | 比较（%） | 2013 年 | 2014 年 | 比较（%） |
| 电视台 | 2391 | 3121 | 30.53 | 49603 | 58424 | 17.78 | 11011042.13 | 12785033.31 | 16.11 |
| 广播电台 | 798 | 927 | 16.17 | 15204 | 15261 | 0.37 | 1411868.79 | 1328438.10 | -5.91 |
| 报社 | 1420 | 1353 | -4.72 | 39062 | 41028 | 5.03 | 5047018.14 | 5016661.85 | -0.60 |
| 期刊社 | 3577 | 3763 | 5.20 | 34326 | 36281 | 5.70 | 872077.31 | 816154.11 | -6.41 |

以综艺节目为主的电视内容为电视媒体广告的火热奠定了坚实的基础。季播形式的综艺节目带动了品牌主广告投放频次的增长。电视媒体的商业价值又一次被挖掘。

电视媒体在创造了自身广告营业额 16.11% 增长的同时，还依靠内容转让等形式，给互联网视频企业带来了可观的流量和营收。以芒果 TV 为例，其目前过百亿元的估值虽借助中国移动的项目，但也离不开湖南卫视节目权益转让对其的整体支持。无论是对于电视媒体还是对于互联网媒体，某种意义上，优质内容成为广告价值的同义词。

在互动新媒体方面，互联网广告的表现更加抢眼。中国广告协会互动网络分会统计的数据显示，2014 年互联网广告营业额为 969.09 亿元，增长 51.7%。相比 2013 年 45.85% 的增长（638.8 亿元）又进一步。各大互联网公司先后实现了两条腿走路的发展模式，在内容营销之外，先后确立了战略级广告产品，微博粉丝通、百度直达号、微信朋友圈广告等产品的诞生表明了企业广告业务模式正在逐步走向成熟。

### （三）区域状况：第一阵营牢不可破，落后地区原貌亟待改观

2014 年全国各地区广告经营业务前五省份（直辖市）是北京、广东、上海、江苏、浙江。这五省市的广告经营收入总和达 3813.63 亿元，占全国广告经营总额的 68.03%（见表 5）。对比 2013 年的排名发现，国内广告经营收入前五名的成员没有变化，不同的只是相互之间的座次更迭。

增幅排名全国最后的三个省份是：河北（－56.18%）、海南（－43.42%）、贵州（－39.34%）。其中的河北省曾在 2013 年将广告经营额攀高到 13.10 亿元，而 2014 年却下滑到 5.73 亿元，成为连续几年的最低值。2014 年排名全国各地区广告经营额最后的五个省份分别是：甘肃（2.62 亿元）、贵州（2.89 亿元）、西藏（2.91 亿元）、宁夏（3.22 亿元）、河北（5.74 亿元）。就目前而言，培养人才、留住人才是“广告弱省”最为迫切需要解决的问题。

### （四）监管处罚：广告监管将进一步规范化、法律化

国家对广告的监管将越来越严格。2014 年全国各地区查处广告违法案件

34012 件，总量大幅减少了 22.88%。而 2013 年的这一数字是 44103 件。2015 年 3 月初，上海市集中查处了 12 起违法广告，媒体进行了广泛报道。

**表 5　2014 年广告经营额区域状况**

单位：万元

| 地　区 | 2014 年各省市自治区广告经营额 | 地　区 | 2014 年各省市自治区广告经营额 |
|---|---|---|---|
| 北　京 | 19218404.56 | 湖　北 | 1248262.88 |
| 天　津 | 2173803.49 | 湖　南 | 1764002.26 |
| 河　北 | 57395.27 | 广　东 | 6885455.29 |
| 山　西 | 350828.96 | 广　西 | 237312.16 |
| 内蒙古 | 214589.31 | 海　南 | 64072.34 |
| 辽　宁 | 987867.87 | 重　庆 | 642167.55 |
| 吉　林 | 391094.16 | 四　川 | 1167277.29 |
| 黑龙江 | 485589.00 | 贵　州 | 28869.20 |
| 上　海 | 4636489.00 | 云　南 | 367835.70 |
| 江　苏 | 4241329.94 | 西　藏 | 29136.79 |
| 浙　江 | 3154642.56 | 陕　西 | 124645.70 |
| 安　徽 | 1118908.92 | 甘　肃 | 26234.18 |
| 福　建 | 1585591.00 | 青　海 | 73058.12 |
| 江　西 | 371160.19 | 宁　夏 | 32225.40 |
| 山　东 | 2828396.07 | 新　疆 | 237338.18 |
| 河　南 | 1312049.98 | | |

其中，排名处罚金额前十的分别是上海（4495.62 万元）、广东（4327.42 万元）、湖北（2990.23 万元）、江苏（2617.74 万元）、浙江（1972.74 万元）、四川（1872.21 万元）、北京（1540.0 万元）、河南（1450.92 万元）、山东（1277.84 万元）、湖南（1251.15 万元）。

在目前监管没能全面覆盖的互联网广告领域，广告违法现象在 2014 年有所蔓延。随着互联网广告行业的快速崛起，互联网广告的发布、投放，乃至设计、制作等方面的监管，均存在不同程度的缺失，加大相关监管必须提上日程。

# B.39
# 2014～2015年中国广告市场现状与趋势

黄升民　杜国清　张 弛*

摘　要：受经济增速下滑影响，2014 年中国广告市场面临较大压力。媒体分化加剧，媒介融合、营销价值提升成为调整重点。本文通过对中国广告市场现状的分析，对广告趋势进行预测，用以指导传媒企业及广告公司的经营。

关键词：广告市场　营销传播　广告公司

## 一　经济发展步入中低速增长“新常态”，广告市场压力增大

2014 年中国 GDP 增速为 7.4%①，创 24 年来新低。经济增速的下滑对广告市场的增长造成了较大压力。2014 年电视媒体总体上仍保持了微弱增长态势，但分化加剧。有 55.8% 的被访电视媒体实际广告收入上升，这一比例比 2013 年增长了 10.3%；30.2% 的被访电视媒体广告收入下滑，较 2013 年上升了 9%。报纸媒体在 2014 年则继续呈现出下滑态势，2014 年报纸广告经营下降的比例较 2013 年上升了 11%，而增长的比例则下降了 8.1%，持平的比例略有下滑。CTR 媒介智讯数据亦印证了上述观点，2014 年前三季度中国广告市场同比增长 4.1%，低于 2013 年同期 6.5% 的增幅。同时，传统媒体的广告

* 黄升民，中国传媒大学教授、博导；杜国清，中国传媒大学广告学院广告主研究所所长、教授；张弛，中国传媒大学广告学院 2013 级硕士研究生。

① 数据来源：国家统计局。

花费同比仅增长0.5%，较2013年同期3.9%的增幅有较大下滑。其中，除了电台与传统户外分别保持了12%以及10%的广告刊例花费增长之外，传统媒体的主力电视媒体增长平淡，仅为2%，远低于上年同期的10%，平面媒体则进一步沦陷，报纸和杂志分别下滑了16%和9%。①

## 二　2014年广告市场三大主体的年度特征

### （一）广告主：经济“新常态”下的破壁之战

#### 1. 空前重视渠道策略：积极布局线上渠道，发挥线上线下渠道的协同作用

据2014年中国广告生态调研数据显示，广告主运用的营销策略中，渠道策略在2014年一跃成为广告主第二侧重营销策略，为12年来最高，② 足见广告主在销售压力下对渠道策略的重视程度。广告主对渠道的重视主要表现在两个方面：第一是对于线上渠道的积极布局；第二是调整原有线下渠道，以实现线上线下渠道的协同联动。据TopDigital对超过150家广告主的调研数据，70.96%的广告主表示开展了包括自营以及在主流电商平台上运营的电子商务业务。③ 在布局线上渠道的同时，广告主亦积极调整优化线下渠道，以发挥线上线下渠道的协同作用。

#### 2. 广告主营销传播直接促进销售的实用主义倾向更加显著

在更为严酷的竞争环境和经营压力下，为推动销售业绩增长，广告主营销传播的实用主义导向越来越明显。广告主对于营销传播能够即时带来销量上的转化的要求越来越高。2014年广告主检验广告传播效果有效性的标准中，选择“销售数量的增加”作为判断广告活动有效性标准的被访广告主比例在2009年大幅上升后，2014年再次增加了5.3%，达到历年最高。与此同时，广告主在营销推广费用分配过程中也更倾向于能够带来实际销售的环节，如2014年广告主面向中间商的营销推广费用较2013年增加了3.7%，

① 数据来源：CTR媒介智讯。

② 本文无特殊说明处，相关数据来自《2014～2015年中国广告生态调研》，《现代广告》2015年第2期。

③ TopDigital：《TopDigital数字创新白皮书》，2014年9月。

而媒体广告费用一直维持近几年的下滑态势，2014 年相较 2013 年下降了 4%。

3. 广告主营销传播日益理性，营销传播效果与效率并重

首先，广告主在选择媒体时更为注重媒体能否真正地吸引到企业目标消费者的注意力。对于那些价格低但是影响力和吸引力均很差的媒体，广告主不会进行无效投放。广告主更注重媒体与节目的质量的优劣。在这种思维的指导下，广告主 2014 年向媒体投放广告的一个重要特点就是集中化，即将有限的营销传播费用投入到那些最能够吸引消费者注意力的媒体和节目中，这种营销传播方式无疑更具效率，从 2014 年热门综艺获得广告主集中性的重金投入即可看出。

其次，广告主越来越重视媒体与企业自身目标消费群体的吻合程度，2014 年中国广告市场生态调研数据显示“媒介受众与企业目标消费者的吻合程度”这一因素在 2013 年成为广告主进行媒介选择时最为看重的因素之后，2014 年的比例再次提高 3.1%，达到了 76.4%，远高于排名第二的媒体覆盖范围（57.5%）和排名第三的媒体的品牌影响力（49.6%）。

再次，广告主在媒体的购买和投放上也更加注重效率与效果的提升。随着国内网络广告平台发展日益成熟，程序化购买方式与大数据技术提升了营销传播的效果和效率。易传媒调研数据显示，52% 的广告主已经或者考虑一年内搭建私有技术平台，① 这显示了广告主对于程序化购买的热情。2014 年年末，宝洁公司计划将 70% ~75% 的预算用于美国数字媒体程序化购买。② 亿滋国际（原卡夫食品公司）在 2014 年 6 月宣布，2016 年将视频程序化购买的投入提高至总营销预算的 50%。③ 随着越来越多的优质媒体，如电视和户外等媒体进入程序化购买平台，程序化购买的市场会越来越繁荣。程序化购买得到广告主的认可与实践体现了广告主对于营销传播效率与效果的并重。

---

① 易传媒：《2015 中国数字媒体广告市场展望》，2014 年 12 月。

② 《2014 年宝洁 70% 的广告预算将用于程序化购买》，http://www.meihua.info/today/post/post_2b444fc0-1945-46b9-8d85-48c8ba4e9206.aspx，2014 年 6 月 13 日。

③ 《程序化购买：蛋糕谁来掌控?》，http://www.vmarketing.cn/index.php?mod=news&ac=content&id=8023，2014 年 11 月 15 日。

### （二）媒体：分化加剧，媒介融合、营销价值提升成为调整重点

#### 1. 电视媒体广告市场增幅下降，马太效应加剧

2014年中国广告市场生态调查数据显示，被访电视媒体广告收入平均增幅为21.6%，低于2013年同期4.6个百分点。对“未来一年（2015年）广告市场预期良好”这一观点持同意态度的被访电视媒体比例为16.7%，相较2013年下降了19.7%。

与此同时，电视媒体市场内部两极分化、强者恒强的格局进一步加强。2013年创收排名全国前五的卫视总收入占所有卫视收入的54%，排名前十的卫视总收入已占到73%。[①] 可以预见的是，2015年此趋势还会进一步加强。2014年各大电视媒体的2015年招标即可侧面印证这一趋势，所有招标节目过亿元的栏目均出自湖南、浙江、江苏等一线卫视及央视。

#### 2. 互联网广告仍保持较为稳健增长，移动广告市场升温加速

2013年，互联网广告市场规模达到1100亿元，预计2014年网络广告仍将保持30%～40%的增速，达到1500亿元。[②] 但在经过前期的高速增长达到一定规模之后，网络广告市场增速也将进一步放缓，逐渐步入较为成熟稳定的发展时期。与此同时，移动广告市场却呈现喷发之势。广告的本质是注意力经济，随着移动端聚集了大量的消费者，其营销价值也进一步凸显。

普华永道的数据显示，2014年，中国移动广告的市场规模将达到125亿元，而到2017年预计将达到257亿元，成为中国增长最快的行业。[③] 移动端渗透到搜索、视频、社交等方方面面，移动搜索广告、移动视频广告、移动社交广告未来占据的份额会越来越大。据百度第三季度财报显示，百度收入中移动端占比已经达到36%，未来移动端的营收占比还将进一步增大。移动视频广告也是如此，2013年移动视频广告收入为4.8亿元，同比增长152.6%，增长

---

① 韩雨亭：《东南卫视“自救”》，经济观察网，http：//www.eeo.com.cn/2014/0628/262694.shtml，2014年6月28日。

② 杨雪斌：《艾瑞咨询：2013年中国网络广告市场规模突破千亿大关，达到1100亿元》，艾瑞网，2014年1月9日，http：//a.iresearch.cn/others/20140109/224661.shtml。

③ 周锐：《2014年中国移动广告市场规模将达125亿元》，2014年5月21日，http：//finance.chinanews.com/it/2014/05－21/6195222.shtml。

较快。预计 2017 年移动视频广告规模将达到 130 亿元，占到整体在线视频广告规模的 45.2%，接近一半。2014 年网络视频行业全面启动移动端商业化进程，各大网络视频企业来自移动端的营收贡献率将有较大幅度提升。社交广告的代表腾讯以及新浪微博也实现了移动广告的进一步增长。腾讯三季度财报显示，三季度其所有的效果广告收入中有 45% 来自移动端。而新浪微博的三季度财报显示其移动端广告收入占比增至 44%。①

### 3. 广告收入下降的平面媒体比例增加，以非广告收入增长带动整体收入增长

2014 年，平面媒体广告收入继续呈下降态势。根据 2014 年中国广告市场生态调查数据显示，广告收入有所增加的被访报纸媒体比例在 2014 年进一步下降，与 2013 同期相比下降了 8.1%。而广告收入下降的比例与 2013 年同期相比则上升了 11%。被访杂志中广告收入增加的比例在 2013 年、2014 年连续下降，与上一年同期相比分别减少了 41% 和 15.3%，而选择广告收入下降的被访杂志则分别增加了 27% 和 16.7%。另据 CTR 数据，2014 年前三季度报纸媒体广告刊例花费同比下降 16%，杂志媒体广告刊例花费同比下滑 9%，与 2013 年同期相比跌幅进一步扩大，2013 年前三季度报纸与杂志的广告刊例花费与 2012 年同期相比分别下滑 8% 和 7%。虽然平面媒体总体上营收状况进一步恶化，但是也有部分平面媒体转变思路，积极进行新媒体产品开发，积极开拓非广告收入来源并实现了良好的经营增长。以浙报集团为例，2014 年上半年净利润比 2013 年同期增长 63.48%。而其互联网营收占整个集团的营收已经超过 30%，超过了传统媒体业务创造的利润。② 而上海报业集团在 2014 年推出的三大新媒体产品：界面、澎湃新闻以及上海发布，亦取得了不错的反响。

### 4. 广播媒体广告收入增幅可观，为传统媒体整体颓势中的一抹亮点

研究显示，被访广播媒体 2014 年广告收入相比 2013 年同期增长 11%，其中广告刊例价增长的比例达到了 86.4%。广播广告不仅实现了广告收入的增长，其投放广告的品牌量也有所增长。梅花网调研数据显示，2014 年上半年，

---

① 数据来源：根据公布财报整理。

② 高海浩：《如何实现互联网营收占集团 30%》，http://mp.weixin.qq.com/s?__biz=MjM5Nzk3MTYxMg==&mid=201215245&idx=2&sn=ec089b632cfcc824b763b66540ec3171#rd，2014 年 11 月 1 日。

投放广播媒体的品牌量实现6.2%的增长。① 广播媒体实现高速增长主要缘于：一方面，中国逐步进入汽车时代，车载收听成为收听广播的主流方式，广播媒体收听人群的含金量不断提高；另一方面，网络电台的兴起，打破了广播的地域及时间限制，也网罗了更多的互联网受众人群。

## （三）广告公司：经营压力增大，数字化转型持续升温，消费者洞察受到重视

### 1. 营业额及税后利润平均增幅双降，广告公司对未来市场预期一般

2014年与2013年相比，上半年营业额增长的被访广告公司的比例下降至45.5%，为10年新低。与此同时，营业额下降的被访广告公司比例相比于2013年的16.5%，上升了9.7%，大幅增长至26.2%。2014年上半年税后纯利润平均增幅较2013年下滑22.4%，为近3年新低。

广告公司对未来中国广告市场的预期也显示出信心不足。2014年中国广告市场生态调查的数据显示，有35.3%的广告公司认为"未来一年（2015年）广告市场预期良好"，较2013年下降了4.6%。此外，2014年广告公司对未来营业额变化情况的预期为增长的比例是57.5%，较2013年同期下降了10.8%，为10年新低。

### 2. 数字化浪潮之下，广告公司积极转型应对挑战

近两年来数字媒体发展迅速，对传统广告产业链造成了冲击，广告产业链变得更加细化和专业化，一批以技术和数据为核心竞争力的数字营销代理公司随之崛起，并且对传统广告公司造成了冲击。据群邑数据显示，2014年广告主用于数字媒体花费将占到总体媒体花费的34.7%，预计2015年将达到40.7%。② 传统广告公司亦敏锐感知了这一趋势，并且积极转型。调研数据显示，2014年广告公司所要拓展的业务情况中，选择"数字媒体策划和技术支持"的比例较2013年上升了8.8%，达到48.1%，足见广告公司对数字媒体相关业务的重视。部分广告巨头也在不断通过资本收购或者并购来提升自身数

---

① 梅花网：《2014年上半年电台广告投放整体表现》2014年7月。

② 群邑中国：《今年，明年：中国媒体行业预测》，http：//www.domarketing.org/html/2014/report_0915/12692.html，2014年9月15日。

字营销方面的能力。如 2014 年 10 月全球第三大广告巨头阳狮集团宣布收购数字营销机构 Sapient，预计 2015 年其数字广告业务收入占比将提高到 50%。2014 年 4 月，蓝色光标以 1.4 亿元收购美广互动剩余 49% 股权，并于 11 月 7 日成立蓝色光标移动互联业务板块及相关公司。

### 3. 大数据时代，广告公司回归消费者洞察与研究

2013 年被称为大数据元年，2014 年大数据技术进一步发展。虽然大数据分析可以为消费者“画像”，但仅仅依靠数据是不够的。冰冷的数据背后是每一个活生生的消费者，在看重大数据的时候也不能忽略小数据和定性分析，而这恰好是传统广告公司的长处与积累。此外，在越来越复杂的市场消费环境和营销传播环境中，广告主越来越难以把握消费者，因此广告主对于消费者洞察与研究的需求也在变多。2014 年中国广告生态调研数据显示，2014 年广告主同意“消费者洞察和研究是推动广告市场发展的主动力”这一观点的比例达到了 79.2%，而选择“不同意”的比例下降至近 5 年的最低值。广告公司对于这一点的重视程度也在上升。2014 年广告公司对此观点持“同意”的比例达到近 3 年的最高值，2014 年较 2013 年增加 8.1 个百分点，达到了 74.3%，但与广告主的重视程度还有差距。

## 三　展望：压力仍将持续，但机遇仍广泛存在

广告主的营销传播运作是整个广告市场运转的起点，但是 2014 年广告主预期 2015 年营销推广费用依然低位运行，较 2014 年下降至 8.8%。对未来一年市场预期持悲观态度的比例较 2013 年上升了 5.3 个百分点。可见，未来一年，中国广告市场仍将面临较大的运营压力。然而，重压之下，仍存在广泛机遇。

第一，在中国经济新常态的时局之下，城镇化已上升为国家发展战略，是未来中国经济发展的重要抓手，也表征着区域经济的一轮新机遇。因此，对于广告业来说，这种改变就体现在区域市场、低线市场将为广告市场带来较大的增量空间。

第二，伴随媒体融合上升为国家战略，电视媒体、平面媒体尚需积极突破体制机制以及观念局限，积极布局，把握机遇。

第三，国家经济结构转型，新兴产业崛起，传统产业谋求营销效率升级，广告市场仍存在广泛市场机遇。当下，尽管国家经济步入转型期，增速回调，但网络游戏、电子商务等新兴产业崛起迅速，且具有广泛的品牌塑造需求。而传统的房地产、机动车、食品饮料、日化用品等行业亦在积极谋求营销效率的升级，只要是具有优质营销价值的平台就容易受到上述行业广告主的追捧。这从 2014 年众多热门电视综艺节目招标的火爆即可一窥端倪。

# B.40

# 资本运营与我国本土广告业的发展路径

罗衍记*

摘　要：本文结合引力传媒股份有限公司多年发展经验，从资本运营、发展方式等角度，为本土广告公司在新时代的运营及发展提出建议。

关键词：广告公司　资本运营　发展

## 一　本土广告业发展路径

### 1. 优化业务流程 + 提升服务水平：提升专业水平

为了满足广告主日益增长的专业广告服务需求，我国本土广告公司不断吸收和引进国际 4A 广告公司先进的服务理念、发展经验和工具方法，结合国内市场、消费者、媒体环境等实际状况，逐步培养、引进专业服务和技术人才，购买或建立起大型市场与媒体研究数据库，加大业务服务的技术支持力度，部分广告公司还自行研发出广告决策系统分析平台。我国广告公司应不断优化业务流程、提升服务水平，逐步提高专业综合服务能力的系统性、协同性，逐步形成完整的广告服务产业链，以满足企业的综合性传播需求。

### 2. 整合资源 + 扩张业务：提高行业集中度

行业集中度的提高和业内资源的整合是我国广告行业的发展趋势。一些拥

* 罗衍记，引力传媒股份有限公司董事长，清华大学 EMBA。

有资本和规模优势的公司不断收购、兼并其他广告公司或拓展分支机构，规模不断扩张。一方面，国际4A广告公司凭借资本实力不断兼并收购我国本土优质广告企业，快速建立起国内优秀的专业人才队伍，同时其整合了大量的国内优质广告主资源，迅速扩大其在我国广告市场的份额。另一方面，部分本土广告公司也通过业务的扩张和经验的积累，不断发展壮大，形成具有本土特色的广告传播集团。本土广告公司应积极整合客户资源和媒体资源，不断加强业务能力以提高竞争力。

3. 立体化+多触点：开启综艺营销新风潮

网络视频广告结合了电视广告与互联网营销两者的优势，其广告投放额在广告市场的占比逐年递增，成为互联网广告行业整体增长的重要拉动力量。由于相关政策的影响，近年来网络视频广告、植入广告等新兴广告形式的传播效果优势进一步凸显，国内广告客户也会逐渐更多地选择这些新兴广告形式。可以预见，这些新兴广告形式未来在我国将会得到迅速地发展。

媒体“边界”的延展、品牌传播形态的多元、商业模式的转变、消费者免疫能力的增强以及创意纬度的扩张，原来依托“大创意”和“大媒介”完成的品牌广告如今逐渐被包括内容植入在内的“多触点”创新营销模式所稀释。

2013年以来，电视综艺节目的爆发和诸多现象级节目的出现，使得电视媒体的声音依然高亢，而基于优质内容的综艺节目营销亦变得火热。在此大综艺营销背景下，考验一个广告公司综合实力的标准逐渐升级。从综艺节目市场进入亿元时代开始，冠名、特约、互动、植入等形式的广告费用在成倍增长，频破几亿元天价。聚焦综艺节目的全方位营销成为吸金热门，而如何能为品牌“量体裁衣”，达到投入成本与传播效果之间的完美平衡，是作为“营销红娘”的广告公司竞争力所在。

一场成功的综艺品牌营销不是简单拼凑娱乐产品与品牌商业诉求，而是要寻找节目与品牌的完美契合点。广告公司与热播节目品牌合作不只是“媒企联姻”这般简单，更是在为品牌寻找到合适的营销资源，放大营销声量以达到节目投资收益的最大化。要实现这些，则需要广告公司拥有立体式的“网状思维”——将电视、互联网、视频、搜索、社会化媒体打通，从而保证客户最大ROI产出。

### 4. 电视＋电商：开辟内容营销新领域

中国电子商务市场发展迅猛，2014 年全年电子商务交易规模高达 12.3 万亿元，同比增长 21.3%，其中网络购物增长 48.7%，根据国家统计局 2014 年全年社会消费品零售总额数据，2014 年，网络购物交易额大致相当于社会消费品零售总额的 10.7%，年度线上渗透率首次突破 10%。①

电子商务的发展对于能够为客户提供全面的整合营销策略、多方位的整合营销服务的本土广告公司而言，既是机遇也是挑战。广告公司可整合媒体资源和自有平台，运用 T2O（TV to Online）技术将电视节目和电商平台紧密结合。凭借 T2O（TV to Offline）技术将节目打造成一个互联网平台，将平台、产品以及用户无缝连接。

广告公司可通过收视数据、软广监测、网络舆情等数据信息，构建内容资源体系。在传播模式上，以视频作为内容营销接触点将众多媒体全线打通，以内容资源帮助广告主锁定受众眼球，从而形成“T2O2O（电视到线上到线下）”的品牌传播布局。

### 5. 内容＋技术：占领行业至高点

内容为王的时代，掌握优质内容便掌控了传播的主权。广告公司应依托丰富的各方资源，以专业的策略方案达成资源最优配置的效果，为客户实现“一次投放、多维互动、超值传播”等一站式服务。

技术革新带来了观念转变，实现了行业大颠覆，用风起云涌和变幻难测来形容当下的传媒环境再契合不过。移动、多屏整合、社交、大数据等新鲜概念、技术层出不穷，前沿技术使得受众生活每天都在发生变化。营销的本质是利用技术，从方法和内容上不断优化体验，即通过技术和创意让广告内容吸引顾客。广告公司应在技术革新和内容创新方面持续投入，在未来一段时间内，对大数据、RTB、DSP 等技术的应用能力将决定着广告公司未来的竞争力。

## 二　资本运营与广告公司升级

中国的广告行业是市场经济环境下自由竞争极为充分的一个行业，存在相

① 数据来源：艾瑞网，http://report.iresearch.cn/html/20150201/245909.shtml。

对较少的政府干预，资源配置能够通过市场进行有效的自我调节，进而以更为经济的成本为企业主提供更富有成效的营销服务，最终有助于提高整个社会的运作效率。

从广告公司的收入比重来看，媒介代理是广告行业的主要营收模式，是广告公司现金流的主要来源但媒介代理能够为广告公司贡献的利润却不高，而通过并购进行资源配置可以更加快速有效地增加利润的实现这一目的。增加利润的途径可以通过增加收入或者降低成本，通过并购不仅使得公司规模壮大，收入增加，对广告公司而言，在与媒体谈判时也可以争取更为优惠的价格折扣，增加谈判的筹码力度，从而能够降低媒介采购的成本，提高利润，为股东创造更大价值。另一方面，并购能够丰富公司现有的业务模式，迅速切入一块陌生的领域，或者强化公司已有的业务板块，特别是并购某一细分领域的领先者，除看重其创造利润的能力之外，也能够利用其优势为公司其他客户提供更高水平、更全面综合的服务。譬如通过并购整合数字营销，公关，品牌管理等广告产业细分领域的公司，对于广告公司而言是增强自身整合营销能力的砝码，对于广告主则是提高市场效率的有力武器。

从国际广告行业来看，全球领先的国际广告传播集团均为上市公司，它们通过上市融资，募集发展资金，依托雄厚的资本实力，进行全球性地扩张、并购整合，完善业务服务的产业链，不断扩大业务规模。资本运作早已成为国际广告传播集团发展壮大最为有效的途径之一。

面对资本实力雄厚的国际竞争对手，国内广告公司纷纷通过资本运作，借助资本市场的力量来迅速提升经营规模和竞争优势。如分众传媒、华视传媒、中视金桥、省广股份、蓝色光标等均已上市。成功登陆资本市场的国内优秀广告公司通过发行上市募集资金后，利用兼并收购不断扩张，实力明显增强。

中国上市的广告公司市盈率明显远远高于欧美国家，这并不意味着国内公司的盈利能力或竞争力要高于欧美同行，事实可能恰恰相反，造成这种局面的因素主要在于资本不能自由流动。未来，广告公司高市盈率的回落是个必然，公司治理将会得到空前的根本性重视，依靠内生性发展促进业务增长将会是上市广告公司后续发展的主要方式。

# B.41 2014年受众媒介接触习惯调查报告*

沈 颖**

摘 要： 移动互联网迅速融入城市居民的日常生活，社交媒体的触角伸至各个角落，新旧媒体之间的交融竞合仍在继续，传统媒体的竞争压力逐步增强，严峻的现状迫使传统媒体通过不断变革创新来突破困局。本文通过对相关数据调查，重点分析变革中的中国城市居民媒介接触行为所呈现出的新的变化趋势。

关键词： 移动互联网 社交媒体 媒介接触

## 一 媒介大环境：媒介接触从分散走向聚合，移动社交成宠儿

### 1. 媒介种类及形式日益丰富，但媒介接触种类呈现先升后降趋势

从最早的报纸、广播、电视、杂志等传统媒体形式，到现今的户外、互联网、移动互联网等新媒介形式，人们能够接触到的媒介种类在不断地发展和丰富。以户外媒体为例，从电梯海报、条幅广告等传统户外广告形式到液晶电视、户外电子大屏、交通出行等新型户外广告，人们可以选择的媒介种类越来越多。然而，在媒介种类及形式极大丰富的今天，人们接触的媒介种类却越来越少了。

在媒介种类不断丰富的初期，人们的媒介接触行为是开放的，同时接触多

---

* 本文中所引用数据除特殊标注来源外，均来自CTR中国城市居民调查(CNRS-TGI)。

** 沈颖，CTR媒介与消费行为研究总经理。

种媒介的复合受众数量呈现上升趋势。但这种多媒介选择性接触行为并没有一直分散下去，而是在经历一段时间的分散后开始出现了聚合的趋势。如图 1 显示，日接触 4 种及以上媒体的城市居民比例从 2011 年开始下滑，2011 年，日接触 4 种以上媒体的城市居民比例为 40%，至 2014 年时已经下滑到 34%。同样，这样的拐点也出现在 80 后/90 后的媒介接触行为上，甚至来得更早，日接触 4 种及以上媒体的 80 后/90 后比例从 2010 年就开始下降。2010 年，日接触 4 种及以上媒体的 80 后/90 后比例为 44%，至 2014 年时减少到 34%（见图 1）。

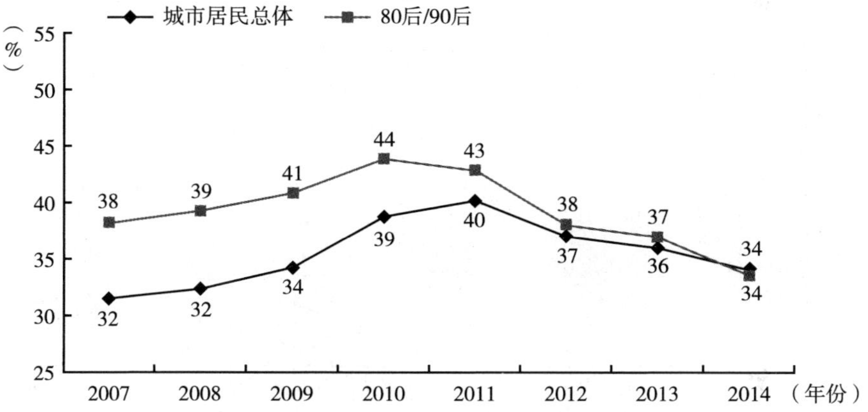


**图 1　电视、广播、报纸、杂志、互联网中每天至少接触 4 种的人群比例**

### 2. 移动互联网、社交媒体成为攫取媒介接触份额的主要原因

智能手机的普及，移动互联网的飞速发展缩小了区域间的“数字鸿沟”。2012 年的微博热潮、2013 年的微信热潮，让城市居民表现出“毒品式”的媒介接触特征，玩手机、玩 iPad 上瘾，城市中各个角落充斥着大量的“低头族”。中国城市居民调查显示，在 100 个城市居民中，每天有将近一半的人会活动在在线社交网站或软件上，而每 10 个在线社交的人中就约有 9 人是通过智能手机进行活动。同时，中国互联网络信息中心研究数据显示，截至 2014 年 6 月底，中国手机网民规模达到 5.27 亿，网民中使用手机上网的人群比例不断提升，从 2013 年的 81% 提升至 2014 年的 83.4%，手机网民规模首次超越传统 PC 网民规模。在移动互联网持续稳定发展的同时，以移动互联网为依

托和平台的上网活动（包括聊天/交友、游戏、视频、搜索信息、听音乐等）迅速填充着人们碎片化的时间，大量分割了人们原本投放在其他媒介形式上的时间。

图2表明，2013～2014年，城市居民对移动互联网的各项应用的使用率都在稳步上升，其中尤以社交、新闻、游戏为甚。某种程度上，不同于以往任何媒介，移动互联网已经超越了媒介的范围而成为一种传播平台，集各种内容、服务于一体。我们不仅可以借助移动互联网来看新闻、看视频、听广播，我们也可以通过移动互联网来购物、投资理财、玩游戏。

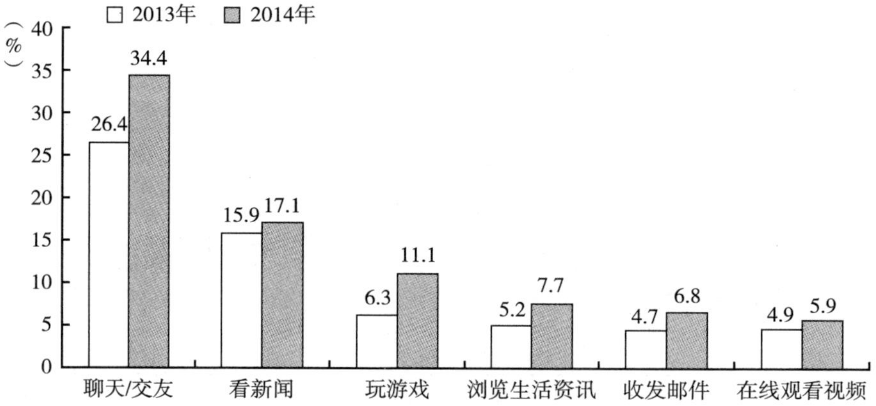


**图2　城市居民前日使用移动互联网做的事情**

数据来源：CTR中国城市居民调查（CNRS－TGI）。

## 二　报纸阅读：好内容依然是奢侈品，占领移动平台是关键

### 1. 纸质报纸继续下滑，电子化阅读逐步增加

2014年中国城市居民调查显示，报纸在城市居民总体中的日到达率继续下滑，从2013年的53.5%降至2014年的45.5%，下降了8%（见图3）。按城市级别来看，报纸在二线城市的日到达率最高（48%），领先一线城市（44%）和三线城市（42%）。分区域来看，报纸日到达率前三位分

别是华东地区（50.2%）、东北地区（48.3%）、华中地区（46.9%），其后依次为华北（45.3%）、西北（44.1%）、华南（40.4%）、西南（39.9%）。

与纸质报纸的情况相反，电子报纸的日到达率在稳步上升。2012 年，电子报纸的日到达率为 11.9%，2013 年增至 13.4%，2014 年时已达到 21.9%（见图 3）。按年龄段来看，电子报纸在 80 后、70 后中的日到达率最高，其中，80 后为 40%，70 后为 29%，其后为 90 后（16.8%）。

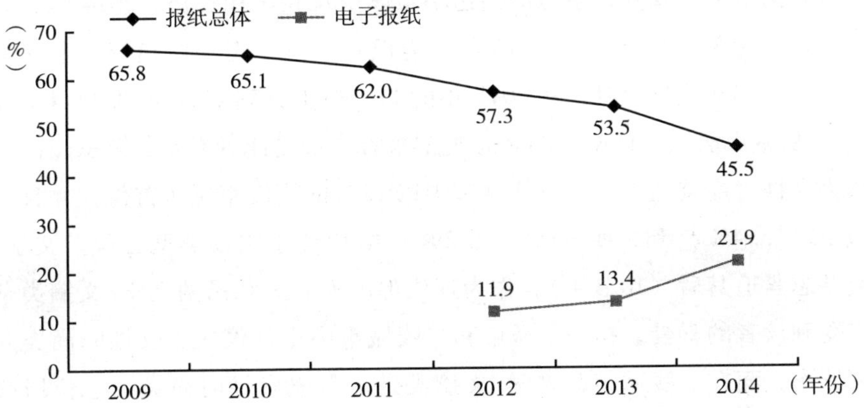


**图 3　2009～2014 年报纸在城市居民总体中的日到达率**

### 2. 报纸未来：因移动社交而衰落，或能借力移动社交而崛起？

调查显示，人们使用社交媒体的首要目的是获取新闻资讯（57.6%）。因此，对于传统媒体来说，越是新闻资讯功能突出的媒体，受到的冲击自然就越大。CTR 中国社交媒体用户态度调查结果显示，84% 的城市居民表示社交媒体对他们报纸阅读行为有影响，其中，41% 的受众表示几乎不再阅读纸质报纸了。在移动互联时代，报纸必须占领移动终端，唯有如此才可能进入受众的视野。令人欣喜的是，许多报纸目前正在尝试借力移动社交吸引新的读者，或开设公共微信账号，或设立 APP 客户端，前者如《南方周末》，后者如《澎湃新闻》，这是移动时代报业的新尝试，也收到了明显成效，如以《北京青年报》为依托的微信号“团结湖参考”，2014 年 5 月 30 日正式启动，由该微信号主编主笔的 3 篇文章在 3 天内便狂卷 8 万余粉丝，阅读数过万次。可见，只要利用好新的平台，好内容依然是大众传播中的奢侈品与关键点。

## 三　杂志阅读：纸版杂志小幅下降 APP 杂志或成未来主流

### 1. 杂志阅读率小幅下降，女性时尚类杂志最受欢迎

从数据中可以看到，杂志的到达率整体呈现较平稳态势，2014 年，杂志的月到达率为 33.8%，相比 2013 年，有略微下降。但与此相反，电子杂志的月达到率却在稳步上升，从 2012 年的 11.3% 上升到 2014 年的 27.4%（见图 4）。从城市居民总体阅读的杂志类型来看，最受读者喜爱的杂志阅读类型仍然为女性时尚类杂志，在总体城市中以 12% 的阅读率位居首位，并且在一线城市（15.4%）和二线城市（11.2%）中均位于阅读类型首位。文学/文摘类杂志紧追其后（10.1%），作为现代都市人心灵鸡汤的文学/文摘类杂志一直受到读者的喜爱，在一线城市和二线城市中也都仅次于女性时尚类杂志的阅读率，而在三线城市，文学/文摘类杂志领先女性时尚类杂志位居阅读首位。商业财经类杂志从 2013 年第九位跃居至 2014 年第三位，在总体城市居民中的阅读率达 5.5%。而在 2013 年时，排在第三位的是男性时尚类杂志。

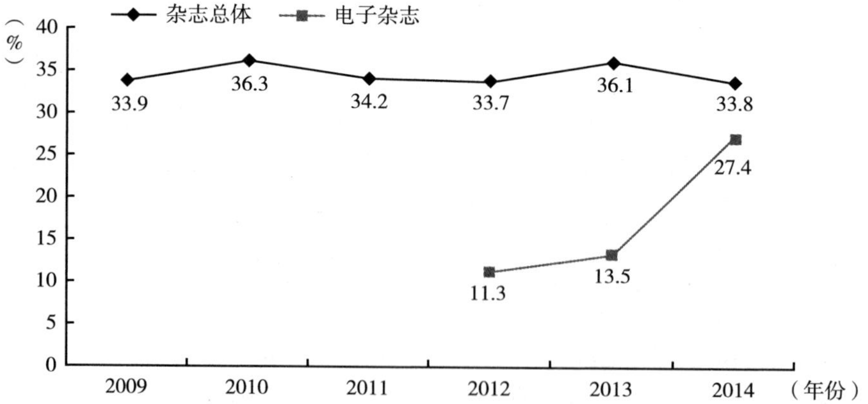


**图 4　2009～2014 年杂志在城市居民总体中的月到达率**

### 2. APP 杂志开拓杂志发展新天地

消遣性需求的移动阅读正在深刻地影响传统纸质阅读，其中 APP 对纸版杂志替代作用明显。2014 年 CNRS 杂志读者调查显示，过去一个月阅读过时尚杂志的读者中，APP 读者占比 49%。而在这些 APP 读者中，有 41.6% 的人是纸版杂志和 APP 杂志的重叠受众；有 39.5% 的人放弃阅读纸质版杂志而转为只读 APP 杂志。有近 20% 的读者仅阅读 APP 杂志，这些读者以前并不阅读纸质杂志，是杂志的新增用户。APP 付费阅读也不再成为难题，调查显示平台内容能否引起读者兴趣是促使用户为电子杂志付费的关键因素，近四成时尚杂志 APP 用户有付费订阅意向。

## 四　电视收看：可信度仍然居首位 节目创新是根本

### 1. 电视到达率下滑，但可信度仍然最高

2014 年，电视的日到达率为 78.8%，较 2013 年下降 3.4%。尽管电视的到达率在总体下滑，但是电视仍然是到达率最高的传统媒体，仅次于户外媒体。按城市层级来看，电视在一线城市的日到达率最高，为 81.3%，其次为三线城市（80.6%）和二线城市（76.6%）。同时，调查显示，电视的可信度仍然位居首位，37.1% 的城市居民认为："电视是信息非常可靠的媒体"，领先于报纸、互联网、杂志、广播。同时，在媒体的好感度调查中，电视同样位居榜首，34% 的城市居民认为"在电视上打广告的品牌，会给我留下比较好的印象"。

### 2. 网络视频与电视相生相伴，节目创新仍然是根本

在电视日到达率不断下降的同时，网络视频的到达率则在继续上升，从 2012 年 18.7% 上升到 2014 年的 53.8%（见图 5）。同时，电视与网络视频的融合趋势也在加强。2013 年，电视的独占受众为 73.3%，网络视频的独占受众为 6.5%，两者的重叠受众为 20.2%。2014 年，电视的独占受众减少至 35.5%，降幅达 52%；网络视频独占受众上升至 10.6%，增幅达 63%；两者的重叠受众增加到 43.3%，增幅高达 114%。电视与网络视频相生相伴是未来发展格局。多屏收看环境下，电视需继续发挥自身的内容优势，不断创新节目

类型。从近几年国外引进的综艺节目如《爸爸去哪儿》《奔跑吧！兄弟》等节目收视率来看，好的内容是能吸引观众、留住观众的。以多屏为平台，大力开发吸引观众的新节目内容及形式，尤其是要加大原创力度，这才是电视生存之道。

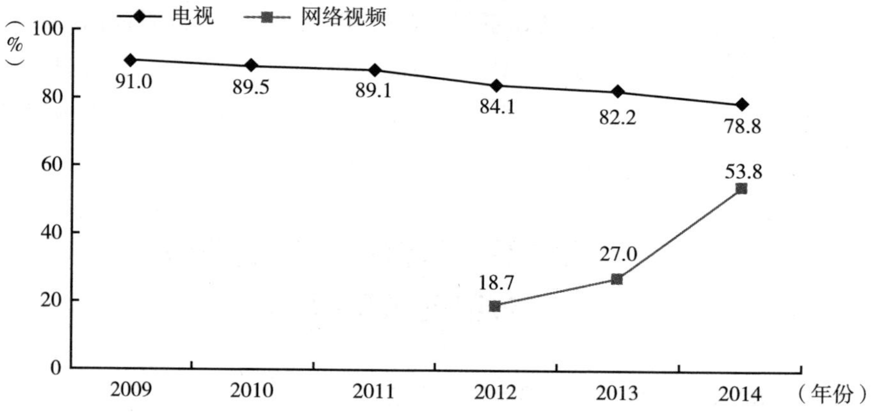


图5　2009～2014年电视在城市居民总体中的日到达率

## 五　广播收听：六大区域齐增长，移动收听开创新格局

### 1. 广播日到达率上升全国六大区域呈现稳增长

2014年广播日到达率为15.5%，相比2013年，增长了2.1%，是传统媒体中唯一日到达率在增长的媒体（见图6）。不仅广播的日到达率在上升，广播的日收听时间也在增加。2013年，城市居民在工作日平均每天收听广播的时间为16分钟，2014年增长至18分钟。按地区来看，除东北地区外，其他地区广播日到达率都有不同幅度的增长。其中，华北地区的广播日到达保持稳定，2013年为21%，2014年为21.1%；华东地区的广播日到达从2013年9%增长至2014年15.3%；西北地区广播日到达率从11.9%上升到14.7%；华中地区广播日到达率从12.1%增加到14%；华南地区广播日到达率从10.5%上

升到13.3%；西南地区广播日到达率从7%上升到7.1%。而东北地区的广播日到达率则从23%下降至20%。

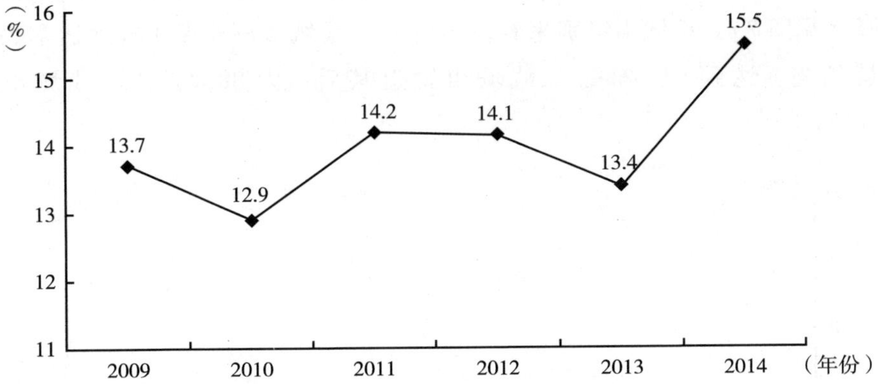


**图6　2009～2014广播在城市居民总体中的日到达率**

### 2. 移动收听开创广播发展新格局，音乐节目最受青睐

从听众的年龄层来看，广播在70后（35～44岁）和65岁+两个群体中的日到达率最高，在70后中的日到达率为21%，在65岁+群体中的日到达率为19.3%。这与广播的两大收听方式是对应的，65岁+群体是广播固定收听的主体，而70后群体则是广播移动收听的主体。得益于私家车、公交车、出租车三种移动收听的发展推动，广播近些年来发展势头良好，稳中有升。2014年，户外受众占广播总体受众的66%。在户外受众中，在私家车上收听广播的听众比例为42%，在公共汽车上收听广播的听众为14.3%，在出租车上收听广播的受众比例为16.3%。此外，从听众最喜爱收听的广播类型来看，音乐节目位居首位（26%），其次为新闻节目（20.3%），交通路况信息位居第三位（11.1%）。

## 六　户外媒体：移动时代逆势增长，液晶电视广告最受青睐

### 1. 移动社交时代户外媒体逆势增长

户外媒体在移动/社交时代并未受到影响，反而出现逆势增长。2011～

2014年4年间，户外媒体的日到达率总体保持良好的增长趋势，尤其在2013年户外媒体呈现出飞跃式增长，从2012年的75.4%上升至90.3%，增长了14.9%，2014年户外媒体日到达率在正常浮动范围内呈现出小幅度下降（见图7）。按城市级别来看，2014年一线城市户外媒体日到达率仍然保持领先，达到91.7%，二线城市紧追其后，为88.2%，三线城市为83.2%。

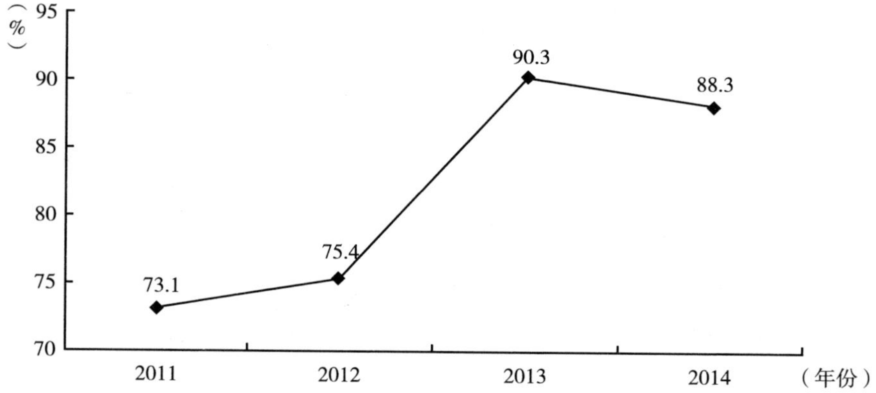


**图7　2011～2014年户外媒体在城市居民总体中的日到达率**

按地域来看，2014年，户外媒体日到达率最高的地区为华南地区，为91.4%；华东地区为90.3%，位列第二；而第三位则为西南地区，户外媒体日到达率为89.9%，其后依次为华北（88.3%）、华中（86.4%）、东北（84.8%）、西北（76.1%）。

然而，从2011～2014年户外媒体日到达率的增长幅度来看，西北地区位列第一（43%），其次为华东地区（26%）、西南地区（25%）、华北地区（21%）、东北地区（17%）、华中地区（14%）、华南地区（10%）。

### 2. 日到达率最高的户外媒体TOP3：液晶电视广告、电子大屏广告、电梯海报

CTR中国城市居民调查显示，2014年，日到达率最高的户外媒体前三位分别为液晶电视广告（57.5%）、电子大屏广告（53.9%）、电梯海报（42.9%），第四位和第五位则为公交车身广告（40%）和公交候车亭广

告（39%）。但从户外媒体类型总体的日到达率来看，交通出行类户外位于首位，为 62%，其次为液晶电视类户外（58%）、电子大屏类户外（54%）。

此外，户外液晶媒体在各个公共场所的终端铺设的增加，所有这些趋势，使得户外媒体，尤其是户外液晶屏媒体和交通类非液晶屏媒体都出现了大幅的增长。

# B.42

# 中国传媒产业发展方向与投资走向

David Maguire*

摘　要：中国传媒业的环境可以用“快速变迁”来形容，但也可称其为“复杂的”和“充满矛盾的”。非国有资金以及新媒体巨头的投入正在改变过去完全国有的中国传媒图景，一个混合的新图景正在形成。传媒管理者通过理解社会整体经济环境、运转情况以及竞争数据来预测他们在中国传媒和娱乐行业中的业务发展。投资者也正在中国快速扩张的新媒体领域寻找盈利机会。随着整个传媒产业日益走向成熟，甚至其中一些细分产业日益饱和，实现进一步的增长与发展取决于多样化、战略联盟、平台整合以及消费者的介入。

关键词：传媒产业　投资　经营　发展方向

## 传媒大环境

传媒管理者通过理解社会整体经济环境、运转情况以及竞争数据来预测他们在中国传媒和娱乐行业中的业务发展。国际货币基金组织预计，2015 年中国经济将呈现出低于 7% 的增长，中国政府则将其视作调整经济结构不平衡以及由房地产和影子金融驱动的经济向消费型经济转型过程中的一个利好现象。① 国际货币基金组织同时指出，中国和印度这两个亚洲最大的经济体仍然

* 作者：David Maguire，复旦大学新闻学院；译者：徐佳，复旦大学新闻学院。

① IMF, *World Economic Outlook*, 2015.

保持着经济的高增长率，美国经济的增长率将提升至3.6%，而欧元区与日本则将分别下降至1.2%和0.6%。2014年中国经济以7.4%的速度增长，尽管有所下降，但总体上仍符合政府预期目标。在中国向消费型社会转型的过程中，服务业与科技业的角色比以往更为重要，创新也更加受到重视。自2006年起中国人均收入持续增长，至2013年达到18311元[①]，消费阶层快速壮大，中国的传媒行业保持着发展的活力。

2014年末中国网民数量达到6.49亿，[②] 较年中增长了1600万。在线经济为整个GDP作出了7%的贡献，较2013年上升了3.3%。信息消费规模以每年18%的幅度增长，达到了2.8万亿元。2014年中国传媒产业的增长大致保持在10%，预计2015年将超过11%，传媒的增长一直领先于整个经济体的增长。基于互联网的新媒体成为了中国发展最快、影响较大的传媒形式。当然，在世界范围内新媒体发展的数据也常常使传统媒体和传统娱乐业心生羡慕。中国的新媒体具有特殊的情况和特征，最显著的特征是中央政府对于传媒行业的发展、结构、增长、活动、内容与规制的监管。当判断行业运行环境并据此做出关于发展方向的决定之时，中国的传媒从业者与分析师需要面对现实，他们需要理解现行的政治与政策条件的具体内容并要接受管理者（可能施加）的调整。针对中国文化和传媒发展最完整的、最具有指导意义的文件是中国共产党十八大第三次全体会议所发布的文件中的相关内容。[③] 这些文件中提到文化产业的发展、向海外传播中国文化以及国内传媒管制的再平衡。在一定程度上，政府管理与文化企业运营被区分开来，社会效益被认为应优先于经济效益，文件强调信息传播基础设施及新媒体的管理，突出媒体融合和规模经济，提倡私人资本在传媒市场中的投资并且重申公共外交的重要性。习近平主席于2014年8月[④]首次谈到媒体融合，行业专家认为这将开启中国新闻行业的一个新篇章，同时他们也指出，作为国家战略的媒体融合也要注重创新、改变传统思维方式并形成一个开放的思维。

这就是中国传媒产业赖以生存的大环境。企业的发展、消费趋势的满足、

① 国家统计局统计年报，2014。

② China Internet Network Information Center（CINIC），2015.

③ 中国共产党第十八届代表大会第三次全体会议决议，2013。

④ 《中国日报》2014年8月19日。

新技术与服务的引进以及生产内容所需的创新活动皆寄托于此。在2014年，传统媒体与新媒体产业进行了市场角色与定位的调适，同时继续应对挑战。在媒体全速迎接市场的数字化现实之时，在各种优势与劣势的共同作用下，我们进入一个新老媒体交融（tra-digital）的时代。

## 传媒图景

通常用“快速变迁”来形容中国传媒业的环境，但也可以用“复杂的”和“充满矛盾的”来比喻。非国有资金以及新媒体巨头的投入正在改变过去完全国有的中国传媒图景，一个混合的新图景正在形成。在这个新图景中包含了各种国有的和商业的媒体机构，它们探索新老媒体平台上的创新、投资和增长战略。中国电视机构CCTV（中央电视台）和广播机构CRI（中国国际广播电台）开发新媒体系统的程度与BAT（百度、阿里巴巴、腾讯）开发互联网金融等以消费者为中心的新型产品的程度是一样的。

中国传媒图景具有两个核心特征：数字为王、移动为王。传媒产业中几乎所有投资都指向互联网。中国互联网正在从以消费者为导向转向以企业为导向。中国互联网经济占GDP的份额要高于美国及德国。① 分析师预测，到2025年中国互联网对GDP的贡献将增长7%～22%。同时，互联网使得信息更透明，有助于投资决策以及资本的更有效分配。中国正身处一场数字革命之中，互联网正在改变惯常的投资方式。越来越多的企业（如小米、阿里巴巴）正在设计互联网商业模式。到2014年末中国网民仅占中国总人口的46%。但非常重要的是，仅有20%～25%的中国中小型企业采用了互联网，而这个数字在美国是72%～85%。也正因为如此，中国互联网仍有巨大的发展空间。仅仅两年以前，人们将1/3的媒介消费时间用于数字平台上，现在已经接近一半。②

人们接入互联网的设备继续从PC转向移动。随着智能手机越来越智能，

① McKinsey Global Institute (MGI), *China's digital transformation: the Internet's impact on productivity and growth*, 2014.

② CMMS, 2014。

用户正试图在这些移动设备上执行所有的任务[①]。移动互联网在中国继续作为一门盈利的生意存在，《中国互联网发展报告（2014）》显示，2013 年移动互联网的总收入达到了 1083 亿元。[②] 中国的移动互联网拥有超过 5 亿注册用户。麦肯锡全球研究院 2014 年的一份报告称，中国拥有超过 7 亿部活跃的智能（移动）设备。[③] 中国互联网用户中的 80% 是移动用户，这个数字要高于全球任何其他地方。

## 投资综述

政府正在努力改变中国向外出口低价值商品的现状，希望用高价值的商品来取代，这使得传媒产业直接受益。根据中央政策的精神，为传播中国文化价值，中国将推动并扩大作为文化出口的传媒产品与服务的出口。然而，目前中国资本的内外流动是不平衡的。2014 年外国直接投资同比增加不到 2%，为 1195.6 亿美元，而向外投资则提高了 14%，几乎达到了 1030 亿美元。[④] 与国内经济降温形成反差，资金充裕的中国公司（包括传媒公司）正在向国外扩张。

随着电子设备的迅猛增长，投资者希望能在快速扩张的中国传媒产业中获利。私募股权基金继续锁定传媒行业并为此寻找本土和外国投资者。传媒产业的整合正在导致大公司的合并与收购行为。此外，投资还面向小企业，尤其是那些立足互联网、数字业、电子商务业的小企业。最吸引人的是快速成长的“新媒体”公司。在经过了相对平静的两年后，2014 年的整体投资非常强健。移动媒体领域为数众多的（新）项目展现了投资者继续寻求投资机会的诉求。

中国正在快速成长为创新的温床，这对投资者来说是有吸引力的。中国公司对 IPO（首次公开募股）抱有积极的态度，尤其是阿里巴巴成功 IPO 以后，去哪儿网和 58.com 等公司也纷纷走向 IPO。同时，中国传媒产业正在展现出真正的自主创新的迹象，腾讯是其中的典型——从 QQ 即时通信系统起家，腾

① iResearch, *China Mobile Internet Market*, 2014.

② 中国互联网络信息中心，2014。

③ MGI, op. cit.

④ 中国商务部，2015。

讯开发了微信产品，微信聚集了一个忠诚且活跃的用户群体，在此基础上腾讯开始发展游戏等业务。

2013 年中国数字媒体领域的投资超过了 20 亿美元，2014 年继续有资本涌入。[①] 阿里巴巴等数字媒体巨头将继续引领市场并为风险投资者提供丰厚的回馈。这些巨头正在开展一些关键性的收购，从而推动市场走向整合以及新一阶段的成熟。此外，一些企业正在发行自己的筹资工具，吸引来自从董事会成员到普通网民的投资。创新被认为是 TMT（电信、传媒和技术）行业的驱动力，正是创新使得这个行业更具活力、更吸引投资者。[②]

这对于传媒投资来说是一个好兆头，然而未来也同样取决于对创新的培育。随着目前市场的成熟甚至一些市场的饱和，越来越需要开拓产品多样化、战略联盟、平台整合以及吸引消费者等的创新路径来吸引投资。

### 1. 电影产业的繁荣

近年来中国已经成为世界第二大电影市场，预计将于 2020 年超越美国成为最大市场[③]。中国快速发展的电影和娱乐行业领先向外投资，同时正在革新生产、融资、发行以及呈现的模式，2013 年中国电影业实现了 102% 的增长。[④] 行业专家认为，中国电影产业是一个相对而言未充分开启的、巨大的市场，这是因为中国缺乏足够的电影屏幕。预计到 2018 年中国电影票房收入将提高将近 90%，[⑤] 然而即便增长的速度如此之快，市场仍然有发展的空间。当人们关注电影院的数量而非质量的时候，就会遇到巨大的挑战，而改善电影院的条件被认为是再投资、电子商务和零售发展的一个潜在领域。

中美电影产业之间继续开展紧密合作。中国的“热钱”正在积极流向美国娱乐业，2000 ~ 2014 年投资已加大到约 27 亿美元[⑥]。正在成长的中国中产阶级是好莱坞的巨大市场，预计到 2022 年 75% 的中国家庭将加入中产阶级的队伍，比 2000 年增长 4 个百分点，这预示着中国对美国电影的需求将继

① StrategyEye, 2014.

② PwC, *China MoneyTree Report*, 2014.

③ Forbes Asia, *China's Movie Industry*, 2014.

④ CKGSB Knowledge, *Chinese Outbound Investment in Entertainment*, 2014.

⑤ PwC, *Global entertainment and media outlook* 2014 - 2018

⑥ Rhodium Group, 2014.

续增长。[1]

互联网的崛起是电影产业发展中的一个核心特征。互联网实现了驱动投资所需的数据的编纂和传播，对于电影产业而言，这意味着关于传媒、娱乐和整个文化产业相关的数据都变得唾手可得。今天，变革中国电影产业的四大巨头——万达、百度、阿里巴巴、腾讯——已经成为主要的电影发行商。中国国内的电影市场——不论是在线市场还是影院——都需要内容（影片）。四大巨头的长期目标是朝着国际发行迈进、在全球娱乐业中多分一杯羹，中国政府为向海外传播中国文化而设置的政策令他们非常受益。

在 2012 年大连万达收购美国连锁院线 AMC 娱乐公司之后，中国电影产业的投资持续走高。富裕的投资者对娱乐业抱有长远的野心。阿里巴巴的娱乐宝等在线金融产品转向了电影生产投资，百度和腾讯也发行了类似的投资产品。腾讯和阿里巴巴分别增持了在华谊兄弟公司中的股份，后者是中国最大的私有电影集团。2014 年上海市政府与优酷土豆公司宣布合作建设一个微电影生产中心，用以开发原创内容、探索新的生产模式、发展技术创新并发行所生产的内容产品，同时这个中心也将为新崛起的电影人才提供培育服务。[2]

市场上涌现出越来越多的、以抓住资本和人才为目的的合作项目。华策影视公司于 2014 年花费了 5300 万美元收购韩国 Next Entertainment World 公司 15% 的股份。2014 年 12 月还传出消息称阿里巴巴在准备收购美国 Lionsgate 公司的股份，这两家公司在之前合作成立了 Lionsgate 娱乐世界，为阿里巴巴的机顶盒提供流服务。马云还与包括索尼影业在内的好莱坞的一些经理人会面并讨论了共同投资项目的事项。复星国际——一家中国投资公司——收购了美国电影工作室 Studio 8 的一些股份，以生产供全球发行的电视和数字内容。投资平台 TPG Growth 和中国私募基金弘毅投资合作成立了一家名为“STX 娱乐”的下一代电影和电视工作室，计划在未来 5 年内向新电影生产投入超过 10 亿美元资金。上海文广集团也与 Lionsgate 展开谈判，以 25% 的投资换取其自产的电影在海外的发行权；此外文广还与迪士尼、湖南卫视等分别建立了联合投

① MGI, 2014.

② Frater, op. cit.

资的项目。腾讯最近与 HBO、国家地理和索尼音乐分别签署了发行协议。[①]

视频网站将在中国电影产业的发行、融资和生产中扮演重要的角色。腾讯已经表示有意投资一系列新电影并有意与优酷土豆合作开发售票、发行和影片生产的新平台。随着市场对新内容的需求的不断增长，在线网站和社交媒体与电影产业的融合日益加深，这为电影制片方接触其特定的受众提供了宝贵的渠道服务。移动互联网、移动金融与电影生产和发行的融合成为一个热门话题。互联网被用于提供电影生产所需的资金服务。在 2014 年的一轮电影融资中，阿里巴巴通过其娱乐宝平台向将近 30 万用户募集了 7200 万元，第二轮又募集了 9200 万元。[②] 这种众筹的概念为草根阶层投资传媒和文化产业打开了市场的大门，中国和世界的其他基金公司也在采取这种形式。

线上企业和产品在电影业中的作用日益增长，作为回应，电影集团正在寻找机会为多屏设备与平台提供内容。中国快速发展的电影产业的合作对于本国投资者来说是利好，但对于外国资本来说则是障碍——随着（外国）经济的放缓，外国投资日益面临诸多困难，如来自中国公司的竞争、不断提高的劳动力成本以及为激励本国经济增长而对外国投资提出的限制。尽管如此，美国领先的电影刊物《Variety》将整个中国电影业视作一个由大连万达、百度、阿里巴巴与腾讯 4 家中等王国集团构成的“四重奏”[③]，这 4 家公司以及类似的公司成为对其他娱乐形式来说非常有吸引力的合作伙伴。

从本质上讲，各类公司正在利用大数据技术、新媒体和在线平台等创造一个独特的、完整的电影电视生产的生态系统。总体上看，电影产业的投资战略是指向长期目标的。

### 2. 娱乐业基础设施

针对媒体和娱乐业的投资已经延伸到基础设施领域，开发商正在通过建设主题公园的方式从娱乐业中获利。投资 55 亿美元的上海迪士尼计划于 2016 年开业，国有的上海申迪集团占其中 57% 的股份。投资 24 亿美元的梦工厂上海梦中心也将于 2017 年开业，华人文化产业基金、上海文广集团和上海联和投

---

① Frater, op. cit.

② SIFF, 2014.

③ Forbes Asia, op. cit.

资参与了投资。投资 33 亿美元的环球影业北京公园将于 2018 年开业，北京首旅集团是其本地合作伙伴。这些多功能的综合体拥有制片工作室和其他一系列娱乐业的服务与设施。

本土巨头大连万达继续向传媒和娱乐业进行大规模投资，其投建的青岛东方影都将于 2016 年开幕，这个多功能的综合体将包含一间由著名的英国 Pinewood Shepperton 事务所设计的 20 个舞台的演播大厅。行业专家指出，投资是否能成功且有回报取决于是否拥有一个深远且创新的视野，同时还取决于是否拥有受市场欢迎的内容。中国投资者对目前主要由美国占领的（全球）市场十分向往。行业专家正在紧密跟踪万达主题公园项目，包括已于 2014 年 12 月开业的、投资 10 亿美元的武汉万达电影乐园和汉秀，认为在为数众多的中国主题公园中它缺乏个性、魅力以及故事性。同时，专家也认为万达的资本投入和资源赋予这个主题公园“让中国主题公园市场为之骄傲的潜力”①，也预示着中国娱乐基础设施领域投资的一个新时代的开始。

### 3. 为小屏幕开发内容刺激国内制片业的发展

中国观众对电视内容的需求是永无止境的。中国社会科学院世界传媒研究中心秘书长冷淞说，在 2～3 年时间内中国电视行业消费了用 10 年发展起来的外国节目形式。② 随即，中国迎来了一个电视节目制作的高峰，包括《爸爸去哪儿》《我是歌手》在内的进口的和本土制作的节目不仅占领了中国的屏幕而且打破了收视纪录。电视的普及率已达到 97%，电视仍然是整个中国传媒产业，尤其是广告收入的核心。随着互联网电视的兴起，电视的商业模式将朝着以服务盈利的方向发展，包括以传媒内容和广告服务盈利。这催生了一些整合平台的长期合作及其伙伴关系的形成。在发展中非常重要的是内容的成长，内容既具有文化意义也具有商业价值。一方面竞争和理性的消费者正在同时驱使传媒公司开发原创内容，另一方面中国电视和媒体管理的最高机构则要求节目制作者剪掉“不合适”的内容。管理者也预见到了整个全国传媒领域缺乏高质量内容的问题以及过度生产造成的结构性问题——中国每年生产 600 部电影

---

① Makinen, J. ‘China sees a boom in theme park development, led by Dalian Wanda’, *LA Times*, 19/12/2014.

② Shanghai TV Festival (STVF), 2014.

和15000个电视节目。[1] 尽管不断扩张的数字版图正在加速数字内容的发展速度，但从全球趋势来看，传媒公司仍未能找到可行的商业模式。电视仍然是塑造品牌的有效媒介，传统媒体和数字媒体的融合需要内容的快速整合。传统电视平台上的观众已经不满足于节目的推出速度了，电视剧的市场越来越小，越来越多的观众正在转向新闻和时事类节目。

### 4. 通过内容竞争与注意力争夺形成几家小型“起重机”

在互联网时代，电视产业仍然在发展。中国最大的三家互联网电视公司——搜狐、优酷土豆和百度——正在投入重资金购买海外内容以吸引观众眼球和广告商。在过去的两年间，这三家公司花费了10亿美元从美国、英国、韩国等国家购买电视剧和电影并计划继续购买。分析人士预计，从这种优质内容的购买竞争中将形成几家“小型的起重机”[2]，它们统治市场并将从目前的起步阶段即开始获利。

在面临严峻的竞争和不断上涨的内容购买成本的同时，电视市场的投资还受到管理者的影响。管理者力图促进中国本土的电影和电视产业发展，外国进口的内容需要得到国家新闻出版广电总局的批准且网站上提供的外国内容比例不得超过30%。这样做的结果是，公司只有两个选择：增加购买本地内容或减少购买外国内容。内容管制造成了市场的不稳定，电视台播放的大多是那些不太受欢迎的本国内容，这可能会影响到受众数量和广告收入。

因此，在可预期的未来，外国产品在提高自身质量和诉求的同时却无法参与到中国市场的竞争中来，短期看来对投资者和本地创意产业的发展是有利的，然而从中长期看，由于内容不具有竞争力或不受欢迎，流服务将受到用户访问量下降以及广告下降的威胁。据估计，至2014年末中国最受欢迎的视频分享网站上播放的原创在线内容数量超过1000集，[3] 其中大部分内容是为中国互联网用户以及广告商定制的。

产业内部也在发生竞争，CCTV等传统媒体也在采取策略应对流网站的挑战——在坚持管理者要求的文化和社会价值标准的同时，CCTV正在开发或购

① 国家新闻出版广电总局。

② Reuters, *China's Internet TV sites in MYM1 billion battle*, 2014.

③ STVF, 2014.

买具有竞争力的外国内容。这种情况要求媒体拥有者扩展其角色、变身成节目制作者，以便更好地控制内容的质量和市场推广，以留住观众并满足广告商的需求。与此同时，投资还受到合作和各种针对市场和消费者的整合营销手段的影响。

## 传统媒体衰落　投资转向数字产业

### 1. 报纸和杂志

世界最大的报业市场继续影响着全球报业的走向。中国目前发行 1915 份报纸，① 尽管近年来收入增长放缓，但从 2009 年以来中国报业仍然以每年 7.5% 的速度增长，2014 年实现了 160 亿美元的收入，② 报业自身开发的数字新媒体发行平台则维持住了它们的生命。中央政府推行的传统媒体集团融合战略有利于报业公司更好地利用其人力和技术资源，以复兴整个报纸行业。数字设备培育了读者的数字阅读习惯。当然，报纸和杂志并没有回避互联网，许多出版物已经有了自己的在线版本并且日益活跃在社交媒体和移动平台上。这些传统的机构仍然保持着编辑、广告、发行等专业领域的实力、资产实力以及长期积累的品牌认知度。然而，它们自身的庞大也阻碍着它们与那些灵巧的在线门户的有效竞争。作为新闻提供者的传统媒体和新媒体正在面临共同的持续挑战：在一个愉快地消费着“免费内容”的市场上如何实现其产品的盈利。

尽管增速放缓，但杂志行业仍在继续成长。用户向数字和互联网平台的迁移造成了（杂志）广告的流失，为了抵御这股趋势，一些（杂志）公司投入重资建设网站和数字版本以使其产品多样化，结果是积极的——这些杂志品牌的市场和广告影响得到了提升。传统杂志向数字化转型投资战略的一个重要案例是赫斯特集团的旗舰品牌 Elle，其网站 elle. com. cn 的访问量在 2014 年实现了 30% 的增长。③

图书行业的业绩比其他纸媒要好，纸质书和电子书的销量均有所上升。然

① 国家统计局：《统计年报 2014》。

② IBISWorld, *Newspaper Publishing in China*, 2014.

③ FIPP, *World Magazine Trends*, 2014 - 15.

而消费者阅读电子书的市场比例正在提高，这符合数字化转型大潮并且预示着图书行业未来的增长方向。中国成年人阅读电子书的比例年均增长 9.8%，首次超过了半数，达到了 50.1%。[①] 对于电子书而言，价格始终是一个关键因素，超过半数的消费者认为，电子书应该比实体书便宜 70% 左右，同时有七成读者在阅读收费内容之前会寻找免费内容。在市场看涨的同时，图书行业还受到了政府战略的大力支持——2014 年出台并执行的一项政策免除了图书行业 2013 ~ 2017 年的增值税，此外政府还投入 9000 万元用以支持多个城市的民营书店的生存与发展。[②]

尽管大部分印刷媒体的广告收入继续下降，杂志广告却维持住了其对时尚和奢侈品牌的影响力。2014 年报纸广告下跌了将近 20%，杂志广告下跌了超过 10%。[③] 在数字化大潮中报纸广告是最大的输家，而杂志广告则在中国春节期间保持了季节性的稳定地位。既然从印刷向数字媒体的迁移是不可避免的，那么发行商们必须拥抱多媒体平台和服务以保持住市场中的一席之地并获取广告收入。许多报业和杂志正在执行跨媒体战略并加快开拓数字渠道。官网提供免费的在线阅读、电子内容产品以及针对手机的增值服务。数字杂志的广告将成为一个新的增长点，广告主普遍愿意支付更高的广告费。杂志广告主正在通过聚焦投放于更少的但质量更高的杂志来优化他们的支出。那些覆盖数字和传统渠道的跨媒体的传媒公司，尤其是那些为移动设备提供定制的数字内容的传媒公司正在变得越来越有生命力。[④]

### 2. 社交媒体

腾讯的即时通信社交媒体产品——微信正在快速导致微博产品的衰落。在 2014 年，社交网络 Qzone、人人、开心以及 51.com 失去了 3200 万用户。[⑤] 微信的定位是一个综合功能的社交媒体，它的繁荣发展受益于数字媒体商业模式带来的各种优势和机会。广义的社交媒体产业也在近五年来实现了巨大的发展，这得益于中国互联网用户的增长。人人、微博和开心等娱乐社交网络为整

① 中国新闻出版研究院。

② Global Times, 2014.

③ CTR AdEx Power 2013 – 14.

④ Zenith Optimedia, *China Media Scene*, 2014.

⑤ CNNIC, 2014; China Radio International.

个 2014 年的行业收入贡献了 40% 的份额。佳缘、珍爱和百合等交友网络则贡献了 30% 的份额。①

尽管大部分网民仍然通过台式电脑和笔记本电脑来使用社交平台，越来越多的人开始转向移动设备。② 在桌面设备上，QQ 仍然是统治性的社交服务平台，排名前三位的其他服务分别只占市场份额的 5% 以下。在移动设备上，微信超过了 QQ，第二至四位的手机应用程序（APP）的市场份额均未超过 9%。在 PC 端，尽管社交平台的用户覆盖率和用户使用时间都有所下降，但大部分产品在 2014 年保持了稳定。在移动端，消费者的注意力已经从传统的社交、游戏甚至是音乐转向了视频、即时通信和支付。

不论是微信还是微博，都倾向于认为社交媒体是一个移动的渠道。只有为移动渠道量身定做的内容才可能通过社交媒体传播。③ 不同的平台正在针对不同的用户行为进行优化，例如微博正在转向那些希望寻找更多信息的用户，因此一方面它可能作为一个“广播式”的媒体平台存在，另一方面微信则主要服务于“一对一”的互动以及客户关系的回馈。

### 3. 游戏

社交媒体对市场的占领也延伸并导致了游戏娱乐领域的爆炸式增长。游戏产业的年均增长速度达到了 70%，目前的年收入已超过 1000 亿元，④ 智能设备正在将游戏玩家们连接在一起。然而，随着智能设备运输速度和拥有量的下降，预计已趋饱和的中国移动游戏市场的发展将逐渐趋于稳定。移动互联网正处在一个商用的时代，所谓商用包括广告和增值服务。由于传统的广告效果通常受到智能设备屏幕尺寸的限制，因此增值服务是目前有力的盈利模式。作为移动互联网的主要盈利模式，手机游戏业已成为移动互联网时代最重要的标杆。非常重要的是，用户已经在使用 PC 游戏的过程中养成了在线支付的习惯，这为目前手机游戏的盈利提供了坚实的基础，而这一点非常能吸引投资者。

### 4. 广告

预计 2015 年的中国媒体广告收入将可能维持住自 2013 年以来年均 9.8%

---

① PRNewswire.

② iUsertracker 2014；mUsertracker 2014.

③ Zenith Optimedia, op. cit.

④ iResearch, *China Online Game Report*, 2014.

的涨幅，在2014年4750亿元的基础上增长11%，达到约5250亿元。[①] 此外，尽管2014年中国电视广告收入将跌至2210亿元，跌破50%的市场份额，电视仍将作为覆盖率最广、影响最大的媒体存在。中国的在线广告市场于2013年突破了1000亿元，但其增长速度已经开始减缓，预计2014年为35%、2015年为33%左右。2014年2个百分点的提升率并不能算显著，这个数字与当年的GDP增长水平相当。[②]

数字媒体继续从电视和报纸产业吸引广告收入，2014年已占据整个媒体广告市场的1/3。[③] 移动媒体继续扩大其在数字广告市场中的份额。[④] 最具市场驱动力的广告主仍然来自制药、汽车以及房地产开发建设行业。[⑤] 相比2013年下半年，2014年电视广告的增长仅放缓了1.7%，黄金时段的广告收入增长则保持了基本不变，为2.7%左右。一些广告主增加了50%的投入，尤其是制药与家居用品相关的企业对电视广告的推动作用较大。热门节目的赞助正在日益成为一个昂贵的角逐场，由于电视台希望覆盖更多在线观众，因此广告谈判也可能更集中在一些重点节目上。[⑥]

新的行业规定将可能提高电视剧的成本以及在线电视平台上外国内容的购买成本，这可能为跨平台的广告发展创造新的动力。腾讯微信于2014年6月发起了首个广告平台，用文字链接的方式将微信公众号与广告主相连，8月微信进行了软件升级，使得广告商可以将微信的用户流量引导到外部网站上。利用微信的统治性市场地位，Burberry、TAG和Estee Lauder等品牌开发了基于微信平台的优化用户互动的链接。

## 未来展望

正如安永公司所指出的，互联网的增长加速了社交媒体与其他在线产业的

① GroupM, 2014.

② GroupM, 2014.

③ Zenith Optimedia, *AdForecast*, 2014.

④ PwC, *Mobile Advertising in China*, 2014.

⑤ CTR, op. cit.

⑥ Zenith Optimedia, *China Media Scene*, 2014.

发展，“真正的传媒和娱乐故事是数字的”①。2012 年安永公司针对传媒和娱乐经济所做的七大趋势预测在 2015 年开始之际仍然是适用的。在可支配收入不断提升这个大环境因素之外，二线城市的发展、规制的改革、运营因素等也在驱动传媒和娱乐行业的发展。融合、数字化以及广告的增长正在使得传媒和娱乐行业不断扩张，行业需要新的商业模式来产出新的收入并以此发展新的平台、满足日益“智能”的中国消费者源源不断的需求。

最终成就传媒行业市场表现和投资决定的是那些大（的广告主）品牌以及那些在理解中国管理规则和数字化前景的基础上开展的成功合作。这些品牌的诉求是满足中国消费者的需求、与购买者和战略伙伴建立良好的关系，它们（通过媒体实现）的市场定位十分精准。各种不同商业模式和盈利模式的创新与尝试既是传媒环境数字化的结果也是回应，政府则支持更多的私人和外国资本投入到中国传媒产业中来。

基于人口、地区文化特色和消费者行为多样化等原因，中国消费者正在日益分裂成不同的群组，这样复杂的市场正在对中国传媒业提出持续的挑战。尽管一切都在数字化，中国传媒和娱乐产业仍然在向前发展且在平衡投资回报的同时开启了一段新的进程。产业的发展取决于数据分析与测量工具的进一步优化，取决于那些对于传媒产业经营者来说十分重要的理解趋势、指导表现的因素，同时也与那些希望进入传媒领域的外部企业和风险投资者的决定有关。其中一个重要的、根本性的因素是，传媒业的精英们对市场环境中创新的培育——只有允许人才进入，才可能发展出创新的节目与技术。

① Ernst & Young, *Spotlight on China*: *roadmap for success in media and entertainment.*

# B.43

# 2014年传媒业市场并购报告*

郭全中**

摘 要： 2014年，我国传媒业市场并购延续2013年的火爆之势，在利好因素的推动下，并购数量和规模都取得了新突破。本文通过对2014年传媒业市场并购活动的梳理，重点介绍和归纳传媒市场并购的新特点，分析促进并购开展的多重因素。

关键词： 传媒业 并购 重组 文化产业

## 一 传媒业市场并购活跃

综合Wind等资讯数据，2014年我国传媒业共发生200多起传媒行业并购案，远超2013年并购数量。影视、游戏、互联网媒体、有线和卫星电视等子行业，基本每两天就发生一起并购案。2014年我国传媒业并购总金额超过2200亿元，是2013年并购总金额的2倍多。按照并购金计算，前10位涉及金额全部超过30亿元（见表1）。

2014年传媒业并购案按子行业划分，以影视、游戏、广告、出版、互联网媒体并购案为主，分别为63起、57起、46起、17起、13起。

首先，影视行业异军突起。相关数据显示，2014年影视行业并购案中，有42家上市公司发起并购，并购交易总金额合计超过900亿元，其中以百视

* 本文是笔者主持的国家社科基金重点项目“新媒体环境下传统媒体的转型战略研究”的阶段性成果（项目批准号：13AXW006）。

** 郭全中，国家行政学院社会和文化教研部高级经济师，博士。

通492亿元重大资产重组方案最为庞大。而最为活跃的则是华策影视，2014年发起4起并购案，合计耗资5.07亿元。近些年来，华策影视不断以影视内容为核心，通过不断的并购逐步覆盖网络、游戏、动漫、海外电影等市场（见表2）。

**表1　2014年传媒业并购金额十大并购案**

| 并购事件 | 并购金额 | 并购事件 | 并购金额 |
| --- | --- | --- | --- |
| 百视通吸收合并东方明珠 | 492亿元 | 印纪传媒借壳高金食品 | 60亿元 |
| 阿里收购优土16.5%股权 | 10.88亿美元 | 阿里巴巴收购文化中国60%股权 | 62.44亿港元 |
| 马云、史玉柱收购华数20%股权 | 65亿元 | 优族信息借壳上市 | 6.30亿美元 |
| 复星集团收购studio | 10.0亿美元 | 野马国际收购飞流 | 35.40亿元 |
| 中技控股收购点点互动 | 60.21亿元 | 腾讯收购CJ Games | 31.04亿元 |

资料来源：笔者根据各种资料整理而成。

**表2　华策影视近年收购一览表**

单位：亿元，%

| 收购标的 | 收购金额 | 股权比例 |
| --- | --- | --- |
| 克顿传媒 | 16.52 | 100 |
| 韩国NEW | 3.23 | 15 |
| 最世文化 | 1.80 | 26 |
| 合润文化 | 1.04 | 20 |
| 高格影视 | 0.40 | 18.1 |
| 海宁华凡 | 0.18 | 60 |

资料来源：根据爱奇艺财报资料整理。

其次，游戏行业继续保持着较高的活跃度。2014年，游戏行业发起57起并购案，涉及并购金额近400亿元。在前10大并购案中，中技控股以60.21亿元收购点点互动位于首位，前10名的并购金额均超过了10亿元。在并购案例数量上，中青宝、张化机、光线传媒都达到3起。

2013年，BAT三巨头都纷纷布局传媒业，而在2014年，百度和腾讯则鲜有大动作，而阿里巴巴一方面通过收购传媒企业为其在美国的上市造势，另一方面携其从美国上市融来的250亿美元巨资大力布局传媒业。首先，阿里巴巴和云锋基金共同斥资 12.2 亿美元入股优酷土豆，其中阿里巴巴持股比例为 16.5%，云锋基金持股比例为 2%。阿里巴巴委派其 CEO 陆兆禧加入优酷土豆董事会。其次，阿里巴巴对文化中国进行 62.44 亿港元的战略投资，获得文化中国 60% 的股份。文化中国是以报章媒体经营、移动新媒体运营与精品影视剧摄制等为主业的综合性文化产业集团。目前，文化中国已经更名为阿里影业。再次，马云、史玉柱以 65 亿元入股华数传媒，认购公司非公开发行股份 2.87 亿股，占发行完成后公司股份总数的 20%。华数集团是由杭州文广集团、浙江广电集团等投资设立的大型国有文化传媒产业集团。华数集团旗下控股的上市公司华数传媒拥有上百万小时的数字媒体内容库、数千万台互联网电视终端，新媒体全业务运营牌照。之前，阿里巴巴就已经携手华数进军 OTT，双方共同发布了首款“天猫”盒子。同时，阿里巴巴还正式发布了阿里智能 TV 操作系统，以及基于阿里智能 TV 操作系统的智能电视。除了阿里巴巴之外，小米以 3 亿美元巨资入股爱奇艺，以打造更为完善的生态系统。

## 二　并购市场呈现新特点

### 1. 上市公司吸收合并上市公司的方式开始出现

根据重组方案，百视通收购东方明珠完成后，上海文广将只保留百视通一家上市公司。停牌前百视通的市值为 356.28 亿元，东方明珠为 347.95 亿元，截至 2015 年 1 月 9 日下午停盘时，东方明珠的市值为 432.02 亿元，百视通的市值为 405.50 亿元，合计为 837.52 亿元，预计重组后新百视通公司将成为传统媒体领域首个跨越千亿元市值门槛的传媒公司。百视通和东方明珠的合并重组方案分三步：吸收换股合并、发行股份购买资产、募集配套资金。百视通拟以每股 32.54 元的价格，以新增股份换股方式吸收合并东方明珠，换股比例为 3.04：1，交易完成后东方明珠被注销。同时，百视通拟以非公开发行股份购买尚世影业 100% 股权、五岸传播 100% 股权、文广互动约 68% 的股权、东方希杰约 45.21% 的股权。另外，百视通拟通过向上海国和基金、交银文化基金、绿地金控、上汽投资、上海光控投资、长江养老、招商基金、国开金融、中民投资本，以及文广投资中心在内的 10 家机构定向发行股份的方式，募集不超过100亿元的配套资金。

整合后的百视通公司，牌照资源、内容资源和渠道资源更加丰富，将更有利于实现转型。公司已经构成“内容、平台+渠道、服务三大板块”“生态圈”，这更有利于各项业务的开展。

### 2. 大量的文化产业投资基金成立

2014年一年新增加51支文化产业投资基金，其中40支透露募资额的基金总募资金额高达1196.85亿元，其中首期募集金额共达到140.75亿元。

北京、上海、广东等一线城市集中了大部分基金，51支基金中有33支分布在上述地区，募集基金总金额为339.05亿元，占比28.32%。在行业分布方面，投资主要集中于移动互联网、旅游演艺等领域，其中移动互联网领域11支，约占总数的22%；旅游演艺领域8支，占约16%。①

### 3. “上市公司+PE”模式成为新主流

自2011年硅谷天堂首创“上市公司+PE”模式，与大康牧业合作成立并购基金，开展产业并购后，2014年这一模式开始被引入传媒业。

目前，在传媒业方面，当代东方与华安基金子公司共同发起的并购资产管理计划、奥飞动漫与广发证券直投子公司广发信德的携手、蓝色光标斥资1亿元参与投资北京华泰瑞联并购基金中心都是其中的典范。采取这一模式的主要代表如表3所示。

**表3 “上市公司+PE”模式表**

| 上市公司 | PE公司 | 基金规模(亿元) | 投资方向 |
| --- | --- | --- | --- |
| 当代东方(000673) | 华安未来 | 50 | 参与文化传媒行业优质资产的并购、重组 |
| 山水文化(600234) | 七弦股权<br>六合逢春 | 20 | 投资动漫、游戏、影视、旅游、演艺及移动互联网 |
| 新华传媒(600825) | 元禾母基金和华映资本 | 12 | 投资布局移动互联网时代新媒体内容生产、消费转型及技术支撑环节的潜力型、成长型项目 |

① 参见http：//www.ce.cn/culture/gd/201412/30/t20141230_4230756.shtml。

续表

| 上市公司 | PE 公司 | 基金规模(亿元) | 投资方向 |
|---|---|---|---|
| 互动娱乐(300043) | 复星瑞哲 | 12 | 通过并购及投资进一步延伸娱乐产业价值链 |
| 乐视网(300104) | 乐视控股 | 5~10 | 布局互联网应用、移动互联网、云计算和智能终端 |
| 蓝色光标(300058) | 红土嘉禾 | 5 | 互联网、新媒体、大数据、公关、传媒、影视等 |
| 省广股份(002400) | 上海智义 | 5 | 投资广告、营销和传媒相关行业 |
| 粤传媒(002181) | 德同投资 | 1.5 | 以产业整合与并购重组等方式,专注于投资文化传媒的热点领域和创新服务领域的相关性企业 |
| 天舟文化(300104) | 德同投资 | 1 | 与文化产业相关从事移动互联网产业的早期投资 |
| 奥飞动漫(002292) | 广发信德 | 1 | 互联网游戏、广告、文学、视频及影视、动漫等 |
| 掌趣科技(300315) | 华泰瑞联 | N/A | 重点投资 TMT、医疗服务及医药、大消费、环保等。 |

资料来源：笔者根据上市公司财报整理而成。

### 4. 跨界并购风头正劲

2014 年，跨界并购东风劲吹，大量传统行业通过并购涉足文化影视、移动互联网、手游等新兴行业。而万达集团更是从房地产高调转型进入文化传媒产业，把文化产业作为其支柱产业发展，成立了专门的文化产业集团，2014 年，其文化产业集团的年收入高达 341.4 亿元，同比增长 32.3%，其文化产业的布局涉及文化旅游城、电影产业、舞台演艺、电影娱乐科技、主题公园、连锁儿童娱乐、连锁量贩 KTV 等。

### 5. 互联网巨头继续布局传媒产业

互联网正在布局生态系统，而传媒业是其生态系统不可或缺的重要组成部分，阿里巴巴是其中野心最大的，目前已经投资了大量的传媒企业（见表 4）。

**表 4　阿里巴巴在传媒业的布局**

单位：亿美元

| 并购企业 | 并购金额 | 并购企业 | 并购金额 |
|---|---|---|---|
| 天天动听 | N/A | 华数传媒 18% 股权 | 10.6 |
| 新浪微博 18% 股权 | 5.86 | 优土 16.5% 股权 | 10.88 |
| 文化中国 60% 股权 | 8.05 | KABAM | 1.2 |

资料来源：根据阿里巴巴相关资料整理。

## 三　多重因素助推并购市场

### 1. 政策利好

2014 年，国家密集出台了多个文化产业相关扶持政策，说明国家高度重视文化产业的发展，这也给文化产业及传媒业带来了重大利好（见表 5）。

**表 5　2014 年文化产业相关政策一览表**

| 发布时间 | 发布部门 | 政策名称 |
|---|---|---|
| 2 月 26 日 | 国务院 | 《关于推进文化创意和设计服务与相关产业融合发展的若干意见》 |
| 3 月 3 日 | 国务院 | 《国务院关于加快发展对外文化贸易的意见》 |
| 3 月 17 日 | 文化部、中国人民银行、财政部 | 《关于深入推进文化金融合作的意见》 |
| 4 月 8 日 | 财政部、国家税务总部 | 《关于小型微利企业所得税优惠整顿有关问题的通知》 |
| 4 月 2 日 | 国务院办公厅 | 《关于印发文化体制改制中经营性文化事业单位转制为企业和进一步支持文化企业发展的两个规定的通知》 |
| 4 月 24 日 | 国家新闻出版广电总局、财政部 | 《关于推动新闻出版业数字化转型升级的指导意见》 |
| 5 月 31 日 | 财政部、国家发展改革委、国土资源部、住房和城乡建设部、中国人民银行、国家税务总局、国家新闻出版广电总局 | 《关于支持电影发展若干经济政策的通知》 |

续表

| 发布时间 | 发布部门 | 政策名称 |
|---|---|---|
| 7月11日 | 文化部、工业和信息化部、财政部 | 《关于大力支持小微文化企业发展的实施意见》 |
| 8月18日 | 中央全面深化改革领导小组 | 《关于推动传统媒体和新兴媒体融合发展的指导意见》 |
| 8月26日 | 文化部、财政部 | 《关于推动特色文化产业发展的指导意见》 |
| 10月8日 | 国家知识产权局 | 《关于知识产权支持小微企业发展的若干意见》 |
| 10月2日 | 国务院 | 《关于加快发展体育产业促进体育消费的若干意见》 |
| 11月27日 | 财政部、海关总署、国家税务总局 | 《关于继续实施支持文化企业发展若干税收政策的通知》 |

资料来源：笔者根据相关网站资料整理而成。

2014 年 3 月 24 日，国务院发布《关于进一步优化企业兼并重组市场环境的意见》，提出发挥市场机制作用，取消和下放一大批行政审批事项。10 月 23 日，《上市公司重大资产重组管理办法》《关于修改〈上市公司收购管理办法〉的决定》正式施行。两个《办法》充分体现了“管制政策放松、审批环节简化、定价机制市场化”的特点。并购政策的持续变暖和制度红利的释放将提高市场各主体参与并购重组的意愿。

2. 市场持续向好

电影、游戏、互联网产业持续增长，市场发展良好。国内 IPO 发行缓慢、排队时间过长，PE 推动上市公司通过并购实现退出；传统行业的转型升级，通过并购新兴行业寻找新的利润点；上市公司市值管理的需要等原因也促进了传媒业市场的大并购。

可以预测的是，2015 年的传媒业并购将出现新趋势：一是互联网上市公司吸收合并传统媒体上市公司将增多；二是互联网巨头为了布局生态系统，将进一步收购传媒企业；三是跨界并购将更多、规模将更大。

# 2014年中国传媒资本市场发展报告

冯晓峰*

摘　要：2014年，中国传媒资本市场得益于经济环境的进一步改善、密集有力的政策扶持以及投融资市场的整体带动作用，继续稳健成长，为传媒产业结构的调整和发展提供了有力的资本支持。虽然传媒娱乐指数和互联网指数在2014年的市场行情中均弱于沪深300指数，但随着国民经济在新常态轨道中继续整固加强，我国传媒产业及传媒资本市场相关行业与公司仍将保持高速发展态势，行业层面深入的整合重组以及公司层面业绩与估值的回升将会是2015年传媒资本市场的主题。

关键词：传媒资本市场　并购　传媒股　上市公司　TMT

## 一　2014年传媒资本市场整体情况

根据国家统计局2015年1月下旬发布的统计数据①，2014年国内生产总值为636463亿元，按可比价格计算比2013年增长7.4%，国民经济在新常态下保持平稳运行。文化传媒产业隶属的第三产业增加值为306739亿元，同比增长8.1%，高于第一产业4.1%和第三产业7.3%的增速。中央政府在2014年对文化产业支持力度继续加大，中央全面深化改革领导小组先后审议通过了包括《深化文化体制改革实施方案》《关于推动传统媒体和新兴媒体融合发展

* 冯晓峰，清华大学新闻与传播学院硕士研究生。

① 国家统计局：《2014年1~4季度我国GDP（国内生产总值）初步核算情况》，2015年1月21日。

的指导意见》等在内的方案，持续有力的政策引导传媒企业不断深化改革。传媒资本市场在2014年得益于经济环境的进一步改善、一系列政策的扶持以及整体市场的带动作用，继续稳定快速成长，为传媒产业结构调整和健康发展提供了有力的资本支持。

2014年以来，尽管传媒及互联网类上市公司在A股市场的表现延续了明显波动的态势，但行业营收、利润增速总体较为平稳。作为新兴产业重要组成部分的传媒产业，长期受益于经济结构转型和新常态经济环境下内生性驱动成长，行业盈利能力在2014年继续稳步回升。从目前已经公布的2014年第三季度财报来看，A股传媒娱乐及互联网板块的上市公司体现出稳健的盈利能力和成长能力，在保持较高的毛利率和现金流的情况下，大多数公司均能不同程度地实现净利润增长。但近年主题投资的市场风格下的高市盈率和高市净率也暴露出传媒类公司估值较高的风险。

A股IPO重启是2014年资本市场的重要事件，全年新股上市数量达到了125家，共发行新股65.76亿股，合计募资总额达668.88亿元。其中互联网传媒类上市新股共5家，分别是属于互联网服务类别的光环新网、全通教育，属于营销传播类别的思美传媒、腾信股份，属于影视传播类别的唐德影视。国内十余家影视制作及传播机构在2014年积极谋求证券化渠道，其中在申请IPO的新丽传媒、幸福蓝海、能量影视、唐德影视4家机构中，仅唐德影视一家申请成功。[①] 而选择借壳上市的印记传媒、欢瑞世纪、华海时代、笛女影视、金英马影视等近10家影视公司中，仅有海润影视一家获批。由于目前A股具有影视资产的上市公司已达十余家，面临市场总额瓶颈和僧多粥少的局面，预计未来影视制作类公司上市的难度仍将大于移动互联网和新媒体类公司。

## 二 市场波动分析

2014年，A股市场传媒娱乐行业指数从1月2日的1346.97点上涨至12月31日的1577.27点[②]，上涨230.30点，涨幅为17.10%，振幅为36.78%，

① 中国证券监督管理委员会：《创业板发审委2014年第33次会议审核结果公告》，2014年12月31日。

② 数据来源：通达信传媒娱乐行业指数，代码：880418。

均明显小于2013年该指数77.87%的涨幅和94.39%的振幅。互联网行业指数从年初的2163.9点上涨至年末的2854.1点,[①] 上涨690.20点，涨幅为31.90%，振幅为61.02%，同样明显小于2013年互联网行业指数183.84%的涨幅和229.71%的振幅。而2014年的沪深300指数从年初的2323.43点上涨至12月31日3533.71点,[②] 涨幅为52.09%。显而易见，传媒娱乐指数和互联网指数在2014年的行情中均大幅跑输沪深300指数。

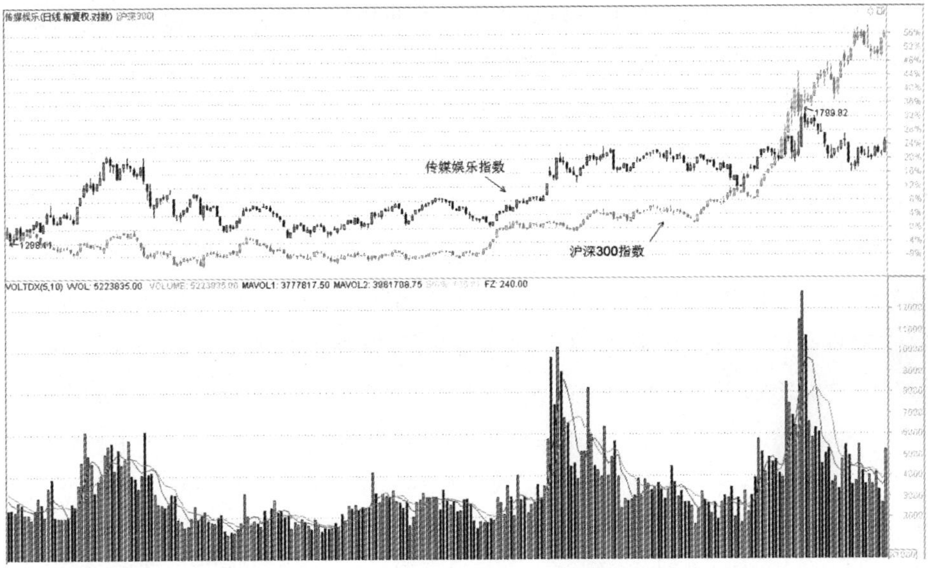


**图1　2014年A股传媒娱乐行业指数与同期沪深300指数对比**

数据来源：通达信金融终端。

传媒指数在2014年的运行依据时间段的不同呈现出比较明显的特征，全年的走势可以划分为四个阶段。

第一阶段是从年初1月2日到2月中旬，得益于年初充沛的资金和机构投资者对于传媒互联网类主题的积极布局，传媒板块延续了2013年的强势，行业指数在此阶段达到了20.7%的涨幅，远高于同期震荡微跌的沪深300指数，

① 数据来源：通达信互联网行业指数，代码：880494。

② 沪深300指数是由上海和深圳证券市场中选取300只A股作为样本编制而成的成分股指数，其指数样本覆盖了沪深市场六成左右的市值，具有良好的市场代表性，代码：000300。

并已经超越了此后全年的涨幅。

第二阶段是2月下旬至7月中旬，传媒板块随同大盘一道经历了近半年的弱势调整，交易低迷，期间跌幅为13.4%，丧失了年初累积的大部分涨幅。

第三阶段是7月下旬至11月中旬，这期间49家发布半年报的传媒公司中有33家业绩实现了增长，占比67.3%。同时一系列对于传媒产业发展具有重要意义的政策得以发布。

受传媒类上市公司半年报利好消息、产业扶持政策频出和市场环境向好的积极影响，此阶段的传媒娱乐指数涨幅达到了13.62%。即便如此，10月底到11月中旬传媒指数仍然和沪深300指数的运行发生了背离，在此段时间内，传媒指数下跌4.1%而沪深300指数则从低位迅速上涨8.3%。这种背离现象为年底的蓝筹暴涨和板块剧烈轮动揭开了序幕。

第四阶段是11月下旬到12月31日，在此期间，在以券商、银行为代表的金融蓝筹股强势带动下，沪深两市出现了罕见的暴涨，沪深300指数涨幅达到惊人的45%，在主力资金对于权重蓝筹的疯狂追逐和轮动效应的影响下，同期传媒板块则遭遇了激烈的震荡，交易量虽然在12月上旬一度达到全年最高值，但是随着后续热点的转换迅速回落，量能综合水平甚至低于上述第三阶段。同期行业指数仅上涨2.79%，然而振幅却达到了17.56%，与金融、基建、交通等热门板块形成鲜明的对比。

## 三　传媒类上市公司基本业绩状况

从各上市公司已经发布的2014年前三季度财报提供的数据来看，A股传媒娱乐板块各公司普遍实现了较为稳定的盈利。据平安证券统计，2014年1~9月，传媒行业营业收入同比增加25.5%，净利润同比增长29.1%，行业排名靠前。①

但是相对2013年的高速增长率而言，部分公司的业绩增速趋缓甚至有所下滑。比如歌华有线2014年第三季度净利润同比增长率为-21.45%，而上

① 平安证券有限责任公司：《2015年传媒行业策略报告：把握政策红利，拥抱产业互联网化》，2014年12月10日。

年同期这一数据为26.08%。乐视网2014年第三季度净利润同比增长率为-88.77%，而上年同期这一数据为46.02%。华谊兄弟2014年前三季度实现营业收入为9.58亿元，同比减少6.37%，净利润为4.55亿元，同比增长10.42%，远小于上年接近100%的增速，公司的电影业务收入同比大幅减少74.76%。光线传媒前三季度实现营业收入为6.44亿元，同比减少6.63%；净利润为1.97亿元，同比减少17.6%。华录百纳前三季度营业收入为2.72亿元，同比增22.32%；净利润为0.54亿元，同比下滑38.58%。事实上，若不考虑2013年传媒行业大举并购行为带来的2014年并表后业绩增厚等因素，传媒类上市公司实际内生驱动型业绩增速可能会更低。

A股市场传媒及互联网板块涨在2013年较大的涨幅透支了行业估值，这两个板块在2014年几乎都处于估值消化的过程。即便如此，根据彭博金融终端数据统计，截止到2015年1月底，传媒娱乐行业的动态平均市盈率仍然高达44.75，而互联网行业的动态平均市盈率更是达到了123.51。板块中即使是人民网和百视通这样的沪深300成分股，其市净率在2015年年初也分别达到了10.94和10.45。整体而言，2014年较为低落的业绩增速和市盈率、市净率"双高"之间的失衡与反差加剧了整个行业相对过高估值的风险，甚至不排除泡沫出现的可能，其安全边际的吸引效应弱于权重蓝筹，体现到市场层面难免会造成低风险偏好的投资机构对传媒娱乐类的公司采取更加审慎与警惕态度。而作为重组并购标的的传媒行业公司，其与估值不相称的利润增长速度以及无法完成业绩承诺的隐患也会给并购评估、筹备和实施过程带来不确定性。

## 四　并购分析

2014年，文化传媒领域的并购动作接连不断，数量相较于往年有了显著的提高。根据彭博金融终端数据统计，涉及文化传媒行业的并购事件数量达到46件，交易总价值达到342.7亿元，而2013年这两项数据仅为12件和107.2亿元。

在2014年诸多并购中，既有文化传媒行业内部龙头企业通过并购延伸产业链、扩大业务规模，比如光线传媒出资2.84亿元收购蓝弧文化44%股权，打造泛娱乐平台；华录百纳计划以 25 亿元的价格收购广东百合蓝色火焰文化传媒股份有限公司 100% 股权，公告后该股接连涨停，还有传统行业发起的涉及手机游戏、网络游戏、影视制作、文化产品及服务运营等以传媒相关行业为标的的跨界重组并购，其中包括中南重工 10 亿元收购大唐辉煌 100% 股权，松辽汽车 40 亿元收购耀莱影视 100% 股权，申科股份 25.2 亿元收购海润影视 100% 股权等。

根据国家统计局2015 年1 月27 日发布的统计数据①，2014 年，在41 个工业大类行业中有 11 个行业的利润总额比 2013 年有所下降，如煤炭开采和洗选业下降 46.2%，石油和天然气开采业下降 13.7% 等。可见，在适应经济发展新常态的进程中，传统制造业和采矿业、消费行业企业近年来增长动能不足，需要通过吸纳整合新的成长因素来谋求转型，拓宽生存发展空间。国家频繁出台的产业支持政策正在吸引越来越多的资本进入文化产业及相关行业。按照中央部署，到 2020 年文化产业要成为国民经济支柱产业，这意味着文化传媒企业正在步入黄金发展期。传媒行业的高成长性和层出不穷的炒作主题对于传统企业与投资机构自然形成巨大的吸引力，并能为上市公司股票带来更大的溢价空间。

比如申科股份重组方案显示，公司拟将除募集资金余额以外的全部资产和负债置出，并拟以发行股份方式收购置入海润影视 100% 股权。6 月 23 日复牌后，申科股份的股价连续 11 天涨停。而 2015 年 1 月 16 日晚间申科股份发布业绩预告，公司预计 2014 年亏损 3500 万 ~ 4000 万元，上年同期公司亏损 2854.09 万元。事实上 2014 年涉及传媒行业的众多并购案例背后，缺乏业绩支撑的并购屡见不鲜，这一类并购追求短期效益，不仅不利于提高企业的竞争力，而且会衍生出的各种市场乱象也对整个产业长远健康的发展造成不利影响。

在 2014 年一系列涉及文化产业和传媒行业的并购中，发起并购意向的一方除了 A 股上市企业，并购方当中不乏以 BAT 为代表的掌控着大资本的互联网公司、大型集团公司和风险投资的身影。

---

① 国家统计局：《2014 年全国规模以上工业企业利润总额比上年增长 3.3%》，2015 年 1 月 27 日。

百度旗下的爱奇艺在2014年7月17日成立爱奇艺影业公司，并与中信信托合作推出了影视文化金融众筹平台“百发有戏”。百发有戏聚焦电影的消费端，最低起购门槛为10元，预期收益率为8%～16%。用户收益与电影票房紧密挂钩，票房越高，潜在的权益回报越大。2014年3月，阿里巴巴宣布斥资62.44亿港元入股文化中国经扩大后的60%股权，并将其更名为阿里影业，正式布局电影产业。同时，阿里还推出电影众筹平台“娱乐宝”。娱乐宝是由阿里巴巴数字娱乐事业群联合金融机构打造的增值服务平台，用户在该平台购买保险理财产品即有机会享有娱乐权益。网民出资100元即可投资热门影视剧作品，首期产品的预期年化收益7%。有别于余额宝的货币基金属性，娱乐宝依附于淘宝移动端，通过向消费者发售产品进行融资，所融资金配置为部分信托计划，最终投向于阿里娱乐旗下的文化产业。腾讯在2014年9月17日整合旗下资源成立影视事业部，并参投了6部电影。影视巨头华谊兄弟11月发布方案拟定增融资36亿元引入阿里巴巴、腾讯和中国平安三大投资者。定增后，阿里、腾讯所持华谊兄弟股份皆为8.08%，并列公司第二大股东。10月9日，华策影视发布的《浙江华策影视股份有限公司非公开发行A股股票预案》显示其定增20亿元曲线引入百度和小米。

BAT在传媒行业积极开展并购的目的更主要是出于抢占新型产业制高点和优化产业链布局的考虑，而互联网巨头凭借其雄厚的规模实力以及“资本+技术+渠道”的优势进入文化传媒领域，无疑将提升市场集中度从而深刻影响市场的竞争格局，同时也刺激和驱动产业的结构调整和升级。

值得关注的是，8月国家发布的《关于推动传统媒体和新兴媒体融合发展的指导意见》提出要“建成几家拥有强大实力和传播力、公信力、影响力的新型媒体集团，形成立体多样、融合发展的现代传播体系”。这为传媒行业的并购方向以及未来的整合提供了重要的政策支持。11月拉开帷幕的百视通对东方明珠的吸收合并就是2014年文化企业整合的标志性事件。百视通将旗下内容、平台、渠道和服务终端企业进行重整，打造互联网媒体生态系统，推进传统媒体与新兴媒体的融合，成为文广集团统一的产业平台和资本平台，并有望成为国内A股首家千亿元级新型互联网媒体集团，有助于传媒行业的整体核心竞争力从业务层面提升到资本层面。

## 五 市场展望

2015 年，国民经济在新常态的轨道中将继续整固加强，城镇化规模的扩大和人均可支配收入的进一步提高将刺激和促进整个社会精神文化层面需求的提升。同时，在日新月异的新技术条件带来的传媒业态变革趋势和资本力量的驱动作用下，我国传媒产业及传媒资本市场相关行业与公司仍将保持高速发展态势，行业层面深入的整合重组以及公司层面业绩与估值的双双提升将会是 2015 年传媒资本市场的主题。

2015 年初证监会出台的对券商两融业务监管加强的措施[①]及“119”后的市场反应，一方面体现出证券行业监管部门对于防范风险的意愿正在强化，而另一方面市场对于监管部门一系列举措力度的预期也会越来越充分。截至 2015 年 1 月 16 日，融资融券余额相对自由流通市值比重前五名行业是国防军工（11%）、非银金融（9.9%）、传媒（9.8%）、建筑装饰（9.1%）和有色金属（8.4%），传媒行业位列第三。在整个 A 股市场正在从 2014 年末以增量资金为主导的风格转换成 2015 年以存量资金为主导的大环境下，投资机构和个人对于融资融券集中的板块会采取更加审慎的态度。而新的一年市场投资风险偏好的降低，可能会对较高市盈率和高市净率传媒板块造成一定的冲击并考验企业基本面的支撑力度，目前尚不能排除估值进一步回归的可能，因此传媒类上市公司是否能在 2015 年实现良好业绩以兑现市场预期从而摆脱上年滞涨的局面还有待进一步考察。传媒行业依然面临着估值回归压力以及业绩预期能否兑现的不确定性。

在政策方面，预计 2015 年将会有更多利于振兴文化产业和促进传媒行业发展的支持性政策出台。与此同时，政府在财政支持上的投入力度也逐渐增大。2014 年，全国财政文化体育与传媒支出达到 2683 亿元，比 2013 年增长 5.5%。[②] 良好的政策环境和财税支持力度不仅将在实质上繁荣文化市场并推

① 中国证券监督管理委员会：《中国证监会通报 2014 年第四季度证券公司融资类业务现场检查情况》，2015 年 1 月 16 日。

② 财政部：《2014 年财政收支情况》，2015 年 1 月 30 日。

动传媒类上市公司的竞合运作，而且将为传媒资本市场提供更丰富的投资主题和广阔的成长空间。在这种趋势下，2015 年传媒资本市场方面有两条相互依托的主线值得关注：一是国资传媒集团改革与传统媒体转型需求驱动下的行业运行模式创新，以国有文化企业龙头为主的并购和整合力度将不断加强，并带来的基本面改善；二是文化传媒产业与互联网在内容、渠道、资金和技术等诸多层面上的深度融合催生的商业模式重构。

# B.45 中国传媒市场版权贸易发展报告*

陈媛媛**

摘　要：版权贸易为产业的繁荣产生了促进作用，丰富文化内容、带来良好经济效益的同时，繁荣了周边产业发展。本文以核心版权产业中具有代表性的图书、电视、电影、游戏版权贸易为例，对我国版权贸易发展进行梳理，对相关企业版权贸易运营、投资提出建议。

关键词：版权贸易　核心版权贸易　市场现状　经济贡献

中国传媒市场版权贸易发展活跃的地区为北京和上海，文化、经济的繁荣使得这些地区内容产品创作活跃；由于专业人才的聚集，资本、技术、创作跨国交流频繁，形成了交流—应用—发展的良性循环。

## 一　中国版权贸易概况

中国近年通过举办和参加各种国际性展览、贸易活动，为版权贸易提供平台，每年实现数目可观的交易产品量。各电视台、互联网视频企业、影视制作公司、出版社等机构与他国相关机构建立长期合作关系，合作形式从单一的版权买卖，转变为合制、投资等多种形式，版权合作模式多样化、收益长线化。

* 根据世界知识产权组织对版权产业的分类，版权产业可分为核心版权产业、部分版权产业、与版权相互依存的产业、非专用支持产业。本文所涉及的版权产业主要指核心版权产业，即以电影、图书、报刊、电视、游戏等具有版权的作品为主要产品的产业。

** 陈媛媛，清华大学新闻与传播学院传媒经济与管理研究中心助理研究员。

另外，版权贸易中介机构的专业性使得版权贸易交易更加迅速，同时为不发达地区的版权贸易提供了支持。

### （一）版权引进方面

在核心版权产业中，图书多年雄踞引进量首位。国家版权局统计数据显示，2013 年引进版权 18167 项（不包含电影），其中图书 16625 项、录音制品 378 项、录像制品 538 项、电子出版物 72 项、软件 169 项、电视节目 381 项、其他 4 项。图书版权引进占据总版权引进量的 91.5%。图书版权市场的繁荣主要源于版权金额小，引进成本低；可选作品多，题材广泛；对引进商的要求相对较低等因素。版权贸易比较活跃的领域为电视节目及电影方面。从引进国家和地区来讲，美国、英国、德国、韩国、日本为主要作品来源国家，其中，美国在多个领域均处于主要输出国。相比而言，日本仅在图书方面，韩国在图书及电视节目方面表现比较突出。

### （二）版权输出方面

国家版权局统计数据显示，2013 年输出版权总计 10401 项（不包含电影），其中图书 7305 项、录音制品 300 项、录像制品 193 项、电子出版物 646 项、软件 20 项、电视节目 1937 项。图书版权输出量亦占首位，占总输出量的 70.2%，其次是电视节目。美国为我国版权产品主要输出国家，其次为韩国。另外，中国香港、台湾与内地的版权交流也颇为频繁，由于语言等先天优势，省去了翻译等再制作成本，尤其在电视节目版权贸易方面十分活跃。版权输出贸易中，北京和上海活跃度分列第一、二位。

## 二　版权贸易主要细分板块发展

### （一）图书

近 10 年来，版权交易成为我国图书产业发展的积极发力点。2014 年全年畅销图书排行榜中，引自海外的《百年孤独》《追风筝的人》跻身于虚构类图书销量前 3 名。在各季度排行中，如《纸牌屋》《偷影子的人》《霍乱时期的爱情》《教父》等虚构类图书均榜上有名,[①] 国外文学产品在中国具有一定的市场。

2009～2014 年间，我国图书进出口种数持续增加，与进口图书的稳定增长相比，电子出版物进出口有一定的不稳定性，其数量可能与当年产品或者相应活动的定向进出口影响有关（见表 1）。截至目前，中国图书版权引进和输出地排名靠前的均为美国、英国、德国以及法国。

**表 1　2009～2014 年图书进出口统计表**

单位：种

| 项目＼年份 | 2009 | 2010 | 2011 | 2012 | 2013 |
|---|---|---|---|---|---|
| 图书进口 | 12914 | 13724 | 14708 | 16115 | 16625 |
| 电子出版物进口 | 86 | 49 | 185 | 100 | 72 |
| 项目＼年份 | 2009 | 2010 | 2011 | 2012 | 2013 |
| 图书出口 | 3103 | 3880 | 5922 | 7568 | 7305 |
| 电子出版物出口 | 34 | 187 | 125 | 115 | 646 |

资料来源：中国新闻出版研究院，《新闻出版产业分析报告》，2009～2013。

图书版权交易目前主要采用版税形式，定价及印量为主要影响因素。不论是引进还是输出，对单品销售量的把控最为关键。欧美图书一般定价较高，而我国读者目前最易接受的定价为 30～45 元人民币，引进版图书定价要想符合本土接受度，就必须提高印量以降低单本成本。而提高印量无形中又增加了版权引进成本，所以准确的市场调研为版权引进之前提。

为促进中国出版物走向国际，自 2002 年开始，中国政府积极采取各项激励和扶植政策。2014 年中国计划实行 3 项“普惠”政策，主要是通过奖励、开放、资助等利好政策，调动从业者积极性，促进中国内容产品走向海外。始于 2004 年的“中国图书对外推广计划”，到 2014 年已开展 10 年，中国通过举办和参加“文化年”、国际图书展等国际性活动，推动中国图书走出国门。另外，有影响力的国际奖项，如诺贝尔文学奖的获得，使得莫言的作品成为国外出版商争相引进的品种。

① 资料来源：开卷公司相关季度报告及《2014 年图书零售市场报告》。

## （二）电影

2014 年，中国全年票房过亿元的影片共计 66 部，其中国产影片 36 部，近半为引进片；国产影片海外销售收入 18.7 亿元，同比增长 32.25%①（见表 2）。海外收入虽有所增长，但国产片国际影响及收入甚微。近年来，日本、韩国、印度等国家的电影，由于中国受众的减少，逐渐退出主流市场，而欧美国家电影，尤其是以好莱坞为代表的美国电影在中国大行其道。2014 年进口的海外电影中，90% 来自美国。

**表 2　中国电影进出口统计**

单位：部，亿元人民币

| 项目＼年份 | 2009 | 2010 | 2011 | 2012 | 2013 | 2014 |
|---|---|---|---|---|---|---|
| 电影出口（含合拍片）部数 | 45 | 47 | 52 | 75 | 45 | — |
| 合拍片部数 | 34 | 46 | 50 | 46 | 33 | — |
| 国产电影海外票房收入 | 27.59 | 35.17 | 20.24 | 10.63 | 14.14 | 18.7 |
| 电影进口部数 | 21 | 24 | 37 | 76 | 61 | 68 |
| 进口电影票房收入 | 26.93 | 44.38 | 60.84 | 87.9 | 90.02 | 134.84 |

资料来源：根据国家统计局、中国电影海外推广公司、艺恩咨询公司相关数据综合整理而成。

在中国出口电影中，合拍片占绝大份额。一般而言合拍片的海外收入归属于海外投资方，本质上对中国电影海外收入助力不大。尽管如此，合拍片由于具有双重国籍属性，可分散投资风险，享受相应的优惠政策，且在本国上映时能享受高于批片的分成。所以，合拍在未来一段时间内还是电影出口的重要投资方式。截至 2014 年，中国已与韩国、印度、新加坡、比利时、法国、西班牙、意大利、英国、加拿大、澳大利亚和新西兰 11 个国家签署过电影合拍协议。

中国电影企业拓展海外业务，其中不乏重大并购事件，国内资本注入海外企业。另外，通过收购外国院线企业，拓宽国产影片输送、播映渠道。

动画电影市场中，进口动画电影依旧占领主力地位，近几年均占据动画电

① 资料来源：国家新闻出版广电总局，http：//www.sarft.gov.cn/articles/2015/01/05/20150105174531720823.html。

影票房的60%以上。截至2014年底，进口动画票房进入亿元俱乐部的全部为美国动画影片。其他国家的动画电影，由于品牌效应不足、宣传力度不够、排片及配额限制、引进没有连贯性等原因，整体上无法与美国动画电影抗衡。

## （三）电视

央视在纪录、体育类等节目引进方面保持既有优势，地方卫视（如湖南卫视、浙江卫视和江苏卫视）通过版权引进、联合制作等多种模式打造品牌栏目，电视节目贸易空前活跃，中国目前已经成为全球重要的电视节目输入国。在节目引进方面，主要交易类型集中于娱乐节目和纪实类节目。

国家统计局数据显示，电视剧及电视节目进口额中，亚洲贸易约占一半以上的份额，主要是从日本、韩国及中国香港等国家和地区引进。电视剧主要出口于东南亚，电视节目主要出口于美国及东南亚。

### 1. 综艺节目版权交易

中国电视产业环境、政策的变化促使中外合作加速。针对每家卫视每年新引进的模式节目不得超过一档的规定，各电视台采取联合制作等新模式以应对。2014年季播节目共98个，25个“进口”，其中美国3部、英国3部、德国2部、荷兰2部、西班牙1部、以色列1部、韩国12部、日本1部。① 从韩国引进版权的《奔跑吧！兄弟》《爸爸去哪儿》真人秀节目一度火爆。《爸爸去哪儿》的版权费用约为1100万元人民币②，而《奔跑吧！兄弟》采用中韩联合制作、后期分成等多元化营收方式，广告收入使得中韩双方收益俱佳。

### 2. 电视剧版权交易

与图书、电影不同的是，地方市级电视台在电视剧引进方面比较活跃。以搜狐、优酷、乐视、爱奇艺等网站为代表的诸多国内视频网站，为海外剧的播放提供了平台。电视台版权费、网络版权费、同名游戏等周边产品开发都为电视剧产品拓展了行销途径。

价格方面，美剧版权价格相对稳定，独播剧约为30000美元/集，非独播剧约为2000～4000美元/集，基本上呈现每年递增10%的状况。由于韩剧的火

---

① 来源：《2014腾讯娱乐白皮书》。

② 来源：腾讯娱乐，http://ent.qq.com/a/20141214/000377.htm。

爆，版权价格暴涨，2014 年《来自星星的你》约 18.5 万元/集，《匹诺曹》则达到 173 万元/集，而 2012 年时《绅士的品格》仅为 2000 元/集。[①] 这种价格突增的情况，在未来随着品种多样化、观众喜好多元化，应该会有一定的抑制。

在电视剧海外输出方面，主要通过文化交流、交易会、海外节展以及海外发行等方式进行展示及输出。海外版权收入也被创作者逐渐重视。同时，民营机构也积极开展影视作品输出交流活动。未来，中国国产剧需要在综艺性、可扩散性等多方面进行提高，以适合包括欧美在内的更广范围的传播。

### （四）游戏

2014 年中国游戏市场实际销售收入达 1144.8 亿元。中国游戏市场已经成为世界级的巨大的市场，尤其是手游市场，海外游戏不断进入中国。进口网游销售收入达到 418.2 亿元，较上年增长 17.7%。

2014 年，中国游戏海外收入达到 30.76 亿元，较上年增长 69%，较 2008 年增长了 4294%，其中中国原创客户端网络游戏海外销售收入达 8.53 亿美元，同比增长 4.15%；中国原创网页游戏海外销售收入达 9.5 亿美元，同比增 30.49%；中国原创移动网络游戏海外出口实际销售收入达到 12.73 亿美元，同比增长 366.39%，该项数值 2012 年仅为 0.08 亿美元。[②] 北京动漫游戏产业联盟数据显示，由于文化、人才等多方面因素，北京动漫游戏企业 2014 年的出口额约 42.3 亿元，居全国首位。

游戏不管是引进还是输出，本土化（例如支付平台、语言、发行等）极为重要。近年中国不但积极与国外相关机构进行合作，还通过收购海外运营、发行团队，为游戏输出海外提供更为优越的条件。网络小说、电影、电视等周边产品均涉及游戏，游戏产品的同期开发及宣传也因此十分重要。

## 三　版权贸易经济贡献及发展展望

从 2006 年开始，国家版权局每年进行中国版权相关产业经济贡献调研，

① 数据来源：《2014 腾讯娱乐白皮书》。

② GPC、IDC 和 CNG：《2014 年中国游戏产业报告》，2014 年 12 月。

调研数据显示，中国版权相关产业对经济贡献逐年提升加大，GDP 占比平稳提升。核心版权产业的行业增加值增长速度略高于版权产业总板块（见表3）。

**表3　2006～2012 年中国版权相关产业行业增加值**

单位：亿元人民币，%

| 年度 | 2006 | | 2007 | | 2008 | | 2009 | |
|---|---|---|---|---|---|---|---|---|
| 指标分类 | 行业增加值 | GDP占比 | 行业增加值 | GDP占比 | 行业增加值数值 | GDP占比 | 行业增加值 | GDP占比 |
| 核心 | 6471.56 | 3.06 | 8879.21 | 3.45 | 10210.42 | 3.41 | 11928.04 | 3.5 |
| 版权产业 | 13489.33 | 6.39 | 16790.41 | 6.53 | 19568.4 | 6.51 | 22297.98 | 6.55 |

| 年度 | 2010 | | 2011 | | 2012 | |
|---|---|---|---|---|---|---|
| 指标分类 | 行业增加值 | GDP占比 | 行业增加值 | GDP占比 | 行业增加值 | GDP占比 |
| 核心 | 14141.04 | 3.52 | 17161.81 | 3.63 | 20598.19 | 3.97 |
| 版权产业 | 26370.26 | 6.57 | 31528.98 | 6.67 | 35676.15 | 6.87 |

数据来源：根据历年《中国版权相关产业的经济贡献》报告整理而成。

版权产业的行业增加值、就业人数、出口额保持了平稳增长。从事版权产业人数已经过千万人，占全国城镇单位就业总人数 10% 左右。由于电视节目版权引进的火爆，预计 2014 年核心版权产业占 GDP 比重或将继续上升。我国核心版权产业商品出口的行业结构不平衡，目前主要以图书版权输出为主。未来，版权出口产业结构有待优化，电影、电视产品作为高利润、大影响力版权商品，应加大对优秀原创的研发及海外宣传。

出口额方面，核心版权产业的商品出口额不及全部版权产业的 10%，文化产品出口市场依然低迷。将其置于全国出口贸易总板块中，占比均不到当年全国对外贸易出口总额的 1%。对于核心版权产业来说，未来增长空间巨大，随着发展，未来将对 GDP、就业率等提供更多的贡献（见表4）。

随着全球传媒产业的快速发展，过去的一元化的传播已经完全转化为多元化传播。互联网及移动互联网成为信息传播的主要渠道。应利用新媒体的优势，将产品输出渠道多元化，扩大版权贸易范围。

2014 年6 月，在美国公布的国际盗版观察名单中，印度、中国、俄罗斯、瑞士榜上有名。2014 年10 月美国电影协会（MPAA）公布的音像盗版调查报告中，中国的迅雷网站等进入提供盗版下载链接的网站“黑名单”。盗版问题严重影响版权贸易，未来我国需要继续加大对盗版行为的打击，加强对版权市场的规范化管理。

**表 4　2006～2012 年核心版权产业出口总额**

单位：亿美元，%

| 分类＼年份 | 2006 | 2007 | 2008 | 2009 | 2010 | 2011 | 2012 |
|---|---|---|---|---|---|---|---|
| 核心版权产业出口额 | 50.96 | 70.55 | 91.35 | 87.50 | 104.23 | 136.1 | 140.1 |
| 全国对外贸易出口总额 | 10609.4 | 13399.8 | 15777.9 | 13311.1 | 15779.3 | 18986 | 20498.3 |
| 比重 | 0.48 | 0.53 | 0.57 | 0.66 | 0.66 | 0.72 | 0.68 |

说明：核心版权产业出口额＝商品出口额＋服务贸易出口额，目前服务贸易出口额略高于核心版权商品出口额。

数据来源：根据历年《中国版权相关产业的经济贡献》报告、国家统计局报告整理而成。

# 海外及中国港台地区传媒产业发展报告

Media Industries Development Report of Overseas, Hong Kong and Taiwan

## B.46 2014年海外及中国港台地区传媒产业发展概要

蓝皮书课题组

2014 年全球传媒产业发展呈现数字化、数据化、平台化的特征。不断出现的新技术为未来信息时代的全球媒介传播提供新模式，传媒产业发展呈现不断增长的趋势。数字媒体的发展整体情况好于传统媒体的发展，而传统媒体受益于数字化转型，总收入开始慢慢回升。内容消费所产生的收入占总收入的比例不断下降，广告收入的占比稳定中有所上升，以互联网接入为主体的接入费用的占比不断提高。

在全球经济不断复苏的背景下，传媒及娱乐产业在新兴市场有代表性的国家中的发展速度高于在成熟市场中的发展速度。根据普华永道的预测，到 2018 年，非数字媒体仍然是全球娱乐及传媒产业收入的最大来源，电视仍是最大的广告媒介，美国仍将为全球最大的娱乐及传媒产业市场。

分地区来看，美国传统新闻媒体强力推进数字化变革，增强创新性；社交新闻媒体着力提升新闻专业性、内容品质和全球影响力；创业媒体则发挥“众包”“众筹”优势，在保持新闻公共性的道路上稳步前行。英国数字媒体广告支出同比增长大，成为市场发展的主要驱动力。法国电影产业与数字媒体发展势头迅猛。日本由于经济好转，广告收入占比较高的媒体行业呈现利好态势。东南亚地区，电视产业居主导地位，海外新颖的视频内容吸引当地受众眼球，移动智能设备渗透率逐年提高。与全球整体的经济发展环境相似，集中在东南亚、非洲和南美洲的新兴市场和发展中国家，传媒产业发展呈现潜力巨大、发展速度快、增长强势的特点。

在中国香港地区，报纸数量却不降反升，甚至超过了2003年的数量，另外，网络新闻媒体开始走俏。中国台湾地区，电影市场增长趋缓，电视及纸质媒体广告市场衰退，移动广告、户外广告、社群媒体等广告额增加，其中移动广告增长率最高。

数字化持续推动全球范围内的媒体发展变化，各行业和各国的收入增长受到数字化的拉动更为显著。数字媒体不断发展，预计在未来会对传媒及娱乐产业的格局带来一定改变。随着智能手机、平板电脑的普及，以及3G、4G网络建设，传统媒体所面临的挑战将越来越残酷。

# B.47
# 2014年全球传媒及娱乐产业回顾与未来展望

杭 敏　胡雨濛*

摘　要：2014 年，在全球经济不断复苏的背景下，传媒及娱乐产业的发展呈现不断增长的态势。普华永道将 2014～2018 年图书出版、电影、杂志、报纸、音乐等娱乐及传媒产业的 13 个部门以及北美、欧洲、拉美、亚太等地区 54 个代表性国家的消费和广告数据做了对比分析，认为在未来 5 年全球传媒及娱乐产业将呈现以下特征：第一，总收益将持续增长，增长率略低于全球 GDP①；第二，数字媒体的发展整体情况将优于传统媒体，传统媒体受益于数字化转型，总收入也开始缓慢回升；第三，内容消费所产生的收入占总比不断下降，广告收入的占比稳定中有升，以互联网接入费用为主体的接入收入的占比不断提高；第四，传媒及娱乐产业在新兴市场国家中的发展速度高于成熟市场。

关键词：全球传媒及娱乐产业　数字化　内容消费

## 一　全球娱乐及传媒产业发展综述

根据普华永道的预测，到 2018 年，非数字媒体仍然是全球娱乐及传媒产

* 杭敏，清华大学新闻与传播学院副教授；胡雨濛，清华大学新闻与传播学院硕士研究生。

① 参见 http：//www. pwc. com/gx/en/global - entertainment - media - outlook/data - insights. jhtml。

业收入的最大来源，电视仍是最大的广告媒介，美国仍将保持全球最大娱乐及传媒产业市场的地位。然而，数字媒体的不断发展在未来会对娱乐及传媒产业的格局带来一定影响。

根据普华永道《2014 ~ 2018 年全球娱乐及传媒业展望》(Global entertainment and media outlook 2014 – 2018) 报告，2013 年全球娱乐及传媒产业总收入为 1.69 万亿美元。① 据国际货币基金组织 (IMF) 的统计，2013 年全球 GDP (以当时价格水平为基准) 约为 73.45 万亿美元。② 由此，娱乐及传媒产业总收入约占全球 GDP 的 2.3%。与 2012 年相比，全球传媒及娱乐产业的总收入约为 1.6 万亿美元，③ 约占当年 GDP 总量 72.22 万亿美元④的 2.21%。传媒及娱乐业占比同比增长约 0.1%。

2014 年，数字化持续推动媒体变化，各国各行业和各国的收入增长受数字化的拉动更为明显。2009 ~ 2013 年，数字广告收入占广告总收入的比例从 14% 上升到 25%，预计 2018 年将达到 33%。同样，在娱乐与传媒产业消费中，数字化部分的收入占总收入的比例为 17%，而非数字化广告收入的年均复合增长率仅为 1.9%。2013 ~ 2018 年，全球娱乐及传媒产业消费和广告收入增长的 2410 亿美元中，1570 亿美元来源于数字化媒介，所占比例约为 65%。⑤

然而，对于数字化来说，最大的挑战在于数字消费的货币转化问题。尽管消费者越来越多地使用数字化内容，数字媒体的消费收入 (互联网接入除外) 占总消费收入的比例仅从 2013 年的 10% 增长到 2018 年的 17%。⑥ 这主要是因为数字媒体所提供的内容以免费为主，并因其媒介本身开放、便捷、快速的特质更易于实现内容的再度传播。因此，除鼓励消费者的数字化行为外，应该增

① 参见 http://www.pwc.com/gx/en/global-entertainment-media-outlook/data-insights.jhtml。

② 参见 http://www.imf.org/external/pubs/ft/weo/2013/02/weodata/download.aspx。

③ 参见 http://www.pwc.com/gx/en/global-entertainment-media-outlook/data-insights.jhtml。

④ 参见 http://www.imf.org/external/pubs/ft/weo/2013/02/weodata/download.aspx。

⑤ 参见 http://www.pwc.com/gx/en/global-entertainment-media-outlook/data-insights.jhtml。

⑥ 参见 http://www.pwc.com/gx/en/global-entertainment-media-outlook/data-insights.jhtml。

加用户的数字化支出，比如建立付费墙制度等，从而提高数字消费的货币转化比例。

与内容消费相比，收入的增长更多地受到接入费用尤其是互联网接入的驱动。2013 年，全球娱乐及传媒产业总收入的 45% 来源于消费收入，30% 来源于广告收入，25% 来源于互联网接入收入。预计到 2018 年，互联网接入收入所占的比例会增加到 30%，而消费收入所占的比例会减少到 41%。①

随着智能手机、平板电脑的普及以及 3G、4G 网络的建设，移动互联网接入收入占互联网接入收入的比例不断提高，传统的互联网发展模式带来新的机遇和挑战。

## 二　各细分行业发展特征

### （一）图书杂志出版业

在持续数年下降后，全球图书消费收入于 2013 年开始回升，其主要原因在于数字出版带来的收益开始超过传统出版遭受的损失。预计到 2018 年，全球图书消费收入的年均复合增长率将达到 0.9%，总额达到 649 亿美元。② 同样得益于数字出版，预计全球杂志出版业收益将于 2015 年扭转下滑趋势，增长率将达到 0.2%。③

消费性电子图书不断增长，但涨势逐渐放缓。预计在未来 5 年，其年均复合增长率可达到 17.6%，但到 2018 年，增长率会降低至 10.3%。④ 由于媒介的变化，更多读者将选择使用平板电脑阅读，因此出版商会增加辅助性的视频、音乐和游戏内容，以吸引读者、促进电子读物的发展。

---

① 参见 http://www.pwc.com/gx/en/global-entertainment-media-outlook/data-insights.jhtml。

② 参见 http://www.pwc.com/gx/en/global-entertainment-media-outlook/segment-insights/consumer-and-educational-book-publishing.jhtml。

③ 参见 http://www.pwc.com/gx/en/global-entertainment-media-outlook/segment-insights/consumer-magazine-publishing.jhtml。

④ 参见 http://www.pwc.com/gx/en/global-entertainment-media-outlook/segment-insights/consumer-and-educational-book-publishing.jhtml。

同样，消费性电子杂志的发行收入增速最快，年均复合增长率达到31.2%，预计2018年可达到57亿美元。越来越多的公司将把免费提供的网络资源转变为收费模式并获得商业成功，消费杂志发行收入中数字化的比重将由2013年的4%增长至2018年的14%。然而，消费杂志发行收入预计会呈下降趋势，这是因为数字发行收入的增长并不能弥补传统杂志发行收入的下滑，因此2018年全球消费杂志发行收入的年均复合增长率将下降至-0.7%①。

数字化同样影响杂志广告收入。全球数字消费类杂志的广告收入比传统的消费类杂志高，其年均复合增长率可达17.6%，而消费类传统杂志的广告收入年均复合增长率下降至-3.9%，② 今天的广告集中投放在杂志网站上，而随着数字发行的增长，电子版面会越来越得到广告商的青睐。

### （二）电子读物类

电子读物对教育的影响非常大，却由于政府预算的控制而发展缓慢，预计到2018年，全球教育类图书中电子图书的收入仅占14%，与消费类和专业类电子图书相比处于落后的状态。然而，教育类出版商，尤其是高等教育出版商却将持续投资电子图书，以美国为例，预计到2018年美国高等教育电子图书收入将达到220亿美元，占高等教育图书收入的43%。由于专业类图书的普及率很高，其数字化转型最为迅速，因此专业类电子图书在数字图书收入中占据最大份额，在2013年占比为18%，到2018年会攀升至36%，达到88亿美元。③

### （三）广播业

预计到2018年，全球广播业的总收入会超过507亿美元，较2013年的445亿美元有较大增长，但是由于受到数字流媒体音乐的冲击，广播业的发展

① 参见 http：//www. pwc. com/gx/en/global – entertainment – media – outlook/segment – insights/consumer – magazine – publishing. jhtml。

② 参见 http：//www. pwc. com/gx/en/global – entertainment – media – outlook/segment – insights/consumer – magazine – publishing. jhtml。

③ 参见 http：//www. pwc. com/gx/en/global – entertainment – media – outlook/segment – insights/consumer – and – educational – book – publishing. jhtml。

压力大，年增长率将从2016年的3.0%下降至2018年的2.3%。[①] 由于广播业技术转型的道路并不明晰，数字广播的发展和创新也面临着巨大挑战。同时，由于私家车的普及，车内的互动音乐面板将冲击传统的卫星广播这一广播领域的核心部分，车内互动音乐面板使得流媒体音乐的应用程序得以广泛使用。

预计广播业的广告收入在2018年将达到391亿美元，年均复合增长率为2.8%，[②] 然而，广播业的广告收入将受到移动流媒体提供的免费广告的严重威胁乃至冲击。

### （三）报纸出版业

"数字第一"已经成为报纸发行商的思维常态。2013年，全球数字报纸的发行收入增长率为66.2%，然而，部分出版商的收入增长却没有带动整个行业的数字化转型，到2018年数字发行收入占总发行收入的比例将仅为8%。[③]

全球报业发行量经过多年下降后开始增长，而广告收入仍然不断下降，发行收入占总收入的比例将从47%增长至2018年的49%，消费收入将成为报业收入的最大来源。数字广告收入的增长速度将放缓，出版商的数字广告收入年增长率降低至11.7%，远低于2012年的增长率17.2%。出版商需要挖掘新的数字收入渠道，改进广告技术。

### （四）音乐产业

全球数字唱片总收入于2014年第一次超过实体唱片收入，二者分别达到101.8亿美元和101.7亿美元。数字音乐的发展给受众提供更多选择，也为音乐形式带来更多样的变化。苹果播放器仍然是最主要、应用最广泛的播放器[④]。2014年电子唱片收入占唱片总收入的大部分，而唱片收入年下降率保持

---

① 参见 http：//www. pwc. com/gx/en/global – entertainment – media – outlook/segment – insights/radio. jhtml。

② 参见 http：//www. pwc. com/gx/en/global – entertainment – media – outlook/segment – insights/radio. jhtml。

③ 参见 http：//www. pwc. com/gx/en/global – entertainment – media – outlook/segment – insights/newspaper – publishing. jhtml。

④ 参见 http：//www. pwc. com/gx/en/global – entertainment – media – outlook/segment – insights/music. jhtml。

在0.1%。①

"大数据"这个从2013年开始颇受热议的词也为音乐产业带来了发展机遇。许多唱片公司对受众进行数据分析，并把分析结果作为开发目标市场的决策参考。此外，唱片公司也通过挖掘粉丝数据来进行定制宣传。这些数据挖掘的策略为唱片行业的总收入带来积极影响。

### （五）电影娱乐产业

预计到2018年，全球OTT/流媒体服务和VOD服务总收入的年均增长率将超过家庭实体视频收入。OTT/流媒体服务的增长率最快，将从2013年的66亿美元增长到2018年的227亿美元，年均复合增长率达到28.1%，而且其收入将超过实体零售收入。全球电影票房收入在2014年超过家庭实体视频收入，并将从2013年的361亿美元增长至2018年的459亿美元，年均复合增长率为4.9%。② 家庭数字视频将越来越受欢迎。

在未来5年，大制作的好莱坞电影将是电影市场的宠儿，同时随着新市场参与者的进入，新平台将越来越受欢迎，传统的发行模式将受到挑战。

### （六）视频游戏业

手机等移动设备将催生新一代游戏者。全球手机游戏收入将在2018年达到150亿美元，年均复合增长率达到9.6%。中国、日本和美国是主要的视频游戏市场。广告收入通常在视频游戏中所占比例较小，但由于数字化的发展，广告收入将在电子游戏领域以较快的速度增长。智能手机的普及增加了全球手机用户接入电子游戏的可能性，并将促进游戏和商业模式的创新。③

数字电视的发展也促进了电视游戏的发展，在线电视游戏商店以及宽带接入的增加则促进了数字电视游戏的发展。全球电视游戏收入将于2018年达到

---

① 参见 http：//www. pwc. com/gx/en/global – entertainment – media – outlook/segment – insights/music. jhtml。

② 参见 http：//www. pwc. com/gx/en/global – entertainment – media – outlook/segment – insights/filmed – entertainment. jhtml。

③ 参见 http：//www. pwc. com/gx/en/global – entertainment – media – outlook/segment – insights/video – games. jhtml。

319 亿美元，年均复合增长率达到 4.9% ,① 而到 2018 年，数字电视游戏占全球电视游戏的比重将从 2013 年的 23% 增长到 37% 。

### （七）互联网接入

在未来 5 年，消费者由互联网接入产生的支出将超过其他媒介产品或服务。2013 年互联网接入总收入为 4138 亿美元，并将以 9% 的年均复合增长率达到 2018 年的 6356 亿美元。几乎所有发达国家和发展中国家的互联网接入收入均有增长。②

预计到 2018 年，将有超过 3000 亿个应用程序被下载，以 29.8% 的年均复合增长率从 2013 年的 820 亿美元，增长到 2018 年的 3030 亿美元，这主要是由于成熟市场和新兴市场都出现了越来越多的低价智能手机和平板电脑。预计到 2018 年，互联网接入收入中的 60% 都将来源于移动终端。移动互联网接入收入将从 2013 年的 2080 亿美元快速增长至 2018 年的 3840 亿美元，订阅人数在 2014 年超过 20 亿户。相比之下，固定宽带收入将从 2013 年的 2050 亿美元增长至 2018 年的 2520 亿美元，年均复合增长率相对较低。③ 已经发展成熟的 3G 网络将继续拉动全球移动互联网的发展，尤其是带动大多数新兴国家从 2G 服务向 3G 服务转型。同时，新发展起来的 4G 网络将大幅提高发达市场中的用户平均收入。例如在韩国，4G 网络诞生后，网络视频业务快速增长，数据业务逐渐成为电信运营商创收的领域。④

### （八）广告业

#### 1. 电视广告

在数字媒体发展的背景下，电视广告仍然占有一席之地。在线电视广告收入占电视广告总收入的比例将在未来 5 年内翻一番，从 2013 年的 2.2% 增长至

① 参见 http：//www. pwc. com/gx/en/global – entertainment – media – outlook/segment – insights/video – games. jhtml。

② 参见 http：//www. pwc. com/gx/en/global – entertainment – media – outlook/segment – insights/internet – access. jhtml。

③ 参见 http：//www. pwc. com/gx/en/global – entertainment – media – outlook/segment – insights/internet – access. jhtml。

④ 参见 http：//news. ccidnet. com/art/1032/20150304/5779821_ 1. html。

2018 年的 4.5%。传统的电视广告仍然占据主导地位，并且不断与在线视频进行融合，以增加其竞争力。然而，业内固有的收视率计算方式不够精密和科学，无法应对新发展，这使得传统电视广告逐渐落后于数字媒体。①

### 2. 互联网广告

互联网广告收入正在逼近电视广告收入，预计到 2018 年，互联网将会取代替电视成为最大的广告投放地。早在 2009 年，互联网广告收入为 587 亿美元，而电视广告收入为 1320 亿美元，后者是前者的 2 倍多。而根据预测，到 2018 年，互联网广告收入的年均复合增长率将达到 10.7%，总收入将达到 1945 亿美元，仅比电视广告收入少 200 亿美元。

移动广告在 2014 年将超过分类广告，成为第三大互联网广告渠道。互联网付费搜索广告将成为互联网广告收入的最大份额，然而由于受到视频和移动终端广告的冲击，互联网付费搜索广告的市场总份额将会减小。其中互联网视频广告收入的发展速度最快，其年均复合增长率为 23.8%，其次是移动广告，为 21.5%。然而，在新的移动设备诞生并且被广泛使用的今天，多屏互动增加了追踪用户的难度，媒体与广告商将面临新的挑战。

### 3. 户外广告

全球户外广告收入总体呈增长趋势，预计到 2018 年将达到 440 亿美元，其中美国、中国和英国是最重要的增长市场。数字户外广告收入正在整体拉动收入的增长，在一些新兴市场，数字户外广告的年均复合增长率可超过 30%，例如到 2017 年，中国将成为世界最大的数字户外广告市场。提高对受众和活动有效性的测量工具的精准程度有利于拉动户外广告收入的增长。②

同时，移动技术的发展使得户外广告在移动商务中扮演重要角色，户外广告业成为移动商务变革的一部分，数字公告板有可能从品牌推广平台演变成移动销售点。在重要市场中不断扩建的机场可以为新的户外广告提供发展机遇，尤其是在中国和中东地区，机场广告逐渐成为户外广告发展的重要区域。

---

① 参见 http：//www. pwc. com/gx/en/global – entertainment – media – outlook/segment – insights/tv – advertising. jhtml。

② 参见 http：//www. pwc. com/gx/en/global – entertainment – media – outlook/segment – insights/out – of – home. jhtml。

### （九）付费电视

全球付费电视收入将在未来5年以3.5%的年均复合增长率增长至2360亿美元，表明付费电视正走在良性发展的道路上，其针对OTT服务的竞争策略起到了一定作用。数字有线电视也将在未来5年内有所发展，其付费用户的数量将于2018年达到4.55亿户。①

## 三 区域性发展特征

同全球整体的经济发展环境相似，与成熟市场和发达国家相比，集中在东亚、南亚、非洲和南美洲的新兴市场和发展中国家，在娱乐及传媒产业的各个部门的发展情况都呈现出潜力巨大、发展速度快、增长强势的特点。

### （一）新兴市场的图书杂志发展趋势良好

新兴市场的图书和杂志出版发展潜力大。例如，随着中国教育事业的发展以及私立教育机构的产生，中国将超过日本和德国，在2017年成为仅次于美国的全球第二大图书市场，并且占据亚太地区图书出版总收入的35%。

在新兴经济体在发展的过程中对经济、贸易的要求不断提高，对外发展的需求越来越多，因此对经贸类杂志的需求量也越来越大。新兴经济体贸易杂志的增长速度也自然最快，如中国、印度、俄罗斯、南非，以及土耳其、匈牙利、秘鲁、委内瑞拉和阿根廷等国的贸易杂志收入的年均复合增长率均超过5%。

### （二）广播业发展的区域差距仍然很大

美国仍然牢牢占据广播业大国的地位。预计到2018年，美国的广播业收入占据全球广播业收入的比例高达44%，德国位居第二，所占比例为

① 参见http：//www.pwc.com/gx/en/global-entertainment-media-outlook/segment-insights/tv-subs-license-fees.jhtml。

9%。中国的广播业总收入将比2013年翻一番，预计到2018年，中国的广播收入占全球广播收入的比例将仅为6%，广播业发展的区域差距仍然很大。①

### （三）报业发展的区域性特征越来越明显

报纸行业收入下滑的趋势将于2015年底开始得到改变。经过一段时间的收入下滑，全球报业总收入将从2015年开始重新攀升，因为发展中国家的报纸收入增长额将开始超过成熟市场的报纸收入下降额。直到2018年，年均复合增长率将保持在0.1%。预计到2018年，由于消费者和广告商的需求增加，亚太市场的年均复合增长率为3.4%，尤其是中国和印度的年均复合增长率分别为8.3%和7.5%。然而，由于广告的转型以及数字化阅读倾向的加深，北美市场的年均复合增长率将下降至-4.2%。②

### （四）不同类型的音乐在不同的地域发展差异大

大型连锁音乐零售商没有从数字音乐的增长中收益，但是他们开始改变策略，发展流媒体，这将促使2018年全球数字音乐流媒体收入的年均复合增长率达到13.4%。移动音乐在新兴市场的收入增长很快。新兴市场上低成本的智能手机使用非常普遍，因此为价格适宜的音乐带来了新机遇，尤其是尼日利亚、马来西亚和中国，其移动音乐收入的年均复合增长率分别为21.0%、10.0%和8.5%。③

现场音乐也在全球范围内不断发展。全球现场音乐收入的年均复合增长率将达到2.7%，发展中国家不断发展节日庆祝活动，也拉动了现场音乐的较快发展，比如巴西和印尼，其现场音乐收入的年均复合增长率分别达到6.3%和8.0%。

---

① 参见 http：//www. pwc. com/gx/en/global - entertainment - media - outlook/segment - insights/radio. jhtml。

② 参见 http：//www. pwc. com/gx/en/global - entertainment - media - outlook/segment - insights/newspaper - publishing. jhtml。

③ 参见 http：//www. pwc. com/gx/en/global - entertainment - media - outlook/segment - insights/music. jhtml。

### （五）新兴市场电影大发展拉动全球电影业收入增长

预计到2017年，受新兴市场电影产业发展的拉动，全球电影娱乐产业收入会超过1000亿美元，年均复合增长率为4.5%。在美国和日本等成熟市场，电影产业的收入将持续增长，而以中国为代表的新兴市场将拉动全球电影收入的快速增长。中国电影产业发展的机遇和挑战并存，到2018年，中国将超过日本成为仅次于美国和英国的全世界第三大电影娱乐市场。①

### （六）新兴经济体的电子游戏市场不断发展

中国是世界第二大在线游戏市场，2013～2018年，中国在线游戏收入的年均复合增长率预计达到7.9%。另一个新兴市场俄罗斯将取代德国成为世界第七大在线游戏市场。与此同时，电视游戏公司在不断开发新兴市场，如索尼在巴西建立制造工厂的举动表明电子游戏产业正在关注新兴市场。到2018年时，巴西将从2013年的世界第27大电视游戏市场上升至第20位，印度将从第20位上升至15位。②

### （七）新兴国家的互联网接入发展迅速

许多非洲国家的互联网接入收入增长迅速。尼日利亚的互联网接入收入在未来5年中增长率最快，其次是南非和肯尼亚，到2018年，尼日利亚互联网接入收入将以年均复合增长率为24.6%的速度从17亿美元增长到50亿美元。中国和印度新移动网络用户将在未来5年占据全球新移动网络用户的近一半比例，约为47%，但将会面临更为巨大的文化、商业和政治挑战。

### （八）全球数字鸿沟扩大

虽然新兴市场和发展中国家的娱乐与传媒产业普遍呈现出迅速发展的趋

① 参见http：//www.pwc.com/gx/en/global－entertainment－media－outlook/segment－insights/filmed－entertainment.jhtml。

② 参见http：//www.pwc.com/gx/en/global－entertainment－media－outlook/segment－insights/video－games.jhtml。

势，然而，从全球范围看，数字鸿沟非但没有缩小，反而呈现出不断扩大的趋势。①

根据世界经济论坛发布的《2014 年全球信息技术报告》（Global Information Technology Report 2014），新兴市场在数字化技术方面与成熟市场相比还存在较大的差距。报告通过“网络就绪指数”（NRI）对“全球 148 个经济体在利用信息技术推动经济增长和改善民生方面的成就”进行评估，结果显示，很多“大型的新兴经济体”在数字化方面的发展仍然有很长的道路要走。② 此外，新兴和发展中国家与发达经济体之间弥合数字鸿沟的进展不利，中国、巴西、印度等很多新兴大经济体的 NRI 排名有所下降③，这意味着很多发展中国家可能会错失重要机遇。

### （九）付费电视的发展区域性明显

尽管 IPTV 在少数市场上实现了付费用户规模上的增长，但其在全球范围内发展并不顺利。出人意料的是，IPTV 在中国的发展取得突破性进展，2013 年，中国用户数占全球的 31%。到 2016 年，中国将会成为世界第二大电视市场。“金砖四国”尤其是中国和印度，针对复杂的付费电视技术进行的投资将在未来 5 年内取得巨大收益。较小的新兴市场电视市场的发展速度更快，年均复合增长率均为两位数，如沙特阿拉伯、肯尼亚和泰国的年均复合增长率分别为 16.1%、15.9% 和 14.8%。④

## 四　总结及趋势预测

### （一）数字化

数字化对全球娱乐与传媒产业的影响非常深远。一方面数字化对传统传媒

① 参见 http：//www.cctime.com/html/2014－4－30/2014430113338021.htm。

② 参见 http：//www3.weforum.org/docs/WEF_NR_GITR_Report_2014_CN.pdf。

③ 参见 http：//www.cctime.com/html/2014－4－30/2014430113338021.htm。

④ 参见 http：//www.pwc.com/gx/en/global－entertainment－media－outlook/segment－insights/tv－subs－license－fees.jhtml。

行业的发展产生了致命性的冲击，使其收入不断下降，迫使其进行数字化转型；另一方面，数字化又弥补了传统传媒行业收入下降造成的损失，促进全球娱乐及传媒产业的发展和总收入的增长。同时，数字化还是影响各行业发展的关键因素，深刻地改变着行业的发展方向和重心。

### （二）数据化

对大数据的持续关注以及数据技术的持续发展不断影响着传媒产业的变革，尤其表现在媒体广告投放的选择上。由于数据技术的发展，理性选择广告平台和定点投放广告成为必然。例如，Facebook 利用多屏互动的特点来分析活跃用户的数量、每天分享的状态条数以及某种特定品牌的广告平均每天的点击率等，据此开发短视频广告，这大大增加了 Facebook 对广告商的吸引力。[①] 这些数据的计算和发布，能够使广告商准确了解用户的定位，定点投放广告。同时，更精确的受众收视率或有效性分析系统能够更精确地分析用户的情况，除更精确地投放广告外，还可以定点进行节目推送等。

### （三）平台化

社交媒体不再仅仅作为信息交换的媒介出现，而是逐渐演变成为一种综合性的信息交换平台，甚至成为营销平台。根据美国研究机构 BIA/Kelsey 的预测，2019 年美国社交媒体原生广告支出将达到 184 亿美元，与 2014 年的 54 亿美元相比，增长率高达 240.7%。从数据来看，2014 年前九个月 Facebook 上 79 亿个广告中一半广告来自原生广告，即信息流广告。这种广告插入在社交媒体中，互动性很强。同时，“信息流广告还依据兴趣等多个维度来定向”，以此降低广告的骚扰度，并对受众产生潜移默化的影响。[②]

### （四）移动支付趋势

低价的智能手机和平板电脑的普及以及近地无线通信技术的发展，促进了移动支付的发展。自从苹果推出了 Apple Pay 以后，移动支付虽然经历了一段

---

① 参见 http：//www. cmmo. cn/article－183832－1. html。

② 参见 http：//www. cmmo. cn/article－183832－1. html。

不温不火的发展阶段，但在4G网络发展的背景下已经成为一种趋势。继Apple Pay之后，三星也推出了Samsung Pay，除了使用近地无线通信技术外，还可以支持兼容磁条卡刷卡机①，简化交易手续，也提供更多交易选择。

## （五）移动互联网趋势

移动互联网的发展改变了互联网接入的方式，带来互联网接入收入的增长。移动互联网慢慢逼近固定互联网接入收入，对其构成挑战。在3G技术发展方兴未艾之际，4G技术已成为冉冉上升的新星，同时，5G网络也开始进入人们的视野。5G网络被视作未来物联网的基础，据市场调研机构Gartner预测，到2020年，可联网的设备数量将从2015年的50亿个增长至250亿个，翻了两番以上。5G网络大大增加了数据传输速度，其下载速度可达10GB/s，同时还可大幅缩短数据开始传输前的等待时间，为未来的信息传播提供新模式。②

① 参见http：//wireless. iresearch. cn/owireless/20150305/247150. shtml。

② 参见http：//wireless. iresearch. cn/owireless/20150304/247100. shtml。

# B.48
# 2014年美国新闻传媒产业发展报告

史安斌　刘滢　廖鲽尔*

摘　要：2014年，美国媒体融合和数字化创新的大潮势不可挡。以《纽约时报》为代表的传统媒体、以“嗡嗡喂”（Buzzfeed）等为代表的社交媒体和以“初见传媒”（First Look Media）等为代表的创业媒体三分天下的格局基本成型。本文以此为切入点，对美国传统媒体和新媒体行业的变化进行系统梳理与分析，前四个部分根据相关统计数字分别梳理2014年报业、期刊、有线电视和新媒体等各个行业的发展变化情况，最后一部分结合典型案例，着重对2014年美国新闻传媒业的变化趋势进行总体分析，供国内同行镜鉴。

关键词：美国　传媒产业　媒体融合　数字化

## 一　报业

随着数字化转型逐步深入，美国报业的颓势有所扭转。在印刷营收继续下滑的同时，数字内容受众数量和数字广告收入呈现喜人增长态势。以《纽约时报》为代表的美国报业在媒体融合和数字化创新上的各种改革举措引人注目。

2014年4月，美国报业协会发布的数据显示，2013年美国报业营收降幅

* 史安斌，清华大学新闻与传播学院副院长、教授、博导；刘滢，清华大学新闻与传播学院博士研究生；廖鲽尔，清华大学新闻与传播学院博士研究生。

收窄至2.6%，创2006年以来的最佳表现。美国各大日报和周报的印刷广告营收同比减少8.6%，整体广告营收下滑6.5%。发行营收则连续第二年上涨，2012年和2013年分别上涨5%和3.7%，2013年美国报纸发行收入达到108.7亿美元。总体来看，2013年包括多平台在内的美国报业总收入为375.9亿美元，比2012年的386亿美元略有下降①。据了解，全美约1400份日报中已经有500多份采用了“付费墙”模式，数字发行收入有较大幅度的增长。

2014年美国报纸数字内容受众数量攀上新的高峰，其中移动终端用户和年轻女性用户是新增受众的“主力军”。数据显示，截至2014年10月，报纸网站独立用户访问量达到1.66亿人次，比上年同期增长17%（见图1）。来自一家媒体调查公司（comScore）的数据显示，80%的美国成年网民阅读报纸的数字内容；其中，55岁以上的女性读者最喜欢阅读报纸数字内容；使用智能手机或平板电脑阅读报纸数字内容的人主要是18~24岁的女性读者（见图2、图3）。

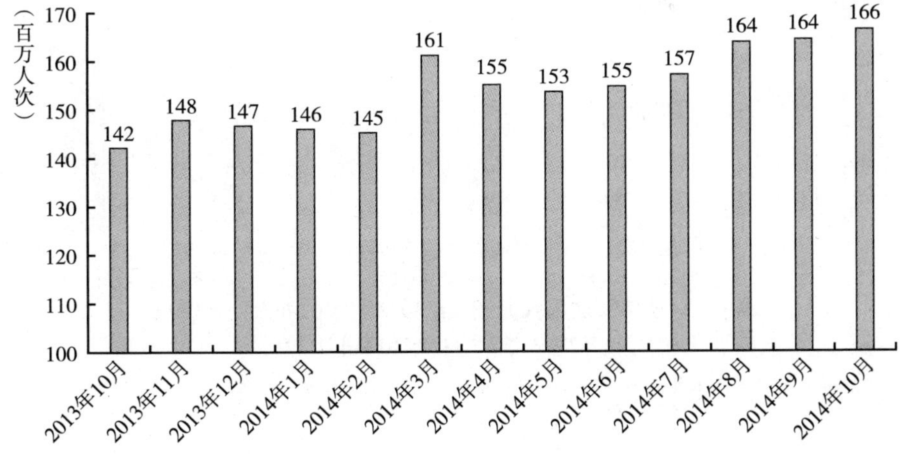


**图1　美国报纸数字内容独立用户（18岁以上）访问量**
**（2013年10月至2014年10月）**

数据来源：美国报业协会。

① 参见：http：//www. naa. org。

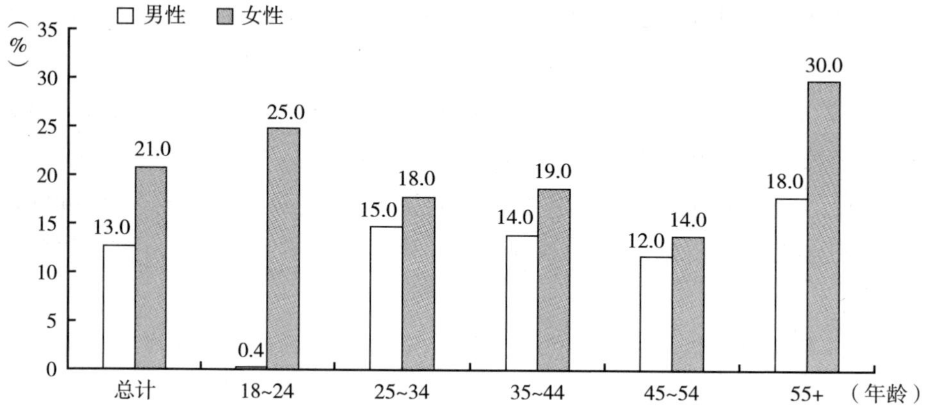


**图 2　美国报纸数字内容受众变化情况（2013 年 10 月和 2014 年 10 月）**

数据来源：美国报业协会。

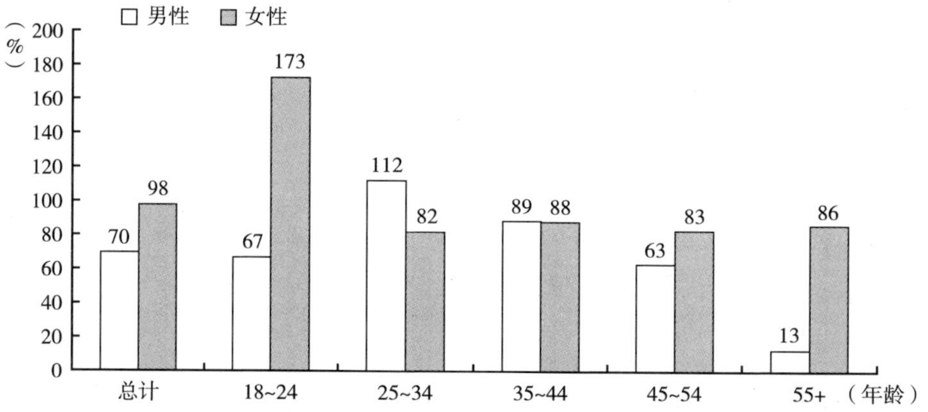


**图 3　只使用移动终端阅读报纸数字内容的受众变化情况（2013 年 10 月和 2014 年 10 月）**

数据来源：美国报业协会。

## 二　期刊业

2014 年的美国期刊业已经走出了 2009 年动荡期留下的阴影，逐步进入稳定发展期。但是，新增刊物的速度呈现出明显放缓的态势，停刊杂志的数量却翻倍增长。

根据美国调研机构 Media Finder 发布的数据，2014 年，美国新创刊的杂志数量高于 2013 年，但停刊的规模却比 2013 年高出 1 倍。2014 年，美国媒体市场共有 190 种新刊创刊，停刊的刊物有 99 种，刊物净增量为 91 种，呈现出一种相对积极的态势。① 据了解，北美地区（美国、加拿大）目前拥有超过 1.6 万种杂志，在过去三年里，新增刊物的速度已经明显放缓。从 2014 年的数据来看，每增加 2 种杂志就有 1 种杂志停刊。从 2012 ~ 2013 年的数据来看，每增加 3 种杂志就有 1 种杂志停刊。

数据显示，在美国新创刊的消费类杂志中，地区类杂志（23 种）、健康类杂志（8 种）、美食类杂志（6 种）位居前三，而汽车类和工艺类杂志则是停刊重灾区。2014 年 5 月，美国媒体集团 Source Interlink Media 关闭了旗下 12 种杂志，该公司旗下的主要杂志 *AUTOMOBILE* 拥有约 56 万册发行量，*MOTO TREND* 拥有 110 万册发行量。与此同时，致力于工艺杂志出版的杂志商 All American Crafts 公司 2014 年也关闭了大量业务。

美国审计媒体联盟（Alliance for Audited Media）把期刊分为消费类杂志、商业期刊等类别，分别统计发行量数据。在其统计的 525 份消费类杂志中，“美国退休人员协会”（AARP）创办的 2 种面向老龄人群的同名杂志 *AARP THE MAGAZINE* 和 *AARP BULLETIN* 分别以 22920161 册和 22111843 册居于 2014 年下半年平均发行量前两名，在同类杂志中遥遥领先。第三名是免费发行的《美国汽车协会旅行指南》（*AAA TOURBOOKS*），发行量为 10852331 册。②

在其统计的 195 种商业期刊中，2014 年下半年平均发行量最大的是《美国城市公共汽车月刊》（*ACBJ - AMERICAN CITY BUS. JRNLS. GROUP*），发行量为 445030 册。第二名是《消防员季刊》（*FIRE FIGHTER QUARTERLY*），发行量为 285442 册。第三名是《汽车时代》（*MOTOR AGE*），发行量为 115030 册。

来自一家行业研究公司（*MagNet*）的数据显示，2014 年，美国期刊报摊零售延续了 2013 年的下滑趋势。2014 年，报摊零售的期刊数量减少约 17%，总体收入下降 11%，达到 2010 年以来的最低点（见图 4）。③

① 《2014 年美国停刊杂志翻倍》，《中国出版传媒商报》2014 年 12 月 22 日。

② 参见 http://www.auditedmedia.com。

③ 参见 http://www.foliomag.com。

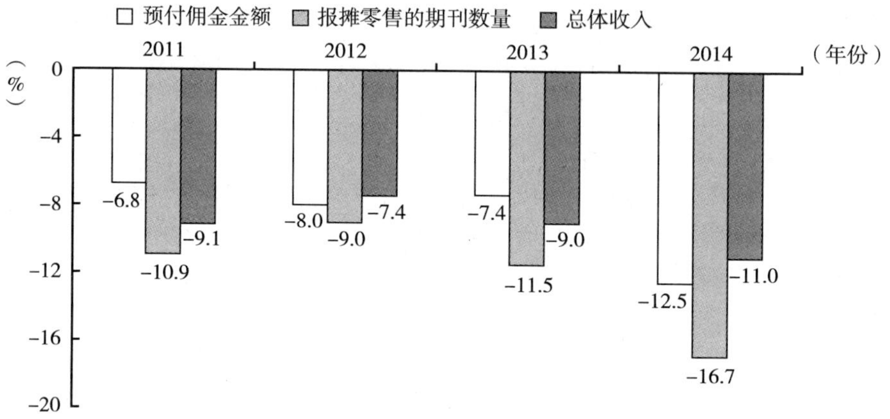


**图 4　美国报刊零售持续下滑**

资料来源：MagNet。

MagNet 认为，美国一家大型传媒集团（Source Interlink Media）关闭旗下 12 种杂志使得 2014 年第三季度的美国期刊零售额下降超过 19%，该集团业务中断使美国期刊全年收入下降 4%。如果该集团没有中断业务，那么全年报摊零售额只会下降 7%，将会是过去 4 年中较好的表现。数据显示，不在该集团服务范围内的零售商店在第三季度只下降了 2%。产品供应链恢复正常后，报摊零售额在第四季度出现了小幅反弹，仅比上年同期下降了 9%。

据了解，Source Interlink Media 旗下拥有 72 种杂志、850 名员工。此次关闭 12 种杂志并进行裁员，涉及的员工数量近 100 名，这是该公司重组计划的一部分。此外，该公司宣布更名为 The Enthusiast Network。

从排名靠前的出版商的统计数据来看，2014 年第四季度，收入下降幅度低于行业平均值公司的有：Time，-3.4%；American Media，-2.8%；Bauer，-6.1%；Harris Publications，-3.3%。收入下降幅度高于行业平均值的有：Hearst，-18.8%；Meredith，-10%；Wenner Media，-13.7%；Condé Nast，-14.8%。

## 三　有线电视业

2014 年，美国有线电视业延续了近年来的上升势头，收入继续稳定增长。

然而，有线电视观众数量却在数字化大潮中逐年萎缩。为了顺应媒体转型的趋势，有线电视业也在探索多元化的播出平台模式，新闻网站、社交媒体都是尝试的方向，并取得了不俗的业绩。

来自美国皮尤研究中心的数据显示，2008～2009 年，美国有线电视新闻频道的观众数量呈现下降趋势。其中，CNN 的观众数量下降最为显著，虽在 2010 年后有一个小幅回升，但之后继续呈现下降趋势。2008～2012 年，MSNBC 的观众数量相对稳定，但在 2012 年后出现急剧下滑。2014 年，美国三大有线电视新闻频道的观众数量延续了 2013 年的下滑态势。其中，CNN 和 MSNBC 下降的幅度较大，Fox 新闻频道基本与上年持平。① 尼尔森媒体研究数据显示，2014 年 1～9 月，CNN 黄金时段观众数量同比下降 25%；全天收视率表现差强人意，但也比 2013 年下降了 4%。MSNBC 黄金时段的收视率同比下降 4%，全天收视率同比下降 17%。Fox 黄金时段收视率轻微上扬，约为 2%，全天收视率下降 5%。在三大有线电视新闻网中，Fox 的观众人数最多，约为 170 万～180 万人；CNN 和 MSNBC 的观众人数在 50 万～60 万人。就黄金时段的观众数而言，三大有线电视频道总计约 280 万人。

尽管观众数量逐年下降，但是有线电视业的营收并未受到像报业那样的冲击，利润率仍然高达 30%～55%。从 2005 年至今，三大有线电视频道的收入一直呈现上扬态势。其中，Fox 新闻频道的上扬幅度最大，收入也最高，2014 年收入接近 20 亿美元；CNN 和 MSNBC 在 2014 年的收入分别约为 11 亿美元和 5 亿美元。新闻频道的收入来源包括广告和执照费两部分，后者从有线电视公司收取。预测显示，2014 年 CNN 总收入同比上升 1%，Fox 和 MSNBC 均上升 4%。但研究公司 SNL Kagan 预测，CNN 将经历广告收入的下滑，比例大概为 5%，降至 3.02 亿美元。

有迹象表明，有线电视商业模式正趋于瓦解。付费收看电视的美国观众数量（约 1 亿人）在 2013 年首次出现下降。与此同时，市场调查公司 eMarketer 预测，在多终端适配的数字电视收视率大幅增长。随着新闻消费习惯和技术应用更加数字化，有线电视供应商也在考虑开拓除了电视机以外的

① 参见 http：//www.pewresearch.org/fact－tank/2014/10/09/cutbacks－at－cnn－highlight－the－cable－news－paradox/。

新的播放平台。

互联网已经成为美国人收看电视的重要渠道，2014 年三大有线电视频道网站延续了 2011 年以来的出色表现。平均每月独立用户访问量最高的是 CNN，约为 4200 万人次；MSNBC 和 Fox 分别居于第二、三位。

值得注意的是，随着社交媒体的兴起，有线电视业找到了新的推送渠道。来自市场研究公司 Sharablee 的数据显示，有线电视网及其拥有的品牌在 2014 年美国社交类商品（包括传媒、文体用品等）前 25 位中占据了 9 个席位，其中，美国国家地理频道的品牌影响力居于首位，在 Facebook、Twitter 和 Instagram 上的“喜爱”“评论”“分享”“转推”“收藏”总数达 5.79 亿人次，其他有线电视相关品牌包括 WWE（职业摔跤娱乐台）、Fox 新闻、E！在线、MTV（音乐电视台）、BET（黑人娱乐台）等。①

## 四　新媒体业

以社交媒体为代表的美国新媒体产业蓬勃发展，在 2014 年有出色表现。美国皮尤研究中心 2014 年 9 月针对美国互联网网民的调查发现②，社交媒体已经成为美国人生活中不可或缺的组成部分。

美国皮尤研究中心的调查显示，Facebook 是目前为止最受欢迎的社交网站。71% 的美国互联网用户使用 Facebook，这一数据自 2013 年 8 月以来没有发生变化。值得注意的是，更多的老年人成为 Facebook 用户。数据显示，65 岁以上的老年网民中有 56% 的人使用 Facebook。尽管 Facebook 的用户数量增长趋缓，但是用户的参与程度有较大提升。70% 的用户每天登录该网站（其中 45% 的用户每天多次登录），比 2013 年（63%）有较大增长。

其他社交媒体平台在 2013 ~ 2014 年间有显著增长。Twitter、Instagram、Pinterest、LinkedIn 过去一年的网民用户数量增长迅速。Instagram 不仅总体用户数量上升了 9%，而且每个人口统计学分类的用户数量都有显著增加。

---

① 参见 http：//www. multichannel. com/news/social - media/cable - networks - listed - among - top - 25 - social - brands/387590。

② 参见 http：//www. pewinternet. org/2015/01/09/social - media - update - 2014/。

LinkedIn 在专业人士和高校研究生群体中的用户数量继续增加，Twitter 和 Pinterest 在各类人群中的用户数量都有所增加。

美国人倾向于同时使用多个社交媒体平台。数据显示，52% 的用户同时使用两种或两种以上的社交媒体网站，比 2013 年（42%）有明显增长。仅有 28% 的用户只使用一个社交媒体网站，比 2013 年（36%）大幅下降。大部分的 Twitter、Instagram、Pinterest、LinkedIn 称，他们也使用 Facebook。与此同时，Facebook 用户中使用其他网站的人数也在上升。

## 五　深度分析：创新性、专业性、公共性

2014 年是美国新闻业继续经历震荡和重组的一年。媒体融合和数字化创新的大潮势不可当，以《纽约时报》等为代表的传统新闻媒体、以“嗡嗡喂”（Buzzfeed）等为代表的社交新闻媒体和以“初见传媒”（First Look Media）等为代表的创业新闻媒体三分天下的格局基本成型。传统新闻媒体强力推进数字化变革，增强创新性；社交新闻媒体着力提升新闻专业性、内容品质和全球影响力；创业媒体则发挥“众包”“众筹”优势，在保持新闻公共性的道路上稳步前行。

### 1. 传统新闻媒体：增强创新性

《纽约时报》近年来持续推出各种改革举措。2014 年 5 月，资深总编辑吉尔·艾布拉姆森（Jill Abramson）突遭解雇。与这场“人事地震”互为呼应，一份有关该报“数字化转型”内部报告在网上被“泄露”，在全球新闻界引起广泛反响。该报告旨在彻底颠覆以“纸媒业务”为中心的传统，深入分析了这家百年老报面临的六大数字化挑战，被称为传统媒体转型和创新的“福音书”。①

10 月，该报启动了近年来力度最大的一次裁员行动，通过“买断”或解雇的方式裁减包括采编和经营人员在内的 100 个工作岗位。与此同时，该报大力扩展和投资数字技术、用户服务和移动内容，招募在数字媒体和社会化营销

① 参见 Seth Fiegerman，“6 Digital Challenges For the New York Times' New Editor”，http：//mashable.com/2014/05/15/new－york－times－digital/。

方面的专才。由是观之，过去一年《纽约时报》在媒体转型上是“动了真格”。

目前看来，推行数字化改革后的《纽约时报》在与APP等移动智能新闻终端的竞争中仍然难占上风，2014年报社的整体业绩也是差强人意。多个新近建立的APP因受众定位不准而早早“夭折”，其中就包括之前被市场看好的一款名为“时报观点”（NYT Opinion）的APP。除此以外，还有多款涉及财经、科技、体育等专业内容的APP因经营不善而由收费转为免费。①

尽管如此，该报2014年在数字化变革方面还是取得了一些进步。例如，陆续推出了根据用户行为和喜好进行信息推送的“时报现在时”（NYT Now）、“时报精编”（Times Premier）、“时报烹饪”（NYT Cooking）等APP，获得了广泛赞誉。此外，一款名为“要点”（The Upshot）的数据新闻解读类APP在上线后短短半年的时间内就赢得了较高的人气。

相比之下，另一家美国报业旗舰《华盛顿邮报》在2014年的变革则进行的不温不火，但其高潮也是以“人事地震”为标志。8月，亚马逊创始人杰夫·贝索斯（Jeff Bezos）在收购该报一年后毅然裁掉了任职7年的老社长凯瑟琳·韦茂斯（Katherine Weymouth），彻底终结了“统治”该报长达80年之久的“格林厄姆王朝”——这个家族曾经是美国报业“黄金时代”的象征。由贝索斯任命的新社长弗雷德·瑞恩（Fred Ryan）此前是“政客”网站（Politico. com）的创始人兼首席执行官。

贝索斯与瑞恩联手在新闻生产和营销方式上实施了一些新举措。例如，借鉴亚马逊网站的经验，推出了“买一送六”的“捆绑”式促销手段，提升专业新闻博客的订阅量；精简新闻采编部门的人员，加大对独家报道、评论和视频的投入；建立“数字媒体伙伴”项目，与220多家地方媒体合作，提高《华盛顿邮报》在美国各地的订阅量，联合采写深度调查新闻等。②

---

① 参见Joseph Lichterman & Justin Ellis，“A Mixed Bag on Apps：What the New York Times Learned from NYT Opinion and NYT Now”，http：//www. niemanlab. org/2014/10/a – mixed – bag – on – apps – what – the – new – york – times – learned – with – nyt – opinion – and – nyt – now/。

② 参见Mathew Ingram，“The Year in Media：12 Reasons Why We Should Be Optimistic”，https：//gigaom. com/2014/12/22/the – year – in – media – 12 – reasons – why – we – should – be – optimistic/。

### 2. 社交新闻媒体：提升专业性

随着移动互联网技术的蓬勃发展，近年来兴起的社交媒体逐渐发展成为新闻传播的中坚力量，对传统媒体的垄断地位构成了前所未有的挑战。2014年这种势头还在继续，“嗡嗡喂”（BuzzFeed）、“维采传媒”（Vice Media）、“红迪”（Reddit）、“高客”（Gawker）等社交新闻媒体进一步扩大其在内容和渠道上的优势，在“初次访问量”“社交媒体流量”等指标上全面超过《纽约时报》等传统主流媒体旗下的网站和“脸谱”（Facebook）、“推特”（Twitter）等同行“前辈”，获得了大笔风投，告别了靠娱乐和八卦起家的“原始积累期”，全面过渡到以提升新闻专业性和全球影响力为己任的“品牌成熟期”。

### 3. 创业新闻媒体：弘扬公共性

在过去的一年中，创业新闻媒体的发展势头也不容小视，逐渐成为与传统社交新闻媒体相互协作和补充的格局，成为当今新闻业界一支重要力量。与前两类媒体所具有的高度商业属性不同，创业新闻媒体以个人创办的非营利机构为主，体现了高度的“公共性”。其中一些是来自传统媒体的精英人士获得公益资助后“下海创业”，更多的则是由没有经过专业训练的“公民记者”创办和维持。他们既秉持新闻公共性的理念，又充分发掘市场和资本潜力，善于寻求合作和锐意创新，能够迅速适应日新月异的新闻传播变局。

铃猫网（Bellingcat）是由英国博主艾略特·希金斯（Eliot Higgins）发起的一家以公民新闻和民间调查为主的创业新闻网站。他本人并没有接受过正式的新闻职业训练，但通过发掘社交媒体“众包”和民间“众筹”的优势，打造了一个具有高度专业性的信息核实与传播平台。铃猫网通过众包机制，汇集了一群热衷于深度调查的公民新闻记者，利用互联网海量的开源信息，针对国际热点事件进行全方位、持续性的追踪报道。① 2014年在叙利亚冲突、马航MH17航班坠毁等重大新闻事件中的报道中，该网站不仅搜罗了来自众多主流媒体的权威消息，还通过“众包”机制挖掘出若干被主流媒体忽视或误报的信息，在当今日渐激烈的新闻大战中独树一帜。

2013年岁末，曾供职于美国国家公共电台（NPR）的知名“微博记者”

---

① 参见 Eliot Higgins，” Bellingcat，For and By Citizen Investigative Journalists”，https：//www. kickstarter. com/projects/1278239551/bellingcat。

安迪·卡尔文（Andy Carvin）转投创业新闻，加盟非营利性新闻机构——“初见传媒”，并担任新成立的“利比亚报道”（Reported. ly）项目的创始人及总编辑。与其他创业新闻网站不同，“利比亚报道”并非通过实体网站或APP运营，而更接近于一个为公民记者提供服务的组织网络。它将“推特网”作为最核心的组织平台，同时借助“脸谱网”“红迪”等其他社交媒体进行信息的收集与传递。

卡尔文认为，当下有太多的新闻机构只是借用社交媒体的平台在传播自己的新闻产品，受众通过超链接等手段被引导前往这些新闻机构下属的网站、电台等进行浏览或收听。在这种模式之下，本应大有潜力可挖的社交媒体实际上沦为了纯粹的“中介工具”。①

相比之下，“利比亚报道”的创新之处正在于此：将虚拟的“新闻采编部”嵌入到不同的社交媒体平台之上，引导它们主动进行信息的生产与传播。此外，得益于强大的公民记者网络，“利比亚报道”还扮演着网络信息“净化器”的角色。在不同区域众多记者的通力合作下，它能够及时发现各类不实信息，将谣言扼杀在萌芽状态，最大限度地保持新闻的专业性。

作为“小而美”的代表，创业新闻媒体的实践和探索将为传统新闻媒体的数字化转型和社交新闻媒体的品质提升提供宝贵的经验。鉴于其鲜明的非营利属性，它在媒体日益市场化、信息日趋娱乐化的今天，为弘扬新闻的公共性、维护新闻的专业性做出独特的贡献。

---

① 参见 Tom Watson，“Inside The Decentralized News Network：Reported. ly's New Model For Journalism”，http：//www. forbes. com/sites/tomwatson/2015/01/05/inside – the – decentralized – news – network – reported – lys – new – model – for – journalism/？ utm_ source = tuicool。

# B.49

# 2014年英国传媒产业发展报告

何丹嵋　郑 哲*

**摘　要：** 2014年英国经济发展势头良好，GDP增长率达2.6%，创7年最高值。经济增长带动媒体广告支出总额较2013年上升5.9%。数字媒体广告支出成为增长主要驱动力，年增长率达15.5%，其中移动广告尤为突出，传统媒体则发展滞缓。

**关键词：** 英国　传媒产业　移动广告

2014年英国经济稳步发展，根据英国统计局（ONS）最新预测，全年国内生产总值（GDP）同比增长预计达到2.6%，创7年来的最高增长。作为经济"晴雨表"，英国广告行业在2014年也呈增长态势。市场研究公司SMI（标准传媒指数）报告数据显示，2014年英国媒介广告支出总额较上年增长5.9%，不仅超过GDP年增长率的2倍，也是自2010年以来最高的一年。然而，各媒体行业的发展状况却有所不同。数字媒体广告支出同比增长15.5%，成为市场发展的主要驱动力（见图1）。相应地，传统媒体则表现不佳。根据eMarketer公司预测，2014年英国移动广告支出将达20.5亿英镑（约合200亿元人民币），同比增长96%，并有望于2016年超过传统电视广告，达到45亿英镑。

---

* 何丹嵋，清华－日经传媒研究所研究员、所长助理；郑哲，清华大学新闻与传播学院硕士研究生。

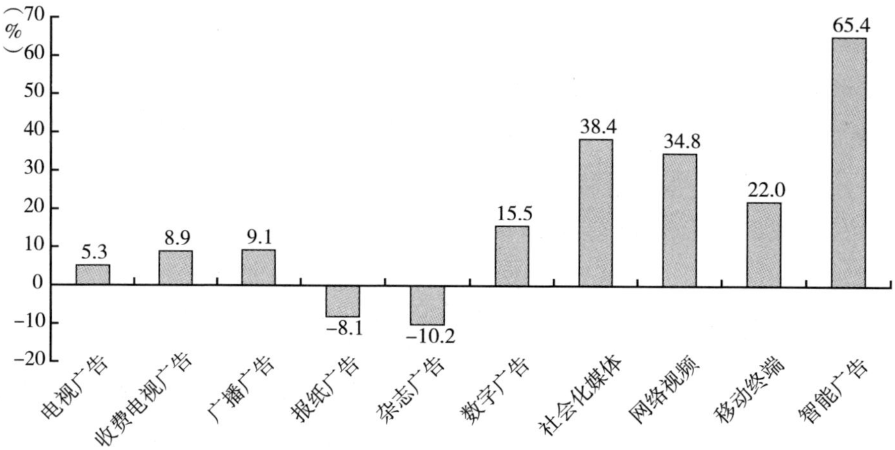


**图1　2014年英国媒体广告支出年增长率**

数据来源：SMI（标准传媒指数），2015年1月。

## 一　电视产业①

在英国，电视和广播属于公共服务机构，公众向政府支付的订阅收入占电视产业总收入的近一半（见图2），因而也保证了电视产业较为平衡的发展。但2014年6月的一项调查结果显示，英国家庭中每人每天平均收看电视的时间由2013年的240.6分钟下降至234分钟，连续4年下降。失去伦敦奥运会和残奥会的光环，电视行业的颓势终于显现出来。特别值得关注的是，英国广播电视公司（BBC）的皇家特许状将于2016年到期，届时英国政府将重新评估电视牌照费用制度的存续。如果不再续约，BBC作为英国最大的，也是全球最具影响力的广播电视公司将面临重大的经营调整，整个英国电视产业结构或也将发生巨大变化。

根据目前发展状况，英国电视广告市场似乎难以挑起担负整个电视产业发展的重任。Ofcom统计报告显示，2013年全年电视产业总体收入为129亿英镑，较上年增长4%，其中订阅收入占46%（约为59.34亿英镑），广告收入

① 如无特别标注，本节中数据均引自英国信息通信管理局（Ofcom）2014年6月发布的《The Communications Market Report 2014》。

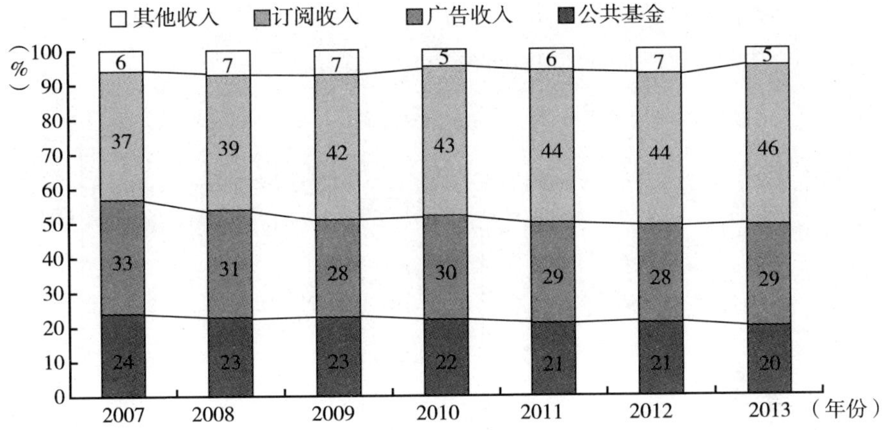


**图2　2007～2014年英国电视产业收入构成**

数据来源：英国信息通信管理局（Ofcom），2014年6月。

占29%（约为37.41亿英镑）。电视广告收入增长率约为7.7%。尽管Ofcom还未公布2014年数据，但根据英国商业电视节目销售机构Thinkbox最新公布的数字，2014年英国电视广告收入达到49.1亿英镑，较上年增长6%。①

从英国电视广告主构成看，英国电视广告以消费类产品为主，互联网品牌正逐步加大电视广告投入，如亚马逊、Netflix以及谷歌等公司都对电视广告情有独钟，其中亚马逊每年投放的电视广告高达1050万英镑。尼尔森公司的调查数据显示，互联网企业已经成为第二大的电视广告商，广告总支出较2010年翻了一番。根据广告协会和Warc的预测，2015年英国电视广告收入还会增长，增长率约为5.5%。

## 二　广播业

英国广播行业和电视行业一样属于公共服务机构，作为唯一的公共广播电台，英国广播公司（BBC）电台的收听比例一直维持在55%左右。2008年国际金融危机后，英国广播行业总体收入连续增长3年，2013年英国广播产业

① Arif Durrani, *TV ad revenue in UK hits record £ 4.91 billion in 2014*, http://www.mediaweek.co.uk/article/1337368/tv-ad-revenue-uk-hits-record-491-billion-2014。

收入较上年略有下降，达1.188亿英镑（见图3）。公共电台的执照费一直保持稳定，这说明商业广播收入市场收缩。

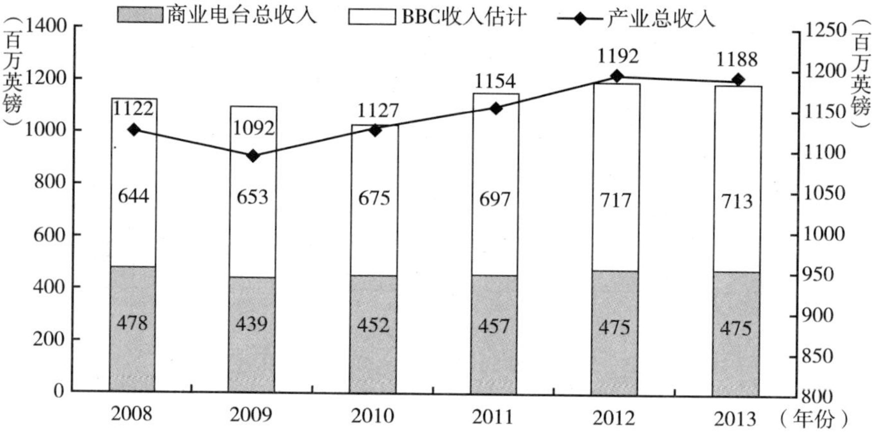


**图3　2008～2013年英国广播产业收入构成**

数据来源：英国信息通信管理局（Ofcom），2013年6月。

然而这种趋势在2014年发生了改变，英国广播受众研究机构RAJAR2014年第四季度调查报告显示，商业广播继续蚕食公共广播电台的收听市场份额，与BBC市场份额的差距缩小到2005年以来的最小值。数字广播则继续保持上升态势，听众人数达到2780万人。按照这种趋势，2014年英国广播行业收入有望回暖。

## 三　出版业

### 1. 图书出版

根据国际出版协会（IPA）的统计数据，2014年英国的图书出版总量（18.4万册），相当于每小时就有20多本新书面世，仅次于中国（44.4万册）和美国（30.49万册），位居世界第三。但英国的人均书籍出版量世界第一，2014年每百万人有新书2870册。另外，英国也是世界第一的图书出口大国，英国出版商协会（PA）的数据显示，2013年英国图书出口额超过15亿英镑，超出排名第二的美国5亿英镑之多。其中以J. K. 罗琳的“哈利·波特”系列和EL. 詹姆斯的《五十度灰》为代表的虚构类小说占英国图书出口销售额的

18%，而杰米·奥利弗（Jamie Oliver）的烹饪书籍为代表的非虚构类图书占出口总额的25%，对英国图书出口的贡献最大。

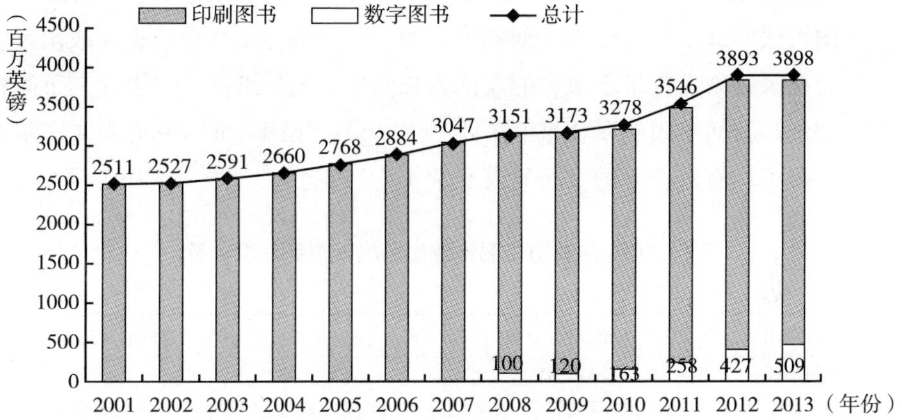


**图4　2001～2013年英国图书出版商销售额构成**

数据来源：*PA Statistics Yearbook* 2013，英国出版协会（PA）。

尽管英国图书市场相较于其他国家仍保持稳定的增长，并且从销售规模上看，短期内电子图书还无法与传统纸质图书相抗衡（见图4），但其传统纸质书市场也受到电子书的冲击，销量呈下降趋势。尼尔森图书调查公司最新数据显示，2014年英国纸质图书销售额为13.9亿英镑，同比减少1.3%，连续六年下滑总额超过1.5亿英镑。其中小说下滑幅度最大，2014年销售额3.2亿英镑，较2009年累计降低近33%。尽管短篇小说、西部小说和图像小说这三种图书逆市增长，但仍然无法摆脱整体销量的滑落。2014年纸质书市场最大的亮点是青少年非小说类图书，年销售额增长率高达35.8%，并一直保持上升态势。这主要是由于家长们出于儿童健康和尊重传统文化等原因，更倾向让孩子阅读纸质图书。

### 2. 报纸杂志

英国是世界报纸发源地之一，也是全球报业发展水平最高的国家之一，目前仍是世界上人均报纸拥有量最高的国家。然而，今天的英国报业也面临着前所未有的“内忧外患”，一边是电视、广播和互联网等媒体的重重包围，一边是《世界新闻报》窃听丑闻引发的英国全社会对媒体道德的质疑，报纸已失去了往日的光辉和地位。一项针对英国人读报习惯的调查结果显示，28%的

18～24 岁青少年表示在过去一年中没有读过报纸；80% 的女性和 72% 的男性喜欢通过平板电脑阅读新闻；手机则更适合移动状态下接收碎片化信息。阅读习惯的改变直接影响报纸广告市场，然而广告并不是英国报业生存的唯一支柱。英国大报的背后多是财阀，他们办报的主要原因是依托报纸提高政治影响力。尽管英国报纸发行量下滑，但英国人长期形成的报纸阅读习惯使其下降速度相对缓慢。新闻集团、联合报业集团、三一镜报集团、北方和壳牌 4 家报业集团旗下报纸均有过百万的发行量（见表 1）。

**表 1　2014 年英国主要报业集团旗下报纸总发行量**

单位：万份

| 报业集团 | 报纸发行总量 | 报业集团 | 报纸发行总量 |
|---|---|---|---|
| 新闻集团 | 340.85 | 巴克莱兄弟 | 65.8 |
| 联合报业集团 | 211.7 | 皮尔森 | 38.96 |
| 三一镜报集团 | 120.24 | 独立报业集团 | 35.08 |
| 北方和壳牌 | 145.9 | 卫报媒体集团 | 23.33 |

财团支持的报业集团会更关注长远的发展，客观上也促进报业的数字化转型。目前英国报业市场对媒体影响力的评估已经引入新媒体，即把报纸发行量新媒体受众人数综合起来评估其传播效果。报社也更积极地拓展信息服务和活动策划等业务弥补报业广告收入的下降。目前，英国报业面临的问题并不是报业广告市场的萎缩，而是如何重新构筑新的媒体产业结构，确保互联网广告收入的增长速度快于报纸广告的下降幅度。有数据显示，2013 年英国传统报纸广告收入下降 4 亿英镑，而报纸电子版收入增加 1 亿英镑，且情况还有继续恶化的趋势。

## 四　电影产业①

2014 年，英国电影票房总体收入受到世界杯影响，略有下滑。全年票房总收入和观影人次分别下降 2% 和 5%（见图 5）。英国电影协会（BFI）统计数据显示，仅 5 月和 6 月期间电影院客流量就减少了 20%。如表 2 所示，2014 年英国票房 TOP10 仍被好莱坞大片占领，但特别值得关注的是根据儿童文学

① 如无特别注明，本章节数据来源于英国电影协会2014年年报（BFI：Statistical Yearbook 2014）。

作品改编的动画电影《帕丁顿熊》，2014 年 11 月上映三个月的票房已超过 3470 万英镑，成为 2014 年最卖座的英国本土电影。凭借这一部作品，英国本土电影全年票房占比由 2013 年 6% 上升到 16% 。

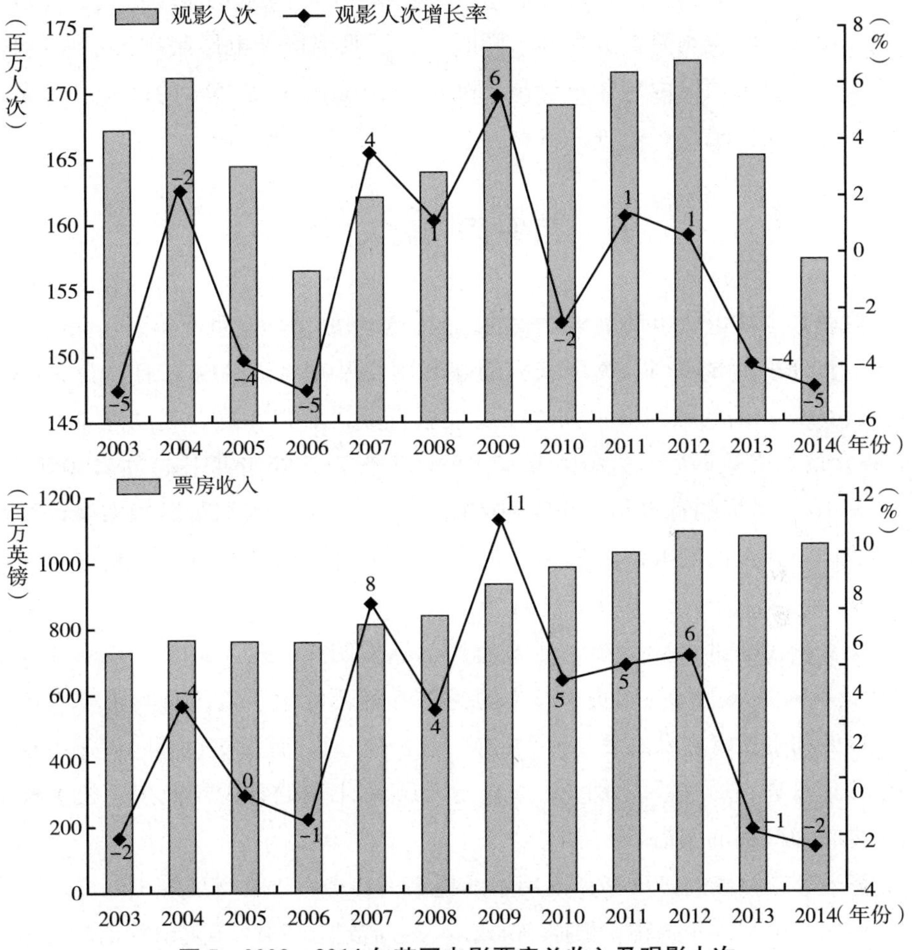


**图 5　2003～2014 年英国电影票房总收入及观影人次**

数据来源：英国电影协会（BFI）。

2014 年英国电影投资额增长迅猛，全年电影业投资总额达 14.7 亿英镑（约 22 亿美元），较上年增长 35%，达到 20 年以来的最高值。其中海外电影成为最大功臣，全年投资额 12.3 亿英镑（约 18.5 亿美元），同比增长 40%。2014 年在英国投资拍摄的电影包括《星球大战 7：原力觉醒》《碟中谍 5》《复仇者联盟 2：奥创纪元》《爱丽丝梦游仙境 2》《007：大破幽灵危机》等。英国本土电影的投资额则下降了 28%。

为了促进英国本土电影发展，英国政府的支持可谓不遗余力。2014 年 12 月 5 日，英国国会秋季预算报告中颁布了多项针对电影业的激励措施，包括税收减免以及向影视类院校拨款等。同时，为了吸引国外电影制作公司来英国，政府还将对在英国国内制作电影所产生的支出提供最高 25% 的退税。优惠政策有望推动英国电影产业进一步发展。

## 五 互联网与移动媒体

伦敦是全球电信市场最早开放的地区，激烈的市场竞争使英国互联网产业发展一直处于世界前列。英国家庭的互联网普及率将近 80%，社交媒体普及率超过 60%，网购和网络视频等在线娱乐行业也非常普遍。英国国家统计局（ONS）的调查数据显示，2014 年英国网民人数较 2006 年增长超过 2100 万人，尤其是 16 ~ 24 岁的青少年，互联网使用率高达 99%。根据英国国家统计局数据，英国每天上网的人数占 76%，每天至少网上一次的占 8%，其他为每周上网不足一次及三个月内没有上过网。

英国网民通过移动终端上网的趋势也越发明显。据 Voucher Codes Pro 对 2500 位英国民众进行的调查，31% 的受访者每天使用手机的时间至少在 5 小时，11% 的受访者花费在手机上的时间超过 8 小时。青少年也倾向通过手机上网获取信息和沟通联系，ONS 数据显示，16 ~ 24 岁的青少年使用手机上网的时长是普通网民的 3 倍。

随着移动终端的普及率和使用率的提高，移动广告市场展现出旺盛的生命力。英国《卫报》报道称，根据 eMarketer 最新数据，2014 年英国移动广告市场预计达到 20.2 亿英镑，年增长率达 96%，有望超过英国平面广告市场总和①。届时移动广告市场占数字广告总体市场的比例将达到 30%，而 2016 年这一比例可能超过 50%。移动媒体有望成为英国媒体广告市场发展的重要支柱。

---

① The Guardian, Mobile advertising to overtake print, http://www.theguardian.com/media/2014/jul/01/mobile-advertising-overtake-print-industry

B.50

# 法国文化与传媒产业发展概况

张 伟*

摘 要： 2014年，数字化狂潮深刻影响着法国文化与传媒产业，改变了整个行业的经济模式。其中法国电影产业与数字媒体发展势头迅猛，而广告业与报纸杂志业难掩其颓势。本文对2014年法国文化及传媒产业进行了系统的分析与回顾，并对法国传媒产业数字化的趋势做出预测。

关键词： 法国 文化产业 传媒产业 数字化

法国传媒产业的统计数据往往与文化产业一起统计。2014年由法国文化与传媒部发布的年度报告①指出“文化经济”范畴是所有与文化有关的经济行为，报纸、电视以及电影等均在文化经济的范畴之内。

法国统计及经济研究所（Insee）2014年12月19日发布的最新数据显示，政府确认2014年GDP增长预期为0.4%。法国第二季度的经济增长率达到了0.5%，表现优于其他欧洲区国家。②

已有数据显示，2012年度法国文化产业的经济总量为850亿欧元以及400亿欧元的产品附加值。文化产品制作也是商业运行的一个重要环节，它在商业市场的690亿欧元中进行分配。在销售文化产品与企业非市场化的服务环节中，产出相当于160亿欧元。

---

* 张伟，北京工商大学艺术与传媒学院教师，法国巴黎第八大学博士研究生。

① 法国文化和传媒部（Ministère de la Culture et de la Communication）2014年文化传媒关键数据统计报告。

② 法国统计及经济研究所（Insee）发布的年度报告，2014年12月。

表 1　法国 2012 年文化产业价值分布表

单位：10 亿欧元，%

| 文化类别 | 文化产品 | | | | | | 增加价值 | |
|---|---|---|---|---|---|---|---|---|
| | 商业 | | 非商业 | | 总和 | | 总和 | |
| | 价值 | % | 价值 | % | 价值 | % | 价值 | % |
| 音像业（广播、电影、电视、视频、光盘） | 27.3 | 39.6 | — | — | 27.3 | 32.1 | 9.8 | 24.3 |
| 演出 | 5.2 | 7.6 | 7.2 | 44.9 | 12.4 | 14.6 | 7.6 | 18.9 |
| 书籍、报纸 | 15.6 | 22.7 | — | — | 15.6 | 18.4 | 5.6 | 14.0 |
| 文化遗产（博物馆等） | 0.4 | 0.6 | 6.4 | 40.2 | 6.8 | 8.0 | 4.9 | 12.2 |
| 广告业（广告公司） | 8.9 | 12.9 | — | — | 8.9 | 10.5 | 4.4 | 10.9 |
| 建筑 | 7.2 | 10.4 | — | — | 7.2 | 8.5 | 3.8 | 9.4 |
| 视觉艺术（造型艺术、设计、摄影） | 4.0 | 5.7 | 0.6 | 3.9 | 4.6 | 5.4 | 2.4 | 6.0 |
| 文化教育 | 0.3 | 0.5 | 1.8 | 11.0 | 2.1 | 2.5 | 1.7 | 4.3 |
| 文化产业总和 | 68.9 | 100.0 | 16.0 | 100.0 | 84.9 | 100.0 | 40.2 | 100.0 |

数据来源：Insee，法国国家统计部，法国文化与传媒部，2013 年。

2014 年法国政府进行财政预算支出调整，除了结构性的调整外，政府正努力减少公共开支。2014 年政府将减少部分预算拨款，公共广播公司也将减少 1% 的国家预算。这些努力将为国家节约 1.37 亿欧元。

报刊、书籍、音乐、视听体验的数字化，深刻改变了产业经济模式，法国政府将继续支持这些改变，包括一些无预算上限的项目。为了解决这些数字化问题，政府决定提出两个战略目标：加快面向新经济模式的工具化和货币化建设，保证公民能够获取多样化信息；法新社（AFP）代表国家于 2014 年进行全面数字化的新合约谈判。公共广播机构的数字化改革，是在公共资源需求压力下的变革。法国媒体世界（面对外国观众）也于 2014 年年初投入使用。①

① 资料来源：法国统计及经济研究所（Insee）发布的年度报告，2014 年 12 月。

## 一　电影业[①]

2014 年对于法国电影市场而言是令人振奋的一年，整体影院上座率较 2013 年提升 7.7%，20.843 亿人次的观影数创造了 47 年以来的第三高峰（低于 1967 年 21.15 亿人次和 2011 年 21.72 亿人次），这一结果远高于过去 10 年的平均水平。2015 年 1 月的最新数据统计与预测显示，其影院上座率比上年同期下降了 3.8%，减少了 1703 万人次。

2014 年年度法国本土电影和美国电影的平均市场占有率不相上下，分别为 45.9% 和 43.3%。2015 年 1 月法国本土电影的市场份额约为 62.2%（上年同期为 39%），美国电影的市场份额为 24.8%（上年同期为 46%），其他电影则在 10.8% 上下。在每月上座率稳定的前提下，电影业对其市场份额进行了谨慎的调整。

2014 年度法国票房冠军为法国本土电影《非常 4 女婿》（Qu'est-ce qu'on a fait au Bon Dieu，法国）。票房排名第二至第九分别为：《贝利耶家庭》（La Famille Bélier，法国）、《紧张大师》（Supercondriaque，法国/德国）、《超体》（Lucy，法国）、《霍比特人：五军之战》（Le Hobbit：La Bataille des Cinq Armées，澳大利亚/美国）、《猩球崛起：黎明之战》（La Planète des singes：L'Affrontement，美国）、《驯龙高手 2》（Dragons 2，美国）、《X 战警：逆转未来》（X-Men：Days of Future Past，美国/英国）、《里约大冒险 2》（Rio 2，美国）、《饥饿游戏 3：嘲笑鸟（上）》（Hunger Games：La Révolte，partie 1，美国）。[②] 截至 2015 年 2 月，除排名第二的《贝利耶家庭》和排名第五的《霍比特人：五军之战》尚未结束放映外，其他影片均以下线。

## 二　广告业[③]

2014 年上半年，法国广告行业也依然持续了下跌的趋势，但相比上年同

---

① 资料来源：国家电影与图像中心（Centre National de la Cinématographie）发布的 2014 年观影出席率报告，2015 年 2 月 6 日。

② 资料来源：法国国家电影与图像中心（Centre National de la Cinématographie）。

③ 资料来源：法国广告数据研究机构 Irep 发布的《2014 年上半年广告调查报告》。http://www.irep.asso.fr/_files/marche_publicitaire/CP_MPF_1er_semestre_2014.pdf。

期跌幅有所放缓。其中，新兴媒体[1]广告的净收入仅有2.6%的跌幅，2014年上半年最终收入为56.82亿欧元。除此之外，在“传统媒体+互联网”的媒体经营模式方面，2014年上半年的广告收入持续下降了1.5%，而上年同期下降数值为4.3%。传统媒体方面，2014年度广告跌幅放缓，低于2013年同期3.2%的跌幅，更加小于2012年同期6.4%的跌幅。

移动互联影响力大幅上升。户外广告表现良好，2014年上半年收入增幅为1.6%。电视和电影方面的收入略有下降，与上年同期相比跌幅分别为0.8%和0.5%。无线广播方面，2014年上半年国内广告营收与上年同期相比下降2.2%。

在2014年法国低迷的经济环境之下，就业形势持续恶化，至2014年第二季度失业率约为10.2%。鉴于广告收入的历史演变，法国广告数据研究机构Irep预测，2014年法国所有广告收入总和约为295亿欧元，与上年同期相比下降约1.9%（见表2）。

**表2　法国广告数据研究机构IREP对法国2014年广告市场的预测**

单位：百万欧元，%

| 媒体方式 | 价值 | 增长率 |
|---|---|---|
| 电视 | 3761 | -2.0 |
| 电影 | 145 | 4.9 |
| 广播 | 852 | -2.4 |
| 互联网(播放+搜索+邮箱) | 1883 | 3.8 |
| 报纸杂志 | 2625 | -8.0 |
| 户外广告 | 1343 | 2.1 |
| 所有的传统媒体+互联网总和 | 10609 | -2.0 |
| 直接营销 | 8155 | -5.4 |
| 其他方式(促销、活动等) | 10778 | 1.2 |
| 总　和 | 29542 | -1.9 |

数据来源：IREP（Institut de Recherches et d’Etudes Publicitaires）.

① 新兴媒体形式为传统媒体+互联网+移动互联+广告邮件+ISA。

## 三 报纸杂志业①

2013～2014 年度，法国报纸杂志业持续处于危机之中，销售额持续下滑。2013 年度整个行业共创造出 82.55 亿欧元的价值，比 2012 年同期下降 5.3%。但可喜的是，根据法国媒体发行监督机构 OJD 观察报道，在整体报纸杂志销售持续下滑的时期，手机移动端的文字阅读却迅速发展起来。

纵观 2013 年，法国报纸销量平均下降了 15.35%，即便是《法国西部》这个法国历史最悠久的报纸集团之一，也不得不接受 500 万欧元的亏损。情况一向较好的《巴黎人》，年度亏损也在 170 万欧元上下。对报纸行业而言，广告是其收入的重要来源，但随着读者数量的下滑，广告主不再专注于报纸广告的投放，而将目光更多地聚集于互联网或移动终端。2013 年度移动互联广告额增加了 55%，而印刷广告额则下降了 8.4%。②

一些大型的报纸如《世界报》或《费加罗报》正在用数字化的方法适应这种趋势，但并不是每个报纸都可以做到。《十字报》《解放报》《人道报》从特殊的国家援助渠道获得补贴金来补贴其广告费方面的损失。还有一些媒体如《法国晚报》和《论坛报》不再继续纸质报纸的印刷而全面数字化。

报刊业亏损的原因除全面数字化的影响之外，生产成本增加也是重要原因之一。印刷界数年的危机使得纸价飞涨。另外，配送成本也在增加，2013 年全法共消失了 2000 个配送网点，未来的报纸杂志销售越来越多的将集中在杂货店或烟草店中。与大多数 50 岁以上的老年读者相比，青年人们不再买报纸，而更多地选择新媒体进行阅读。

## 四 数字媒体

2014 年，法国 82% 的家庭至少有一台电脑，至少有 36% 的家庭使用多媒

---

① 法国政府文化与传媒部发布的2013年报刊杂志也数据报告，http://www.culturecommunication.gouv.fr/Politiques-ministerielles/Presse/Chiffres-statistiques。

② 报道，《调查：文字新闻媒体危机》，http://www.worldzine.fr/2014/10/02/enquete-la-presse-ecrite-en-crise-un-fleau-mais-de-nombreuses-alternatives-au-papier/，2014 年 10 月 2 日。

体设备，近30%的家庭都配备了平板电脑，比2012年上升12%，智能手机使用比例比2013年上升了7%，达到了46%。[①] 据法国电视集团统计数据，5000万用户通过互联网观看法国电视台的栏目内容，比上年同期增长了25%；2500万用户通过手机移动端进行观看，年增长率达到138%。[②]

可以预见，法国文化传媒产业的数字化将愈加成熟：移动营销将变得越来越重要，手机将成为生活的重要组成部分；随着移动互联的深入发展，大数据的挖掘和获取或将成为传媒企业成功的关键要素；不同类型的社交网络（水平/垂直、公共/私人等）将进一步延伸，尽管在某种程度上社交网络已呈现饱和的状态，但在未来一段时间内还将发挥重要作用；物联网的发展和应用将继续深化；游戏市场在技术的驱动之下，将继续飞速发展。

---

① 法国CREDOC研究中心，《2014年法国日常生活观察》报告。

② 法国电视集团：《2014年法国电视数字化报告》。

## B.51

# 日本传媒产业发展概况

林 杨*

摘 要：2013年，日本传媒产业随经济增长缓慢复苏，但不同媒介形态发展不均，来自新媒体的冲击扩展至更多行业，能否寻找到成功商业模式创造新的增长点，已经成为报业、出版业及音像业企业能否生存下去的关键。互联网行业广告市场增长显著，特有的市场环境为互联网行业提供了更多的发展空间。

关键词：日本 传媒产业 数字化转型 广告收入

在“安倍经济学”的量化宽松政策刺激下，2013年的日本经济呈现出逐步复苏的势头。日本股市走高、日元汇率走低，推动了资本市场的发展；安倍内阁提高消费税的决定拉动了增税前的国内消费；2020年在东京举办奥运会的消息推动了包括建筑业、服务业、房地产投资等多个行业的发展，也影响着国民的消费意识和投资方向。经济好转拉动了广告市场的增长，也为以广告收入占比较高的媒体行业带来了利好。实物销售收入占比较高的媒体行业则不得不在维持实物销售和推进数字化转型中痛苦抉择。

## 一 报纸与出版

日本报业协会数据显示，2013年日本全国报纸的总销售额为18990亿日

---

* 林杨，清华-日经传媒研究所助理研究员。

元，同比减少 0.87%。其中报纸销售收入 11302 亿日元，同比减少 1.88%；广告收入 4417 亿日元，同比减少 0.92%；其他收入 3271 亿日元，同比增加 2.93%（见图 1）。

从收入构成来看，即使在经济好转、广告业收入小幅增长的 2013 年，报业的广告收入和销售收入依然出现了不同程度的缩水，唯一有所增长的是“其他收入”。日本经济产业省的《特定服务产业实态调查》等资料显示，这部分收入主要来自信息处理、会展活动以及房地产租赁等业务，但这部分“副业”所带来的收入还不足以弥补传统业务收入的萎缩。

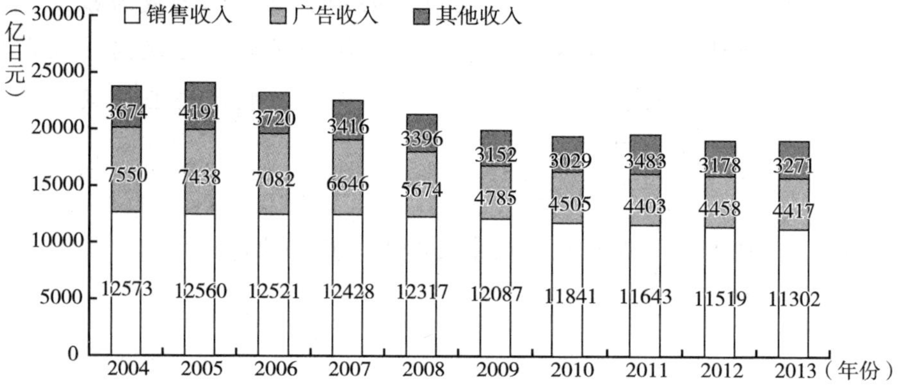


**图 1　报纸总销售额细目**

数据来源：日本报业协会。

2013 年日本报纸的总发行量为 4700 万份，同比减少 1.6%。每户订阅报纸份数 0.86 份，连年持续减少（见图 2）。从报纸的发行渠道来看，2013 年有 95.08% 的报纸以配送到户的方式到达读者手中，所占比重连年持续增加，以零售形式出售的报纸比例越来越小。

从报纸广告的刊登情况来看，报业广告刊登量增加、收入减少，这就意味着报业广告单价有所下降，这与报纸发行量下降有着密不可分的关系。广告单价需要发行量的支撑，占比近六成的销售收入也需要发行量的支撑，但从现状来看，即使是五大报（《读卖新闻》《朝日新闻》《每日新闻》《日本经济新闻》《产经新闻》）想要保证发行量也十分艰难。

据出版科学研究所的统计，2013 年日本书刊杂志出版行业的市场规模为

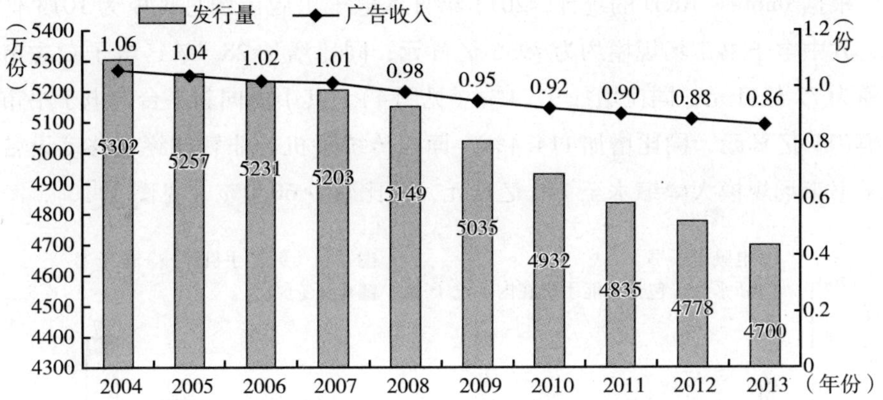


**图2　报纸发行量与平均每户订阅报纸份数**

数据来源：日本报业协会。

16823 亿日元，同比减少 3.3%。其中书刊市场规模为 7851 亿日元，同比减少 2.0%；杂志市场规模为 8972 亿日元，同比减少 4.4%（见图 3）。其中图书销量 6.76 亿册，同比减少 1.7%；杂志销售量 17.64 亿册，同比减少 5.9%。在图书销量方面，超过百万的畅销图书有 3 本，基本与往年持平，畅销书话题性强，销量持续走强；非畅销书的销量则难尽人意，整体呈现出两极分化的态势。

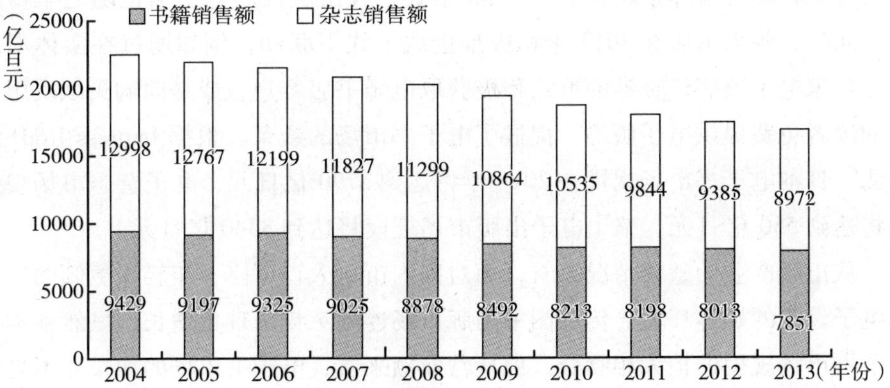


**图3　书刊出版销售额**

数据来源：出版科学研究所，《出版指标年报 2014》。

根据Impress R&D的统计，2013年日本电子出版市场总规模为1013亿日元，其中电子书市场规模约为7936亿日元，同比增加28.4%，电子杂志市场规模为77亿日元，同比增加97.4%（见图4）。其中面向新平台的电子书市场规模789亿日元，同比增加114.4%。面向传统手机等非智能终端移动设备的电子书市场规模大幅缩水至140亿日元，同比减少60.0%（见图4）。

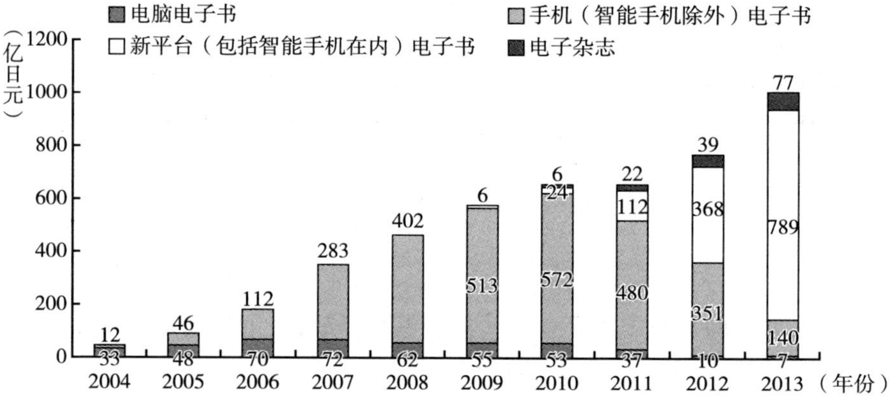


**图4　电子出版市场规模**

数据来源：Impress R&D。

2012～2013年，日本大型书店纷纷开设电子书店，电子书的主流格式从面向传统移动终端逐渐转换为EPUB3格式，各出版社的电子书也随之丰富起来。同时，各大书店在2013年积极推进线上线下联动，例如通过在实体书店赠送自家电子书店代金券的形式积极获取电子书店客户，或是向购买纸质版杂志的读者免费提供电子版等，促进了电子书市场的繁荣。根据Impress R&D的预测，日本电子书市场规模在2018年将达到2790亿日元，电子杂志市场规模也将达到550亿日元，整个电子出版市场规模将达到3340亿日元。

从出版产业的整体情况来看，面对国内市场人口下降、年轻人更倾向于选择电子设备的媒体环境。传统图书出版市场连续7年出现负增长，虽然基本与电子书市场规模的扩大相吻合，但从营业额来看，电子书市场的增长并不足以弥补传统图书市场规模的缩小。大力推进电子书市场的发展势必对传统图书市场份额产生更大影响，而科技的日新月异又使得传统出版企业不得不以转型求自保。讲谈社、角川书店等大型出版企业纷纷通过开发海外市场、调整组织结构、与新媒体企业合并等方式积极应对。随着电子书市场的日渐成熟，出版行业将会面临新一轮的洗牌，形成市场寡占。

## 二　广播电视

日本民间放送联盟的《日本民间放送年鉴》和公共电视台 NHK 业务报告书显示，2013 年日本民营电视台和 NHK 地面电视的总营业额为 27871 亿日元，同比增长 1.5%，其中 NHK 的总营业额为 6570 亿日元，同比减少 0.5%；民营电视台的总营业额为 21301 亿日元，同比增加 2.1%（见图 5）。

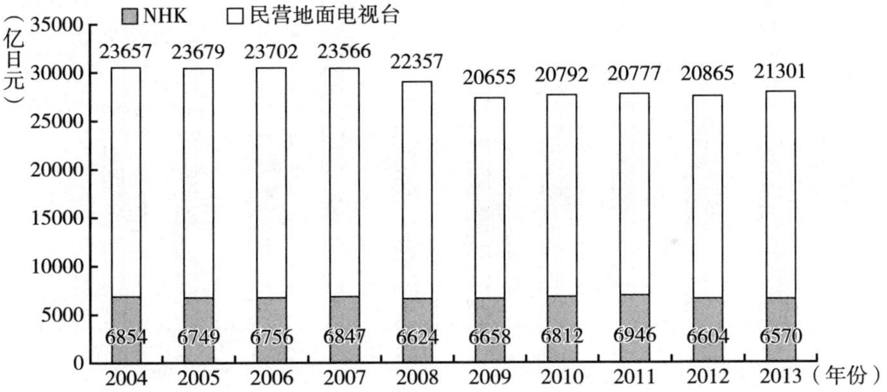


**图 5　地面电视单位市场规模**

数据来源：日本民间放送联盟，《日本民间放送年鉴》各年度版；NHK 业务报告书。

公共放送 NHK 的主要收入来源为收视费，近年来收入情况基本保持平稳。5 家主要民营电视台收入的主要来源为广告费，在 2008 年受到雷曼风暴影响出现大幅缩减后也基本维持平稳，本年度受经济回暖影响，收入小幅增加。

除地面电视外，近年来日本卫星媒体及有线电视发展势头良好，用户数量稳步增加，受众付费收视习惯较为成熟。卫星媒体及有线电视的广告投放价值得到广告主认可，广告收入亦稳步增长。

广播方面，根据日本民间放送联盟的统计，2013 年日本地面广播行业发展较为平稳，营业收入 1456 亿日元，同比增加 0.4%。其中中短波广播为 845 亿日元，同比减少 0.1%；FM 为 611 亿日元，同比增加 1.2%。

## 三 电影

根据日本电影制作者联盟的统计，2013 年，日本电影的年观影人次达到 15589 万人次，同比增长 0.5%。票房收入为 1942.4 亿日元，同比下降 0.5%。其中国产片票房为 1177 亿日元，同比下降 8.2%，进口片票房为 766 亿日元，同比增长 14.2%（见图 6）。在作品数方面，国产电影 591 部，进口电影 562 部，合计 1117 部。

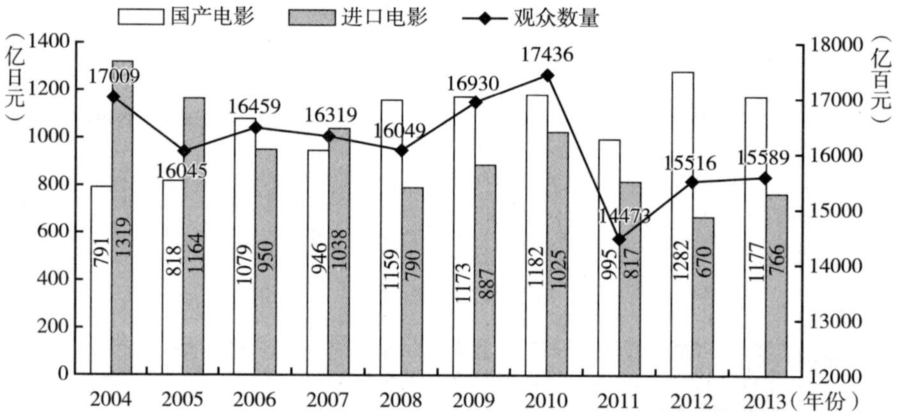


**图 6　电影票房收入及观影人次**

数据来源：日本电影制作者联盟。

2013 年的日本电影年观影人数小幅增长，票房收入小幅下降。从收入构成来看，非电影类内容的收入在本年度出现大幅增长，这部分收入主要来自于现场直播热门演唱会、歌舞剧等活动，直播技术的进一步发展为电影院和电影产业带来了新的增长点。

动画片依然是 2013 年的日本电影市场的票房主力，全年票房排行前三名分别为《起风了》（120.2 亿日元）、《怪兽大学》（89.6 亿日元）和《ONE PIECE FILM Z》（68.7 亿日元）。从国产电影票房来看，除上述两部国产动画外，《哆啦 A 梦》和《名侦探柯南》的剧场版也保持以往高票房的成绩，国产票房 TOP5 中有 4 部为动画片。

## 四 音像

根据日本唱片协会的统计，2013 年日本音像市场规模约为 3122 亿日元，同比减少 14.5%。其中非数字音像制品规模为 2705 亿日元，同比减少 13.0%，网络付费下载及增值服务规模为 417 亿日元，同比下降 23.2%（见图 7）。

**图 7 音像制品销售规模（仅包括实物 CD、DVD 及网络付费下载）**

数据来源：日本唱片协会。

2012 年日本音像市场迎来了 5 年来的首次增长，而 2013 年则一反增长势头，无论实物音像制品还是网络付费下载市场均出现了大幅缩水。造成这种情况的原因是音像制品生产总量的下降，实物唱片和音乐影像的生产量均跌至 10 年来最低水平。蓝光光碟市场规模扩大，DVD 市场占有率受到侵蚀。

大幅缩减的日本音像产业依然保持了世界第二的市场规模。从收入构成上来看，2013 年全球音像市场排名 TOP20① 中排名第一的美国实物销售比例为 30%，付费下载收入高达 60%，而日本音像市场的收入 80% 依靠实物销售，付费下载收入仅占 16%，远不如其他排名上位国家健全，如何尽快实现数字化转型将成为日本音像市场接下来一段时间内的重要课题。

① 数据来源：国际唱片业协会 IFPI 统计资料。

## 五　互联网

根据总务省的统计，2013 年日本网民数量比上一年度增加 392 万人，达到1 亿人，同比增长 4. 1%，人口普及率达到 82. 8% （见图 8）。与上一年度相比，13 ~49 岁的互联网用户依然占到全体的 9 成以上，50 ~69 岁的网民数量增长较快。

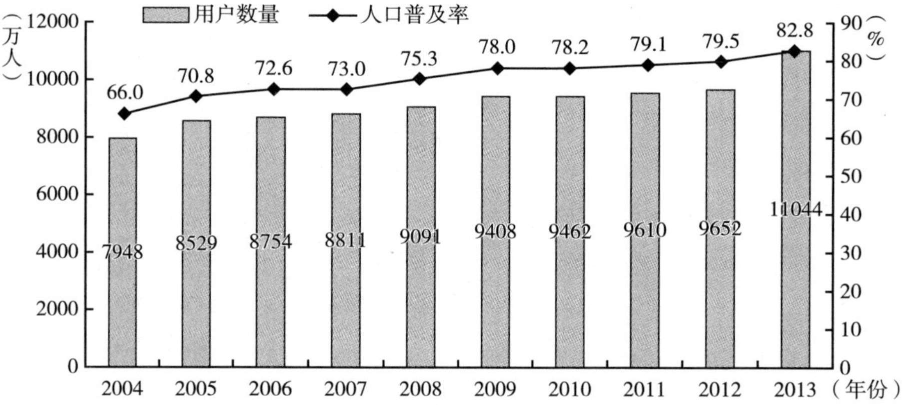


**图 8　互联网用户数量及人口普及率**

数据来源：日本总务省《通信利用动向调查》各年度版。

在上网方式上，日本网民最经常采取的上网方式仍然为“使用家中电脑”，占 58. 4%；其他依次为“智能手机”（42. 4%），“使用家中以外的电脑”（27. 9%）。与上一年度相比，使用传统手机上网的网民正在向使用智能手机过渡，尤其在 20 ~39 岁的网民中，通过智能手机上网的用户比例已经超过家中电脑，智能手机成为该年龄段中最常用来上网的终端。

日本互联网普及率较高，硬件技术发展好，但在使用习惯上与我国呈现出较大差别。在上网目的和用途上，日本个人网民的最大需求为“收发电子邮件”（69. 9%），其次为“购物”（57. 2%）。在 20 ~59 岁的网民中，使用“地图及交通信息服务”的需求位列第三，超过 50%。在互联网支付方面，选择使用“信用卡支付”（63. 7%）的网民最多，其次为“货到付款”（43. 8%）、“在便利店支付”（38. 9%）和“银行汇款”（30. 8%）。

## 六 广告

根据日本电通广告公司的统计，2013 年日本广告市场规模为 59762 亿日元，同比增长 1.4%，日本广告市场连续两年出现增长，电视广告、户外广告、交通广告等类型势头良好（见表 1）。

**表 1 2006 ~ 2013 年各媒体广告费**

单位：亿日元

| 媒体类型＼年份 | 2006 | 2007 | 2008 | 2009 | 2010 | 2011 | 2012 | 2013 |
|---|---|---|---|---|---|---|---|---|
| 报纸 | 9986 | 9462 | 8276 | 6739 | 6396 | 5990 | 6242 | 6170 |
| 杂志 | 4777 | 4585 | 4078 | 3034 | 2733 | 2542 | 2551 | 2499 |
| 广播 | 1744 | 1671 | 1549 | 1370 | 1299 | 1247 | 1246 | 1243 |
| 电视 | 20161 | 19981 | 19092 | 17139 | 17321 | 17237 | 17757 | 17913 |
| 卫星媒体 | 544 | 603 | 676 | 709 | 784 | 891 | 1013 | 1110 |
| 互联网 | 4826 | 6003 | 6983 | 7069 | 7747 | 8062 | 8680 | 9381 |
| 其他推销广告 | 27361 | 27886 | 26272 | 23162 | 22147 | 21127 | 21424 | 21446 |

资料来源：电通《日本的广告费》。

2013 年日本广告市场能够持续保持增长，主要受两方面影响。一是在“安倍经济学”的刺激下，日本经济局势回暖，实体经济切实增长；二是由于日本在 2013 年宣布次年 4 月起将消费税从 5% 调整至 8%，为了迎合增税前国民消费增加的需求，广告主纷纷抢在此时大量投放广告，为广告市场带来新的增长。其中报纸、杂志、电视、广播四大传统媒体的广告市场同比增加 0.1%，基本与上一年持平；卫星媒体广告及互联网精准广告的活跃表现为市场带来了新的增长。

本年度报业广告市场规模为 6170 亿日元，同比减少 1.2%。从全年来看，上半年的广告收入同比有所下降，虽然下半年稳步增长，但总体仍未能实现增长。在广告投放行业方面，经济好转拉动了“汽车及相关产品”和“金融、保险”广告的投放，消费税增税则推动了手表等高价商品的广告投放。

本年度杂志广告市场规模为 2499 亿日元，同比减少 2.0%。杂志的电子化为 2013 年度杂志广告市场提供了新的增长点，但未能弥补杂志休刊所失去的市场份额，整体市场小幅缩减。从广告投放行业来看，“服饰、首饰”“房地产”“金融、保险”及“交通、娱乐休闲”行业的广告费用同比有所增长。

本年度日本广播广告市场规模 1243 亿日元，同比减少 0.2%。同样受到消费税增税影响，“房地产”（同比增长 16.9%）、“汽车及相关产品”（同比增长 9.5%）、“餐饮、服务”（同比增长 5.9%）的广告投放明显增长。

本年度电视广告市场规模 17913 亿日元，同比增长 0.9%，电视广告市场实现连续两年增长。从广告投放行业来看，“金融、保险”（同比增长 27.6%）、“房地产”（同比增长 14.6%）的广告投放明显增长。

本年度卫星媒体的广告市场规模为 1110 亿日元，同比增长 9.6%。卫星媒体的广告价值得到肯定，面向中高年及高收入人群的广告投放增加。

本年度互联网广告市场规模为 9381 亿日元，同比增长 8.1%。以网幅、文本链接、视频等为主的传统型互联网广告走势基本持平，精准广告为互联网广告市场带来了新的增长（4122 亿日元，同比增长 121.6%）。从广告投放行业来看，“信息、通信”“汽车及相关产品”“食品”“饮料及嗜好品”的广告投放占比较高。

B.52

# 2014年韩国传媒产业发展报告

申惠善*

摘　要：2014 年，韩国传媒产业产值较之上年有所增长。IPTV、智能手机、网络漫画（webtoon）等领域均呈积极发展态势。各媒体均进入到了"以特定新颖题材为内容，以增强消费者娱乐体验为目的"的阶段。传统媒体行业，如图书、有线电视等领域的销售额急剧减少。本文对韩国传媒产业 2014 年发展状况进行剖析，对未来一般时期的发展进行预测。

关键词：内容产业　网络漫画　韩流　进出口额

韩国政府于 2015 年 1 月创立了内容产业韩中多边协议组织，此组织由文化体育观光部、未来创造科学部、广播通信委员会等政府机关和民间专家、业界代表共同参与组建。2014 年 12 月 10 日，韩国政府对《内容产业韩中共同发展促进方案》进行了决议。此方案的核心是强化具有竞争力产业的基础建设，强化以内容出口为目的的选择与集中战略，为使这个项目能够长期进行，将建立韩中两国合作组织。[①] 2014 年全年，韩国内容产业销售额较 2013 年增长 3.4%，达到了 94.3 兆韩元，出口额较 2013 年增加 9.8%。

---

* 申惠善，首尔大学亚洲研究所高级研究员。

① 韩国文化体育观光部，官方网站，http：//www.mcst.go.kr/web/s_ notice/press/pressView.jsp?pSeq =13927。

## 一　出版

2010~2012 年一直保持着 21.1 兆韩元销售规模的出版业于 2013 年跌落至 20.8 兆韩元，在 2014 年则跌至 20.5 兆韩元。出版业的出口额也持续下跌，直至 2013 年才开始出现小幅增长，2013 年为 2.9 亿美元，2014 年达到 2.93 亿美元。2014 年由于冬季奥运会、世界杯等体育娱乐与“岁月（SEWOL）号沉船事件”① 等多方面的原因，人们对图书产品的关注度下降，一定程度上造成图书市场的萎缩。

自 2014 年 11 月 21 日起，韩国实行新的图书售价制度，出版未满 18 个月的图书不得在原价基础上进行减价活动。韩国出版业自 2003 年引进图书售价制度，时隔 11 年后，由于新政策出台，现有的图书减价促销活动受到了重创。出于在修正案施行前清理库存的考虑，相关销售商开展了大规模的打折活动。规定施行前一天，韩国所有的网上书店网站陷入瘫痪。

与之相反，韩国电子书市场成长迅速。2014 年，网络移动电子出版达 1500 亿册，规模超过了 2000 亿韩元。2015 年，电子书将会增加 5 万种以上，预期出版 30 万种。但我们也可以看到，纸质图书呈现出“二次阅读”（second-reading）的趋势，内容阅读则呈现出使用“二次屏幕（second-screen）媒介”的普遍趋势。

## 二　音乐

2014 年音乐产业销售额达 4.6 兆韩元。出口方面，2010 年时出口额仅为 8000 万美元，但 2013 年则增至 2.9 亿美元，2014 年增长为 4.1 亿美元。2015 年，出口额则有望达到 3.3 亿美元。预计音乐领域将在出版、放送（广播）、广告、游戏等多种产业中呈现较强增长态势。以 2020 年的销售额为基准，有学者认为较之 2014 年，音乐产业销售额将会增长 66.4%，达到 7.87

① 当地时间 2014 年 4 月 17 日，韩国沉船事故现场众多船只参与救援。2014 年 4 月 16 日上午，“SEWOL 号”客轮在韩国全罗南道珍岛郡观梅岛西南方向约 3 公里海上沉没。

兆韩元。[①]

2014 年“韩流”出现了停滞现象，其中日本市场的萎缩最为严重。日本政治的右倾化和 2012 年以来日元贬值是导致这种现象发生的主要原因。对以日本为主要活动舞台的 kpop 歌手们而言，其冲击不言而喻。但是在日本演唱会等现场表演市场持续成长的东风下，借由东方神起、bigbang、EXO 等团体的日本全国巡演，依然保持了“韩流”的命脉。[②]

2013 年以后，伴随着唱片市场的没落，曾呈现出快速增长态势的电子音乐市场气势有所减弱，与之相对，流媒体服务则呈现出大幅增长态势。智能手机使用呈现普遍化趋势，加之通过多种收费制度，无限流量的网络使用成为可能，消费者没有必要另外存储音乐，都开始倾向于选择能够随时收听音乐的简便收听平台。

2014 年韩国音乐产业最大变化当属对 Youtube 的牵制。Youtube 在“韩流”市场扩张中产生过巨大的影响力，而现在，曾在 Youtube 上运行音乐和节目的各大电视台为了构建各自的收入渠道，中断了在 Youtube 上的视频内容供应。MBC、SBS、CJ E&M 等都于 2014 年 12 月 1 日开始只在本国视频网站 NAVER、DAUM 上进行播放。这是由于与 Youtube 签订的合约（广告收入的 40% 分配）不同，NEVER 等开出了给电视台 90% 广告收益的巨大优惠条件。对此决策也有人持反对看法，他们认为在广告市场大量流向 Youtube、Facebook 的今天，电视台抛弃了世界级的 Youtube 市场。

## 三　电影[③]

2014 年电影产业整体的销售额为 2.28 兆韩元，较 2013 年增长 7.6%。投资收益率虽然连续 3 年都呈现增长态势，但 2014 年的增幅仅为 0.3%，较

① 郑献日：《以内容产业的经济效果 · 展望分析_ 产业相关分析为中心》，《韩国文化观光研究院》2014 年 6 月。

② 2013 年日本国内的公演数为 2.2 万场，较之前一年有了 10% 的增长。其中，日本境内韩国演出团的公演数较之 2012 年 462 场增加为 2013 年的 757 场，呈现出 64% 的增长幅度。

③ 参考整理2015年2月2日韩国电影振兴委员会（www. kobis. or. kr）发表的《2014年韩国电影产业结算书》。

2013 年 14.1% 的增长率有大幅的下降。

院线领域，由于院线价格差别化政策带来了观看费用的上升，使得整体销售额达到了 1.66 兆韩元的历史记录，较上年增加 7.3%。总观影人次数连续两年超过了 2 亿，与 2013 年相比增加了 0.8%，达到 2.15 亿。2014 年人均观览次数较 2013 年有所增加，达到了 4.19 次。[①] 2014 年外国电影观影人次数较 2013 年增长 24.8%，达到了 1.74 亿，在总观影人次数增长中起了至关重要的作用。

数字在线市场的销售额为 2971 亿韩元，较 2013 年增长 11%。IPTV 和数字电视领域销售额达 2254 亿韩元，较上年增长 29.7%。与此相反，网络 VOD 销售额则为 499 亿韩元，较上年下降 31.5%。仰仗于《冰雪奇缘》电影票房的良好成绩，电影周边产品销售额则达到了 218 亿韩元。

电影海外销售额为 6308 万美元，较去年增长 6.1%。外景拍摄作品较 2013 年的 27 篇增长为 37 篇。成品出口额为 2638 万美金，较上年有所减少，但是服务出口则为 3670 万美元，呈现出 63.9% 的增幅，特别是在服务出口部分，国内场地外借招商、执行方面的收益达到 2266 万美元，较之 2013 年有约 7 倍的增长，达 2011 年以来的新高纪录。

## 四　电视

2013 年电视节目销售额为 14.9 兆韩元，2014 年则突破了 15 兆韩元大关。电视节目出口额与 2012 年相比，2013 年增长了 34.8%，达到了 3.1 亿美元的规模，2014 年则达到了 3.4 亿美元规模。[②]

韩国电视产业主要呈现出三个特点。第一，收费电视台的成长导致有线电视台市场占有率大幅度下降。根据收视率调查公司尼尔森媒体调查资料，三大地面电视台的家庭收视率自 2007 年的 26.1% 开始每年呈减少的趋势，

① 根据英国媒体调查公司的调查报告《Screen Digest》显示，2013 年每人年平均剧场观看次数为，冰岛 4.28 次，新加坡 4.15 次，美国 3.83 次，澳大利亚 3.53 次，法国 2.99 次。

② 《2015 年内容产业展望_ 2014 年结算即 2015 年事件分析》，《韩国内容振兴院（kocca）》2015 年 1 月。

2014 年降至20.5%。[1] 综合频道的电视剧和综艺节目的强大竞争力对有线电视台收视份额下降产生了影响。[2] 第二，收费电视台市场的竞争强度也更加激烈。收费电视台的用户数以 2013 年末为基准，已经超过了 2700 万人。在此饱和形势下，IPTV 得以快速的成长。以 KT、SKT、LG 三社的用户数来看，从 2013 年末的 860 万人增长到 2014 年第三季度为限的 1000 多万人。IPTV 作为有线电视台的竞争者，并不受制于放送法，而受制于网络多媒体放送法。第三，基于“韩流”的影响，电视节目的输出呈现一片大好形势。

从地面电视的情况来看，电视节目的主要输出地为日本（57.9%）和中国（11.4%），进口节目主要来自于英国（46%）。根据题材来看，纪录片为 64.8%（2012 年为 50.6%），占据最大比重，其次是电影（17.4%），电视剧（12.7%），动漫动画（5%）。[3]

## 五 漫画

2011 年漫画产业销售额为 8000 亿韩元，自此之后没有大幅度的增长，而是保持平稳状态。2011 年，漫画产品出口额达到了 2000 万美元，并一直维持着同一水平。数字漫画的用户达到了 1000 万人，网络漫画（webtoon）平台的全球化战略也变得愈加重要。NAVER 通过智能手机的通信软件 LINE 进行网络漫画的内容流通和电子商品的贩卖。通过 NHN 娱乐公司在日本国内开展了韩国网络漫画服务“KOMIKO”。Kakaotalk 也努力通过建立与海外公司的合作关系，积极推进海外市场的扩展。与此相反，既有的漫画出版社出版物销售量减少，出版社通过轻小说[4]的销售和图书体裁的多样化等方式进行积极应对。

以网络漫画为原型的《未生》在 2013 年发行单行本，其超高的销售量成了当时的热门话题。而 2014 年 tvN 电视台以此为题材制作了电视剧，反响巨

① KBS，MBC，SBS。

② JTBC，MBN，TVchosun，ChennalA。

③ 《2014 年放送产业实况调查报告书》，《未来创造科学部，放送通信委员会》，2014 年 11 月。

④ 意为“可以轻松阅读的小说”；严谨的来说，就是“没有具体题材，可以轻松阅读的小说”。

大，不夸张地说，2014 年也可称之为“未生”年。

韩国漫画界和世界漫画市场代表（日本 Manga、美国的英雄漫画、欧洲的 Bande Dessinee 等）之间的漫画创造竞争将会更加激烈和深化。

## 六 广告

2014 年韩国的整体广告额同比增长 1.6%，为 10.97 兆韩元。电视等传统媒体的广告额呈现下滑趋势。相反，以移动电话为代表的新媒体广告市场的成长势不可挡。

广播、印刷、在线广告、户外广告四大主要媒体 2014 的广告销售额为 10.24 兆韩元，较之前年度增加 2.2%。地面电视（-3.5%）、DMB 广告（-15.4%）、广播（-7.8%）等自 2012 年以后连续 3 年呈现下降趋势。与之相反，有线电视（包括综合电视）和卫星电视，IPTV 则有小幅增长。

与上年相比，广告销售额中增加最大的为 IPTV。IPTV 广告的销售额 2014 年达 514 亿韩元，虽然只占整体广播广告市场的 1.2%，但是与 2013 年 339 亿韩元的销售额相比，有了大幅的增长。预计 IPTV 将是 2015 年自移动电话之后增长率最高的媒体。随着 IPTV 三社（KT、SKT、LG）的家庭用户数超越千万，对于 IPTV VOD 广告的需求也有了大幅增加。

印刷媒体广告费也连续三年呈下降的态势。报纸产业广告销售额较之去年减少了 4.1%，为 1.56 兆韩元，杂志广告销售额则减少了 7%，为 5071 亿韩元。

与传统媒体广告市场的颓势相反，移动电话广告从 2013 年的 4757 亿韩元增长为 7250 亿韩元。展示广告（DA）、搜索广告（SA）的市场规模将会更大。

## 七 无线网络

2013 年，韩国无线网络产业的规模达 109.76 兆韩元。LTE 服务的用户占全体用户的半数，呈现高增长之势，在手机应用程序成为大势的今天，无线网络内容市场的规模稳步增长。移动通信终端流通渠道改善法实行，kakaotalk 引发隐私审查争论等事件成为业界新闻热点。①

移动互联网对整体内容产业都将会产生巨大的影响。网络视频、无线网络广告将主导市场增长率。

① 参见韩国无线网络产业联合会（MOIBA）在 2014 年 12 月 22 日发表的《2014 年无线网络 10 大新闻》。

B.53

# 东南亚主要国家传媒产业发展概况

石惠敏*

摘 要： 2014年，东盟主要国家所具备的新媒体后发优势随着该区域经济增长而愈发凸显。本文对东盟主要国家（新加坡、印度尼西亚、马来西亚、泰国、菲律宾以及越南）传媒产业发展进行综合回顾与分析，并对其发展趋势进行预测。

关键词： 东南亚 传媒产业 新媒体 发展

## 一 东盟多国传媒产业总体发展情况

2014年，东南亚地区经济增长缓慢。根据亚洲开发银行（Asia Development Bank，ADB）预测，2015年东南亚GDP增长将维持在5.4%，比早期预测下调0.3%。[①] 经济增长的疲弱直接影响了东盟各国传媒和娱乐产业的增长。移动互联网的使用已占东盟数字媒体受众的大部分生活空间，在线视频与社交媒体使用时间长于其他地区，而同时间接触两屏或三屏的受众也占80%以上。

### 1. 印度尼西亚、越南为东盟传媒与娱乐产值增长最快国家

根据普华永道《Global entertainment and media outlook 2014～2018》，印度

* 石惠敏，博士，历任新加坡新传媒集团高级副总裁、《印度尼西亚商报》总裁，亚洲文化传媒机构董事经理。

① 根据亚洲发展银行2014年12月发布的《亚洲发展前景补充报告》，东南亚地区2014年12月经济增长4.7%，比同年4月公布的5.0%低0.3%，2015年的增速预测仍维持在5.4%。

尼西亚、越南是东盟多国中传媒与娱乐产值增长最快的国家，2013～2018 年的年复合增长率都达到 10.3%。泰国与菲律宾的增长预测分别下调至 7.3% 与 8.3%。马来西亚传媒娱乐产业增长率仅达 6.1%。相比之下，新加坡的娱乐传媒产业增长预测却从上年的 5.1% 上调至 5.5%（见表 1）。

**表 1　东盟多国媒体与娱乐产值增长趋势比较**

单位：亿美元，%

| 娱乐与媒体产值 | 2013 年 | 2014 年 | 2015 年 | 2016 年 | 2017 年 | 2018 年 | 2013～2018 年复合增长率 |
|---|---|---|---|---|---|---|---|
| 印　　尼 | 103.12 | 117.04 | 129.94 | 142.73 | 155.15 | 168.07 | 10.3 |
| 马来西亚 | 73.86 | 78.83 | 83.94 | 88.84 | 93.90 | 99.39 | 6.1 |
| 菲 律 宾 | 52.15 | 56.88 | 61.78 | 67.05 | 72.19 | 77.79 | 8.3 |
| 新 加 坡 | 51.56 | 54.32 | 57.34 | 60.68 | 63.93 | 67.48 | 5.5 |
| 泰　　国 | 93.34 | 99.99 | 1107.40 | 115.36 | 123.80 | 132.64 | 7.3 |
| 越　　南 | 21.6 | 23.48 | 25.90 | 28.54 | 31.36 | 34.31 | 10.3 |

说明：以上产值包括报纸出版、书籍出版、杂志出版、电影、户外广告、广播、音乐、电视广告、付费电视、电视执照、视频游戏、互联网上网、互联网广告、在线电视、在线广播、数字报纸、数字消闲杂志、数字产业杂志、数字黄页广告产值。为避免重复计算，所有重叠的广告产值都只计算一次。另外，所显示的数字为四舍五入，总数可能不等于其部分四舍五入的总和。

数据来源：普华永道《Global entertainment and media outlook 2014～2018》。

### 2. 通信工具普及，越南在线视频收看领先

根据尼尔森公司的报告，东南亚地区 80% 的人持有智能手机，50% 的家庭用户拥有平板电脑，约 80% 的人有桌上电脑。① 东盟网民的平均周上网时长从 2011 年的 19 小时发展到 2014 年的 22 小时。在每 10 人中有 9 人同时使用两个视屏，更有 80% 的受众所收看的节目包括了传统电视以及其他视频节目。越南每周上网观看视频人数比率达 91%，而同时使用三屏的比率达 84%，是本区域最活跃的国家②。反观东盟互联网渗透率最高的国家新加坡，每周观看网上视频的人数比率仅为 56%，而使用三屏比率也最低仅 59%，部分说明了两国网民生活形态和使用媒体目的差异。新加坡的网民上网更多

① Webina cross platform regional overview，2014 年 9 月。

② Webina cross platform regional overview，2014 年 9 月，http：//www.nielsen.com/nz/en.html。

的是用来通信与进行商务活动。其他国家每周收看在线视频人数比例如下：菲律宾为85%，泰国为83%，印尼为81%，马来西亚为67%。[1]

### 3. 互联网电视（IPTV）、点播电视（video-on-demand）成为受众选择

本地区约60%的数字媒体受众是通过点播电视或互联网观看电视节目。这一数字在泰国达76%，菲律宾达71%。电视节目供应不足的情况下，一些海外新颖的视频内容也开始吸引当地受众眼球。YouTube是东盟六国最受欢迎的视频观看来源，其次是具有本土或亚洲色彩的视频网站，例如新加坡的XINMSN、香港的乐视网、北京的风行网等。此现象为国际媒体集团提供良好的竞争空间。

### 4. 互联网、社交媒体与手机等渗透率接近或高于世界水平

全球互联网网民30亿，互联网渗透率达42%，社交媒体用户达20亿，社交媒体渗透率达29%，全球手机用户36.4亿，手机渗透率达51%。东南亚地区人口2.68亿，仅占全球人口6.6%，但其总体互联网渗透率达31%，社交媒体渗透率达26%，手机渗透率更高达109%，高于世界平均水平。[2] 东南亚国家的手机高渗透率为该区域各项在线传媒、娱乐、通讯消费提供了有利的发展环境。印度尼西亚的互联网渗透率与社交媒体渗透率相对偏低，主要原因是印度尼西亚人口庞大，互联网渗透率仅达28%，尚有70%多的用户有待开发（见表2）。

### 5. 新加坡社交媒体渗透率全球最高

新加坡社交媒体渗透率为66%，居全球之冠。越南、泰国的社交媒体渗透率与上年相比，分别增长40%和33%。高速的增长反映了人们对新媒体的高黏合度。需要注意的是，这些数据是We Are Social根据网民自我估算上网使用社交媒体的时长统计而得，而非实时记录的上网时间。采取这种统计方法的好处是记录了网民实际使用社交媒体活动的时长，而不是根据网络开通的时间，此举避开了过度计算并且能真确体现网民的使用情况（见表2）。

---

① 资料来源：尼尔森公司报告 southeast asia the next big bet，2104年9月。

② 资料来源：We are social，http：//www. slideshare. net/wearesocialsg/digital – social – mobile – in – 2015。

**表 2　东盟六国互联网、社交媒体与手机的渗透率比较**

单位：万人，%

| | 新加坡 | 印尼 | 菲律宾 | 马来西亚 | 泰国 | 越南 |
|---|---|---|---|---|---|---|
| 人口总数 | 540 | 25500 | 10080 | 3050 | 649 | 9000 |
| 互联网渗透率（增长率） | 81(+12) | 28(+0) | 44(+18) | 66(+5) | 37(+0) | 44(+10) |
| 社交媒体渗透率(增长率) | 66(+13) | 28(+16) | 40(+18) | 55(+8) | 49(+33) | 31(+40) |
| 手机拥有率（增长率） | 152(+3) | 121(+9) | 114(+7) | 137(+1) | 150(+15) | 141(-4) |

说明：根据 Wikipedia，internetlive states，Facebook，GSMA，Tencent，Intelligence，Internet world state，liveinternet，vkontakte 等 2014 年 1 月的数据整理而成，www. slideshare. net/wearesocialsg/digital - social - mobile - in - 2015。

数据来源：We Are Social 2015 年 1 月发布的报告。

### 6. 菲律宾、泰国上网时长居全球之冠

由于智能手机在东盟地区尚未普及，所以电脑上网较为普遍，当地网民平均上网时长高于世界平均水平。菲律宾网民每天花 6. 3 小时通过电脑上网，花 3. 3 小时使用手机上网。泰国网民每天花 5. 5 小时使用电脑上网，花 4. 1 小时通过手机上网，除菲律宾和泰国之外，其他东盟国家的上网时间也为每天4 ~5 小时。

### 7. 网民大多于晚上8 ~10点收看传统电视

东盟多国传媒产业很大程度上仍受政府直接或间接控制，发展滞后无法满足受众对传媒娱乐的需求。根据尼尔森公司统计，在线媒体已主导了东盟地区网民的全天媒体消费。广播基于移动和使用便捷等特性，还能在 9：00 ~12：00维持33% ~44%的收听率，而报纸的黄金时段在早晨9：00 以前。受众大多于 20：00 ~22：00 点以 2 ~3 屏的方式看电视，其他时间的电视触及率偏低。这也解释了传统电视业者积极朝网络电视与在线视频发展的迫切心态。①

① Nielsen ："ON AIR MAKES WAY FOR ON SCREEN：INSIGHTS FROM SOUTHEAST ASIA" 2014 September，http：//www. nielsen. com/ph/en/events/on - air - makes - way - for - on - screen. html.

## 二　东盟主要国家传媒产业概况

### （一）印度尼西亚

传统报纸电视仍居主导地位，纸媒市场自由竞争，传统主流媒体多为国营或寡头垄断。印度尼西亚境内有至少 10 个大规模的传媒集团，除了国营的 Radio Republik Indonesia（RRI）和 Television Republik Indonesia（TVRI）两大电视台居主导地位外，其他民营媒体集团如 Kompas Gramedia，Jawapos group ，Media Group，MNC 也都是较具影响力的多元化传媒集团。这些传媒集团主要经营纸媒、广播电视以及网络媒体，其中 Kompas Gramedia 集团属下的 *Kompas*（罗盘报）是印尼最具影响力的日报。国营的安塔拉通讯社（Antara）则为当地与海外媒体提供当地新闻资料，也间接对新闻报道进行了过滤与引导。印尼政府自 1998 年开始，允许纸媒自由经营竞争，但对于广播、电视的经营仍有限制。

报纸和电视仍是印尼传媒产业的主要盈利来源，电视广告收益增长迅速。印尼互联网使用增长率高于其他媒体，而互联网广告虽然增长幅度高，但由于基数小，短时期内不会有显著影响力。反观电视产业，2014 年电视广告产值达 3078 百万美元，在 2016 年预计达 3809 百万美元，印尼电视和视频产业具有乐观的发展发展前景（见表 3）。

**表 3　印尼传媒和娱乐产业产值发展前景预测**

单位：百万美元

| 年份 | 2013 | 2014 | 2015 | 2016 |
|---|---|---|---|---|
| 媒体和娱乐总增长 | 103.12 | 117.04 | 129.94 | 142.73 |
| 书籍出版 | 178 | 175 | 175 | 177 |
| 杂志出版 | 277 | 296 | 311 | 328 |
| 电影 | 178 | 194 | 210 | 225 |
| 上网 | 1775 | 2211 | 2652 | 3101 |
| 互联网广告 | 35 | 48 | 62 | 76 |
| 报纸出版 | 3497 | 3761 | 3979 | 4208 |
| 户外广告 | 263 | 287 | 309 | 333 |
| 电台广播 | 74 | 78 | 84 | 90 |

续表

| 年份 | 2013 | 2014 | 2015 | 2016 |
|---|---|---|---|---|
| 电视广告 | 2619 | 3078 | 3462 | 3809 |
| 收看电视/电视执照 | 421 | 505 | 587 | 659 |
| 音乐 | 181 | 177 | 176 | 179 |
| 视频游戏 | 356 | 399 | 447 | 497 |

说明：以上产值包括报纸出版、书籍出版、杂志出版、电影、户外广告、广播、音乐、电视广告、付费电视、电视执照、视频游戏、互联网上网、互联网广告、在线电视、在线广播、数字报纸、数字消闲杂志、数字产业杂志、数字黄页广告产值。为避免重复计算，所有重叠的广告产值都只计算一次。另外，所显示的数字为四舍五入，总数可能不等于其部分四舍五入的总和。

数据来源：普华永道《Global entertainment and media outlook 2014 ~ 2018》。

## （二）马来西亚

马来西亚境内的纸媒多为民营，但也多数与政党、社团组织以及政府有关联。所发行的日报每年必须更新经营执照。TV3 是当地最受欢迎的商业电视，与国营的广播电视机构 Radio Television Malaysia（RTM）形成竞争之势。广播电视节目多以马来语、英语、华语、淡米尔语广播。马来西亚有的将近 60 种类型、7 种不同语言的报纸，纸媒市场竞争激烈，其中以马来语、英语报纸数量最多。为数众多的报纸，不但推高了纸媒产值（见表 4），也提升了马来西亚各种族的语言文化水平。马来西亚互联网和户外广告产值增长较快。其中互联网人数持续增长，渗透率已达 66%。

**表 4　马来西亚传媒和娱乐产业产值发展前景预测**

单位：百万美元

| 年份 | 2013 | 2014 | 2015 | 2016 |
|---|---|---|---|---|
| 媒体和娱乐总增长 | 73.86 | 78.83 | 83.94 | 88.84 |
| 书籍出版 | 76 | 76 | 76 | 77 |
| 杂志出版 | 139 | 140 | 142 | 144 |
| 电影 | 879 | 866 | 854 | 843 |
| 上网 | 1697 | 1961 | 2259 | 2559 |
| 互联网广告 | 116 | 133 | 147 | 157 |
| 报纸出版 | 2129 | 2227 | 2339 | 2436 |
| 户外广告 | 78 | 85 | 93 | 101 |

续表

| 年份 | 2013 | 2014 | 2015 | 2016 |
|---|---|---|---|---|
| 电台广播 | 127 | 134 | 141 | 149 |
| 电视广告 | 519 | 553 | 590 | 630 |
| 收看电视/电视执照 | 958 | 1002 | 1008 | 997 |
| 音乐 | 89 | 90 | 93 | 97 |
| 视频游戏 | 229 | 246 | 259 | 272 |

数据来源：普华永道《Global entertainment and media outlook 2014～2018》。

## （三）泰国

泰国电视台以卫星或电缆形式传输节目。境内广播电台众多，竞争激烈，仅曼谷就有60多家广播电台。纸媒集中在少数媒体集团手中，主流纸媒以英语日报为主，泰语日报为数不多。

Facebook是泰国最普及的社交媒体。泰国的书籍出版前景乐观，而杂志出版与音乐却出现负增长，这都和东盟其他国家的媒体娱乐发展趋势不同（见表5）。

**表5　泰国传媒和娱乐产业产值发展前景预测**

单位：百万美元

| 年份 | 2013 | 2014 | 2015 | 2016 |
|---|---|---|---|---|
| 媒体和娱乐总增长 | 93.34 | 99.99 | 1107.40 | 115.36 |
| 书籍出版 | 1288 | 1358 | 1443 | 1547 |
| 杂志出版 | 448 | 449 | 448 | 448 |
| 电影 | 456 | 472 | 490 | 510 |
| 上网 | 1544 | 1779 | 2043 | 2325 |
| 互联网广告 | 25 | 32 | 40 | 48 |
| 报纸出版 | 1224 | 1304 | 1386 | 1472 |
| 户外广告 | 267 | 288 | 312 | 333 |
| 电台广播 | 208 | 216 | 227 | 239 |
| 电视广告 | 2252 | 2331 | 2415 | 2508 |
| 收看电视/电视执照 | 643 | 757 | 880 | 1012 |
| 音乐 | 308 | 300 | 295 | 293 |
| 视频游戏 | 228 | 252 | 271 | 288 |

数据来源：普华永道《Global entertainment and media outlook 2014～2018》。

## （四）越南

与大多数东盟国家类似，电视在越南仍居主导地位。“越南电视”（Vietnam Television，VTV）和分别以英语、法语、俄罗斯语以及越南语广播的6个广播频道“越南之声”都是国家广播电视机构，也是当地主流媒体。尽管广播电台众多，但其发展前景并不乐观，而电视、网络、视频游戏产值具较为可观的增长前景。

越南境内有上百种的报纸杂志，最畅销的日报是Tuoi Tre and Thanh Nien。2013年9月越南颁布了72项法令，禁止利用博客和社交网络分享有关新闻事态发展的信息。

**表6　越南传媒和娱乐产业产值发展前景预测**

单位：百万美元

| 年份 | 2013 | 2014 | 2015 | 2016 |
|---|---|---|---|---|
| 媒体和娱乐总增长 | 21.6 | 23.48 | 25.90 | 28.54 |
| 书籍出版 | 108 | 111 | 113 | 116 |
| 杂志出版 | 63 | 66 | 69 | 72 |
| 电影 | 92 | 100 | 107 | 117 |
| 上网 | 671 | 776 | 883 | 1002 |
| 互联网广告 | 14 | 17 | 20 | 23 |
| 报纸出版 | 188 | 200 | 211 | 227 |
| 户外广告 | 23 | 24 | 25 | 26 |
| 电台广播 | 1 | 1 | 1 | 1 |
| 电视广告 | 358 | 392 | 424 | 457 |
| 收看电视/电视执照 | 302 | 353 | 401 | 450 |
| 音乐 | 45 | 45 | 46 | 47 |
| 视频游戏 | 228 | 252 | 271 | 288 |

数据来源：普华永道《Global entertainment and media outlook 2014～2018》。

## （五）菲律宾

菲律宾无线电视（ABS－CBN and GMA）主导当地传媒市场，其他的有线电视网络也以当地语言提供娱乐节目并且多以马尼拉为中心向周边辐射。境内

600多个广播电台分布在100多地区向当地居民散播娱乐信息。

尽管菲律宾是东盟使用互联网和社交媒体时间最长的国家，但电视、电台收视率依然保持增长。2013～2014年，电视收视率间从93%增长至95%，而电台收听率则从53%增至62%，报纸也维持稳定的发行量（见表7）。传统媒体和新媒体平行发展，这在全球传媒产业生态环境中都属于较特殊的例子。

**表7　菲律宾传媒和娱乐产业产值发展前景预测**

单位：百万美元

| 年份 | 2013 | 2014 | 2015 | 2016 |
|---|---|---|---|---|
| 媒体和娱乐总增长 | 52.15 | 56.88 | 61.78 | 67.05 |
| 书籍出版 | 113 | 120 | 127 | 135 |
| 杂志出版 | 57 | 59 | 60 | 62 |
| 电影 | 257 | 269 | 281 | 294 |
| 上网 | 907 | 1056 | 1205 | 1354 |
| 互联网广告 | 77 | 102 | 129 | 153 |
| 报纸出版 | 606 | 613 | 619 | 625 |
| 户外广告 | 193 | 207 | 223 | 238 |
| 电台广播 | 226 | 242 | 258 | 274 |
| 电视广告 | 1873 | 2051 | 2236 | 3448 |
| 收看电视/电视执照 | 370 | 403 | 436 | 475 |
| 音乐 | 45 | 41 | 39 | 38 |
| 视频游戏 | 228 | 252 | 271 | 288 |

数据来源：普华永道《Global entertainment and media outlook 2014～2018》。

### （六）新加坡

新加坡报业控股主导纸媒产业，新传媒主导广电产业，传统报纸和电视仍是新加坡的主流媒体。传统日报读报率从2006年的78%降至2012年的68%，而同期，电子报阅读率则从10%升至18%。无线免付费电视的收视率也在同期从87%降至73%；广播收听率的下降速度较缓慢，从77.3%降至71.5%。尽管三个主流媒体的到达率都在下滑，但仍是当地最具影响力的媒体。

有线电视、互联网电视、随选电视以及Youtube是无线电视的竞争者。据统计，新加坡有线电视用户渗透率从 2009 年的 62.2% 增至 2014 年 81%。[①] 互联网电视、随选电视的便捷与随意自主等特性，对无线免付费电视构成威胁。另外，具有精彩内容的 Youtube 成为新加坡最受欢迎的视频网站。

传统电视、报纸到达率逐年下降，但在新媒体尚未成为传媒公司的主要收入来源时，传统媒体依旧占主导地位。在平衡两者发展的同时，开展户外广告业务成为新加坡媒体发展的另一扇窗。动漫与视频游戏一直是新加坡业界认定的较具优势的发展方向。

**表 8　新加坡传媒和娱乐产业产值发展前景预测**

单位：百万美元

| 年份 | 2013 | 2014 | 2015 | 2016 |
|---|---|---|---|---|
| 媒体和娱乐总增长 | 51.56 | 54.32 | 57.34 | 60.68 |
| 书籍出版 | 299 | 299 | 302 | 308 |
| 杂志出版 | 182 | 181 | 180 | 179 |
| 电影 | 328 | 335 | 345 | 356 |
| 上网 | 1528 | 1691 | 1875 | 2070 |
| 互联网广告 | 162 | 183 | 203 | 224 |
| 报纸出版 | 952 | 977 | 1004 | 1031 |
| 户外广告 | 138 | 142 | 147 | 151 |
| 电台广播 | 141 | 146 | 150 | 155 |
| 电视广告 | 379 | 392 | 405 | 421 |
| 收看电视/电视执照 | 324 | 329 | 329 | 329 |
| 音乐 | 73 | 73 | 74 | 75 |
| 视频游戏 | 357 | 387 | 416 | 453 |

数据来源：普华永道《Global entertainment and media outlook 2014 ~ 2018》。

① 数据来源：Nielson Global Survey，Frost & Sullivan，StarHub Q3 – 11 Report。

# B.54
# 2014年中国香港地区传媒产业发展报告*

陈昌凤　张舒媛**

摘　要：2014年，香港传媒产业发展波澜起伏。政治、经济、社会和文化环境对香港的媒体产生了复杂而深刻的影响。本文总结了2014年香港传媒产业发展现状，对热点事件、重点领域发展进行了回顾和分析。

关键词：香港　传媒业　发展

## 一　发展概况

根据香港统计年刊（2014版）数据，香港共有55种报纸（较上年新增4家），其中中文报纸28份（较上年增3份），英文报纸12份；期刊715种（较上年新增31种），其中中文期刊474种（较上年增28种），英文期刊99种（较上年减少1种）。① 2014年初香港中文大学新闻与传播学院发布的调查显示，香港人对新闻界的公信力评分是6.18分，跌到1997年以来传媒公信力调查数据的最低点，包括报纸与电子传媒。报纸中公信力排名前3的依然是：《南华早报》，《经济日报》，《明报》。广播电视媒体中，公信力排名第一的是香港电台，商业电台和有线电视居第二、第三位，亚视、无线两大电

* 本文中提及的货币如无特别说明均为港元。

** 陈昌凤，清华大学新闻与传播学院副院长、教授、博导；张舒媛，清华大学新闻与传播学院硕士研究生。

① 参见 http：//www.statistics.gov.hk/pub/B10100032014AN14B0100.pdf。

视台的评分则大跌，无线台从第二位跌到第四位，亚视从第五跌到榜末第八位。

根据香港政府网上 2015 年 1 月 1 日的统计数据，可供香港接收的电视服务分为“本地免费电视节目服务”“本地收费电视节目服务”“非本地电视节目服务”三类，共 17 家公司，频道数目达 476 个（见图 1）。电台方面，可供香港接收的电台广播服务机构 4 家（较上年减少 1 家）、共 17 个频道（较上年减少 12 个）。[①] 香港是一些亚太区刊物的业务基地，《金融时报》《亚洲华尔街日报》《今日美国》国际版《国际先驱论坛报》和《日本经济新闻》也在香港刊印。[②]

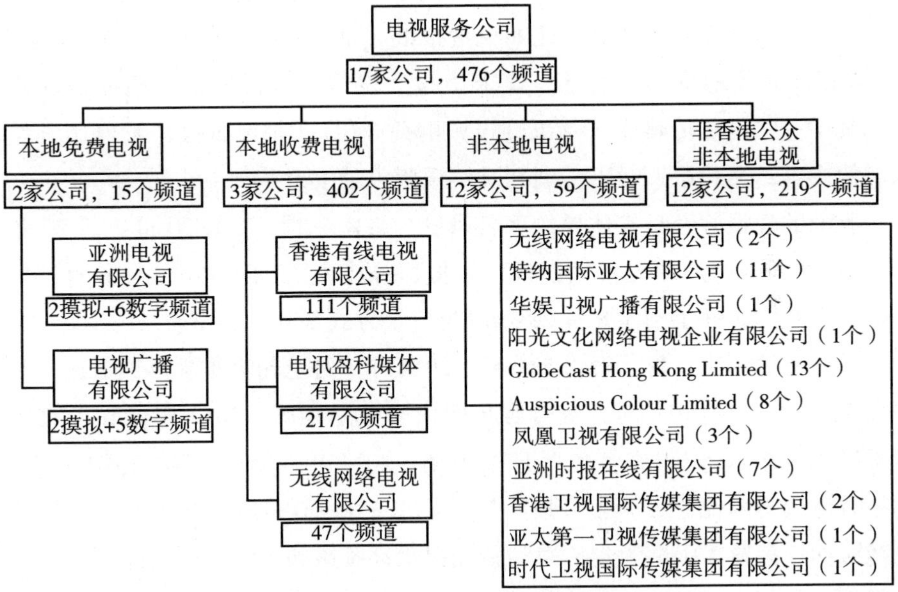


**图 1　香港电视服务机构构成**

① 参见香港特别行政区政府网 http：//www. info. gov. hk 各分项资料，或见政府统计处《香港统计年刊》（2014 版）。

② 《香港年鉴》2009，第 275 ~ 278 页。

## 二　香港报纸不死，市场竞争激烈

香港报纸近年竞争仍然白热化，所面临的媒体环境也越来越复杂，公众对媒体的感知、信任也在发生变化。报纸在全世界范围内都面临被互联网挤迫的情形，尽管如此，香港的报纸数量却不降反升，数量甚至超过了2003 年。

2013 年底香港数名资深报人开始筹创一份收费报纸《香港晨报》，该报租用了多层写字楼，年初紧锣密鼓招兵买马，但到 2014 年 5 月却发布信息称主要股东退股、难以为继，胎死腹中，欠薪过千万港元被追讨。

也有报纸也在谋图拓展，比如免费报纸《都市日报》的新老板就有意花 5 亿~6 亿港元买地皮兴建总部，谋求该报大发展。该报还积极招揽资深媒体人，其中一些是壹传媒或《苹果日报》的前高层。《都市日报》财经版开始加入增值内容，文化版、时事、副刊及娱乐版也陆续改革。

香港的晚报曾经是媒体界的著名风景，兴盛一时，但是 20 世纪后 20 年不断衰落。《新晚报》原为《大公报》子报，曾经风光无限，2012 年 6 月被领袖传播集团收购，并于当年 8 月 20 日以免费报方式复刊，2013 年 12 月 8 日起改为收费，在便利店发售、每份 5 港元。2014 年 3 月上旬终难逃停刊命运，其亏损数千万港元。与此同时，壹传媒集团由于业绩缩减，2013 年停刊了旗下免费报纸《爽报》，退出香港免费日报市场。2014 年 3 月又宣布缩减开支 5%，包括香港台湾两地的《苹果日报》《壹周刊》等所有报纸、杂志和网上媒体均删减版面、裁减人手。为壹传媒动新闻提供动画服务的壹传媒动画公司，也重组架构，裁减 670 名员工中的约 13%。

香港媒体的竞争形势可谓瞬息万变，2014 年上半年经营情况有所改善，香港经济日报集团广告收入半年增两成，推动纯利大升 4.75 倍至 2323 万港元，而壹传媒半年盈利 1.04 亿港元，按年大增 8 倍。

香港的期刊也是媒体界著名一景，在舆论界发挥着重要影响。期刊数量尽管比 10 年前有所减少，但在 2008 年以来基本持平，甚至在 2012 年以后有所增加（见图 2）。

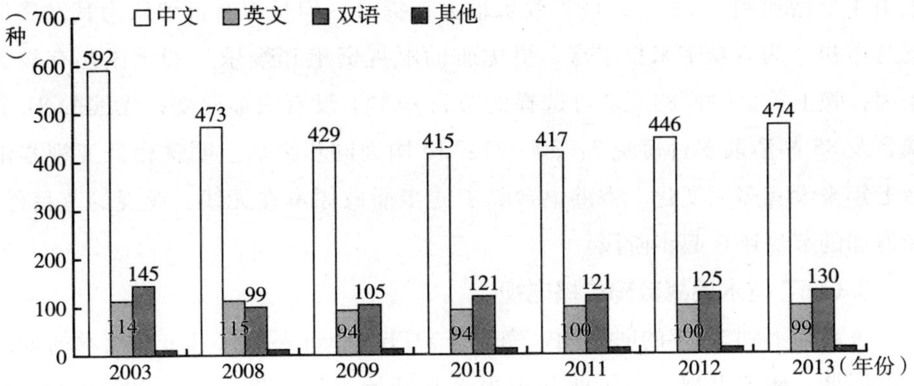


**图2　香港期刊数量（2003～2013）**

## 三　香港广播电视遭遇网络军

### 1. 香港电视发展

香港电视频道之多，堪称世界之最。而香港电视的品质也接受民众的监督。2014 年 2 月香港通讯局就亚视和无线两公司的本地免费电视牌照续期举办公听会，近 300 市民出席，发言的 26 位市民中有 18 人反对政府续牌给亚视，批评亚视太少自制节目、只是转播内地电视台节目，或者不断重播等；市民也批评无线的电视剧剧情千篇一律、没有新意。尽管如此，香港电视在商业上所获成功相当可观。2014 年 5 月，无线公布了 2013 年营业额达 56.86 亿港元，比上一年增加 4%，纯利再创新高，达 17.38 亿港元。①

### 2. 数码广播电视开启新纪元

2008 年香港数码广播开启了电视新纪元，是香港电视史上重要的一年。为了赶在北京奥运会时启用，香港政府加紧数码地面广播建设，并在 2007 年的最后一天晚上七时启播。2014 年 1 月香港市民可通过机顶盒收看，电台的三个数码电视频道试播，其中一个是转播中央电视台国际纪录片频道。

到 2014 年底，数码广播电视在香港已运行 7 年。香港的免费地面电视频

① 梁丽娟：《五月传媒记事簿》，《传媒透视》2014 年第 5 期。

道由4个增加到了14个，视听效果也大有提升。但是也有批评认为其发展情况与当初“为观众带来更丰富、更优质的电视资讯和娱乐”的承诺还有较大距离，晚上黄金时段的观众可选择的节目基本上没有明显改变，无线的81翡翠台及85高清翡翠台每晚7：30～11：30均为同步播放，明珠台及亚视本港台七年来没有多大变化。香港电台除了同步播放原本在无线、亚视的节目外，新增加的节目还在起步阶段。

### 3. OTT技术挑战数码广播电视

香港在不到10年的时间内，完成了OTT（Over－The－Top）技术的采用生命周期。传统电视、电影业甚至报纸都开始采用OTT技术：2008年11月TVB推出了myTV，2009年9月《苹果日报》推出“动新闻”，同年香港的首个OTT电影服务Anyplex也诞生了。家用宽带的普及化、智能手机和3G网络的普及，都推动了这个技术的发展。采用OTT直接传送高质量的节目越来越容易，节目更新速度可以更快，节目直播完了立即可以重温，媒体可以扩大内容制作，比如《苹果日报》的“动新闻”就加大了制作规模、增加了娱乐性节目，并且可以直播新闻。报纸、广播、电视都通过网络、APP在同一个平台上竞争了。①

技术使新竞争者用OTT直接挑战数码广播电视的年代开始了。中国内地媒体大军因此也开始将业务推向香港，内地流行的多款网络机顶盒流入香港。乐视LeTV得益于OTT技术，高调到香港推行4K电视，以超低价发售50吋4K高清电视，并大量拍摄自制电视剧，与宽频合作推出电视服务捆绑上网计划。乐视看中香港成熟的电视市场，香港收费电视用户高达240万，大有发展潜力，因此称在2014年底前将投资3亿元人民币采购影视内容，计划在年底前推出3000小时的电视剧和节目，目标是在两年内吸引20万至40万用户。内地知名视频网站优酷网及土豆网之前与无线电视签约，获得与香港同步播放TVB新剧的版权。不过这项签约与国家新闻出版广电总局于2015年1月下旬出台的规定不符，规定要求内地视频网站播出境外电视剧必须先审后播，所以内地与香港两地无法同步播出影视剧。

---

① 林永君：《香港数码广播七年之痒》，http：//app3. rthk. hk/mediadigest/content. php？aid＝1980。

HKTV 预先发布小米盒子 APK。不过，机顶盒可以收看未经授权的节目，对无线电视的收费电视等商业模式有较大影响。无线为了保住英、澳、美等海外市场，还在欧洲专门发布了 TVB anywhere 去应对。因为小米盒子等 OTT 机顶盒的使用，使观看盗版节目的人数激增，电视广播等盈利下降。[①]

### 4. 免费电视牌照引关注

2015 年香港的两家公司“无线”和“亚视”的免费电视牌照将到期，为此，2014 年香港通讯局进行了为期两个月的免费电视节目服务牌照的公众咨询。2013 年 10 月香港特别行政区政府发布公告，三家牌照申请机构中，奇妙电视有限公司（有线宽频旗下公司）和香港娱乐有限公司（电讯盈科旗下公司）获得批准，使香港的商营免费电视台增加至4 家，而香港电视网络有限公司（“香港电视”）的申请则被拒绝。但是2 家获发免费牌照的奇妙电视和香港电视娱乐，在获得牌照后一年均未开播，还在等待政府通讯局的审核。

此外，香港政府之前确定在 2015 年底前将终止模拟电视广播，但是到 2014 年 12 月政府宣布将模拟电视延期到 2020 年，因为香港仍有 48 万电视用户未购数码电视机或安装机顶盒。

## 三　互联网与移动通信的使用

香港政府提供多种公众资讯科技设施，让市民在多个场地使用电脑及互联网、电子服务学习新的电脑技术。香港政府启动了“Wi－Fi 无线上网计划”，已经在人流较多的场地设置无线上网设施，方便市民使用宽频上网。

家用宽带直接普及 100M，也算得益于香港宽带及和记两家在 2009 年 11 月进行的 99 元月费割喉战，这个价格在当时几乎是全球最便宜的。智能手机及 3G 网络的普及，也是和记首先引入的，2008 年 7 月和记首先将 Apple iPhone 引进香港，配合无限上网 3G 月费计划。同年，HTC 也推出了全球第一部 Android 手机，引发了智能手机热卖。

香港 10 岁以上使用个人电脑的用户，从 2008 年的 68.2%，逐年增长到 2013 年的 74.9%，香港 10 岁以上使用个人互联网服务的用户，从 2008 年的

---

① 梁丽娟：《八月传媒记事薄》，《传媒透视》2014 年 8 月。

66.7%增长到2013年的74.2%。

与此同时，网络新闻媒体也在走俏。2012年夏，香港出现了一个新兴网络新闻媒体“主场新闻”（House News），仿效美国赫芬顿邮报（Huffington Post），以“我城·我观点·我主场”为口号，在“既有的传统新闻基础上，手机、组织、策划，再送到读者眼前”。2013年6月，“主场新闻”开始设立广告部。2013年香港中文大学传播与民意调查中心组织的香港传媒公信力调查显示，“主场新闻”阅读率占受访者的40%。“主场新闻”是新闻的汇集与编辑，而不是自己生产新闻，没有正式的架构，经两名总编辑同意后便可以放在网页首页。它拥有大量博客作者，以观点取胜，而不是以突发新闻的即时报道。[①]“主场新闻”在2014年7月突然停刊，但为它写文章的博主却不甘心网络媒体的沉寂，另开一个新平台——一个Facebook讨论组，即创设的“主场新闻博客群”专页。与此同时，2014年1月创刊的网络媒体《852邮报》半年的日均页面浏览量达到10万~20万次，高峰时期达90万次。《主场新闻》的关闭，致《852邮报》浏览量骤升，由原本每天平均20万人次激增至40万人。面对互联网的勃兴，香港特区政府和传媒人也意识到，新媒体不仅是对传统渠道的占领，更是对传媒理念的更新，是利用新媒体的思维，寻求“做媒体的新兴方式”，推动媒体在互联网环境中的发展。

---

① 张铁志：《香港的新媒体》，《苹果日报》2013年9月24日。

B.55

# 2014年中国台湾地区传媒产业发展报告*

郑维雄**

摘　要：台湾地区传媒行业在政治、经济等因素的影响下，其内容与产值有了新变化，新媒体科技应用加强，网络与数字内容蓬勃发展，与此同时传统媒体受到较大影响。本文从传媒生态学视角，结合各传媒产业的变化对台湾地区传媒产业发展进行观察。

关键词：台湾地区　传媒产业　发展

## 一　广告量小幅增长，移动、社区与户外媒体增长

根据台北市媒体服务代理商协会（Media Agency Association，MAA）发布的消息，台湾地区2013年整体的广告额为597.5亿元新台币，较2012年增长3.61%，而监测五大媒体有效广告量的《凯络媒体周报》指出2014年前半年台湾地区整体广告额约为220亿，较2013年同期下滑1.3%。25大行业中过半行业广告额都呈衰退趋势，且有6个行业缩减超过亿元（见表1）。

若从关键广告主角度观察，资策会FIND联合Mobile First公布的《2014～2015台湾地区五百大关键广告主广告投资动向调查报告》显示，2014年台湾地区五百大广告主媒体广告投资规模约355.6亿元新台币。电视及纸质媒体广告市场衰退；移动广告、户外广告、社区媒体等广告投资增加，其中移动广告增长率最高（见表2）。

* 本文中除特别标明之外的货币单位均为新台币。

** 郑维雄，清华大学新闻与传播学院博士研究生。

**表 1　台湾地区 GDP 与广告量**

| 年度 | 2009 | 2010 | 2011 | 2012 | 2013 |
|---|---|---|---|---|---|
| * GDP(百万元新台币) | 12481093 | 13552099 | 13709074 | 14077099 | 14564242 |
| 增长率(%) | -1.10 | 8.58 | 0.90 | 2.68 | 3.46 |
| GDP /per Captia(元新台币) | 558751 | 604199 | 607818 | 624455 | 641696 |
| 消费者物价年增率(%) | -0.86 | 0.96 | 1.42 | 1.93 | 0.79 |
| 广告额(不含网络)(百万元新台币) | 41853 | 50200 | 50247 | 46069 | 46072 |
| 广告额增长率(%) | -1.21 | 19.94 | 0.09 | -8.32 | 0.01 |
| 广告额(含网络)(百万元新台币) | 48842 | 58751 | 60462 | 57670 | 59752 |
| 广告额增长率(%) | 1.04 | 20.29 | 2.91 | -4.62 | 3.61 |
| 广告额占 GDP(%) | 0.39 | 0.43 | 0.44 | 0.41 | 0.41 |

数据来源：《2013 台湾地区媒体白皮书》，台北市媒体服务代理协会（MAA）。

**表 2　整体广告量**

单位：千元；%

| | 无线电视 | 有线电视 | 报纸 | 杂志 | 广播 | 户外 | 网络 |
|---|---|---|---|---|---|---|---|
| 2009 | 4343651 | 15819154 | 10008866 | 5058703 | 3761484 | 2861572 | 6989000 |
| 增长率 | -2.3 | 16.5 | -9.7 | -16.4 | -2.0 | -15.1 | 17.0 |
| 2010 | 5060629 | 19861782 | 11955662 | 5549827 | 4482972 | 3288964 | 8551000 |
| 增长率 | 16.5 | 25.6 | 19.5 | 9.7 | 19.2 | 14.9 | 22.3 |
| 2011 | 4899729 | 21175082 | 10674408 | 5677641 | 4139539 | 3680282 | 10215000 |
| 增长率 | -3.2 | 6.6 | -10.7 | 2.3 | -7.7 | 11.9 | 19.5 |
| 2012 | 3999707 | 20059287 | 9522068 | 5340950 | 3555348 | 3591644 | 11601000 |
| 增长率 | -18.4 | -5.3 | -10.8 | -5.9 | -14.1 | -2.4 | 13.6 |
| 2013 | 3817132 | 20992491 | 8679067 | 5297617 | 3120847 | 4168427 | 13680000 |
| 增长率 | -4.6 | 4.7 | -8.9 | -0.9 | -12.2 | 16.1 | 17.8 |

数据来源：2013 台湾地区媒体白皮书 Nielsen 广告监播服务网络广告量——台北市网际网络广告暨媒体经营协会（IAMA），包含网站广告、关键字广告、社群/口碑营销。

## 二　电影增长趋缓，电视有线快速增长，广播期待升级

### 1. 电影

2014年台湾地区电影年产量维持在“后海角时代”水平。36部影片中，除小清新和本土喜剧外，仅少数影片另辟蹊径，开发不同的类型。根据台北市戏院公会最新统计，2014年总计超过10个国家的622部（含12个影展、189部片）影片在台湾地区上映，但电影票房2014年却出现2.55%的小幅衰退，成为业界关注焦点。其中，好莱坞六大电影公司在台湾上映电影66部，票房达20.7亿元新台币；台湾上映本土电影33部，较前一年骤减11部，票房为3.8亿元新台币，占比10.2%。

2014年最具代表性的台湾本土电影应属魏德圣监制、马志翔执导的《KANO》与钮承泽执导的《军中乐园》。突破亿元新台币大关的前四强为《KANO》和九把刀监制的爱情小品《等一个人咖啡》，猪哥亮主演的贺岁电影《大稻埕》以及描写时下爱情的《闺蜜》。《KANO》全台票房达3.4亿元新台币，但成本也高达3亿元新台币。2014年唯一赚钱的台湾地区电影只有《等一个人咖啡》，全台票房为2.4亿元新台币。而成本为2.5亿元新台币的《军中乐园》全台票房仅为6500万元新台币，表现不如预期。

### 2. 电视

2014年台湾地区有线电视数字订户数快速增长。2013年底，全台共有5家无线电视与171家无线广播，108家卫星广播电视（280个频道），其中包含境外卫星广播电视29家（111个频道），境内卫星广播电视86家（169个频道），直播卫星电视业者7家，社区共同天线8家。有线电视经营者56家，有线电视播送系统3家，至2014年底订户数达5002216户，入户普及率为59.67%。比较特别的是有线电视数字订户数由前一年1940247户成倍增长，达到3947507户，普及率达78.92%。

这几年不论是台湾地区还是中国大陆，电视剧产量和收视都呈现明显下滑的趋势，主因是收视习惯的改变。随着视频的普及，上网看电视已经成为不可或缺的生活方式，年轻人的收视习惯已经转向移动设备。

根据AC尼尔森提供的2014年1月1日到12月25日台湾地区电视连续剧收视率排行榜，《风水世家》《嫁妆》《龙飞凤舞》《世间情》《阿信》《奇皇后》《阿母》《孤恋花》《我的自由年代》《雨后骄阳》名列前十位，本土剧几乎占了大半，其中《风水世家》收视率最高，为5.86%，第十名的《雨后骄阳》为1.95%。过去周日偶像剧引领潮流、成为收视标杆的情形已不复见。2014年周日时段电视收视惨淡，周日晚间无线四台收视率总数不到3%，《勇敢说出我爱你》《上流俗女》《你照亮我星球》也低迷收场，打出偶像牌救台剧策略均告失灵。台视、三立的《回到爱以前》《爱上两个我》《再说一次我愿意》等，虽久居收视冠军，但其平均收视率也仅维持在1%以上（见表3）。

**表3　电视产业重要观察指标**

| 项目 | 2008年 | 2009年 | 2010年 | 2011年 | 2012 |
|---|---|---|---|---|---|
| 卫星频道数(个) | 193 | 233 | 268 | 263 | 269 |
| 有线电视订户数(户) | 4885309 | 4980251 | 5084491 | 5061737 | 4989155 |
| 有线电视家户普及率(%) | 63.81 | 63.80 | 64.06 | 62.82 | 60.94 |
| MOD ARPU(Average Revenue per User)(元/月) | — | — | 110 | 135 | 163 |
| 无线电视频道广告金额(亿元) | 44.5 | 43.4 | 50.6 | 49.0 | 40.0 |
| 卫星电视频道广告金额(亿元) | 135.8 | 158.2 | 194.1 | 211.75 | 200.59 |

数据来源：根据台湾地区“文化部”、“台湾经济研究”院整理。

### 3. 广播

网络许多功能早已与传统的广电媒体高度重叠。4G时代进一步强化了移动化与个人化的特质，传统广播电视受到更大的威胁。“台湾通讯传播委员会”（NCC）提出《鼓励竞争之不对称管制措施》的构想，只能算是在环境与资源上考虑到公平的问题，但整体事业发展仍须业内人士运用科技来进行突破发展。

另一重点是时隔14年，经过规划后的《第11梯次第一阶段广播电台牌照》议案将发放广播电台频率牌照，“NCC”预计以实质审查加竞价方式发放FM全区网1家、FM中频率电台9家，另以实质审查加抽签方式发放FM小频率电台22家及AM小频率电台2家。

## 三　报业与图书持续经历寒冬、数字出版成绩亮丽

### 1. 报业

2014 年，台湾地区报业市场仍然是《中国时报》《联合报》《自由时报》《苹果日报》四大报争雄。报业整体广告营收已连续 10 年衰退。报纸一直试图通过数字化转型挽救颓势：1995 年《中时电子报》创立，1999 年《联合报》创立联合知识库，2000 年台湾地区第一份网络原生报《明日报》创刊，台湾地区报纸数字化的历程已走过 20 年，但新媒体变现能力仍然不佳。目前台湾地区《苹果日报》走向以移动平台为主的内容转型，《联合报》涉足戏剧、电商、展览、教育事业，在业界引起很大反响，同时也在中华电信 MOD 上推出新闻频道。2014 年，中时报系与《自由时报》也大举投入经营社区平台，并进行内容移动化尝试。网络原生报如《风传媒》《关键评论》等后起之秀也是涉足新媒体的代表。因大数据风潮，未来一年有望成为台湾地区报纸全面转型元年，并且有走向用户个性化、采用大数据分析的趋势。

### 2. 图书

2014 年全台总计共有 5087 家出版机构，出版 4.16 万种新书。与前年比较，出版新书的出版机构少了 30 家，图书出版总数也减少 520 种，创下 3 年来最低。尽管图书出版总数持续下滑，但儿童读物（含绘本、故事书等）、社会科学读物销售量逆势增长。2014 年，儿童读物（含绘本、故事书等）销售增长率位列第一，出版量从 2013 年的 2834 种，增长到 2014 年的 3046 种。此外社会科学读物于 2014 年增加了 121 种，带起一波关心社会公共事务的热潮。

### 3. 数字出版

台湾地区数字内容产业包含数字游戏、计算机动画、数字影音、数字出版与典藏、数字学习五大主要子产业，以及移动应用服务、内容软件、网络服务三大关联产业。2013 年台湾地区数字内容产业整体的产值约为 7304 亿元新台币，较 2012 年增长约 15.23%。

随着台湾地区 4G 牌照的颁发，第四代（B4G）将建构移动大宽带的次世代数字内容发展环境，并带动高画质影音、移动学习、O2O（Online To Offline）、游戏等产业快速发展。移动大宽带时代的来临亦将原创影音、动画

等内容需求大幅提升，高画质影音（VOD）、mIPTV、VoLTE、互动学习、互动游戏、O2O 等新服务新应用新产业浮现商机，同时跨产业混搭趋势也将带动内容价值倍增。

## 四 网络4G 增长超乎预期，新媒体、移动互联网持续增长

台湾地区在“台湾信息通信发展推动小组（NICI）”推动下，以“智慧台湾”计划为主轴，推动基础建设。在“宽带全面到户”政策推动下，2013 年底，全台 100Mbps 高速宽带网络的入户率已达 89.38%，光纤用户达 426.5 万户，无线宽带网络账号数达 1319.54 万，宽带网际网络接取账号数已达 7011934 个，较上年增长 6.1%。

自 2012 年底开始推动有线电视数字化，台湾地区陆续推出有线电视示范区、实验区计划，有线数字电视数位机顶盒普及率由 2012 年的 21.03% 上升到 2013 年的 45.64%，2014 年年底估计可达 75% 以上。在无线通信部分，2014 年台湾地区 4G 移动宽带由中华电信于 5 月底抢先正式启用，台湾大哥大、远传、台湾之星、亚太 GT 随后陆续启用。4G 移动宽带的实际发展进度超乎预期，年底已超过 340 万户。尽管 4G 服务战局才刚展开，台湾地区已将发展 5G 的措施纳入《加速行动宽带服务及产业发展推动方案》实施过程中。

整体而言，台湾地区的网络与新媒体虽然晚于中国大陆的发展，但也已随着通信发展而展开。